Reading College French

Reading College French

A BILINGUAL FUNCTIONAL APPROACH

Based on the Novel *Un Métier de Seigneur*
by Pierre Boulle
English translation by Xan Fielding

SIMON BELASCO
The Pennsylvania State University

HARPER & ROW, PUBLISHERS
New York   Evanston   San Francisco   London

Sponsoring Editor: *George J. Telecki*
Project Editor: *Ralph Cato*
Designer: *Jared Pratt*
Production Supervisor: *Will C. Jomarrón*

READING COLLEGE FRENCH:

A Bilingual Functional Approach

Library of Congress Cataloging in Publication Data
Belasco, Simon.
   Reading college French.
   English and French.
   Includes bibliographical references.
1. French language—readers. I. Boulle, Pierre,
Date- Un métier de seigneur. II. Title.
PC2117.B386   448′.6′421   74-17199
ISBN 0-06-040596-1

Preface

Any student who has studied French for at least one year in college or two years in high school can add materially to his reading competence in the language by following the procedures outlined in this book.

Reading College French: *A Bilingual Functional Approach* is designed to teach the intermediate student of French how to use a bilingual English-French text in order to determine "who (or what) is doing what to whom (or what) for whom, when, where, why, and how." An example from English might be: "John (or Fido) takes the newspaper to Mary (or to Lassie) for Bill, with the cart (in his teeth)— on foot, every day in the park, for the fun of it." Once the student can read (or understand aurally) the French counterpart of such a sentence without further recourse to the English translation, he or she is ready to do the same thing for the next French sentence in the text and all the subsequent sentences. This is what is meant by a bilingual functional approach.

As the student develops his reading (and even listening) skill in this manner, the English translation is progressively omitted. The time required to reduce dependency on the English "crutch" to "asymptotic zero" will naturally vary with each individual and, in most cases, will take years—not weeks or months.

The materials used in the average language classroom are restricted in scope because they are *contrived* for use in an artificial, unicultural situation. By its very nature, the average classroom situation is limited in what it can do for the individual student. The question must be raised as to whether the student is ever *taught* to read French (or understand the spoken language) at all. In the case of reading, students are assigned a certain number of pages and then are left, for the most part, to their own devices. Provided with a glossary or a dictionary, they resort to the "hunt and peck" method, which is closer to puzzle-solving than to reading. Even so-called graded readers contain only a fraction of the real rules that are needed for understanding (let alone producing) the infinite variety of sentences that make up any language. Beyond the elementary level, such readers do not help the student to decipher the meaning of the finite number of sentences found in reading selections.

There are at least four factors involved in acquiring proficiency in reading (and listening) comprehension: (1) control of the structure, (2) control of the vocabulary, (3) awareness of the differences in cultural concept, and (4) awareness of the differences in cultural emphasis. All four factors are more or less interrelated, and each directly affects meaning.* An understanding of these factors by teacher and student will create an awareness of why *contrived* materials must be supplemented by *controlled* materials. The bilingual approach presents the living language, the language actually read, written, spoken, and listened to by native speakers. This language is alive rather than contrived. By allowing him to test his comprehension of the written (or spoken) language at his own speed (a self-pacing, self-evaluation technique), the learner is led to acquire visual (and aural) control of concepts in the foreign language based on real structure and vocabulary.

Strange as it may seem, once the student has acquired the basic structure and vocabulary of a foreign language, he will learn to comprehend intermediate and

* For a discussion of these four factors, see Simon Belasco, "The Plateau: or the Case for Comprehension," *The Modern Language Journal,* vol. LI, no. 2 (February, 1967), pp. 82–88.

advanced reading selections much faster *by reading the English translation of each sentence first* to grasp the concepts involved. He then must match each part of the French sentence with its English equivalent to insure thorough understanding of the meaning of the sentence.

Educators have traditionally objected to this procedure for two reasons. In the first place, they have concluded that a student must struggle with the foreign language original, without a "crutch," so that the results of the learning process will be more lasting. The so-called "ponies" were supposed to by-pass the learning process. Secondly, no adequate test was thought to exist that can evaluate the degree of proficiency and the amount of factual information acquired in a second language when the proficiency and information are obtained indirectly by the reader, through his own native language. Both these objections were based on assumptions that are *not* supported by empirical evidence.* *When bilingual learning techniques are used over a long period of time, the amount of structure and vocabulary acquired by the average student outdistances, by far, the amount of language acquired by any other known method.* Moreover, very adequate tests may be devised where objective (multiple-choice) or subjective (written question-and-answer) examinations are administered to the student *in the foreign language,* provided he is required to translate the responses he makes in the foreign language *into his native language.*

Comprehension must be given primacy over speaking in foreign language learning, and that means listening as well as reading comprehension. This does not mean that speaking should be de-emphasized. The student should be encouraged to practice speaking the foreign language at all times. It is easy, however, to fall into the trap of believing that true verbal competence is achieved in this way. What the student actually learns to do is to vocalize, and this kind of "speaking" must be accompanied by in-depth training in the listening and reading skills.

Simon Belasco

* See P. Paul Parent and Simon Belasco, "Parallel-Column Bilingual Reading Materials, as a Pedagogical Device: An Experimental Evaluation," *The Modern Language Journal,* vol. LIV, no. 7 (November, 1970), pp. 493–504.

To the Instructor

Reading College French: A Bilingual Functional Approach is designed to teach the intermediate student of French how to read the written language. Acquisition of this one skill will not, of course, guarantee acquisition of the listening, speaking and writing skills. Comprehension—through both the eye and the ear—is an absolute prerequisite to active control of the foreign language in all its aspects. Real conversation is not possible in the absence of the listening skill, and good writing is not possible in the absence of the reading skill.

It is useful for students to know that any sentence in English or French may be considered as one of three basic types of clause or as a combination of two or more of these three basic types. Each basic clause has a subject and a predicate and is of type 1, 2, or 3.

	S	V	(ADV)
Type 1	*Jean parle*		*(maintenant)*.
	John speaks		(now).

	S	V	C	(ADV)
Type 2	*Jean parle*		*français*	*(maintenant)*.
	John speaks		French	(now).

	S	V	C	(ADV)
Type 3	*Jean est*		*français*	*(maintenant)*.
	John is		French	(now).

The symbols s, v, c, and (ADV) above the words in the clauses stand for subject, verb, complement, and adverbial slot, respectively. One or more words may fill each slot. The basic types are mutually exclusive; that is, each type has some feature that distinguishes it from the other two types. Type 1 has no complement slot; types 2 and 3 do. Type 3 has a subjective complement slot; type 2 does not. A subjective complement is a complement that modifies the subject. For example, *français* modifies, or in some way characterizes, the subject *Jean* in the type 3 clause, *Jean est français,* but not in the type 2 clause, *Jean parle français.* Complements in type 2 clauses function as direct object and/or nondirect objects: *Jean parle français, Jean parle à Marie, Jean parle français à Marie.* Adverbials are optional in all three basic types and are characterized as such by use of the parentheses: (ADV), (*maintenant*).

The slots in any given clause do not always preserve the same order. For example, the first five words of the practice reading module below contain a type 3 clause: *Nous est odieux tout individu. . . .* However, the order of the slots is such that the subject of the clause is last, not first as might be expected:

C   V   C   S
Nous est odieux tout individu. . . .

It will be observed that the clause contains not one, but two c slots, the first one filled by the pronoun *nous* functioning as a nondirect object and the other by the adjective *odieux.* Literally, then, the clause means "To us is odious any individual. . . .," showing that *nous* is indeed not the subject of the clause. This should, of course, be obvious to the reader by virtue of the fact that the form of the verb following *nous* is not *sommes,* but *est.* However, this is not always obvious,

even to the intermediate student. Moreover, in this translation the English equivalent on the left-hand side of the page reads:

S V C

We abhor any individual. . . .

In this sentence, "we" functions as the subject and "individual" as the object of a freely translated *type 2*, not type 3, clause.

These distinctions should be impressed upon the student in order to foster an initial awareness that reading a foreign language involves a great deal more than word for word translation from the foreign language into the native language. The English translation on the left-hand sides of pages throughout this book acquaints the student with a *concept* that is more or less common to both languages. Knowledge of the concept is only half the battle. *Real reading involves an understanding of clause types and the function of the words in the slots of each clause.*

The sense of the printed word is "neutral" in terms of the person who reads it; it has letters that are readily identifiable to the native reader and the non-native reader alike. This is not true of the spoken word. The sounds represented by the same letters are rarely, if ever, heard in the same way by the native and non-native listener. It is frequently the case that a non-native with very good reading comprehension has less than satisfactory listening comprehension. In fact, it is possible for a foreign language student to acquire a high degree of reading comprehension and yet never attain an equal level of listening comprehension. The spoken language has a set of cues that can only be interpreted by learning how to listen well and that can never be learned from the printed words themselves. *Ideally, the student should hear one or more native speakers utter every sentence of the text, in context, so that he may develop "a state of expectancy" for those cues that lead to good auditory comprehension.*

PRACTICE READING MODULE *

We abhor any	Nous est odieux tout
individual who	individu qui
does not "play the game,"	"ne joue pas le jeu"
and particularly	et qui, en particulier,
anyone who tries to	cherche à
pass himself off as	se faire passer pour
something he is not.	ce qu'il n'est pas.
The success of	Le succès de
such terms as	qualificatifs tels que
"charlatan" and "fraud,"	*tricheur, faux monnayeur,*
which the moralists apply to him,	dont l'accablent les moralistes,
shows the extent of	donne la mesure de
the indignation to which	l'indignation que
this despicable form of	soulève en nous cette forme
deceit gives rise,	méprisable de mensonge,
and also of the	et aussi de la
satisfaction we feel	satisfaction que nous éprouvons
at seeing it condemned.	à la voir condamnée.

* The English equivalent is only an *approximate*—not an exact—translation of the French text. It is the translation by Xan Fielding (*A Noble Profession,* Vanguard Press, Inc., New York, 1960), slightly modified for use throughout *Reading College French* to provide the student with the necessary English concepts.

To the Student

Students come to the intermediate level with varying degrees of reading ability. They may be roughly classified according to three types: the type 1 student spends most of his time reading the French text and only occasionally looks at the English equivalents or consults a word list; type 2 tries to read the French text but must often refer to the English equivalents and/or a word list; and type 3 reads the English text first in order to seize the concept, and then he looks at the French text and tries to decipher the passage in terms of the concept. The type 3 reader shifts back and forth from the English to the French until he can understand the French passage without looking at the English equivalent. Most intermediate French students belong to type 3. The aim of this book is to help type 3 and type 2 students develop into type 1 students.

The first task of the student is to determine which type of reader he is. If he is a type 3 or type 2 reader, *he must admit this to himself.* Then he should proceed as directed. Type 1 students hardly need to concern themselves with the English equivalents. They may devote their time to reading the entire novel in French. It must be mentioned, however, that intermediate and even advanced students belonging to type 1 are rare indeed.

As you read for content, you will find it useful to keep in mind the procedures listed below.

FOR THE TYPE 3 READER

Step 1. Cover the French text on the right-hand side of the page and read about 7 lines of the English text on the left-hand side to yourself. Be sure to grasp the entire *sense* of the passage in English.

Step 2. Cover the English text and try to make sense out of the same passage from the French text.

Step 3. Now look at both the English and the French texts and make sure that you can account for every French expression in terms of its English equivalent. Try to deduce the grammatical function between clause slots and elements within each slot (i.e., to identify the subject (s), the verb (v), the complement (c), the adverbial (ADV), the main or "head word" in a slot and its modifiers, etc.), Most words or constructions whose meanings cannot be deduced from the French or English contexts may be determined by consulting the vocabulary list in the back of the book. However, dependence upon the vocabulary list should be reduced as reading progresses.

Step 4. Cover the English text and read only the French passage.

Step 5. If you can understand the French passage perfectly, go on to step 6. If not, go back to step 3.

Step 6. Go through the entire procedure again for the next 7 lines.

FOR THE TYPE 2 READER

Do steps 2, 4, and 5 above.

FOR THE TYPE 1 READER

Do step 4.

Reading College French

GRAMMATICAL POINTS

From a structural point of view, any French sentence may be considered as one of three sentence types or as a combination of one or more of these three types.

Type 1   *Cousin parle.*
Cousin speaks.

Type 2   *Cousin parle français.*
Cousin speaks French.

          Cousin parle à Morvan.
Cousin speaks to Morvan.

          Cousin parle français à Morvan.
Cousin speaks French to Morvan.

Type 3   *Cousin est français, courageux, etc.*
Cousin is French, brave, etc.

          Cousin est un intellectuel.
Cousin is an intellectual.

          Cousin est là, en retard, etc.
Cousin is there, late, etc.

Type 1 sentences are made up of a subject and a verb that takes no object.

   s*   v
Cousin rêve.
Cousin is dreaming.

     s   v
La guerre avait éclaté.
War had broken out.

     s   v
Le lieutenant aurait obéi.
The lieutenant would have obeyed.

Cousin was an intellectual. Dr. Fog often had to underline this point, which he considered an essential factor. But to him this status did not imply belonging to a particular

Cousin était un intellectuel. Le docteur Fog devait souvent insister sur ce point, qu'il tenait pour assuré. Mais cet état ne signifiait pas pour lui une appartenance à une certaine classe

* Throughout the text, abbreviations are used to indicate parts of speech. In the above discussion, the following abbreviations are employed: s (subject), v (verb), o (object), and PC (predicate complement).

class of society; nor, in his view, did it necessarily proceed from any special education or distinctive upbringing. He looked upon it as the outcome of an innate, fundamental principle, the imponderable presence or absence of which produced in human beings, at birth, a differentiation as emphatic as sex. In Cousin's case, however, his profession and social background were in keeping with his character.

The son of a writer, a writer himself, born in an atmosphere of letters, brought up on a diet of letters, having absorbed at various stages of his life a considerable body of letters, he was a man of letters to his fingertips, a man of letters with his vices, his virtues, his absurdities, his noble or puerile enthusiasms, and his tendency to subordinate facts to the figments of his imagination.

[See Appendix 1 for English translation.]

He tried his hand at literary criticism and met with the same success; his analytical mind pared down the works under review until there emerged a simple formula that he acclaimed as the fundamental essence of the text but which was, in fact, in every case, the reflection of his own conceptions. He also made a name for himself in journalism; while adhering faithfully to the material facts, he had an inimitable talent for investing them with some original significance that corresponded, without his being aware of it, to his intuitive conviction, to his anxiety to satisfy some higher authority or simply the requirements of his art.

sociale, pas plus qu'il ne découlait obligatoirement, à son avis, d'une éducation spéciale ou d'une culture raffinée. Il le considérait comme résultant d'un principe inné, fondamental, dont la présence immatérielle ou l'absence introduisait chez les êtres humains, dès leur naissance, une différenciation aussi importante que le sexe. Dans le cas de Cousin, cependant, la profession et le milieu social étaient en harmonie avec la nature.

Fils d'écrivain, écrivain lui-même, né dans les lettres, nourri de lettres, ayant absorbé au cours de différents âges une masse considérable de lettres diverses, il était un homme de lettres jusqu'à la pointe des cheveux, un homme de lettres avec ses vices, ses vertus, ses ridicules, ses enthousiasmes noble ou puérils, et sa tendance à substituer aux événements le résultat de ses spéculations.

A trente ans, il s'était déjà distingué dans la plupart des voies ouvertes à sa condition. Il avait commencé par écrire des romans. Dans ceux-ci, il déployait de la manière la plus brillante les qualités suprêmes de l'écrivain; c'est-à-dire qu'il réussissait avec un bonheur égal à travestir la réalité de façon à lui faire prendre les couleurs glorieuses de la fiction artistique, et à polir, à ordonner les chimères de son imagination d'une manière si raisonnable qu'elles finissaient par arborer toutes les apparences de la réalité.

Il aborda la critique avec le même succès : ses analyses trituraient les œuvres jusqu'à ce que s'en dégageât une formule simple, qu'il saluait comme la quintessence objective du texte, et qui était en fait le reflet, toujours le même, de ses propres conceptions. Il connut aussi de belles réussites dans le journalisme : il n'avait pas son pareil pour élaborer, en respectant l'intégrité de chaque fait matériel, une signification originale correspondant sans qu'il s'en aperçût à sa conviction intuitive, au souci de satisfaire une autorité supérieure, ou simplement aux impératifs de son art.

Type 2 sentences contain a subject and a verb that takes either a direct object, a nondirect object, or both.*

S   V   O

Il sortait **son revolver.**   [direct]
He took out his revolver.

* A nondirect object is a generic or cover term used to include all so-called "objects of verbs" that are preceded by a preposition. An indirect object is a proper subset of the class of nondirect objects and will be defined later in the text.

       S   V   O

L'ordre parvint **à Cousin.**   [nondirect]

The order reached Cousin.

       S   V   O   **o**

Cousin donna **des ordres à la foule.**   [both]

Cousin gave orders to the crowd.

Type 3 sentences have a subject, a link verb, and a predicate complement (adjective, noun, adverb) which modifies the subject.

        S   V   PC

Le lieutenant était **un héros.**

The lieutenant was a hero.

       S   V   PC

Son auréole devint **étincelante.**

His halo was all aglow.

       S   V   PC

Cousin semblait **au comble de la joie.**

Cousin seemed at the height of ecstasy.

EXERCISE

PRACTICE IN DETECTING SENTENCE TYPES

I. The following sentences belong either to type 1, 2, or 3. Indicate the correct sentence type by placing the number 1, 2, or 3 after each sentence.

    Example: Ceci était rare.   *3*

    a. C'est ici.   3

    b. Vous avez réussi.   1

    c. Ses analyses trituraient les oeuvres.   2

    d. Vous avez désobéi à mes ordres.   2.

    e. Son existence prit une orientation nouvelle.   2

    f. Il revenait à lui.   2

    g. Il n'avait jamais connu le corps à corps.   2

    h. La menace ne suffisait pas.   1

    i. La profession et le milieu étaient en harmonie.   3

    j. Ses relations lui auraient obtenu un emploi moins périlleux.   2

He might have spent his whole life like this, following the destiny common to all men of letters, if the war had not broken out. When it did, the whole course of his existence was abruptly changed.

Il aurait ainsi passé sa vie suivant le destin commun aux hommes de lettres si la guerre n'avait éclaté. Alors, son existence prit une orientation nouvelle.

Paradoxically, in September, 1939, during the first days of mobilization, he experienced a violent thirst for heroism, and since his desires straightway took the form of intensive mental activity, he began to visualize and imagine himself performing outstanding feats of arms. Is thirty perhaps a critical age in a man's life, a point at which he feels an imperative need for a change? Or did his mind derive some particular fascination in contemplating himself—him, an inoffensive intellectual—winning his spurs on the field of battle; did his pride experience some subtle pleasure in dreaming that peaceful souls can, in certain circumstances, outdo professional soldiers in audacity? The nobility of this attitude could not in any case be questioned as a principle: it was that of countless Frenchmen. But Cousin's imagination swept him swiftly to the topmost summits, and in less than no time his halo was all aglow, dazzling everyone who looked at it—for in his dreams there were always a number of witnesses to his valor.

This new ambition manifested itself in the form of brightly colored visions. He pictured himself, for example, advancing into enemy territory at the head of his platoon, thrusting forward well beyond the front line—and this, furthermore, despite the strictest and most explicit orders of his superiors; for he liked to think of himself as a rather undisciplined character, a bit of a "bad egg" imbued with all sorts of good qualities that drew an indulgent smile from those indispensable witnesses to his daydreams.

[No translation is supplied.]

Paradoxalement, en septembre 1939, dès les premiers jours de la mobilisation, il éprouva une violente soif d'héroïsme et, comme ses désirs se traduisaient tout d'abord par un long travail cérébral, il commença à s'imaginer et à s'admirer accomplissant des faits d'armes inouïs. Peut-être la trentaine est-elle un âge critique marquant un besoin impérieux de changement ? Peut-être son esprit trouvait-il une ivresse particulière à se contempler, lui, un intellectuel pacifique, décrochant des lauriers sur le champ de bataille; son orgueil, un plaisir subtil à rêver que les êtres paisibles peuvent, dans des circonstances singulières, dépasser en audace les soldats de métier? La noblesse de cette attitude ne pouvait être discutée en tout cas dans son principe : c'était celle de beaucoup de Français. Mais l'imagination de Cousin l'emportait très vite vers les sommets les plus hauts, et il fallut peu de temps, pour que son auréole devînt étincelante, éblouissant tous ceux qui la contemplaient — car, dans ses rêves, il y avait toujours de nombreux témoins de sa valeur.

Sa nouvelle ambition se traduisait en images colorées. Il se voyait, par exemple, pénétrant en pays ennemi, à la tête d'une troupe, poussant des pointes très loin du front; cela, malgré les instructions précises et sévères de ses chefs, car il aimait parer son caractère d'un élément peu discipliné, un côté « mauvaise tête » pimentant d'innombrables qualités, qui arrachait des sourires indulgents à ces indispensables témoins de ses songeries.

Sa désobéissance raisonnée entraînait une victoire importante. Il désorganisait les lignes de l'ennemi, lui causait des pertes sanglantes et revenait avec une multitude de prisonniers. Il avait alors besoin de créer des détails matériels triviaux, extrêmement précis, pour soutenir l'enthousiasme de son retour triomphal. Le colonel commandant le secteur le convoquait à son P.C. et l'accueillait avec la voix cassante de la discipline.

— Cousin, vous avez désobéi à mes ordres. Vous prendrez les arrêts pendant un mois.

— Bien, mon colonel, répondait le lieutenant de réserve Cousin, au garde-à-vous, sans remuer un cil.

— Et vous serez cité à l'ordre de l'armée pour avoir si bien réussi, continuait le colonel en changeant de ton.

EXERCISE

PRACTICE IN IDENTIFYING DIRECT AND NONDIRECT OBJECTS

II. All of the sentences below are of type 2. Indicate whether the object is direct, nondirect, or both by writing these terms in the space provided after each sentence.

Example: Il éprouva une violente soif. *direct*

a. Il aborda la critique. *direct*
b. Vous avez désobéi à mes ordres. *Nondirect*
c. Il substituait aux événements le résultat de ses spéculations. *Nondirect / direct*
d. Le colonel commandant a convoqué Cousin. *direct*
e. L'ordre parvint à Cousin. *Non direct*
f. Ceci découlait d'une éducation spéciale. *Non direct*
g. Il ne souffrait pas de sa situation misérable. *Non direct*
h. Sa désobéissance raisonnée entraînait une victoire importante. *direct*
i. Il désorganisait les lignes de l'ennemi. *direct*
j. Aucun accident n'avait abattu son état d'exaltation permanent. *direct*

This type of conversation—a subconscious recollection of the adventure stories he had read as a child—made his ears ring, and each role was defined with the utmost clarity in his mind. When he came to his senses he realized how childishly hackneyed these characters were, but in less than no time he would once again succumb to their irresistible fascination.

His intellectual courage, fired by the longing to surpass everyone else, sometimes led him to the point of forcing his hero to the supreme sacrifice. This, however, did not happen very often. His mind would never reach the state of gloomy exaltation that allowed him to envisage his own death, without first indulging in a desperate struggle with itself. To him this was the sublime limit, to which it was almost impossible to aspire, even in the realm of dreams. He could picture himself without too much effort seriously wounded, the blood draining from his body, but he demurred at visualizing the irreparable event, the fatal moment when, losing consciousness at the same time as his life, he would be done out of the paean of praise being sung by the *witnesses*. The only way he managed to face this ordeal was by cheating a little and, in rare moments of ecstasy, contriving to hear, against all probability, the account of his fabulous exploits, the list of his posthumous citations, and the murmur of veneration that accompanied his coffin.

Ce genre de conversations, souvenir inconscient de lectures enfantines, faisait tinter ses oreilles, et les interlocuteurs prenaient un relief singulier. Quand il revenait à lui, il se rendait compte du caractère puérilement conventionnel de ces clichés mais il se laissait captiver de nouveau très vite par leur grisante séduction.

Son courage cérébral, surexcité par le désir de dépasser tous les autres, l'emportait parfois au point de lui faire pousser son héros familier jusqu'au sacrifice suprême. Ceci, pourtant, était rare. Son âme ne se haussait à l'état de sombre exaltation lui permettant d'envisager sa propre mort qu'après avoir livré un combat farouche avec elle-même. Il y avait là pour lui une limite sublime difficile à atteindre, même dans le domaine du rêve. Il pouvait se considérer sans trop de peine grièvement blessé, le corps à demi vidé de sang, mais il répugnait à se représenter l'événement irréparable, l'instant fatal où, perdant la conscience en même temps que la vie, il était frustré du concert de louanges qu'entonnaient les *témoins*. Il ne parvenait à affronter cette épreuve qu'en trichant un peu, et en de rares moments d'extase, réussissant à entendre, contre toute vraisemblance, le récit de ses exploits fabuleux, la lecture des citations posthumes dont il était l'objet, et le murmure de vénération qui accompagnait son cercueil.

EXERCISE

PRACTICE IN IDENTIFYING NOMINAL, ADJECTIVAL, AND ADVERBIAL
PREDICATE COMPLEMENTS

III. All of the sentences below are of type 3. Indicate whether the predicate complement is a noun, adjective, or adverb by writing these terms in the space provided after each sentence.

Example: Le colonel était leur commandant.   *noun*

a. Cousin était un intellectuel.   *noun*
b. Son auréole devint étincelante.   *adjective*
c. Le colonel était là.   *adverbial*
d. Cousin semblait ambitieux.   *adject*
e. Le soldat est devenu aveugle.   *noun used adjectivally*
f. Le retraite devint une déroute.   *noun*
g. Chaque individu était convaincu.   *adjective*
h. Les observations du docteur Fog étaient injustifiées. *adjective*
i. La déroute paraissait une débâcle.   *noun*
j. L'ennemi était partout.   *adverb*

2

GRAMMATICAL POINTS

It is convenient to speak of the subject, verb, object, and predicate complement as each occupying a **slot** in the sentence.

The **subject slot** normally contains a noun indicating who or what performs the action or deed in type 1 and 2 sentences.

SUBJECT: WHO OR WHAT PERFORMS AN ACTION.

Type 1   **Cousin** *était revenu.*   **Son plan** *a réussi.*
             Cousin had returned.   His plan succeeded.

SUBJECT: WHO OR WHAT PERFORMS A DEED.

Type 2   **Cousin** *désorganisait les lignes de l'ennemi.*
             Cousin would disrupt the enemy's communication lines.

             Sa désobéissance *entraînait une victoire.*
             His disobedience would lead to a victory.

             Le lieutenant *avait désobéi à ses ordres.*
             The lieutenant had disobeyed his orders.

Cousin spent the first year of the war in this permanent state of exaltation, and no incident occurred to lessen it. His material self seemed to glide unchecked along the course his ambitious mind had plotted. On being called up, he at once asked to be posted to a fighting unit, even though his personal connections might have enabled him to be employed in a less hazardous position. He went even further: during one of his fits of mysticism, when he felt his possibilities capable of indefinite expansion, he requested and obtained the command of a group of volunteers specializing in hazardous raids. He filled this post for several months, earning the praise and official recognition of his superiors.

As a matter of fact, by some strange feeling of consideration, fate seemed to spare him the rather more harrowing aspects of violence. Many dangerous missions for which he had volunteered were canceled at the last moment by higher authority. He never failed to show

Cousin passa ainsi la première année de la guerre dans un état d'exaltation permanente, qu'aucun accident ne vint abattre. Son être matériel semblait suivre sans regimber la voie tracée par son âme ambitieuse. Dès les premiers jours de la mobilisation, il demanda à être versé dans une unité combattante, alors que ses relations eussent pu lui faire obtenir un emploi peu périlleux. Il fit davantage : dans une de ces crises de mysticisme où il sentait ses possibilités se dilater à l'infini, il sollicita et obtint le commandement d'un groupe franc, spécialisé dans les coups de main dangereux. Il occupa ce poste pendant plusieurs mois, méritant les éloges et les distinctions officielles que lui décernèrent ses chefs.

A la vérité, par un curieux souci de ménagement, le destin semblait éloigner de lui les aspects particulièrement impressionnants de la violence. Beaucoup de missions dangereuses, pour lesquelles il s'était porté volontaire, furent annulées au dernier moment par des ordres

his disappointment quite plainly, and thereby retained all the credit for his zeal. The few nocturnal operations he led came off without a hitch. On two or three occasions, when a shot was sent in the direction of his platoon, there were always enough men around him to prevent his feeling that he himself was the target. The knowledge that his men had their eyes fixed on him, together with the vague feeling that the bullets were not actually *seeking him out,* endowed him with the reflexes of a brave man. He had never experienced hand-to-hand fighting.

The debacle of 1940 did nothing to sully the character of the hero who inhabited his mind. His body withstood the ordeal of the large-scale raids, and his conduct at that time earned him further marks of respect. In connection with this attitude of his, Dr. Fog, who later went through every word of his personal file, remarked in parentheses that during a raid on a big town, almost all the inhabitants kept their heads and gave proof of their courage. He added that this clearly argued a peculiar sense of human solidarity in conjunction with a subconscious belief in the law of averages: every individual was convinced that the bombs were far more likely to fall on someone other than himself. But Dr. Fog's critical acumen frequently expressed itself in cynical and sometimes unjustifiable observations.

supérieurs. Il ne manquait pas d'en manifester ostensiblement sa déception, et conservait tout le crédit de sa bonne volonté. Les quelques expéditions nocturnes qu'il dirigea se déroulèrent sans anicroche. En deux ou trois occasions, quand un tir aveugle fut déclenché en direction de sa troupe, il y avait toujours assez de monde autour de lui pour qu'il n'eût pas l'impression d'être directement visé, et il fit bonne contenance. La sensation que ses hommes avaient les yeux fixés sur lui, mêlée au sentiment confus que les projectiles ne le *cherchaient* pas, lui inspirèrent des réflexes de brave. Il n'avait jamais connu le corps à corps.

La débâcle de 1940 n'altéra pas la pureté du héros qu'il portait en son cerveau. Sa chair résista bien à l'épreuve des bombardements massifs, et son attitude, en cette occasion, lui valut d'autres témoignages d'estime. A propos de ce comportement honorable, le docteur Fog, qui éplucha plus tard chaque ligne de son dossier secret, remarquait incidemment qu'au cours du bombardement d'une grande ville, presque tous les citoyens conservaient leur sang-froid et faisaient preuve de courage. Il ajoutait qu'il fallait voir là un sens particulier de la solidarité humaine, mêlé à un raisonnement mathématique de l'inconscient : chaque individu était convaincu que les projectiles avaient beaucoup plus de chances de tomber sur un autre que lui-même. Mais l'esprit critique du docteur Fog s'exprimait parfois en observations cyniques, souvent injustifiées.

The subject slot may contain a noun indicating who or what is in some state or condition, or possesses some quality or characteristic in type 3 sentences.

SUBJECT: WHO OR WHAT IS IN SOME STATE OR CONDITION.

Type 3   **Le commandant** *était de mauvaise humeur.*
The C.O. was in a bad mood.

Le jeune officier *restait au garde-à-vous.*
The young officer remained at attention.

Le milieu social *était en harmonie avec la nature.*
His social background was in keeping with his character.

SUBJECT: WHO OR WHAT POSSESSES A QUALITY OR CHARACTERISTIC.

Ses rêves *puérils étaient absurdes.*
His childish dreams were absurd.

Le lieutenant *semblait courageux.*
The lieutenant seemed brave.

La situation *paraissait désespérée.*
The situation appeared to be hopeless.

The order to withdraw, one of the last he was to receive, reached Cousin before the enemy launched its final offensive. He obeyed without delay, like a well-disciplined officer, but not before voicing his indignation at the disgrace of such a retreat.

The withdrawal took him far toward the west along the main roads of France. To begin with, his unit remained intact and he did his best to follow the sporadic and contradictory orders he was given. Then he found himself cut off and out of touch with headquarters, having gradually lost all his men and become attached to a group of deserters and refugees. But he was still convinced that this position had been forced on him against his will by a pusillanimous High Command.

This long journey, carried out for the most part on foot, actually enabled him to enrich his mind with fresh visions and add a little more to his laurels. While his body toiled along in the midst of the crowd, his mind was busy weaving new dreams about the unusual turn that events had taken. Quite clearly, he imagined himself stopping suddenly in the middle of the road and facing the mob. A hero raised by Providence to put an end to their weakness and despair, he then cried out with the cool resolution born of a daring decision:

"Halt! This is where we shall check their advance."

There was a certain amount of opposition. Before facing the enemy, he first had to deal with his own side. He set to work, without any feeling of hate for the stragglers but with the firm determination necessitated by the grave situation. Some of them tried to force their way past him. He then whipped out his revolver —intoxicated by this picture, he even went so far as to reach for his holster and rehearse the gesture—and ordered them back. When this threat proved insufficient, he forthwith shot one or two of the wretches. A solemn silence ensued, but the crowd, realizing at last the feelings that had prompted his action, came to a halt and put themselves under his orders. A nucleus of resistance had been created. It grad-

L'ordre de battre en retraite, un des derniers qu'il devait recevoir, parvint à Cousin avant que la ruée de l'ennemi ne l'atteignît. Il obéit sans délai, en officier discipliné, pas avant toutefois de s'être indigné à haute voix contre la honte d'une telle reculade.

La déroute l'entraîna très loin vers l'ouest sur les routes de France, d'abord accompagné de son unité, s'efforçant de suivre des instructions sporadiques et confuses, ensuite isolé, coupé de ses chefs et ayant perdu peu à peu tous ses hommes, amalgamé à une masse de fuyards et de réfugiés, mais toujours persuadé que cette randonnée lui était imposée contre son gré par un commandement timide.

Ce long voyage, effectué la plupart du temps à pied, lui permit même d'enrichir son esprit de visions fraîches et d'ajouter quelques fleurons à sa couronne. Tandis que son corps ahanait au milieu de la cohue, son esprit se laissait aller librement à tisser de nouveaux rêves sur la trame insolite des événements actuels. Il se discernait avec netteté s'arrêtant soudain au milieu de la route, la poitrine tournée vers le flot humain. Héros subitement dressé par la Providence pour faire obstacle à la faiblesse et au désespoir, il s'écriait avec la sobre énergie d'une décision farouche :

« Halte ! C'est ici que nous les arrêterons. »

Cela n'allait pas sans mal. Avant d'affronter l'ennemi, il devait lutter contre ses frères. Il s'y employait, sans éprouver de haine pour des égarés, mais avec la fermeté intransigeante qu'exigeait la gravité de la situation. Certains tentaient de le bousculer et de lui passer sur le corps. Alors, il sortait son revolver — grisé par cette image, il lui arrivait de porter la main à son étui et d'esquisser le geste — et faisait des sommations sèches. Quand la menace ne suffisait pas, il abattait sans hésitation deux ou trois de ces malheureux. Un silence solennel accueillait cet acte; mais la foule, comprenant enfin les sentiments qui l'avaient inspiré, s'arrêtait, prête à lui obéir. Un îlot de résistance était constitué. Il s'enflait peu à peu de tous

ually spread to all the other groups wandering aimlessly about the countryside and extended along the highroads until it formed a solid unbroken line, which, under his command and after a series of noteworthy engagements, turned defeat into a striking victory.	les groupes qui erraient dans la campagne, s'étendait aux autres routes, finissait par former une ligne continue, solide, qui, sous son commandement et après une série de combats mémorables, transformait la défaite en une éclatante victoire.

EXERCISE

PRACTICE IN DETERMINING ELEMENTS OF THE SUBJECT SLOT

I. In the following sentences underline all the elements that should be included in the subject slot.

Example: La perception de ce soupçon injurieux le fit rougir de colère.   *processus*

a. La voiture était déjà passée.   *procédé*
b. Toutes deux paraissaient accablées.   *état*
c. Les habitants devaient être cloîtrés chez eux.   *procédé*
d. Les civils devaient croire qu'il avait fini le combat.   *procédé*
e. Sa propre situation lui paraissait bien différente de celle de Morvan.   *état*
f. Le visage de Cousin se crispa.   *processus*
g. L'ambiance du foyer l'arracha aux rêves de sa bravoure.   *processus - la force*
h. Lui et sa section avaient été surpris.   *état - procédé*
i. Son regard plein d'incertitude interrogeait Cousin.   *action*
j. L'ordre de battre en retraite parvint à Cousin.   *processus*

This mental vision of his had such an obsessive quality that he became quite oblivious of his plight and lost all sense of time and place. It was thus that he found himself one day in Brittany, having inadvertently followed a column that had diverged from the main stream of the exodus.	Le philtre de cette évocation possédait une telle puissance d'envoûtement qu'il ne souffrait pas de sa situation misérable et que les notions de temps et de lieu lui devenaient étrangères. C'est ainsi qu'il se retrouva un jour en Bretagne, ayant suivi sans y prendre garde une file qui s'écartait de l'axe général de l'exode.
Reluctantly emerging from his dream, he peered about him. He noticed he was looked at askance by every group that passed him on the road, and it was not long before he realized why—he had a sort of sixth sense by which he could tell in a flash what others thought about him: he was the only person in uniform. The civilians must have believed he had turned tail in the face of the enemy.	Il sortit avec répugnance de son rêve et regarda autour de lui. Il s'aperçut qu'on le dévisageait sans bienveillance dans les groupes qui suivaient la route, et ne fut pas long à en saisir la raison. — Il possédait une sorte de sens particulier l'informant presque instantanément des jugements que les autres portaient sur lui — : il était seul en uniforme. Les civils devaient croire qu'il avait fui le combat.
The revelation of this insulting suspicion made the blood rush to his head. He almost let loose at an old man perched on top of a cart who was looking him up and down with an expression of contempt. He was itching to explain himself, to make the fellow understand that he wasn't the sort of man to slink away, and that he only happened to be there because of the orders he had been given. But the cart had already gone past. He shrugged his shoulders and moved on, drawing himself up	La perception de ce soupçon injurieux le fit rougir de colère. Il faillit se précipiter sur un vieillard juché au sommet d'une voiture à cheval, qui le contemplait d'un œil méprisant. Il brûlait de s'expliquer, de lui faire comprendre qu'il n'était pas de ceux qui se dérobent, et qu'il était là seulement à cause des ordres reçus. Mais la voiture était déjà passée; il haussa les épaules et continua son chemin, redressant sa taille et s'efforçant de prendre un air martial. C'est alors qu'il aperçut Morvan,

to his full height and deliberately assuming a soldierly bearing. It was then he saw Morvan in front of him, getting to his feet again after a moment's rest by the side of the road.

Like Cousin, Morvan was in uniform, and Cousin found himself frowning at the sight of him. On his own, and in a filthy, ragged state, this corporal—Cousin had noticed the man's rank—was in all probability a deserter. Perhaps he was one of those soldiers he had seen throwing down their arms and stealing away under cover of the mob. While Cousin was trying to make up his mind about the man, Morvan turned around, caught sight of Cousin, and came back toward him. He was dressed sloppily and had not shaved for several days. His cheeks were hollow and his eyes betrayed apprehension. Cousin did not like his looks at all.

devant lui, qui reprenait sa marche, après s'être reposé un moment au bord de la route.

Comme lui, Morvan était en uniforme, et Cousin fronça le sourcil à sa vue. Seul, sa tenue souillée et déchirée, ce caporal — il avait reconnu le grade — était probablement un déserteur. Il devait appartenir à l'espèce de ces soldats qu'il avait vus jeter leurs armes et se dissimuler dans le troupeau. Comme il hésitait à l'aborder. Morvan tourna la tête, l'aperçut et s'approcha. Il était débraillé, hirsute. Il avait les joues creuses et le regard anxieux. Dès l'abord, il lui fut antipathique.

The **direct object slot** normally contains a noun indicating whom or what is affected by the action described by the verb in type 2 sentences.

DIRECT OBJECT: WHOM OR WHAT THE VERB AFFECTS.

Type 2   *Cousin a rencontré* **plusieurs réfugiés.**
Cousin encountered several refugees.

Il suivait **leurs instructions confuses.**
He was following their contradictory orders.

[See Appendix 1 for English translation.]

Morvan had come to the conclusion that anything was better than just staying there until the main body of the enemy troops arrived. He

— Mon lieutenant.
— Oui ?
Il se présenta correctement : caporal Morvan, d'un groupe de transmissions. Cousin lui demanda d'un air sévère ce qu'il faisait là. L'autre lui raconta son histoire, avec timidité, en s'appliquant, avec le souci évident de bien se faire comprendre. Ils avaient été surpris, lui et sa section, et faits prisonniers, alors qu'ils se croyaient très loin du front. Mais, comme les Allemands qui les avaient capturés — un peloton motorisé qui fonçait vers l'intérieur — n'avaient pas le temps de s'occuper d'eux, ils avaient simplement pris leurs armes et détruit leurs voitures; puis ils les avaient abandonnés, leur déclarant que la guerre était bien près d'être terminée, et leur ordonnant de rester sur place.

Morvan s'était dit qu'il valait mieux, dans tous les cas, ne pas rester là à attendre le gros des troupes ennemies. Il avait convaincu quel-

had convinced some of his comrades, Bretons like himself, and they had struck out toward the west without meeting any opposition. He had lost his companions on the way and pushed on alone, marching instinctively in the direction of his village, situated near the Rance, between Dinan and Dinard, which seemed to him the only desirable refuge in these circumstances beyond his comprehension.

[No translation is supplied.]

ques copains, Bretons comme uni, et ils étaient partis vers l'ouest sans rencontrer d'opposition. Il avait perdu ses amis en route, et continué seul, marchant d'instinct dans la direction de son village, situé près de la Rance, entre Dinan et Dinard, qui lui apparaissait comme le seul refuge souhaitable dans des circonstances dépassant son intellect.

Avait-il eu tort ? Son regard plein d'incertitude interrogeait Cousin. Au début de sa randonnée, il avait rencontré quelques officiers isolés, mais aucun ne put lui donner d'instructions précises. Il s'était adressé à des gendarmes, sans plus de succès. Un brigadier lui confirma cependant que la guerre était finie, ou presque, et que rentrer chez soi était probablement la solution la plus sage. Il avait donc continué son chemin. Il était maintenant à une vingtaine de kilomètres de son village, où sa mère devait s'inquiéter de son sort. Il ne songeait en ce moment, c'était visible, qu'à accélérer le pas pour la rassurer au plus vite.

— Est-ce que j'ai bien fait, mon lieutenant ? demanda-t-il d'une voix craintive.

EXERCISE

PRACTICE IN DETERMINING ELEMENTS OF THE DIRECT OBJECT SLOT

II. Underline all the elements that should be included in the direct object slot.

Example: Il possédait une sorte de sens particulier.

a. Il avait reconnu le grade.
b. Il a pris un air martial.
c. Ils avaient simplement pris leurs armes.
d. L'autre lui raconta son histoire.
e. Son regard plein d'incertitude interrogeait Cousin.
f. Une lueur éclaira le visage de la fille.
g. Cette idée avait perdu tout caractère de fiction.
h. Morvan n'a pas attendu le gros des troupes ennemies.
i. Cousin remplaçait toutes les autres autorités défaillantes.
j. L'ampleur du désastre et la désorganisation générale excusaient le désarroi de certaines âmes faibles.

Cousin was appalled by the man's irresolute attitude toward the situation. His own position struck him as being utterly different from Morvan's. Yet, after thinking it over, he had to admit that the extent of the disaster and the general disorganization was some excuse for the mental confusion of certain feeble char-

Cousin était indigné par cette manière passive d'envisager les événements. Sa propre situation lui paraissait bien différente de celle de Morvan. Cependant, après avoir réfléchi, il convint que l'ampleur du désastre et la désorganisation générale excusaient le désarroi de certaines âmes faibles — ce caporal, il en était

acters—this corporal, he now felt sure, was lacking in moral fiber—and he made a noncommittal reply in a condescending tone of voice. He told him he was probably not to blame if he had really done all he could to rejoin a fighting unit. Perhaps there would be further orders for him after he got home.

Automatically they went on walking together. Morvan was thankful to have an officer with him. As for Cousin, if he was mortified by the thought that his presence beside Morvan could authorize this runaway to establish an analogy between their respective conducts, he nevertheless saw a certain advantage in his company: two men already formed the nucleus of a platoon and offered less ground for the suspicion of desertion that he had noticed in the eyes of some of the civilians and that still made him smart with shame.

maintenant convaincu, n'avait aucun caractère — et fit une réponse neutre sur un ton condescendant. Il lui dit qu'il n'était probablement pas blâmable s'il avait vraiment fait tout son possible pour rejoindre une unité combattante. Peut-être recevrait-il chez lui d'autres consignes.

Ils continuèrent machinalement leur route ensemble. Morvan appréciait beaucoup la présence d'un officier auprès de lui. Quant à Cousin, s'il était mortifié à la pensée que ce fuyard pût s'autoriser de sa présence à ses côtés pour établir une analogie entre leurs deux comportements, il trouvait cependant un avantage à sa compagnie : deux hommes, c'était déjà un embryon de troupe, et cela donnait moins prise au soupçon de désertion qu'il avait lu dans le regard de certains civils et dont il ressentait encore la brûlure.

3

GRAMMATICAL POINTS

The **nondirect object slot** normally contains a noun indicating to, from, or for whom or what the verb's action is directed in type 2 sentences.

INDIRECT OBJECT: TO, FROM, OR FOR WHOM OR WHAT THE VERB'S ACTION IS DIRECTED.

Type 2   *Morvan appartenait* **à la section.**
Morvan belonged to the unit.

Cousin sortit **de son rêve.**
Cousin emerged from his dream.

On préparait une chambre **pour Cousin.**
They were getting a room ready for Cousin.

"Are you tired, sir?"

Cousin frowned. In this considerate question, he thought he detected a tendency to familiarity, which he could not stand in a man like Morvan. However, he really was worn out, having marched for several weeks with scarcely any rest.

"It's nothing," he said, squaring his shoulders with an effort. "It's my duty to keep going."

Although they had barely exchanged a word since joining forces, he had thought it advisable to intimate to his companion that he was engaged on an important secret mission, his purpose being to make it impossible for the corporal to draw a comparison between their respective positions—a fear that had nagged him ever since their meeting. He had given no details—the corporal did not ask for any—but had simply made some vague allusions to certain contacts he had to make, which amounted to half believing in them himself.

"Sir," Morvan went on diffidently, "this is the turn-off to my village. It's less than an hour away. It will soon be dark. I suggest you come and stay the night with us. There's only my

— Mon lieutenant, vous êtes fatigué ?

Le visage de Cousin se crispa. Il lui semblait percevoir sous cette sollicitude une tendance à la familiarité, qu'il jugeait détestable chez Morvan. Pourtant, il était véritablement recru, ayant marché pendant des semaines, sans presque prendre de repos.

— Ce n'est rien, dit-il en se redressant avec peine. Je n'ai pas le droit de m'arrêter.

Quoiqu'ils n'eussent pas échangé beaucoup de paroles depuis qu'ils cheminaient de conserve, il avait jugé bon de laisser entendre à son compagnon qu'il était chargé d'une mission importante et secrète; ceci, toujours dans le but d'éviter que le caporal pût établir une comparaison entre leurs deux randonnées, crainte qui ne cessait de le harceler depuis leur rencontre. Il n'avait donné aucune précision — le caporal n'en demandait pas —, faisant simplement des allusions vagues à certains contacts qu'il devait prendre, ce qui correspondait d'ailleurs chez lui à une demi-conviction intuitive.

— Mon lieutenant, reprit timidement Morvan, voilà le chemin de mon village. Dans moins d'une heure, je suis arrivé. Il fera bientôt nuit. Je vous propose de venir coucher chez

mother, who runs a grocery, and my sister. We could put you up if you're not too fussy."

Since Cousin did not reply, he went on in a roundabout way to explain at great length that his sister had left school and in normal circumstances worked as a stenographer in the town. But the firm that employed her had shut down at the beginning of the war and she had come back to the village until she could find some other job. Cousin listened to him without paying much attention, concentrating only on his suggestion.

"It'll certainly be better than sleeping out on the roadside, sir," the corporal went on. "Besides, if the Germans come through here, you're liable to be taken prisoner."

"I *must* not be captured," said Cousin.

He had already decided to accept the invitation, and the threat of Germans made his acquiescence seem perfectly natural. He repeated with fierce insistence that, whatever happened, he could not risk falling into enemy hands, as though his personal liberty were a matter of national importance.

moi. Il y a seulement ma mère, qui tient une épicerie, et ma sœur. Je peux vous loger si vous n'êtes pas trop difficile.

Devant le silence de Cousin, il fit une digression pour expliquer laborieusement que sa sœur avait fait des études et que, en temps normal, elle travaillait à la ville comme secrétaire-dactylo. Mais l'entreprise qui l'employait avait fermé au début de la guerre, et elle était revenue au village en attendant de trouver une autre situation. Cousin l'écoutait d'une oreille distraite, réfléchissant seulement à sa proposition.

— Cela vaudra toujours mieux que de passer la nuit sur la route, mon lieutenant, reprit le caporal. Et puis, si les Allemands viennent par ici, vous risquez d'être fait prisonnier.

— Je ne *dois* pas être pris, dit Cousin.

Il avait décidé d'accepter l'invitation, et la menace allemande donnait un sens tout naturel à son acquiescement. Il répéta avec une énergie farouche qu'il ne devait en aucun cas tomber aux mains de l'ennemi, comme si sa liberté d'action était une affaire d'importance nationale.

EXERCISE

PRACTICE IN DETERMINING ELEMENTS OF THE NONDIRECT OBJECT SLOT

I. Underline the elements that make up the nondirect object slot.

Example: Il causait des pertes sanglantes à l'ennemi.

a. Cousin avait ajouté quelques fleurons à sa couronne.
b. Il a fait obstacle à la faiblesse et au désespoir.
c. Il ne souffrait pas de sa situation misérable.
d. Sa chair résista bien à l'épreuve des bombardements massifs.
e. Le caporal devait appartenir à cette espèce de soldats.
f. Il s'était adressé à des gendarmes.
g. Sa mère devait s'inquiéter de son sort.
h. Son âme se haussait à l'état de sombre exaltation.
i. La file s'écartait de l'axe général de l'exode.
j. La menace allemande donnait un sens tout naturel à son acquiescement.

"You'll be all right with us. The village is well off the main road."

After hesitating a moment longer, Cousin finally accepted. Morvan was delighted. He seemed desperate not to lose this officer who had miraculously turned up on the road to take the place of all the other missing authorities. Cousin thought with animosity that he had been invited only because his presence would

— Chez moi, vous serez bien caché. Le village est loin de toutes les grandes routes.

Cousin accepta, après avoir hésité encore un instant. L'autre parut enchanté. Il semblait se raccrocher de toutes ses forces à cet officier miraculeusement placé sur son chemin pour remplacer toutes les autres autorités défaillantes. Cousin pensa avec amertume qu'il ne l'avait invité que parce que sa présence atté-

help blind the corporal's family to his somewhat inglorious homecoming.

They walked on through a wooded area
where the only sign of human habitation was a
handful of scattered cottages buried among the
trees. Morvan informed his companion that
they were now in the valley of the Rance, not
very far from the sea. Presently they reached
a village that seemed to be deserted. The inhabitants must have locked up for the night.
The grocery was closed. Morvan banged several times on the shutters and called out his
name. A moment later Cousin found himself
in the presence of Morvan's mother, an old
peasant woman with a wrinkled face, and of
Claire, his sister, a girl of about twenty, whom
he judged at first glance to be made of sterner
stuff than her brother.

After being warmly embraced by the two
women, Morvan respectfully introduced his
companion as an officer on a special mission.
Cousin could not help feeling grateful for this
and did not contradict him. The idea that he
was not simply running away—this idea had so
possessed him that it had lost every trace of
fiction.

The homely atmosphere dispelled the dreams
of valor that had occupied his mind for several days, and at last he thought of asking for
news of the war. He had paid little attention to
the rumors that were rife on the roads. The two
women, who listened to the radio regularly,
were aware of the latest developments.

nuerait, aux yeux des siens, ce que son retour
avait de peu glorieux.

Ils traversèrent une région boisée, où les
seules habitations était quelques cottages isolés, enfouis dans la verdure. Morvan apprit à
son compagnon qu'ils se trouvaient dans la
vallée de la Rance, non loin de la mer. Ils attei-
gnirent bientôt le village, qui paraissait désert.
Les habitants devaient être cloîtrés chez eux.
L'épicerie était fermée. Morvan heurta plusieurs fois le store baissé, et cria pour se faire
reconnaître. Cousin se trouva bientôt en présence de sa mère, une vieille Bretonne au visage
ridé, et de Claire, sa sœur, une jeune fille d'une
vingtaine d'années, qu'il jugea au premier
abord d'un tempérament plus énergique que
son frère.

Après avoir été étreint par les deux femmes,
Morvan présenta respectueusement son compagnon comme un officier en mission spéciale.
Cousin ne put s'empêcher de lui en savoir gré
et ne protesta pas. L'idée qu'il ne fuyait pas
au hasard comme les autres, cette idée avait
progressé dans son esprit et perdu tout caractère de fiction.

L'ambiance du foyer l'arracha aux rêves de
bravoure qui formaient depuis des jours sa
pâture spirituelle, et il pensa enfin à demander
des nouvelles de la guerre. Il n'avait prêté
qu'une oreille distraite aux bruits qui cou-
raient sur les routes. Les deux femmes, qui se
relayaient devant le poste de radio, étaient au
courant des derniers développements.

The **predicate complement slot** normally contains a noun, adjective, adverb, or
prepositional phrase (functioning as an adverb) that is linked to and modifies the
subject in type 3 sentences.

PREDICATE COMPLEMENT: SUBJECT MODIFIER

Type 3   *Le soldat est* **un déserteur.**   [noun] *? Partitive one out of many?*
          The soldier is a deserter.

          Cousin n'était pas **difficile.**   [adjective]
          Cousin wasn't fussy.

          Le village n'est pas **loin.**   [adverb]
          The village isn't far.

          Les fuyards étaient **en pleine déroute.**   [prep. phrase]
          The deserters were in full flight.

The situation could not be worse. The Germans were everywhere. There was talk of an armistice.

It was Claire who told him this. The old woman merely nodded her head and occasionally muttered the word *"Boche"* with a snarl. Both of them looked utterly dejected, but a gleam came into the girl's eyes when she mentioned the broadcast they had heard the day before. She had not understood it all—the reception had been bad—but she had caught the gist of it. A French general in London had declared that the disaster was not irreparable and had called on his compatriots to come and join him in continuing the struggle.

When she had finished speaking, Cousin noticed that she was gazing at them both, at her brother as well as at him, with a sort of impatience, as though she were waiting for some reaction on their part. He flushed. He felt he ought to answer her unvoiced question. He was about to do so automatically, in the favorable way his deep concern for the opinion of others demanded and also for his own self-respect, when the young girl abruptly switched the conversation.

"You'd better change into civvies," she said to her brother; "and you, too, Lieutenant. And you must be dying of hunger."

She went off to find them some clothes and prepare a meal. An hour later, Cousin, dressed like a peasant in his Sunday best, sat down to dinner with the family in the back parlor, drooping with fatigue and lulled by the peace and quiet of this country retreat. Outside, the village lay wrapped in silence. Claire had switched on the radio and kept glancing at the clock with impatience. The BBC eventually came on the air and they gathered around to listen. It was a rebroadcast of the French general's appeal.

In a flash Cousin felt wide awake, and the gift of intellectual zeal that had been bestowed on him at birth found itself once again roused to its highest pitch. It seemed to him that this appeal was addressed to him alone and it was the natural justification of his odyssey across France. His exalted imagination established an immediate connection between the program outlined in the broadcast and the mysterious mission on which he had claimed to be engaged. He did not think of the urgent acts implied by his acquiescence. He felt subconsciously that this was a unique enterprise

La situation était catastrophique. Les Allemands étaient partout. L'armistice était demandé.

C'était Claire qui parlait. La vieille se contentait de hocher la tête, en murmurant parfois « les boches » d'un air hargneux. Toutes deux paraissaient accablées, mais une lueur éclaira le visage de la fille quand elle mentionna une émission entendue la veille. Elle n'avait pas tout compris — la transmission était mauvaise — mais elle avait deviné l'essentiel. De Londres, un général français affirmait que le désastre n'était pas irréparable, et incitait ses compatriotes à venir le rejoindre pour continuer la lutte.

Comme elle s'était tue, Cousin s'aperçut qu'elle les guettait depuis un moment, son frère et lui-même, avec une sorte d'anxiété, paraissant attendre une réaction de leur part. Il rougit. Il sentait qu'il devait répondre à cette interrogation muette. Il allait le faire, d'instinct, dans le sens qu'exigeait son souci angoissé de l'opinion des autres, et le respect qu'il portait à son propre personnage; mais la jeune fille changea brusquement de sujet.

— Il faut te mettre en civil, dit-elle à son frère... et vous aussi, lieutenant; et puis, vous devez mourir de faim.

Elle s'occupa de trouver des vêtements et de préparer le repas. Une heure après. Cousin, habillé comme un paysan endimanché, s'attablait en compagnie de la famille dans l'arrière-boutique, engourdi par la fatigue et par le calme de ce coin de province. Au dehors, le village était silencieux. Claire avait branché le poste et épiait la pendule avec impatience. Ils entendirent enfin une émission de Londres, et se groupèrent autour de l'appareil. C'était une nouvelle diffusion de l'appel.

D'un coup, l'esprit de Cousin se réveilla, et le don d'exaltation cérébrale qu'il avait reçu à sa naissance se trouva de nouveau porté à son plus haut degré. Il lui semblait que cet appel s'adressait à lui seul, et qu'il était la justification naturelle de son odyssée à travers la France. Son imagination enthousiaste établissait un rapport évident entre le programme tracé ici et la mystérieuse mission dont il s'était prétendu chargé. Il ne réfléchissait pas aux actes urgents qu'impliquait son acquiescement. Il sentait inconsciemment qu'il s'agissait d'une entreprise hors du commun, digne seulement d'une petite

worthy only of a small elite, and the ecstasy into which he was plunged by this idea excluded every other material preoccupation from his mind.

élite, et l'extase où le plongeait cette idée écartait toute autre préoccupation matérielle.

EXERCISE

PRACTICE IN DETERMINING ELEMENTS OF THE PREDICATE COMPLEMENT SLOT

II. Underline the elements that make up the predicate complement slot.

Example: Il était un homme de lettres jusqu'à la pointe des cheveux.

a. Vous êtes fatigué?
b. C'était un embryon de troupe.
c. Le fuyard était débraillé, hirsute.
d. Un îlot de résistance était constitué.
e. C'était celle de beaucoup de Français.
f. Ils étaient à une vingtaine de kilomètres de son village.
g. Sa propre situation paraissait différente de celle de Morvan.
h. Il était chargé d'une mission importante et secrète.
i. Cette formule simple était le reflet de ses propres conceptions.
j. La trentaine semble un âge critique marquant un besoin impérieux de changement.

He noticed that Claire was again watching them, Morvan and himself, with the same intent expression she had worn before dinner.

"Some fellows managed to get away yesterday," she said. "They found a trawler. I helped them."

"Get away where?" her brother muttered in amazement.

Morvan, like the others, had listened in silence, but he seemed to have taken in nothing and showed no sign of emotion. Cousin was shocked by this attitude, as though it were a mark of cowardice, and he fancied this lack of enthusiasm was equally galling to Claire. The indignant tone in which he replied reflected his feelings.

"Where? To England, of course! To carry on with the struggle."

"I see," Morvan replied simply, after a moment's reflection. "Do you really think we ought to try and get away, sir?"

"There's no question about it," Cousin said with determination, although he had not yet even considered the practicability of such an enterprise.

"To England?"

"To England."

Il s'aperçut que Claire les observait de nouveau, lui et Morvan, avec le même regard insistant qu'elle avait eu avant le dîner.

— Il y en a qui sont partis hier, dit-elle. Ils ont trouvé un bateau de pêche. Je les ai aidés.

— Partis pour où ? murmura son frère en ouvrant de grands yeux.

Morvan avait écouté en silence, comme les autres, mais il paraissait incompréhensif et ne manifestait aucune trace d'émotion. Cette attitude choqua Cousin, comme la marque de la lâcheté, et il crut percevoir combien ce calme déplaisait également à Claire. Le ton indigné de sa réponse traduisit ce mélange de sentiments.

— Où ? L'Angleterre, parbleu ! Pour continuer la lutte.

— Je comprends, dit simplement Morvan, après quelques secondes de réflexion... Vous pensez vraiment qu'il faut partir, mon lieutenant ?

— Il n'y a pas à hésiter, répondit Cousin avec autorité, sans avoir encore considéré la réalisation pratique de cet engagement.

— Pour l'Angleterre ?

— Pour l'Angleterre.

"If that's the way it is, sir . . ."

Morvan's placid attitude remained unchanged. He was spared all mental confusion by the directives given in such a decisive manner by higher authority. He thought it over for a moment longer, then turned to his sister.

"Where can we find a boat?"

The spontaneity of her reply showed that she had already anticipated this question.

"There are no more transports, but we've still got our little launch. Mother and I managed to hide it away in a creek up the estuary."

Cousin quickly switched his gaze to the old woman, who was taking no part in the conversation and seemed to be lost in her own thoughts.

"What about fuel?" Morvan asked as calmly as before.

"I filled her up, just in case. And there are some spare tins Mother has hidden away."

"In that case, sir . . ." said Morvan. "It's a fine night. I'm not a bad seaman. We shan't be able to get as far as England in the launch, but there's a chance we might be picked up by some Allied vessel out at sea. What should we take with us?"

— Si c'est comme ça, mon lieutenant...

Morvan conservait la même placidité. Les directives données d'une manière aussi nette par l'autorité supérieure lui épargnaient tout tracas mental. Il réfléchit quelques instants encore et s'adressa à sa sœur.

— Est-ce qu'on trouve des bateaux ?

La spontanéité de la réponse prouva qu'elle s'était déjà inquiétée de cette question.

— Il n'y a plus de transports, mais notre barque est toujours la. Avec maman, nous l'avons cachée dans une crique de l'estuaire.

Cousin porta vivement son regard sur la vieille mère, qui ne prenait pas part à la conversation et paraissait absente.

— Il y a de l'essence ? demanda Morvan avec le même calme.

— J'ai fait le plein, à tout hasard. Et j'ai des bidons de secours, que maman avait cachés.

— Alors, mon lieutenant..., dit Morvan, le temps est beau ce soir. Je suis assez bon marin. Nous n'atteindrons pas l'Angleterre avec la barque, mais nous avons quelque chance de rencontrer un bateau allié au large. Que faut-il emporter ?

Henceforth, the verb in type 1 sentences will be called **intransitive;** in type 2 sentences, **transitive;** and in type 3 sentences, **link.**

An intransitive verb (INT) does not take an object or a predicate complement, but it may occur with a construction having an adverbial (ADV) function.

                    S   INT   (ADV)
Type 1   *Des volontaires* **étaient partis** (*pour l'Angleterre*).
         Some volunteers had left (for England).

                    S   INT   (ADV)
         Le lieutenant **rentrerait** (*à cinq heures*).
         The lieutenant would return (at five o'clock).

A transitive verb (TR) takes a direct object and/or a nondirect object. It may also occur with an adverbial construction.

                    S   TR   O   (ADV)
Type 2   *Nous* **rencontrerons** *un bateau allié*   [direct]   (*au large*).
         We will meet an Allied boat (in the open sea).

                    S   TR   O   (ADV)
         Les navigateurs **ont répondu** *à la question*   [nondirect]   (*plusieurs fois*).
         The seafarers answered the question (several times).

                    S   TR   O   O   (ADV)
         Ils **ont donnê** *leur parole à l'officier*   [both]   (*sans hésiter*).
         They gave their word to the officer without hesitating.

He was a creature devoid of all imagination. Pure thought was alien to him, and he avoided ideas that were too complicated by reducing them to a practical level. His sister cast a glance of relief in his direction.

Cousin hesitated for a moment, taken unawares both by the suddenness and the simplicity of this decision, resenting the haste that tended to disturb the elements of his dream. He felt it was almost an act of barbarity to let enthusiasm be swamped in this manner by immediate action. He liked to turn heroic projects over in his mind and savor them at greater length. However, he felt he ought to appear even more impulsive than Morvan, and so declared:

"We'll leave just as we are. We don't need anything."

"I've already packed some supplies," said Claire.

"There's enough for three people. I'm coming with you."

To her brother's astonishment, she explained that some men from a neighboring village, who had come home a few days earlier, had told her that Morvan had escaped. She and her mother had therefore expected him to turn up sooner or later.

"We got everything ready, just in case," she concluded.

"Good work," said Morvan.

[See Appendix 1 for English translation.]

"We'd do better to wait by the boat."

He urged them to hurry. The old woman, in spite of her fortitude, was in tears. Yet she did not try to hold her children back. She realized the danger of the expedition but preferred them to be well out of the way of the Germans, whose imminent arrival filled her with horror.

"You youngsters," she muttered; "it's best for you not to stay here."

C'était un être sans imagination. La pensée pure lui était étrangère. Il se débarrassait des idées trop compliquées en les mettant sur le champ en pratique. Sa sœur lui lança un regard apaisé.

Cousin hésita un moment, décontenancé à la fois par la brusquerie et la simplicité de cette décision, lui en voulant de sa hâte, qui tendait à bouleverser les éléments de sa rêverie. Il voyait une sorte de barbarie à noyer ainsi l'enthousiasme dans la réalisation immédiate. Il aimait savourer les projets héroïques. Cependant, il sentit qu'il se devait de montrer encore plus de précipitation que Morvan, et s'écria :

— Partons tout de suite. Nous n'avons besoin de rien.

— J'ai préparé un sac de provisions, dit Claire.

— Il y en aura pour trois. Je pars avec vous.

Devant l'air étonné de son frère, elle expliqua que des hommes d'un village voisin, revenus quelques jours auparavant, lui avaient appris qu'il s'était échappé. Sa mère et elle avaient alors espéré qu'il rentrerait bientôt.

— A tout hasard, nous avions tout préparé, conclut-elle.

— Bon, approuva Morvan.

Ce ton naturel, cette absence de commentaires inspiraient à Cousin un mélange d'envie et d'irritation. Il lui semblait qu'ils étaient en train de ternir l'héroïsme de sa conduite. Elle répéta calmement : « Je pars avec vous », et sa mère ne protesta pas. *A tout hasard*, comme elle disait, les préparatifs avaient été faits, et il était inutile de revenir là-dessus. Une fois encore, il sentit que son rôle exigeait un surenchérissement.

— Partons vite, dit-il en se levant. Nous avons déjà perdu trop de temps.

Claire lui expliqua placidement qu'il ne leur fallait pas plus d'une heure pour atteindre la barque, et qu'ils devraient attendre encore longtemps avant que la marée fût favorable.

— Il vaut mieux attendre là-bas.

Il les bouscula. Malgré son courage, la vieille essuya une larme. Elle ne chercha pourtant pas à retenir ses enfants. Elle connaissait les dangers de l'expédition, mais préférait les savoir loin des Alemands, dont la venue lui inspirait de l'horreur.

— Vous autres, jeunes, marmonna-t-elle, il vaut mieux que vous ne restiez pas ici.

EXERCISE

PRACTICE IN DETERMINING VERB FUNCTION

III. In the following sentences indicate whether the verb is transitive (TR) or intransitive (INT).

Example: Morvan parlait avec timidité.   _INT_

a. Dans moins d'une heure, je serai arrivé.   _intrans_
b. Morvan avait convaincu quelques copains.   _trans_
c. Cousin réfléchissait seulement à sa proposition.   _trans_
d. Morvan appréciait beaucoup la présence d'un officier.   _trans_
e. Ce calme déplaisait également à Claire.   _trans_
f. Est-ce que j'ai bien fait?   _int_
g. Ils cheminaient de conserve depuis longtemps. *ensemble* ?   _int_
h. Cette idée écartait tout autre préoccupation matérielle.   _tran_
i. Cousin accepta, après avoir hésité encore un instant.   _intrans_
j. Morvan heurta plusieurs fois le store baissé.   _trans_

[No translation is supplied.]

Cousin se tenait un peu à l'écart, épiant d'un œil anxieux la scène de la séparation. Claire pleurait. Morvan détourna la tête. Enfin, ils montraient quelques marques de faiblesse ! Il en éprouva du soulagement. Il allait pouvoir reprendre son rôle d'entraîneur d'hommes. Il en sentait intensément les moindres nuances et jouissait de la perfection avec laquelle il le tenait. Il le joua même si bien qu'il réussit, par ses jeux de physionomie, à les convaincre que le devoir seul l'obligeait à les presser ainsi, et que, malgré son attitude impérieuse, presque dure, il faisait lui-même un effort pour retenir ses larmes, ce dont ils lui furent reconnaissants. Quand l'effet désiré eut été obtenu, son visage se ferma, et il leur apparut seulement comme le chef qui n'a plus le droit de s'attendrir. Il les arracha à leur étreinte, ordonna le départ sur un ton impératif, et poussa les deux jeunes gens dehors, vers l'aventure, sans avoir conscience d'être entraîné par eux.

Ainsi, chez lui, les réactions de l'esprit précédaient-elles toujours celles du corps, mais jusqu'ici celui-ci n'était jamais resté en arrière; il suivait, avec du retard certes, mais il suivait, tiré, emporté par les obligations impérieuses créées par celui-là.

With him, mental reactions invariably preceded the physical, but thus far his body had never lagged far behind. It always followed—after a certain lapse of time, to be sure—but it always did follow, urged on by the imperative demands created by his mind.

4

GRAMMATICAL POINTS

Certain transitive verbs may be converted into intransitive verbs by deleting the object. In this way type 2 sentences are transformed into type 1, often with a change in meaning.

| | S | V | O | (ADV) |

Type 2 *Morvan* **avait écouté** *sa soeur* (*en silence*).
Morvan had listened to his sister (in silence).

Type 1 *Morvan* **avait écouté** (*en silence*).
Morvan had listened (in silence).

Type 2 *Il* **réfléchissait** *au projet* (*quelques instants encore*).
He thought about the plan (a few more moments).

Type 1 *Il* **réfléchissait** (*quelques instants encore*).
He reflected (a few more moments).

Morvan was not boasting when he said he was a fairly good seaman. Moreover, fortune favored them. They moved out of the estuary, sailed safely through the night, and at first light, having run out of fuel, were sighted by a British patrol vessel that took them on board. The captain had explicit orders concerning seafarers of this sort. He took them straight to a beach in England where a camp for French refugees had been established. There they went through the procedure common to all foreigners arriving by unusual means. They were subjected to several interrogations, sometimes with suspicion but always with courtesy, and over and over again had to answer the question that exasperated a great many men of good will at this period:

"What brought you here?"

They were housed in a tent and informed that they could not be sent to London for several days. Meanwhile a security officer asked them to prepare as detailed a report as possible

Morvan ne s'était pas vanté en s'estimant assez bon marin. De plus, la chance les servit. Ils quittèrent l'estuaire, naviguèrent sans incident toute la nuit et, au petit jour, ayant épuisé leur essence, furent hélés par un patrouilleur britannique qui les prit à bord. Le commandant avait des ordres précis au sujet de ce genre de navigateurs. Il les amena directement sur une plage anglaise, où avait été installé un camp de réfugiés français. Là, ils suivirent la filière commune à tous les étrangers arrivant par des voies insolites. Ils subirent plusieurs interrogatoires, parfois soupçonneux, toujours polis, et durent répondre de nombreuses fois à la question qui exaspérait beaucoup de bonnes volontés, à cette époque :

— Qu'est-ce que vous êtes venus faire ici ?

Ils furent logés sous une tente et avisés qu'on ne pourrait pas les envoyer à Londres avant plusieurs jours. Un fonctionnaire des services de sécurité les pria de rédiger, en attendant, un

on their voyage and to give any information they were in a position to provide. Morvan and his sister handed in their contribution that very evening. It consisted of a single sheet of paper, and the corporal had had to cudgel his brains to expand it even to this length.

Cousin, on the other hand, embarked on this report with the respect that any form of writing inspired in him and with the particular enthusiasm he felt for a series of events in which he had played a leading part. This extraordinary odyssey—it was he who had lived through it, none other than he. He let this idea sink in until it was firmly fixed in his mind, and he felt a thrill of delight at the thought that he had now become, beyond all doubt, a seasoned adventurer.

His opus occupied him all the time they were in camp, which was over a week, yet he did not feel the slightest impatience at the slowness of the administrative machinery that was retarding the realization of his dreams of glory. He needed this breathing space to tot up the score of his exploits, to work out the sum total of his prowess, while setting it off to the best advantage in his own particular medium.

rapport aussi précis que possible sur leur équipée, et de donner tous les renseignements qu'ils étaient en mesure de fournir. Morvan et sa sœur remirent leur compte rendu le soir même. Celui-ci tenait en une page, et le caporal avait dû se creuser la cervelle pour l'amener à cette dimension.

Cousin, lui, s'attela à la composition de ce rapport avec le respect que lui inspirait toute rédaction, et l'enthousiasme particulier qu'il ressentait pour une série d'événements où il avait été l'auteur principal. Cette extraordinaire odyssée, c'était lui qui l'avait vécue, lui et pas un autre. Il se pénétrait de cette idée en l'évoquant, et il lui arrivait de tressaillir d'aise en songeant que, sans contestation possible, il était bel et bien devenu un aventurier.

Son travail dura plus d'une semaine, tout le temps qu'ils passèrent au camp. Pendant cette période, il n'eut pas un mouvement d'impatience pour la lenteur administrative qui retardait la réalisation de ses rêves glorieux. Il lui fallait ce délai pour faire le point des exploits accomplis, et assimiler son capital de prouesses, tout en le polissant par le jeu du langage.

EXERCISE

PRACTICE IN SENTENCE CONVERSION

I. Where appropriate, convert a transitive verb into an intransitive verb by encircling the object slot to indicate its deletion. Do not encircle an adverbial slot.

Example: Cousin répondit (à Morvan)

but

Cousin répondit avec autorité.

a. Cousin médita longuement sur son caractère.
b. Cousin avait vécu cette extraordinaire odyssée tout seul.
c. Les navigateurs répondirent de nombreuses fois à la même question.
d. Morvan n'a pas attendu le gros des troupes ennemies.
e. Il répéta ses paroles avec une énergie farouche.
f. Cousin accepta sa proposition avec une certaine hésitation.
g. Nous avons déjà perdu trop de temps.
h. Il accepta cette proposition sur-le-champ.
i. Ils voulaient continuer la lutte malgré tout.
j. Il suivait les deux jeunes gens, avec du retard certes.

As in all his literary work, he subjected himself to the strictest objectivity and accuracy in dealing with the facts. Facts are intangible, and

Comme il le faisait toujours dans ses écrits, il s'astreignit à une objectivité, une honnêteté scrupuleuses dans la relation des faits. Les faits

his talent came into play only with their presentation, their coordination, and the subsequent inquiry into their significance. But even then he was careful not to let himself be carried away by his inspiration. He was held in check by the soundest professional conscience and never allowed a statement to pass without first submitting it to a rigorous critical analysis.

Referring to his meeting with Morvan, for instance, he mentioned, without undue emphasis and with great reserve, that he had been sorry to find him resigned to defeat. This was strictly accurate. Before committing it to paper, he recalled the indignation he had felt when he saw that Morvan's one and only idea was to get back to his village. He added that perhaps there was some excuse for the corporal's momentary lack of resolution and that Morvan had realized where his real duty lay as soon as he, Cousin, had pointed it out. He was sure Morvan would turn out to be a first-rate soldier now that he had been set once again on the right course. . . "and provided he is properly led," he added after a moment's reflection, in an effort to condense his whole opinion into one brief sentence.

In connection with this "duty," which, with supreme tact, he refrained from defining, merely allowing its nature to be implicitly and plainly inferred, a slight confusion of dates had conveniently taken root in his mind. Thus his fierce desire to continue the struggle had inspired every move he had made—in particular his retreat—ever since he had been aware of the disorganization of the army. His decision had been made long before the appeal he had heard on the radio, which had merely served to give a definite material form to his hopes and to a plan he had worked out some time before. It was an insignificant distinction in itself and lent itself quite naturally to his pen, seeing that it gave such a logical and coherent aspect to the memory of his trek.

sont intangibles, et son art n'intervenait que pour leur mise en valeur, leur coordination et la recherche éventuelle de leur signification. Mais, là encore, il se gardait de se laisser aller au gré de son inspiration. Il était contrôlé par une conscience professionnelle impeccable, et ne formulait pas un jugement sans l'avoir passé au crible de son esprit exercé et critique.

Au sujet de sa rencontre avec Morvan, par exemple, il mentionna, sans insister et avec une grande discrétion qu'il avait été chagriné de le sentir résigné à la défaite. Ceci était rigoureusement exact. Avant de l'écrire, il se rappela son mouvement d'indignation lorsqu'il s'était aperçu que Morvan n'avait d'autre pensée que de regagner son village. Il ajouta que le caporal était probablement excusable de cet accès de faiblesse et qu'il avait compris où était son véritable devoir lorsque lui, Cousin, le lui avait montré. Il était sûr que Morvan serait une excellente recrue, après avoir été ainsi remis dans le droit chemin... « et à condition qu'il soit bien encadré », ajouta-t-il après une minute de réflexion, dans un effort pour condenser son opinion complète en une formule brève.

A propos de ce *devoir,* qu'il avait le tact suprême de ne pas définir, laissant sa nature se dégager implicitement et avec évidence du récit, une confusion de dates minime s'était établie d'une manière définitive en son esprit ingénu. Ainsi, sa volonté acharnée de continuer la lutte avait inspiré tous ses actes, en particulier sa retraite, depuis qu'il s'était aperçu de la désorganisation de l'armée. Sa décision avait précédé de loin l'appel entendu à la radio, celui-ci étant seulement venu à point pour donner une forme matérielle précise à ses espoirs et à un projet ébauché depuis longtemps. C'était une nuance insignifiante en elle-même, et qui s'imposa tout naturellement à sa plume, tant elle donnait une allure logique et cohérente aux souvenirs de son épopée.

Certain intransitive verbs may be converted into transitive verbs by adding a direct and/or nondirect object. Thus, type 1 sentences are converted into type 2, resulting frequently in a change in verb meaning.

	S	V	(ADV)
Type 1	*Cousin*	**sortit**	(*tout de suite*).
	Cousin	left	(right away).

```
              S     V      O                        (ADV)
Type 2  Cousin sortit de son rêve  [nondirect]  (tout de suite).
        Cousin emerged from his dream (right away).

              S     V      O                        (ADV)
        Cousin sortit son revolver  [direct]    (tout de suite).
        Cousin took out his revolver (immediately).

           S      V           (ADV)
Type 1  Ils descendirent (en toute hâte).
        They went down (rapidly).

           S      V        O                        (ADV)
        Ils descendirent des voitures  [nondirect]  (en toute hâte).
        They got out of the vehicles (at top speed).

           S      V        O                    (ADV)
        Ils descendirent les voitures  [direct]  (en toute hâte).
        They brought the vehicles down (with all possible dispatch).
```

[See Appendix 1 for English translation.]

They left for London, hoping that the formalities were at last over and done with. There they were put in touch with another service, which handled all French nationals who declared their intention of continuing the struggle on the side of the Allies. The majority were immediately steered into the embryonic staff offices of Free France. A few others, who seemed to be more promising material, were offered the chance of working directly with the British and were given to understand that their talents would be put to use more quickly.

So it happened in this case. Morvan was valuable as a radio operator. Claire was an excellent stenographer, and the Powers That Be know exactly how valuable a good stenographer is in time of war. She spoke English and could also work a radio transmitter, having been initiated into this mystery by her brother. As for

Il n'oublia pas Claire dans ce document, qu'il désirait complet. Il apprécia sa conduite en une phrase, après avoir longuement médité sur son caractère, de la même façon qu'il le faisait autrefois en concluant par un trait un article de critique sur un texte particulièrement délicat. Il mentionna « qu'elle devait certainement être une fille courageuse pour avoir entrepris une expédition qui eût effrayé beaucoup d'hommes ». Et en cela aussi, il faut en convenir, son rapport s'en tenait à la vérité la plus stricte, personne au monde ne pouvant nier que Claire fût une fille courageuse. Il relut plusieurs fois ce passage, qui lui donna finalement entière satisfaction.

Ils partirent pour Londres, espérant en avoir enfin terminé avec les formalités. Là, ils furent mis en rapport avec un autre service, qui s'occupait des Français ayant manifesté l'intention de continuer la lutte au côté des Alliés. La plupart étaient immédiatement aiguillés vers les bureaux embryonnaires de la France Libre. A quelques autres, qui paraissaient des recrues de valeur, on offrait de collaborer directement avec les Anglais, en suggérant que leurs talents seraient utilisés plus rapidement.

Ce fut le cas pour le trio. Morvan était précieux comme spécialiste des transmissions. Claire était une excellente secrétaire-dactylo, et les initiés savent le prix qu'il faut attacher à une bonne secrétaire-dactylo, en temps de guerre. Elle parlait anglais et était en outre un bon opérateur radio, son frère lui ayant autrefois

Cousin, his degree of education, his officer status, and his brilliant military record singled him out as absolutely first-rate material.

When the offer was put to him, accompanied by a number of laudatory comments on his bearing and conduct, Cousin realized that it applied only to a select few, and did not hesitate for a moment. He accepted immediately and urged his companions to do likewise. They were then allotted quarters in a requisitioned hotel in London and were asked to wait until further notice.

enseigné son art. Quant à Cousin, sa culture, sa qualité d'officier et ses brillants états de service en faisaient un élément de premier ordre.

Lorsqu'on lui fit cette proposition, accompagnée de commentaires élogieux sur sa personne et sur sa conduite, Cousin discerna qu'elle s'adressait à une élite parmi une élite, et n'hésita pas. Il accepta sur-le-champ et incita ses compagnons à faire de même. On leur assigna alors un logement dans un hôtel réquisitionné de Londres, et on les pria d'attendre une convocation.

EXERCISE

PRACTICE IN DISTINGUISHING NONDIRECT OBJECT FROM ADVERBIAL

II. Where the following sentences contain either a nondirect object or a prepositional phrase used as an adverbial, underline the elements in the relevant slot. Then write NO for nondirect object and ADV for adverbial in the space after each sentence.

Example: J'ai fait le plein à tout hasard.   _ADV_

a. Cousin écoutait Morvan d'une oreille distraite.   adv.
b. Celui-ci n'était jamais resté en retard.   adverb.
c. Il faisait simplement des allusions vagues à certains contacts.   ND.
d. Cousin fronça le sourcil à sa vue.   adv
e. Sa décision avait précédé de loin l'appel.   adverbial
f. Le lieutenant jouissait de la scène. (en)   ND.
g. Il ordonna le départ sur un ton impératif.   adverbial
h. Il épiait la scène d'un oeil anxieux.   adverbial.
i. Elle donnait une allure logique aux souvenirs de son épopée.   ND
j. Elle parlait anglais et était en outre un bon opérateur radio.   adverbial.

au cours ⎱ = y or là
en classe ⎰   adv.

[No translation is supplied.]

Claire fut appelée la première, dès le lendemain. Le service anglo-français qui s'organisait dans la fièvre avait besoin de dactylos en première urgence. Après quelques jours, Morvan fut envoyé dans un camp pour s'y perfectionner dans les nouvelles techniques. Pour Cousin, l'attente se prolongea plusieurs semaines. On semblait l'avoir oublié. Au début, il en ressentit simplement un peu d'amertume, puis il se répandit en propos désabusés sur la bureaucratie anglaise qui, d'après se qu'il voyait, n'avait rien à envier à celle de son pays. Il adressa aux autorités plusieurs demandes, où son impatience et son désir de servir se mani-

His patriotism and perseverance were finally rewarded, and the manner in which he was summonded was particularly pleasing to his sense of romance. He received a brief note ordering him to report to London, and eventually found himself facing a strange civilian in what looked like an ordinary business office. He felt a sudden shiver of excitement on discovering, from the ensuing conversation, that he was being invited to work for a service whose name alone conjured up an image of mystery and adventure.

festaient avec énergie. Il suppliait qu'on l'utilisât pour n'importe quelle mission dangereuse.

Enfin, son patriotisme et son entêtement obtinrent leur récompense, et la manière dont on fit appel à lui fut singulièrement agréable à son esprit romanesque. Il fut convoqué un jour à Londres par un billet laconique, et se trouva en présence d'un civil, dans un bureau d'apparence commerciale. Il eut une brusque poussée de fièvre en devinant, à la façon dont s'engageait la conversation, qu'il allait être convié à travailler pour un service dont le nom seul évoquait le mystère et l'aventure.

A **link verb** (L) is always used with a predicate complement. The link verb and the predicate complement may form a verbal locution that takes a nondirect object (NO), usually a pronoun. One or more adverbials may occur.

$$\overset{\text{S}}{} \quad \overset{\text{NO}}{} \quad \overset{\text{L}}{} \quad \overset{\text{PC}}{} \quad \overset{\text{(ADV)}}{}$$

Type 3   *La pensée pure lui* **était** *étrangère* (*tout le temps*).

Pure thought was alien to him (at all times).

$$\overset{\text{S}}{} \quad \overset{\text{L}}{} \quad \overset{\text{PC}}{} \quad \overset{\text{(ADV)}}{}$$

Morvan **paraissait** *incompréhensif* (*pendant quelque temps*).

Morvan seemed not to understand (for a while).

EXERCISE

PRACTICE IN DETERMINING VERB FUNCTION

III. In the following sentences indicate whether the verb is transitive (TR), intransitive (INT), or link (L).

Example: Morvan était un bon marin.   _L_

  a. Ils quittèrent l'estuaire.   _tr._
  b. Les Français naviguèrent sans incident toute la nuit.   _int_
  c. Sa propre situation lui paraissait différente.   _L_
  d. Cousin était devenu un aventurier.   _L_
  e. Son travail dura plus d'une semaine.   _int_
  f. Ceci était rigoureusement exact.   _L_
  g. Ce fut le cas pour le trio.   _L_
  h. Morvan serait une excellente recrue.   _L_
  i. Ces questions exaspéraient beaucoup de bonnes volontés à cette époque.   _tr_
  j. Quant à Cousin, sa culture, sa qualité d'officier et ses brillants états de service en faisaient un élément de premier ordre.   _tr._

5

GRAMMATICAL POINTS

Reflexive verbs differ from ordinary verbs in that (1) they must be accompanied by an object pronoun referring to the same person as the subject, and (2) they cannot function grammatically as either intransitive verbs or link verbs. Thus, they are always type 2 verbs.

ESSENTIALLY REFLEXIVE VERBS (ESS REFL) cannot occur without a **reflexive pronoun**. The verb may be accompanied by a preposition which is part of the verbal locution. The reflexive pronoun is frequently untranslatable in English.

ESS REFL

Type 2 *Cousin* **s'est souvenu de** *la rencontre.*

Cousin remembered the encounter.

ESS REFL

La victime **s'est écriée.**

The victim cried out.

ESS REFL

Il **s'est évanoui** *sur-le-champ.*

He fainted on the spot.

ESS REFL

Le peloton motorisé **s'empara de** *leurs armes.*

The motorized squad took possession of their weapons.

The instant he realized he was being asked to take part in clandestine warfare was one of the most sublime moments of his life. His whole body quivered, infused with the breath of the solemn poetry engendered by the thought of special services in wartime, and his dreams at once assumed a new form. Mystery and intrigue added a special pungency to the scent of glory that his mind was forever distilling. A phrase he had once noticed in the course of his reading began buzzing through his brain: "Intelligence work is a noble profession—an occupation for gentlemen."

Before the civilian had even mentioned it, he foresaw the nature of the mission on which he was to be engaged: they were going to send him into France secretly. He had every reason for drawing this conclusion. On several occa-

L'instant où il comprit qu'on lui proposait de participer à la guerre secrète fut un des plus exaltants de son existence. Tout son corps frissonna, traversé par les effluves de la sombre poésie que reflètent les services spéciaux en temps de guerre, et ses rêves prirent immédiatement une nouvelle forme. Le mystère et l'intrigue ajoutaient des épices capiteuses au parfum de gloire que son esprit distillait en permanence. Une phrase, remarquée autrefois parmi ses lectures, se mit à bourdonner dans son cerveau : « Le métier d'espion est un métier de Seigneur. »

Avant même que le civil se fût expliqué, il avait pressenti la nature de la mission qu'il désirait lui confier : on allait l'envoyer clandestinement en France. Il avait de bonnes raisons de le supposer. Plusieurs fois, au cours de ses en-

sions, during his interviews with the authorities, the importance attached to underground activity in enemy-occupied territory had been hinted at in guarded terms. He had often played with the idea of being employed in this field, but it had seemed too wonderful for him to dare to think about. Suddenly realizing he had been far too modest and that he was considered worthy of such a perilous task, he was dazzled by the thought of the possibilities this new universe opened to a man of his mettle.

"I've a certain amount of information about you," the civilian was saying. "At the front, always volunteered for the tough jobs. Fine. I've also read the account of your escape from France. I must congratulate you . . ."

Cousin did not reply, realizing that nothing he could say would add to his reputation, which emerged from the facts alone.

"Again, in London, I see, you applied for a dangerous mission. I've got a particularly tricky one to offer you, more hazardous and worthwhile than anything you're likely to come across in the regular army . . . because, as you're no doubt aware, this means joining a very special service."

tretiens avec les autorités, l'importance que devait prendre la guerre secrète en pays occupé avait été évoquée à mots couverts. L'idée de son utilisation dans ce domaine l'avait effleuré, mais elle lui paraissait trop merveilleuse pour qu'il osât la retenir. Comprenant tout d'un coup qu'il avait été beaucoup trop modeste et qu'on le jugeait digne d'un métier aussi audacieux, il fut illuminé par la perception des possibilités que cet univers nouveau offrait à sa valeur.

— J'ai là un certain nombre de renseignements sur vous..., disait l'autre. Sur le front, toujours volontaire pour les coups durs. Très bien. J'ai lu aussi le récit le votre évasion de France. Je vous félicite.

Cousin restait silencieux, sentant qu'aucun commentaire n'ajouterait à la bonne opinion que les faits donnaient de lui.

— A Londres, je vois que vous avez encore sollicité des missions dangereuses. J'en ai une particulièrement délicate à vous proposer; plus périlleuse et plus utile que vous ne pourriez en obtenir dans l'armée régulière; ...car, vous vous en doutez sans doute, il s'agit d'entrer dans un service très spécial.

Certain verbs may be made reflexive by adding a reflexive pronoun. The resulting construction may cause a change in verb meaning.

NON-REFL
Les Anglais **prolongèrent** *l'attente plusieurs semaines.*
The English prolonged the waiting period for several weeks.

NON-REFL
Les Allemands **occupèrent** *la France plusieurs années.*
The Germans occupied France several years.

REFL
L'attente **se prolongea** *plusieurs semaines.*
The waiting period was prolonged (prolonged itself) several weeks.

REFL
Les Allemands **s'occupèrent de** *ses affaires.*
The Germans took charge of his business interests.

An expression of ecstasy came into Cousin's eyes. There was no doubt about it: this civilian, this slightly pot-bellied, middle-aged man with the deceptively casual manner, this ordinary-looking office of his—all this meant not only a secret service, but the world-famous, one and

Une expression de ravissement passa dans le regard de Cousin. Aucun doute n'était possible : ce civil, un quinquagénaire légèrement bedonnant, à l'air trop paisible, ce bureau d'aspect anodin..., il s'agissait non seulement d'un service secret, mais du seul, du vrai, du grand,

only Intelligence Service. He felt a twinge of condescending pity for some of his compatriots he had met in London who were attempting, with such meager means, to establish an intelligence branch within the framework of Free France. He, Cousin, would be working for the Big Shots, the Kings of the Profession!

"What we need," continued the middle-aged man, who on occasion was not averse to dilating on the philosophical aspect of his job, "what we need are men of action, certainly—but, above all, we need brains. The ideal agent is someone who possesses a will of iron subordinated to intellectual faculties of the highest order. Lawrence will probably always be the perfect example of this. We believe that you have unique qualifications."

For him, this was tantamount to a revelation. Did he not possess this rare mixture of contradictory qualities? Why hadn't they thought of employing him in this field before? Why hadn't he thought of it himself? He felt almost physically sick as he recalled the commonplace tasks to which he had been restricted in the regular army. As a matter of fact, it now occurred to him that he had always suspected he was destined for greater exploits.

He listened in a daze and with eager impatience while the civilian described his eventual mission in broad outline. He would be sent into France with a radio operator. There he would have to create an intelligence network. So far there was no proper organization. He would be given a free hand and would have to make important decisions on his own initiative.

"We've got any amount of potential material over there, but what we're short of are organizers, you understand?"

Each word was a stimulant to Cousin's pride, and not for a second did he envisage the dangers of this operation. For the moment there was only one clearly defined thought in his head: a strange urge to break off this conversation so as to be able to commune with himself.

du fameux Intelligence Service ! Il ressentit un peu de pitié méprisante pour certains de ses compatriotes rencontrés à Londres, qui tentaient, avec des moyens misérables, de constituer un organisme de renseignements dans le cadre de la France Libre. C'étaient les Grands, les Seigneurs qui le sollicitaient, lui.

— Il nous faut, continua le quinquagénaire, qui ne détestait pas occasionnellement creuser la philosophie de son métier, il nous faut des hommes d'action, certes, mais avant tout des cerveaux. L'agent idéal est celui qui possède une énergie indomptable au service des plus hautes qualités intellectuelles. Lawrence restera probablement un modèle parfait à ce point de vue. Nous estimons que vous seriez un élément précieux.

Parbleu ! C'était pour lui une sorte de révélation. Ne possédait-il pas ce mélange si rare de qualités disparates ? Comment n'avait-on pas pensé plus tôt à l'utiliser dans ce domaine ? Comment n'y avait-il pas songé lui-même ? Il eut presque une nausée en évoquant les besognes grossières auxquelles il avait été astreint dans l'armée régulière. En fait, il se rendait compte maintenant qu'il s'était toujours senti destiné à d'autres entreprises.

Il écouta distraitement, avec impatience, l'exposé des grandes lignes de sa mission éventuelle. Il serait envoyé en France avec un opérateur radio. Là, il devrait créer un réseau de renseignements. Rien n'existait encore de cohérent. Il aurait la plus grande initiative et devrait prendre des décisions importantes.

— Nous avons des hommes de main un peu partout, mais ce qui nous manque, là-bas, ce sont des organisateurs, comprenez-vous ?

Chaque phrase était un excitant pour son amour-propre. Pas une seconde, il ne se représenta alors les périls de ce projet. Il n'avait en cet instant qu'une pensée précise : un désir bizarre d'écourter cet entretien pour se retrouver en tête à tête avec lui-même.

EXERCISE

PRACTICE IN DISTINGUISHING REFLEXIVE VERB FUNCTION

I. In the following sentences drop the object noun and replace it by a reflexive pronoun that has the subject as its antecedent.

Example: Cousin réveilla Morvan à cinq heures.

Cousin se réveilla à cinq heures.

a. Ils félicitent les navigateurs.

Ils se félicitent

b. L'espion trahit ses compatriotes.

L'espion se trahit

c. Il discernait son rôle avec netteté.

d. Ils contrôlèrent tous les véhicules.

Il se contrôlèrent

e. Le civil expliqua la nature de sa mission.

f. Les officiers rassuraient les troupes.

Les officier se rassuraient

g. L'agent préparait le dossier sans bruit.

se préparait sans bruit

h. Son ambition traduisait ses pensées en image colorées.

i. Il dirigea quelques expéditions nocturnes vers la côte.

j. Il voyait vaguement ces projets héroïques sous le masque d'un X mystérieux.

Ils se voyagait

He longed to be by himself because the other man's presence hindered the full development of the dreams that were gradually taking shape in his mind. He pictured himself vaguely in the guise of a mysterious X, an unknown figure but famous throughout France because of his exploits, a phantom warrior who, during the still watches of the night, was discussed in excited whispers in the towns and in the countryside, who escaped every trap the enemy set, thanks to his superhuman cunning, and who emerged from the shadows only on the day of victory. His mind had an imperative need of solitude to put these fleeting images in order and to find the ideal form for their incarnation by drawing on a mass of material details that could be brought to light only in peaceful seclusion.

He accepted the offer without questioning a single point and declared himself ready to start as soon as they wished. The civilian seemed pleased with this impetuosity but informed him that first of all he would have to go through a special training course.

Before even embarking on this stage, he would have to report to several offices and submit to a rigorous cross-examination carried out by a number of experts. He acquiesced to these formalities without showing too much impatience.

One of these specialists, who interrogated

Il avait hâte d'être seul parce que la présence de son interlocuteur empêchait le plein développement des rêves dont les éléments bouillonnaient dans son esprit. Il se voyait vaguement sous le masque d'un X mystérieux, inconnu de tous, mais devenu célèbre dans la France entière par ses exploits, un être des ténèbres évoqué le soir à la veillée par des chuchotements enthousiastes, dans les villes et dans les campagnes, échappant à tous les pièges de l'ennemi grâce à son habileté infernale, et sortant seulement de l'ombre le jour de la victoire. Mais ce n'était encore qu'une ébauche. Son esprit avait un besoin impérieux de solitude pour ordonner ces aperçus fugitifs, et chercher la forme idéale de leur incarnation à travers une nuée de détails matériels précis, qui ne peuvent se découvrir que dans le recueillement.

Il accepta la proposition sans en discuter un seul point, et se déclara prêt à partir dès qu'on le voudrait. Le civil parut satisfait de cet empressement, mais lui apprit qu'il devrait, auparavant, suivre un entraînement spécial.

Avant même d'effectuer ce stage, il lui fallut d'abord se présenter dans plusieurs bureaux, et subir une enquête serrée de la part de nombreux experts. Il se plia à ces formalités sans trop manifester d'impatience.

L'un de ces spécialistes, en particulier, lui

him in French, first asked him a number of questions that seemed to have no bearing at all on his new functions, before concentrating on his past activities, his antecedents, and the state of his health. Cousin felt it was like being put through a medical examination of a rather special kind. The examiner actually was a doctor; in fact, he was a psychiatrist—Dr. Fog.

After the interrogation, which Cousin thought perfectly absurd, Dr. Fog switched without a pause to his mission and asked him when he was thinking of starting.

"As soon as possible," Cousin declared. "If it depended on me alone, I'd be off tonight."

Dr. Fog scrutinized him with his inquisitorial eyes, and a vague look of disappointment crept into his expression. He made no comment, however.

"Really?" he merely remarked noncommittally.

posa en français des questions étranges, dont la plupart semblaient n'avoir aucun rapport avec ses nouvelles fonctions, avant de se concentrer sur ses activités passées, ses antécédents familiaux et son état de santé. Il avait l'impression de passer un examen médical d'un genre assez spécial. En fait, l'examinateur était bien un docteur, et même un psychiatre. Il s'agissait du docteur Fog.

Après cet interrogatoire, que Cousin jugeait décousu, le docteur Fog revint sans transition à sa mission et lui demanda quand il pensait partir.

— Le plus tôt posible, s'écria-t-il. Si cela ne dépendait que de moi, je partirais ce soir.

Le docteur Fog le dévisagea de ses yeux inquisiteurs, et une vague nuance de contrariété passa dans son regard. Il ne fit cependant aucun commentaire.

— Vraiment ? dit-il seulement sur un ton neutre.

The reflexive pronoun functions as a direct object when the reflexive verb is separated from a following noun object by a preposition.

	DO	REFL	PREP	NOUN O
Le service	**s'**	*occupait*	*d'*	*espionnage.*

The service was in charge of espionage.

	DO	REFL	PREP	NOUN O
Je	**me**	*pliai*	*à*	*ces formalités.*

I went along with these formalities.

	DO	REFL	PREP	NOUN O
Elle	**s'**	*adressait*	*à*	*une*	*élite.*

It applied to only a select few.

Cousin felt that he had somehow made a bad mistake. That special sense of his, which enabled him to follow the variations of other people's opinion of himself, warned him that his reply, which would have satisfied most authorities, was not to the liking of this new individual. He corrected himself, assuming a more subdued tone of voice.

"That is to say, as soon as I've finished the training course."

"I thought as much," the doctor muttered. He paused for a moment, then went on, observing Cousin closely again. "I suppose you realize the dangers to which you're likely to be exposed?"

Cousin eut l'intuition qu'il avait fait une bévue. Ce sens insolite qui lui permettait de suivre les variations de l'opinion des autres à son égard lui signala que cette réponse, tenue pour satisfaisante par certaines autorités, ne plaisait pas à ce nouveau personnage. Il rectifia sur un ton plus posé.

— Aussitôt que j'aurai terminé les cours et l'entraînement.

— Je pensais aussi..., murmura le docteur.

Il réfléchit, puis reprit en le regardant de nouveau avec insistance :

— Je suppose qu'on vous a parlé des dangers auxquels vous allez être exposé ?

"I'm fully aware of them."

Dr. Fog nevertheless insisted on enlarging on the subject. He did so in no uncertain terms and with a wealth of detail that argued extensive knowledge, if not personal experience. For a quarter of an hour he described the various methods employed by the enemy to make an Allied secret agent talk: from plain blows, cunningly administered so as to dull the brain, to the most atrocious tortures, including the water treatment and electric shocks.

Cousin showed a reasonably bold front as he listened to this long list of atrocities. He had never been frightened by words, and these particular ones did not really faze him. Nevertheless, he had to make an effort to withstand the doctor's piercing gaze right up to the end and, when he had finished, to answer him in measured tones.

"I'm fully aware of all that and I'm prepared to face those dangers."

"Would you also be prepared to swallow this, if necessary?" said Dr. Fog, opening a small cardboard box.

"What is it?"

[See Appendix 1 for English translation.]

— Je ne les ignore pas.   *hold forth*

Le docteur Fog, cependant, tenait à l'entretenir lui-même de ce sujet. Il le fit en termes précis et avec un luxe de détails prouvant une vaste documentation, sinon une expérience personnelle. Pendant un quart d'heure, il décrivit la gamme des procédés employés par l'ennemi pour faire parler un agent secret allié, lorsque celui-ci tombait entre ses mains; depuis les simples coups, savamment *cunningly* dosés pour engourdir *dull* *cleverly* le cerveau, jusqu'aux tortures les plus affreuses, en passant par la baignoire et les décharges électriques.

Cousin fit assez bonne contenance en écoutant ce long exposé d'atrocités. Les mots ne lui avaient jamais fait peur, et ceux-ci ne se traduisaient pas pour lui en sensations. Tout de même, il dut faire un effort pour soutenir jusqu'au bout le regard pénétrant du docteur et, quand celui-ci eut fini, pour parler sur un ton froid.

— Je me doutais de tout cela, et je suis prêt à affronter ces dangers.

— Etes-vous prêt aussi à avaler ceci si c'est nécessaire ? dit le docteur Fog, en ouvrant une petite boîte.

— Ceci ?

— Cyanure. Pour son emploi dans les services spéciaux, il existe sous différentes formes : pilules, cachets. Moi, je conseille ces minuscules ampoules de verre. Si vous parvenez à en glisser une dans votre bouche, sans être vu, vous pouvez la maintenir collée contre la langue jusqu'au moment où vous sentez que vous allez céder à la souffrance. — Je sais bien que cet instant critique est un point d'appréciation singulièrement délicat, remarqua incidemment le docteur Fog en haussant ses sourcils, mais si vous êtes très résistant et si vous conservez la tête lucide, vous gardez ainsi une chance jusqu'au bout. — Si vous estimez avoir atteint la limite de vos forces, être sur le point de parler, de trahir, alors, un simple coup de dents, et c'est fini... J'espère que vous n'aurez pas à vous en servir, mais c'est une éventualité à laquelle tout bon agent doit se préparer.

EXERCISE

PRACTICE IN IDENTIFYING VERB FUNCTION

II. In the following sentences replace the subject by the object and make the verb reflexive.

Example: Le civil trahit les espions sans le savior.

Les espions se trahissent sans le savoir

a. Cousin manifestait son impatience avec énergie.

Son impatience se manifestait avec énergie

b. Le caporal présenta respectueusement son compagnon.

Son compagnon se présenta respectueusement

c. Morvan retrouva ses anciens camarades en route.

Ses anciens camarades se retrouvèrent en route

d. Cousin porta vivement son regard sur la vieille mère.

Son regard se porta sur la vieille mère

e. On transmettait régulièrement des émissions de Londres.

Des émission se transmettaient régulièrement

f. Ils répandirent partout un peu d'amertume.

Un peu d'amertume se répandit partout

g. On obtient ce poste dans l'armée régulière.

Ce poste s'obtient dans l'armée régulière

h. L'ambiance du foyer arracha Cousin aux rêves de bravoure.

C s'arracha aux rêves

i. Il ajoutait le mystère et l'intrigue aux inventions de son esprit.

Le mystère et l'intrigue s'ajoutaient aux inventions

j. Les Anglais adressaient cet appel aux alliés en territoire français.

Cet appel s'adressait aux alliés en territoire français

Dr. Fog attached a great deal of importance to this sort of test and made it compulsory for certain candidates. He maintained that their reactions gave him a valuable clue to their character. Cousin had turned pale; he stiffened in his seat for a moment, as though hypnotized by the small glass phial, but quickly pulled himself together. The doctor, who was watching him closely, detected no more than a slight tremor in his hand when he took the capsule and an almost imperceptible quaver in his voice as he replied:

"I won't forget your instructions, sir. I, too, hope that I shan't have to resort to this solution, but in case I do I'll try to make sure when the right moment arrives."

He had even succeeded in introducing a note of irony into his voice. He fancied his examiner appreciated this, and felt well rewarded for the effort.

"Don't leave that lying about for anyone to pick up," said the doctor as he dismissed him.

Dr. Fog, however, did not appear to be completely satisfied. He nervously thumbed through a file that lay before him, nodding his head, reread some notes he himself had scribbled down, then thrust the papers into a drawer and sat back lost in thought. His meditation was inter-

Le docteur Fog attachait beaucoup de prix à cette sorte de test qu'il faisait subir à certaines recrues. Il estimait que leur réaction lui donnait de précieuses indications sur leur caractère. Cousin avait pâli; il resta un moment immobile et silencieux, comme hypnotisé par le petit tube de verre, mais il se reprit assez vite. Le docteur, qui l'observait de près, ne décela qu'un léger tremblement de sa main quand il prit l'ampoule, et un imperceptible frémissement de sa voix lorsqu'il déclara :

— Je n'oublierai pas vos prescriptions, Sir. J'espère, moi aussi, que je n'aurai pas à utiliser ce remède; mais, le cas échéant, je tâcherai de discerner le moment opportun.

Il avait même réussi à mettre un soupçon d'ironie dans sa réponse. Il crut s'apercevoir que son examinateur appréciait ce sel, et se sentit récompensé de son effort.

— Ne laissez pas traîner ça à portée des enfants, dit le docteur en le congédiant.

Cependant, le docteur Fog ne paraissait pas entièrement satisfait. Il feuilleta avec nervosité un dossier qu'il avait devant lui, relut, en hochant la tête, des notes qu'il avait lui-même griffonnées, puis enfouit le tout dans un tiroir et resta songeur. Sa méditation fut interrompue

rupted by the entry of the middle-aged man who had interviewed Cousin when he first reported. He had heard the whole conversation from the adjacent office, the door having been left ajar. He knew the doctor well and was aware that he did not like to be hurried. He sat down quietly opposite him, lit a cigarette, and after a minute's pause observed:

[No translation is supplied.]

"We haven't the time."

"Then take him on," the doctor retorted rather testily. "After all, from my point of view, I see no serious objection."

"Is he normal mentally?"

"Normal?" The psychiatrist gave a shrug of impatience and the middle-aged man got up to leave. "First you'll have to define the norm. All I can say is, I've known crazier people than him in the service . . . even in the higher ranks," Dr. Fog concluded as his visitor left the room.

par l'entrée du quinquagénaire qui avait reçu Cousin à sa première convocation. Celui-ci avait entendu toute la conversation, du bureau voisin, la porte étant restée entrouverte. Il connaissait bien le docteur et savait que celui-ci n'aimait pas la précipitation. Il s'assit paisiblement en face de lui, alluma une cigarette et, au bout d'une minute, remarqua :

— Une bonne recrue, je pense.

Le docteur Fog ne répondit pas.

— Pourtant, reprit le quinquagénaire comme s'il avait été contredit, ses états de service sont de premier ordre.

Le docteur Fog resta muet.

— J'ai remarqué, continua l'autre avec patience, que vous lui parliez sur un ton particulièrement sévère.

— Vraiment ?

— On aurait juré que vous vouliez le dégoûter du métier.

— Un métier de Seigneur, murmura sur un ton neutre le docteur Fog.

— Vous voyez une objection à son engagement ?

— En matière de services spéciaux, dit le docteur sans répondre directement à la question, les méthodes nazies ont au moins un avantage sur les nôtres. Ils ne se contentent pas de tests théoriques. Ils expérimentent vraiment, d'une manière très réaliste, la capacité de résistance de leurs agents.

— Cela ne se peut pas chez nous.

— Je le sais bien.

— Enfin, quel est votre diagnostic ?

— Un intellectuel, dit le docteur d'une voix hésitante; un intellectuel... Pour cette espèce, mon diagnostic est très difficile, toujours incertain. Ils peuvent être capables de sacrifices sublimes, comme s'effondrer au premier accident; et alors, il n'en reste rien. Il me faudrait une longue étude.

— Nous n'avons pas le temps.

— Alors, engagez-le, répliqua le docteur avec brusquerie. Après tout, du point de vue de ma spécialité, je ne vois pas d'objection sérieuse.

— Son cerveau est normal ?

— Normal ? — Le psychiatre eut un geste d'impatience, et le quinquagénaire se leva pour prendre congé. — Il faudrait d'abord définir la norme. Tout ce que je peux affirmer, c'est que j'en connais de plus fous que lui dans le service... et même aux plus hauts postes, acheva le docteur Fog, comme son visiteur disparaissait.

GRAMMATICAL POINTS

The reflexive pronoun functions as a nondirect object (NO) when the reflexive verb is *not* separated from a following noun object (NOUN O) by a preposition.

   NO REFL   NOUN O
Cousin **se** *représenta tous les périls.*
Cousin took all the dangers into consideration.

    NO REFL   NOUN O
Nous **nous** *posâmes cette question.*
We asked ourselves this question.

     DO.
    NO REFL   NOUN O
Morvan **s'** *estimait bon marin.* [que M.'était bon marin]
Morvan considered himself a good sailor.   see notes

    NO REFL   NOUN O
Vous **vous** *attribuez trop de mérite.*
You think you are better than you are. (You attribute too much merit to yourself.)

The Gestapo raid on the Lachaume farm brought an end to a series of brilliant successes and to the luck that had favored him since the beginning of the war, particularly during the first few months of his new activities. He felt as though a brutal stroke of an ax had descended upon him. Not only was he paralyzed in every limb, but almost all his vital functions were suspended, reduced instantaneously to a thunderous beat of his heart and to a dull ache that spread throughout his frame as a result of this inhuman hammering.

He was plunged abruptly into a state of absolute passivity, like a patient whose reflexes are deadened by an injection before a serious operation. He made no attempt to get hold of his submachine gun, which was in a cupboard within arm's reach. His brain was incapable of issuing a single order or even thinking of putting up a fight, and in any case his body would have refused to obey.

Yet he could have fought back. He had been

L'irruption de la Gestapo dans la ferme Lachaume marqua pour lui la fin d'une brillante série de réussites et de la chance qui l'avait servi depuis le début de la guerre, en particulier durant les premiers mois de son nouveau métier. Il la ressentit comme un brutal coup de hache dans sa destinée. Non seulement elle paralysa ses membres, mais elle suspendit presque toutes ses manifestations vitales, qui furent instantanément réduites aux prodigieux battements de son cœur, et à la douleur sourde répartie dans tout son être par ces percussions inhumaines.

Il fut subitement plongé dans un état de passivité absolue, comme ces patients dont une piqûre anéantit les réflexes avant une opération délicate. Il ne fit pas un mouvement vers sa mitraillette, qui se trouvait dans un placard, à portée de sa main. Son esprit n'eut pas la velléité d'esquisser un ordre, d'envisager même une résistance et, de toute façon, son corps eût refusé d'obéir.

Pourtant, il aurait pu se défendre. Il avait eu

granted a few minutes' grace, thanks to the heroism of old Lachaume, who gave a shout in the yard outside as soon as he spotted the vehicles; but the shout and the shots that ensued, instead of spurring him to action, stupefied him completely. Morvan, who was in the middle of sending off a message, displayed more presence of mind and resourcefulness than Cousin would have given him credit for. His eyes caught those of his officer, begging for the order that Cousin was incapable of giving. Then, since the Germans' footsteps could already be heard on the stairs, Morvan snatched up all the papers that lay scattered on the table and stuffed them into the stove, where they burned to ashes. After that he dashed across to the cupboard where the weapons were kept. He did not have time to reach it. Four men armed with submachine guns burst into the room. Cousin, looking as white as a ghost, had not moved a muscle.

This conduct on the part of Morvan made Cousin feel strangely unhappy during the short respite he was given while the Germans were busy searching the farm. Now that the effect of the shock was wearing off, he had recovered his mental faculties, and the agony of mind he felt at what fate had in store did not prevent him from regarding his subordinate's behavior as an insult.

quelques instants de répit, grâce à l'héroïsme du vieux Lachaume, qui hurla dans la cour de la ferme dès qu'il aperçut les voitures; mais le cri et les détonations qui suivirent, au lieu de le stimuler, déclenchèrent en lui l'hébétement. Morvan, qui était occupé à transmettre un message, fit preuve de plus de sang-froid et d'une initiative dont il ne l'eût jamais cru capable. Son regard chercha celui de son chef, implorant l'ordre qu'il ne pouvait donner; puis comme les pas des policiers s'entendaient déjà dans l'escalier, il se précipita sur les papiers qui parsemaient la table et les jeta dans le poêle où ils se consumèrent. Alors, il bondit vers le placard où étaient rangées les armes. Il n'eut pas le temps de l'atteindre. Quatre hommes, mitraillette au poing, envahirent la chambre. Cousin, blême, avait gardé une immobilité de statue.

Cette attitude de Morvan le rendait étrangement malheureux pendant le répit que lui laissèrent les policiers occupés à fouiller la ferme. Les effets du choc atténués, il avait recouvré la faculté de réfléchir, et l'angoisse qui le rongeait au sujet de son sort ne l'empêchait pas de ressentir comme une insulte le comportement de son modeste collaborateur.

EXERCISE

PRACTICE IN DISTINGUISHING REFLEXIVE VERB FUNCTION

I. Indicate whether the reflexive pronoun is a direct object (DO) or a nondirect object (NO) from the absence or presence of a preposition before the noun object following the verb.

Example: Ils s'écrirent plusieurs lettres.   _NO_
          Il s'astreignait à une objectivité scrupuleuse.   _DO_

a. Sa mère s'inquiétait de son sort.   _DO_
b. Elles s'arrachèrent les cheveux.   _ND_
c. Ils s'arrachèrent à la mort.   _DO_
d. Ils se dissimulèrent dans le troupeau.   _DO_
e. Il se rappela son mouvement d'indignation.   _ND_
f. Un îlot de résistance s'enflait de tous les groupes.   _DO_
g. Quelquefois il se représenta l'événement irréparable.   _ND_
h. Cousin s'est indigné contre la honte d'une telle reculade.   _DO_
i. Cousin s'est aperçu de la désorganisation de l'armée.   _DO_
j. Les officiers s'interdirent le droit de donner des ordres.   _ND_

Chance had brought them together again, Morvan and himself, for this mission in France. It certainly had not been his choice. He had even raised certain objections when he was told that the corporal had been attached to him as a radio operator. Morvan was clearly lacking in spirit, in drive, and the first requirement for an enterprise of this sort was a thirst for action. Chosen because of his technical skills, he was merely prepared to obey orders and go wherever he was told. Cousin did his utmost to drive this point home with the English staff officer who was responsible for mounting the operation, but the latter refused to see reason.

"You already know each other, since you came over here together."

"But that was pure coincidence. . . . Mind you, I've nothing definite against him. He put on a good show. But I'm not sure he's the right man for this sort of job . . ."

[See Appendix 1 for English translation.]

"Yes, sir," Morvan would reply.

With his increased responsibilities, Cousin had been promoted to the rank of major, and with due regard for military hierarchy Morvan started calling him *"mon commandant,"* which flattered him but which might prove somewhat risky in France. Cousin pointed this out to Morvan, who thereupon had reverted quite naturally to plain "sir."

"I just wanted to warn you. When we're in enemy-occupied territory, of course, it goes without saying—we've been into that already and I hope you haven't forgotten what you have to do when the time comes—but even here . . ."

Le hasard les avait réunis de nouveau, lui et Morvan, pour cette mission en France. Il ne l'avait certes pas choisi. Il présenta même des objections en apprenant qu'il lui était adjoint pour s'occuper des transmissions. Morvan manquait d'entrain, de panache, c'était visible, et une aventure pareille réclamait avant tout de l'enthousiasme. Désigné à cause de son habileté professionnelle, il se contentait d'obéir et d'aller où on l'envoyait. Cousin fit valoir son point de vue avec insistance auprès de l'agent anglais qui réglait avec lui les détails de l'expédition; mais celui-ci refusa d'en tenir compte.

— Vous vous connaissez déjà, puisque vous êtes venus en Angleterre ensemble.

— Oh, une pure coïncidence...; remarquez, je n'ai rien de précis contre lui. Il s'est conduit correctement. Cependant, je me demande s'il est bien l'homme qu'il faut pour un emploi aussi délicat.

— Il faudra vous en accommoder. Nous manquons de spécialistes français, et c'est un opérateur radio de premier ordre.

Cousin s'était incliné, tout en conservant une arrière-pensée. Dans ses entretiens avec Morvan, au cours des préparatifs, il ressentait parfois un violent désir de l'humilier en laissant percer sa méfiance. Sa voix se faisait impérieuse, cassante. Il s'écartait de plus en plus de la familiarité qui remplaçait souvent la stricte atmosphère de discipline dans les services spéciaux. Le regard lourdement chargé d'autorité, il lui faisait des remarques de ce genre :

— Je ne sais pas si l'on vous a dit, Morvan, que le plus petit détail de cette mission est d'une importance capitale et, avant tout, qu'il doit être considéré comme strictement confidentiel.

— Oui, Monsieur, répondait Morvan.

On lui avait donné le grade de *major* à cause de ses responsabilités. Morvan, respectueux de la hiérarchie commença par l'appeler « mon commandant », ce qui le flattait mais pouvait être dangereux en France. Il lui en fit l'observation, et Morvan, de lui-même, avait tout naturellement adopté le « monsieur ».

— Comprenez-moi bien. Cela va de soi, quand nous serons en pays ennemi. Nous nous sommes expliqués sur ce point, et j'espère que vous n'avez pas oublié ce que vous auriez à faire éventuellement. Mais, même ici...

Reflexive pronouns are a sub-category of pronouns known as **conjunctive personal pronouns.**

Conjunctive pronouns (CP) replace nouns functioning as subject (S), direct object (DO), indirect object (IO), and predicate complement (PC).* They cannot occur by themselves and must accompany the verb in every sentence.

CP

S   **Il** *montre l'ampoule à l'officier.*
He shows the capsule to the officer.

DO   *Le psychiatre* **la** *montre à l'officier.*
The psychiatrist shows it to the officer.

IO   *Le psychiatre* **lui** *montre l'ampoule.*
The psychiatrist shows the capsule to him.

PC   *Un héros? Cousin* **le** *sera peut-être un jour.*
A hero? Cousin will perhaps be one some day.

CP SUBJECT PRONOUN FORMS

Singular
1. *je (j')*   I
2. *tu*   you
3. *il, elle, on*   he, she, one (figuratively: we, they, etc.)

Plural
1. *nous*   we
2. *vous*   you
3. *ils, elles*   they (masc.), they (fem.)

Cousin had told him about the cyanide capsules. With a sort of relish he had re-enacted the scene to which he had been subjected in Dr. Fog's office, the roles now being reversed. Playing his part with exaggerated gravity, he watched his colleague's reactions with an almost morbid curiosity. He considered them pretty disappointing and felt even more proud of himself. Morvan, it must be admitted, was badly shaken. Then he pulled himself together. Even though Cousin offered him a loophole, telling him there was still time to back out, that he would not hold it against him—how he longed and prayed for such an admission of weakness! —Morvan finally declared he could stick it out as well as the next man and that he was ready to leave, since he had been selected.

Il lui avait parlé des ampoules de cyanure. Avec une sorte de délectation, il avait rejoué pour lui la scène subie dans le bureau du docteur Fog, les rôles étant inversés, tenant maintenant le sien avec une solennité impressionnante, guettant avec une curiosité presque morbide les réactions de son collaborateur. Il les jugea assez piteuses et en éprouva de l'orgueil. Morvan, c'était indéniable, perdait contenance, et il le sentait à deux doigts de refuser l'aventure. Puis il s'était ressaisi. Quoique Cousin lui tendît la perche en lui disant qu'il était encore temps de renoncer, qu'il ne lui en voudrait pas — comme il souhaitait, comme il épiait avec passion cet aveu de faiblesse ! —, Morvan finit par déclarer qu'il pensait pouvoir tenir le coup aussi bien qu'un autre, et qu'il était prêt à partir, puisqu'il avait été désigné.

* Conjunctive pronouns (and certain disjunctive pronouns) that are nondirect objects form the sub-class of indirect object (IO).

". . . Even here in London, don't forget that walls have ears and that any loose talk, no matter how insignificant it may seem, could lead to disaster . . ."

"I know that, sir. I'll hold my tongue all right."

"Have you got a girl friend here?" Cousin went on, looking him straight in the eye.

"No, sir," Morvan replied, blushing scarlet.

"Good. This business is so important that even if you were married, your wife could not be told what you were up to. Do you understand?"

"Only my sister knows that I'm leaving, but it wasn't I who told her."

"It's not your fault, but it's a pity just the same."

Claire knew about their mission because she now held a fairly important post, as secretary to one of the heads of the service. Cousin, although he was convinced of her discretion, was anything but pleased that she was acquainted with the project and never missed an opportunity to make her brother conscious of this.

The Germans went on with their search and appeared not to bother about the two men. After feverishly racking his brains, Cousin came to the conclusion that there was nothing incriminating for them to find—except the radio set, of course! Even in his suitcase there was no document that could betray their activities. The only dangerous papers were the ones Morvan had burned.

Morvan had shown great presence of mind, admittedly. Quick reactions—Cousin was forced to recognize this, albeit reluctantly. But then, think of the ingenuity he himself had displayed in the six months he had been operating as a spy under the very nose of the enemy!

— ...Même ici, à Londres, n'oubliez pas que nos ennemis ont des oreilles partout et qu'une parole en apparence insignifiante peut causer une catastrophe.

— Je le sais, Monsieur. Je tiendrai ma langue.

— Est-ce que vous avez une petite amie ici ? insistait Cousin en le regardant dans le blanc des yeux.

— Non, Monsieur, répondait Morvan en rougissant.

— Bon... Ceci est d'une telle importance que, même si vous étiez marié, votre femme devrait tout ignorer de vos activités. Vous me comprenez bien ?

— Ma sœur seulement sait que je vais partir; mais ce n'est pas moi qui le lui ai dit.

— Ce n'est pas votre faute, mais c'est bien regrettable.

Claire était au courant de leur mission parce qu'elle occupait maintenant un poste de secrétaire assez important auprès d'une des autorités du service. Quoiqu'il fût certain de sa discrétion, l'idée qu'elle connaissait ses projets déplaisait à Cousin, et il ne perdait aucune occasion de le montrer à son frère.

Les policiers allemands continuaient la fouille sans paraître s'occuper d'eux. Cousin, cherchant anxieusement dans ses souvenirs, conclut qu'ils ne pouvaient rien trouver de compromettant... excepté le poste, bien sûr ! Même dans ses valises, il n'y avait aucun document qui pût révéler ses activités. Les seuls papiers dangereux étaient ceux que Morvan avait détruits.

Il avait montré de la présence d'esprit, certes. Un bon réflexe; Cousin se forçait maintenant à le reconnaître, avec un reste de rancune. Mais lui-même, jusqu'ici, quelle habileté n'avait-il pas déployée, depuis près de six mois qu'il exerçait son métier d'espion à la barbe de l'ennemi !

EXERCISE

PRACTICE IN DETERMINING CP FUNCTION

II. In the space provided after each sentence write the form of the conjunctive pronoun that functions as the subject.

Example: Il observait de près les volontaires français.   _____Il_____

   a. Elle était au courant de leur mission.   _____Elle_____
   b. Oui monsieur, je tiendrai ma langue.   _____je_____
   c. Parfois, ils ressentaient un violent désir de percer sa méfiance.   _____ils_____
   d. Mon frère, tu partiras pour la France sans moi.   _____Tu_____

e. Cela va de soi, quand nous serons en pays ennemi.   *nous*

f. Morvan, dit Cousin, vous savez que nos ennemis ont des oreilles partout.   *vous*

g. Pourtant, elles restaient sur la table devant lui.   *elles*

h. Mitraillette au poing, il envahit la chambre.   *il*

i. Le cas échéant, tu feras ton devoir.   *tu*

j. Le plus petit détail de cette mission, est-il d'une importance capitale?   *il*

After looking into several enterprising schemes involving a submarine landing or a parachute drop, he had returned to France quite openly, with Morvan, in broad daylight and under his own name, crossing over from Spain with a group of his compatriots who had opted for the Vichy regime and were allowed to leave England. He played his part so well that he allayed all suspicion. He managed to pass himself off as a fervent supporter of collaboration, which made it easier for him to travel about the country and embark on his undercover intelligence activities. He established valuable contacts in several districts and gradually built up a network that provided a considerable amount of information. Living for the most part in the Free Zone, he succeeded in extending his organization into Occupied France. He had found an ideal infiltration point, the Lachaume farm, a tumble-down building just south of the border, whose owner, a rather simple-minded old man, lived alone and had agreed to put the place at his disposal for a modest remuneration. A born poacher, Lachaume knew every inch of the surrounding countryside, and crossing the line was child's play to him. Cousin often used the farm as a meeting place for agents arriving from the north.

He chided himself for having made his visits there too long and too frequent, but the place suited him perfectly. Its peaceful atmosphere and isolated situation were conducive to the vast schemes he kept turning over in his mind. On this occasion he had been there for over a week, having made it his headquarters for various operations—in particular, for an important raid that was to take place that very evening, in a few hours' time, about fifty kilometers away: the sabotage of a railroad roundhouse.

He had planned the whole thing with infinite care, attending to every detail himself. It was the first time he had organized an operation of this kind. As he had been told in the course of

Après avoir étudié plusieurs plans aventureux, à base de sous-marin ou de parachute, il était tout simplement revenu en France, avec Morvan, au grand jour, sous son vrai nom, en passant par l'Espagne, avec un groupe de compatriotes qui choisissaient le régime de Vichy, et que l'Angleterre ne retenait pas. Il jouait si bien son rôle qu'il apaisa tous les soupçons. Il réussit à être étiqueté comme un fervent de la collaboration, ce qui lui donna des facilités pour circuler dans le pays et entreprendre en dessous son travail d'agent secret. Il prit des contacts précieux dans plusieurs départements et créa peu à peu un réseau qui fournissait des renseignements importants. Résidant habituellement en zone libre, il réussit à étendre son organisation en France occupée. Il avait trouvé un point de passage sûr, la ferme Lachaume, une masure assez délabrée située un peu au sud de la limite, dont le propriétaire, un vieux garçon un peu simple, vivait seul et s'était mis à son service pour une rétribution modeste. Lachaume, braconnier dans l'âme, connaissait la campagne sur le bout du doigt, et le franchissement de la ligne était avec lui en jeu d'enfant. Là, Cousin rencontrait souvent des agents venus du nord.

Il se reprocha d'avoir fait des séjours trop fréquents et trop longs dans cette ferme. Il s'y plaisait. Son calme et son isolement étaient propices aux vastes projets que son esprit élaborait sans cesse. Il y était depuis plus d'une semaine, cette fois-ci, en ayant fait son quartier général pour différentes tractations, et en particulier pour une entreprise importante qui devait avoir lieu cette nuit même, dans quelques heures, à une cinquantaine de kilomètres de là : le sabotage d'un atelier de locomotives.

Il avait minutieusement monté l'affaire, réglant lui-même tous les détails. C'était la première fois qu'il organisait une opération de cette sorte. Comme on le lui avait appris durant

his training, action groups, and those responsible for intelligence, should always restrict themselves to their own specific functions, and he belonged to the latter. But considering the cooperation he had managed to obtain in this district, the opportunity seemed so perfect that London finally gave its approval to the scheme, forbidding him, however, to take part in the actual raid, as he was too valuable to risk. He had acquiesced with great reluctance, inveighing against the hidebound attitude of the bureaucrats who deprived him of this fun. The leader of the raiding party was to send him a runner on the following day to inform him of the result, which Morvan would then wire back from the farmhouse.

son stage, les groupes d'*action* et ceux de *renseignement* doivent se limiter à leur spécialité, et il appartenait à ceux-ci. Cependant, l'occasion paraissait si belle, dans ce centre où il avait réussi à avoir de nombreuses complicités, que Londres finit par approuver son projet, lui interdisant toutefois de participer à l'exécution, car il était un personnage trop précieux. Il s'était incliné à contrecœur, pestant ouvertement contre l'éternelle routine des bureaucrates, qui le privait de cette fête. Le chef du commando devait lui envoyer le lendemain un messager pour l'informer du résultat, que Morvan transmettrait de la ferme.

---

cp NONREFLEXIVE OBJECT FORMS

Direct Object (DO)

Singular
1. *me (m'), moi* *   me
2. *te (t'), toi* *   you
3. *le (l'), la (l')* †   him, her

Plural
1. *nous*   us
2. *vous*   you
3. *les* †   them

[No translation is supplied.]

Car Morvan ne l'avait pas quitté depuis son arrivée en France. Il s'acquittait bien de ses fonctions, c'était indéniable. Cousin admettait même avec objectivité qu'il était un collaborateur utile et que sa méfiance initiale semblait injustifiée. Il était discret, et connaissait son métier sur le bout du doigt. Grâce à lui, le contact avec Londres était toujours assuré, et il avait réussi à former d'autres opérateurs dans différents coins de France.

* The pronouns *moi* and *toi* are used in final position in affirmative imperative sentences as 1st and 2d person singular, direct object forms.

DO
*Regarde-***toi**.
Look at yourself.

DO
*Regardez-***moi**.
Look at me.

† In contemporary French only *le (l')*—not *la (l')* or *les*—functions as a predicate complement pro-form.
Etes-vous chrétienne? Je **le** *suis.*
Are you a Christian woman? I am one.

Je les appelle assassins parce qu'ils **le** *sont.*
I call them assassins because that's what they are.

[See Appendix 1 for English translation.]

Il n'avait pas cru devoir lui cacher sa satisfaction. Peu à peu, il était sorti de sa réserve. Il s'était laissé aller à lui confier plusieurs secrets du réseau et les noms de plusieurs agents importants. Morvan, en particulier, n'ignorait rien de l'opération projetée pour la nuit prochaine.

[No translation is supplied.]

Il maudissait cette faiblesse, en ce moment. Qui pouvait savoir si Morvan, sans penser à mal probablement, mais par des bavardages inconsidérés, n'était pas à la source de la catastrophe ? Quelqu'un avait parlé, certainement. Toute son antipathie instinctive du début lui revenait.

He was just beginning to convince himself that Morvan was at the root of the trouble when the Gestapo leader came over toward him with a deliberately casual air that sent a shiver down his spine.

Il en arrivait tout juste à se convaincre que Morvan était le grand responsable, quand les policiers s'approchèrent de lui avec un air de détachement affecté qui le fit frémir.

EXERCISE

PRACTICE IN DETERMINING CP FUNCTION

III. In the space provided after each sentence, write the appropriate form of the conjunctive pronoun that is used to replace the direct object noun. Underline the elements in the direct object slot.

Example: Le docteur observait de près les volontaires français.   *les*

a. Cousin épiait avec passion cet aveu de faiblesse.   *l'*
b. Le docteur connaissait bien les hommes.   *les   la*
c. Il pressentit la nature de la mission.   *les*
d. Le lieutenant incita ses compagnons à faire de même.   *le*
e. Sans aucun doute Cousin discerna le moment opportun.
f. Le psychiatre relut avec nervosité les notes qu'il avait griffonnées.   *les*
g. J'ai lu aussi le récit de votre évasion de France.   *l'*
h. Il écouta distraitement l'exposé des grandes lignes de sa mission éventuelle.   *l'*
i. Regarde-nous deux, toi et moi, dans le miroir.   *nous*
j. Il décrivit la gamme des procédés employés par l'ennemi pour faire parler.   *la*

7

GRAMMATICAL POINTS

Conjunctive pronouns (CP) may be classified as reflexive and nonreflexive pronouns. A subject CP cannot be reflexive. An object CP can be reflexive or nonreflexive and may function as direct or indirect object. Indirect objects may be further sub-classified as **animate** and **nonanimate.**

A pronoun replaces a noun or noun phrase (i.e., a noun plus its modifiers). In addition to the nonreflexive subject and direct object pronouns treated in Chapter 6, there are nonreflexive indirect object forms.

CP INDIRECT OBJECT (NONREFLEXIVE)

		animate	nonanimate	
Singular	1.	*me(m')*, *moi* *		to me
	2.	*te(t')*, *toi* *		to you
	3.	*lui*	*y, en*	to him, to her; in it; from it
Plural	1.	*nous*		to us
	2.	*vous*		to you
	3.	*leur*	*y, en*	to them; in them; from them

The Germans had found nothing, but a mere glance at their officer's face made Cousin realize they were not going to relinquish their prey. They must have been well informed to have made straight for the farmhouse. If they had accorded the Frenchmen a few minutes' respite and had appeared not to bother about them, apart from slipping handcuffs around their wrists, this was not due to hesitation on their part. It was part of their usual procedure to punctuate brutal treatment with intervals of inactivity that gave the victim fresh grounds for hope, so as to crush his spirit all the more thoroughly with a subsequent spell of violence.

Ils n'avaient rien trouvé; mais un coup d'œil au visage de leur chef fit comprendre à Cousin qu'ils ne lâcheraient pas leur proie. Ils devaient être bien renseignés pour avoir ainsi fondu tout droit sur la ferme. S'ils leur avaient laissé un moment de répit, paraissant ne pas se soucier d'eux après leur avoir passé des menottes, ce n'était pas une marque d'hésitation de leur part. Cela faisait partie de leur tactique habituelle : alterner la brutalité, et les périodes de calme où l'esprit se reprend à espérer, pour mieux le décontenancer par une nouvelle crise de violence.

* The forms *moi* and *toi* are also used as indirect object (IO) pronouns in final position in affirmative imperative sentences.

IO	IO
Parlez-**moi**.	*Succède*-**toi**.
Speak to me.	Succeed yourself. (e.g., as president)

The officer's expression now indicated that the serious business was about to begin. He spoke French fairly well. He turned to Cousin.

"Mr. Cousin?"

Too terrified to speak, Cousin gave a nod of assent.

"I've known about you for some time, Mr. Cousin. I've suspected your activities for several months, but I wanted to catch you red-handed. I must congratulate you. You've been pretty clever up to now. I was beginning to think I might even have been mistaken about you."

In spite of his mental anguish, Cousin felt a surge of childish pride at the thought of his merits being recognized by the enemy; but this petty satisfaction was soon destroyed.

"But this seems to me conclusive proof of your activities," the Gestapo officer went on in an icy tone, indicating the radio transmitter. "I feel sure you won't make any difficulty about giving me all the information I want on your work and your accomplices. There are several questions I should like to ask you, and this will do to begin with: What have you been doing in this place for over a week?"

Le visage du chef signifiait maintenant que les opérations sérieuses allaient commencer. Il parlait français assez correctement. Il s'adressa à Cousin :

— Monsieur Cousin ?

Cousin, trop ému pour pouvoir parler, fit un signe d'assentiment.

— Je vous connais depuis longtemps, monsieur Cousin. Pendant des mois, j'ai soupçonné vos activités et cherché à vous prendre en flagrant délit. Je dois vous féliciter. Vous avez été assez adroit jusqu'ici. Il m'est arrivé d'avoir des doutes à votre sujet.

Malgré son angoisse, Cousin éprouva une fierté puérile à voir ses mérites reconnus par un adversaire; mais cette piètre satisfaction fut vite éteinte.

— Je pense que ceci est une preuve définitive de vos occupations, continua le policier sur un ton glacial, en montrant le poste émetteur. Je suis sûr que vous ne ferez aucune difficulté pour me donner les renseignements que j'exige sur votre travail et sur vos complices. J'ai de nombreuses questions à vous poser, et d'abord, celle-ci : Qu'est-ce que vous faites depuis plus d'une semaine dans cette baraque ?

EXERCISE

PRACTICE IN DETERMINING cp FUNCTION

I. Replace the noun or noun phrase functioning as indirect object by the appropriate conjunctive pronoun in the space at the right. Underline all the elements in the direct object slot.

Example: Le quinquagénaire avait convoqué Cousin dans son bureau.   *y*

a. Parle à Morvan!   *parle lui* [*y* — substandard variation]
b. Le lieutenant adressa aux autorités plusieurs demandes.   *leur*
c. Il a mis un soupçon d'ironie dans sa réponse.   *y*
d. Il avait parlé des ampoules de cyanure.   *en*
e. Il répondit à cette interrogation muette.   *y*
f. L'idée qu'elle connaissait leurs projets déplaisait au commandant.   *lui*
g. Cette sensation inspira des réflexes de brave aux jeunes soldats.   *leur*
h. Sa chair résista bien à l'épreuve des bombardements massifs.   *y lui*
i. L'idée que son frère allait partir plaisait à Claire.   *lui*
j. L'ordre de battre en retraite parvint à Cousin avant la ruée de l'ennemi.   *lui*

Cousin did not reply. His mental turmoil was such that he could not think of a single excuse, no matter how improbable. The officer then turned to Morvan and put the same question to him. Morvan, whose face was ashen white, also held his tongue. Cousin sensed that he was trying to catch his eye, but he could not bring himself to raise his head.

"So you're not prepared to answer, is that it?"

The officer stepped back and held a brief consultation in an undertone with one of his colleagues who appeared to be second in command. Cousin, who spoke German fluently, understood from this they they could not decide whether to take the prisoners away at once or to hold a preliminary interrogation on the spot. The strange emphasis laid on the word "interrogation" made him shudder. His fears increased when he gathered that the officer, after hearing his subordinate's opinion, was in favor of the second procedure.

"Don't forget," the latter reminded him, "that the *Abwehr* are also following this scent, and have been for some time, I know. If we waste any time, they're liable to beat us to it."

"You're right. Anyway, it's best to strike while the iron's hot. They're still under the effects of shock; we mustn't give them time to recover. The equipment we've got here will do quite nicely," the officer added, glancing across at the stove.

He gave some brief instructions to his men. Two of them seized Cousin by the shoulders and dragged him toward the door. Two others took hold of Morvan, removed his shoes and socks, then proceeded to tie him up, while the second-in-command stirred the embers and put some more wood on the fire. Before being hauled off into the adjoining room, Cousin heard Morvan speak for the first time since the tragedy occurred.

Cousin garda le silence. Le désarroi de son esprit était tel qu'il ne pouvait imaginer la plus petite justification, si invraisemblable fût-elle. Le chef se tourna alors vers Morvan et lui posa la même question. Morvan, très pâle, resta muet, lui aussi. Cousin sentait son regard qui cherchait le sien, mais il n'osait pas relever la tête.

— Vous ne voulez pas répondre de bon gré ?

Le chef se recula d'un pas, et eut un bref entretien, à mi-voix, avec un autre policier qui paraissait son adjoint. Cousin, qui parlait allemand couramment, comprit qu'ils hésitaient à les emmener immédiatement, ou bien à procéder sur place à un premier interrogatoire. L'accent bizarre mis sur le mot « interrogatoire » le fit tressaillir. Sa frayeur augmenta quand il comprit que le chef optait pour la deuxième solution, après une remarque de son acolyte.

— N'oubliez pas, disait celui-ci, que l'*Abwehr* est aussi sur cette piste, et depuis longtemps, je le sais. Si nous perdons du temps, nous risquons de nous faire damer le pion.

— Vous avez raison. D'ailleurs, il est préférable de battre le fer quand il est chaud. Ils sont encore sous le choc de la surprise; il ne faut pas les laisser se ressaisir. Le matériel que nous avons ici suffira, ajouta le chef avec un coup d'œil vers le poêle.

Il donna de brèves instructions à ses hommes. Deux policiers encadrèrent Cousin et le poussèrent vers la porte. Deux autres s'emparèrent de Morvan et commencèrent à le ligoter, après lui avoir arraché ses souliers et ses chaussettes, pendant que l'adjoint tisonnait le poêle et rajoutait du bois. Avant d'être entraîné dans une pièce voisine, Cousin entendit Morvan prononcer ses premiers mots depuis le début du drame.

Conjunctive reflexive pronouns are identical in their direct and indirect object forms.

cp REFLEXIVE: DIRECT OR INDIRECT OBJECTS

Singular
- 1. *me (m')*   (to) me
- 2. *te (t')*   (to) you
- 3. *se (s')*   (to) himself, herself, oneself, itself

Plural	1. *nous*	(to) us
	2. *vous*	(to) you
	3. *se (s')*	(to) themselves

"You can rest assured, sir, I won't talk."

Cousin opened his mouth to speak, for he felt it was his duty as an officer to say a word or two of encouragement in reply. His voice was stifled by an alarming sight that paralyzed him all over again—one of the brutes had smashed his clenched fist into Morvan's face.

Taking their time, Cousin's guards proceeded to light an old cast-iron stove similar to the one in the next room. Smoke billowed out and presently the flames began to roar. Then before his eyes, they plunged a poker into the embers and left it there. He was suddenly overwhelmed by the horror of his plight. Until then his mind had refused to countenance it, so monstrous did it appear. Tears of despair welled up at the prospect that now confronted him in all its ghastly reality—he was the one who was going to be tortured.

He was the one . . . An inhuman cry from the adjoining room made his blood run cold and reminded him that he was not alone in this desperate predicament. They had started on Morvan. The screaming lasted several seconds. At first it increased in volume as it rose in pitch, like a sound wave issuing from some infernal region augmented by the united shrieks of all the damned; then it gradually diminished and was succeeded by a sort of rattling gasp, ending up in an almost inaudible whimper.

In spite of himself, Cousin started to form a mental picture of the process of the torture. Its nature was only too clear, and it was childish to try to envisage each of its successive phases; but his mind had to have some sort of intellectual exercise, at the risk of breaking down altogether.

The Gestapo men were in a hurry. They were afraid their inveterate rivals, the *Abwehr*, might cut the grass from under their feet. They had neither the time nor the equipment for their usual methods of refined torture. They seized what chance provided—red-hot iron— and chance had provided one of the vilest atrocities imaginable. Morvan's screams were the result of a glowing poker being applied to

— Vous pouvez être tranquille, Monsieur, je ne parlerai pas.

Il ouvrit la bouche, sentant que son devoir de chef lui imposait de répondre par un encouragement à cette déclaration. Les mots furent arrêtés dans sa gorge par une vision saisissante, qui le paralysa de nouveau : une des brutes écrasait le visage de Morvan d'un coup de poing.

Sans se presser, ses gardiens allumèrent un vieux poêle de fonte, semblable à celui qui se trouvait dans l'autre chambre. De la fumée envahit la pièce, ci bientôt le feu gronda. Ils plantèrent ostensiblement un tisonnier dans les braises, et l'y laissèrent. L'horrible réalité de sa situation s'abattit brusquement sur lui. Jusquelà, son esprit avait refusé de la considérer, tant elle paraissait monstrueuse. Des larmes de désespoir emplirent ses yeux devant l'évidence qui accablait soudain tous ses sens : c'était lui, lui, qui allait être torturé.

Lui-même et pas un autre... Un cri inhumain dans la chambre voisine glaça son cœur, et lui rappela qu'il n'était pas seul dans cette misérable condition. Ils avaient commencé par Morvan. Le hurlement dura plusieurs secondes. Son intensité s'accrut d'abord en même temps que sa stridence, comme une vibration propagée par un éther infernal qui s'enflerait dans sa course de toutes les plaintes des damnés; elle retomba ensuite peu à peu pour se transformer en un râle, puis en un gémissement presque doux.

Malgré lui, Cousin se mit à reconstituer mentalement le processus du supplice. Sa nature était évidente, et il était puéril de s'ingénier à en décomposer ainsi toutes les phases, mais il fallait que son esprit s'appliquât à un sujet de recherche, sous peine de se désintégrer dans l'instant même.

Les policiers étaient pressés. Ils craignaient que leur éternel rival, l'*Abwehr*, ne leur coupât l'herbe sous les pieds. Ils n'avaient ni le temps ni le matériel nécessaires à la série habituelle des gradations subtiles. Ils prenaient ce que le hasard leur fournissait, le fer brûlant, et le hasard avait désigné une des plus grandes atrocités concevables. Le hurlement correspondait à l'application du tisonnier ardent sur la plante

the soles of his feet. It was allowed to remain there, against the bare flesh, for a second, or perhaps not even as long as that the first time; then it was removed, giving the victim a respite to enable him to imagine the horror of further contact with it.

How long a respite? Cousin struggled pointlessly to try to estimate the space of time, while the whimpering sounded like a prayer that this pause be continued indefinitely.

des pieds nus. Ils devaient le laisser là, contre la chair, une seconde, peut-être moins la première fois; ensuite, ils l'écartaient, donnant un répit au patient pour lui permettre d'imaginer l'horreur d'un nouveau contact.

Un répit de quelle durée ? Il s'acharnait stupidement à tenter de mesurer le temps, alors que le gémissement semblait une supplication pour la prolongation à l'infini de cette période.

EXERCISE

PRACTICE IN DETERMINING CP FUNCTION

II. In the following sentences indicate in the space provided whether the reflexive pronoun is a direct object (DO) or an indirect object (IO). Remember that in most cases the reflexive pronoun is an IO only if the verb is not followed by a prepositional noun phrase. Otherwise it is a DO. Underline the reflexive pronoun.

Examples: Elles se sont arrachées à la mort.   _DO_

Elles se sont arraché les cheveux.   _IO_

a. Il s'assit en face de lui.   _DO_
b. Ils ne se contentent pas de tests théoriques.   _DO_
c. Le quinquagénaire se leva brusquement.   _DO_
d. Sa mitraillette se trouvait dans un placard.   _DO_
e. Les agents s'envoyèrent un message secret.   _IO_
f. Tu t'es donné la peine de rentrer en France?   _IO_
g. Nous nous sommes posé la même question.   _IO_
h. Arrache-toi à son étreinte.   _DO_
i. Vous vous rappelez son mouvement d'indignation?   _IO_
j. Je me répandis en propos désabusés sur la bureaucratie anglaise.   _DO_

A second scream, more horrible than the first, was followed by the same throttled gasp, ending up in the same drawn-out whimper. Morvan was keeping his promise: he was refusing to talk. He had reassured Cousin on that score but had received no word of encouragement in return. Cousin had not dared to reply.

He had not dared because of the blow of the clenched fist that had been provoked by this defiant declaration. He was paralyzed, just as he had been when the Gestapo burst in, by the fear of similar punishment, against which his whole body rebelled. It had needed this morning's incidents to open his eyes to the insurmountable repulsion that violence inflicted on him.

Un deuxième hurlement, plus horrible que le premier, fut suivi du même râle, s'achevant dans la même plainte continue. Morvan tenait sa promesse : il ne parlait pas. Il lui en avait donné l'assurance, sans obtenir un encouragement de son chef. Il n'avait pas osé lui répondre.

Il n'avait pas osé, à cause du coup de poing provoqué par cette fière déclaration. Il était paralysé, comme lors de l'irruption de la Gestapo, par la peur d'une correction semblable, contre laquelle tout son corps s'insurgeait. Il fallait les événements de la matinée pour lui révéler la répulsion insurmontable que la violence infligeait à son être matériel.

The infernal wave of sound punctuating his colleague's torture reverberated through his body once more—for the fourth time. He went on trying to estimate each phase of this monstrous cycle and noticed that the frequency was being gradually accelerated as time went on. The butchers were in a hurry. Was it possible for Morvan to hold out much longer? In some incongruous way this question, which obsessed him, suddenly seemed to offer fresh grounds for hope.

At first it was no more than a faint glimmer, onto which his mind fastened with desperate tenacity. He made a superhuman effort not to let it fade away, realizing that for him it represented the miraculous means of salvation that fate sometimes tenders to those it has crushed. Gradually it took a more definite shape, until it became crystal clear. If Morvan talked—he knew almost all the secrets of the network—if he talked . . . ! Cousin realized that for some time, ever since Morvan had been dragged off, his subconscious had been hoping for this miracle to occur. This was a wonderfully tantalizing hypothesis to consider. If Morvan talked, it meant salvation for him, Cousin. His interrogation would serve no purpose. He would save his honor and his own skin at one and the same time.

[See Appendix 1 for English translation.]

L'onde infernale qui propageait le martyre de son compagnon fit vibrer son corps une nouvelle fois; la quatrième. Il s'obstinait à mesurer les éléments de ce cycle monstrueux, dont la fréquence s'accélérait avec le temps. — Les bourreaux étaient pressés. — Etait-il possible que Morvan résistât encore longtemps ? Cette question qui l'obsédait se présenta soudain d'une manière absurde sous la forme d'un espoir.

Ce ne fut d'abord qu'une impression confuse, à laquelle son esprit tentait de se raccrocher fiévreusement, qu'il faisait des efforts surhumains pour ne pas laisser dissoudre, sentant qu'elle représentait pour lui la perche miraculeuse que le destin tend parfois à ceux qu'il a accablés. Elle se précisa peu à peu et finit par l'illuminer : Si Morvan parlait — il était au courant de presque tous les secrets du réseau —, s'il parlait !... Il s'aperçut que depuis longtemps depuis leur séparation son, inconscient avait souhaité ce miracle de toutes ses forces. Il y avait là une hypothèse profondément séduisante. Si Morvan parlait, c'était le salut pour lui, Cousin. Son interrogatoire deviendrait sans objet. Il sauverait à la fois son honneur et l'intégrité de sa chair.

Il se surprit à écouter la plainte de son compagnon avec un intérêt passionné et une angoisse d'une différente nature. Mais Morvan avait enduré cinq fois l'application du fer; bientôt, sans doute, ses bourreaux allaient se lasser et l'entreprendre, lui. Le tisonnier qui lui était destiné devait être rouge.

Disjunctive personal pronouns must replace conjunctive personal pronouns under certain conditions. A disjunctive pronoun (DP) functions as subject, direct object, indirect object, or predicate complement. As indirect object, it is always preceded by the preposition *à* or *de*. In most cases, however, DP are used for emphasis. They are not normally bound to the verb (except after *c'est*. . . and *ce sont*. . .) and may even occur without it.

DP

S   **Lui,** *seul, va partir en mission.* **Lui!**
He, alone, will go on the mission. Just he!

DO   *Le général ne choisira que* **toi**.
The general will choose only you.

IO   *Morvan n'obéissait qu'à* **elle**.*
Morvan would obey only her.

PC   *Monsieur Cousin? — Oui, c'est* **moi**.
"Mr. Cousin?" "Yes, it is I."

[See Appendix 1 for English translation.]

C'était trop injuste ! Morvan devait céder. Les hommes de la Gestapo s'en doutaient bien, puis qu'ils s'étaient d'abord attaqués à lui. Il eut un sursaut d'orgueil dérisoire en songeant qu'ils étaient de bons physionomistes, de fins psychologues. Morvan *devait* parler, et pas lui. Sa faiblesse se lisait sur son visage ingrat... D'ailleurs, n'avait-il pas déjà bavardé, et depuis longtemps ? N'était-il pas le seul responsable de cette tragédie ? Comme il se reprochait de l'avoir pris pour confident ! Un chef de son importance doit garder ses secrets pour lui. Car il était un chef; Londres l'avait félicité pour son habileté et pour sa bravoure. Toujours volontaire pour les missions les plus dangereuses..., tandis que ce Morvan, ce Morvan qui allait trahir, qui révélait sans doute tout ce qu'il savait en ce moment même...

Another scream brought him down to earth again. The shock of the vibration was so violent that his body gave a jerk and his jaws almost crushed the tiny glass capsule, Dr. Fog's sinister gift, which he had succeeded in taking out of its hiding place and slipping into his mouth in spite of the handcuffs around his wrists. The two Gestapo men who were attending to the fire looked up at him, then shrugged their shoulders and went on with their work.

[No translation is supplied.]

Un nouveau hurlement le rappela à la réalité. Le choc de la vibration fut si violent que son corps eut un soubresaut et que ses mâchoires faillirent écraser la minuscule ampoule de verre, cadeau sinistre du docteur Fog, qu'il avait réussi à sortir de sa cachette et à glisser furtivement dans sa bouche malgré ses mains menottées. Les policiers qui activaient le feu levèrent les yeux sur lui, puis haussèrent les épaules et reprirent leur travail.

L'acte d'introduire cette ampoule dans sa bouche avait été un sursaut désespéré de sa volonté défaillante, qui tentait encore farouchement de s'illusionner sur sa véritable nature. Il savait maintenant — il le savait déjà en effectuant ce geste orgueilleux — qu'il n'aurait pas le courage de briser le verre; mais le simulacre d'une détermination héroïque parvenait à le tromper lui-même, et surtout, cette apparence de préparation décisive au sacrifice total donnait le change aux éternels témoins de ses rêves.

---

* Disjunctive nondirect objects functioning as indirect objects may only be preceded by the prepositions *à* or *de*. Such disjunctive pronouns are unable to be conjunctive pronouns due to conditions defined later in the text. *Ne . . . que* meaning "only" fulfills one of these conditions.

Disjunctive pronouns are, for the most part, nonreflexive.

	DP	
	1. *moi*	me
Singular	2. *toi*	you
	3. *lui, elle, soi* *	him, her, oneself
	1. *nous*	us
Plural	2. *vous*	you
	3. *eux, elles, soi* *	them (m), them (f), themselves

The whimpering had stopped and he waited in vain for the beginning of a fresh cycle. Had Morvan talked at last? The door of the room was pushed open and the creaking of its hinges appeared to him as a sinister portent. The Gestapo officer strode in. He looked extremely sullen. Morvan . . . ? Cousin shut his eyes for fear of reading the answer in the other man's expression.

A présent, le contact lisse et froid contre sa langue lui inspirait de l'horreur. Briser le verre de sang-froid ? Allons donc ! Une épouvante nouvelle s'était emparée de lui quand il avait eu ce soubresaut involontaire : Mon Dieu, dans un de ces spasmes, par mégarde, s'il allait casser l'ampoule et avaler le poison !

La plainte s'était éteinte, et il attendait en vain la reprise du cycle. Morvan parlait-il enfin ? La porte de la pièce fut poussée et son grincement lui apparut comme un sinistre présage. Le chef des policiers entra. Il avait l'air sombre. Morvan ?... Cousin ferma les yeux de peur de lire la réponse dans son regard.

EXERCISE

PRACTICE IN DETERMINING DP FUNCTION

III. Indicate what the appropriate disjunctive pronoun form would be for tne pronoun, noun, or noun phrase written in italics.

Example: Les policiers allemands ne craignaient que *les soldats de la Gestapo*.   *eux*

a. *J'*exige tous les renseignements sur vos complices.   *moi*
b. Il avait rejoué pour *Morvan* la même scène.   *lui*
c. *Mon frère* ne le leur a pas dit.   *lui*
d. Il s'assit paisiblement devant *la secrétaire-dactylo*.   *elle*

---

* *Soi* is a DP reflexive pronoun used primarily as a direct or nondirect object having an indefinite antecedent.

Chacun n'aime que **soi**.   [direct]
Each one only loves himself.

Quelques-uns n'aiment que **soi**.   [direct]
Some only love themselves.

Chacun travaille pour **soi**.   [nondirect]
Each one works for himself.

e. On n'avait oublié que *le lieutenant français.*   *lui*

f. Je partirai sans *ma soeur et ma mère.*   *elles*

g. *Ta soeur* a vécu cette extraordinaire odyssée.   *elle*

h. Les détonations déclenchèrent en *Cousin* l'hébétement. *lui*

i. Je n'ai rien de précis contre *toi et ta soeur.*   *vous*

j. Cela ne se peut pas chez *moi et mes compatriotes.*   *nous*

GRAMMATICAL POINTS

A disjunctive pronoun—not a conjunctive pronoun—is used with animate objects after *à* and *de* following verbs of motion and certain verbal locutions indicating projected actions, such as: *penser à,* "to think about"; *parler de,* "to speak about"; *faire attention à,* "to pay attention to"; *avoir recours à,* "to have recourse to"; *être à,* "to belong to"; etc.*

DISJUNCTIVE PRONOUNS WITH ANIMATE OBJECTS

Motion verb	1.	DP *Il vient à **moi**.* He comes to me.
	2.	DP *Nous pensons à **elle**.* We are thinking about her.
Projected action verb	3.	DP *Faites attention à **eux**.* Pay attention to them.
	4.	DP *Parlez-vous d'**elles**?* Are you speaking about them?

It was in Dr. Fog's office that the young medical officer, Lieutenant Austin, heard Cousin's name mentioned for the first time.

He was at the hospital, in the middle of one of his routine visits, when he was handed a message from the military authorities asking him to report that very day to a certain branch of the War Office. Austin was not particularly surprised. After being wounded in France and subsequently posted to London, he had applied for fresh employment in a fighting unit. He assumed this summons was the answer to his request.

He began to feel some surprise only when the colonel who interviewed him asked him

Ce fut dans le cabinet du docteur Fog que le jeune lieutenant-médecin Austin entendit parler pour la première fois de Cousin.

Il était à l'hôpital, en train d'effectuer sa visite habituelle, quand on lui communiqua un message des autorités militaires le priant de se rendre le jour même à un certain bureau du *War Office.* Austin ne s'étonna pas outre mesure. Blessé pendant la campagne de France, et affecté à Londres après sa convalescence, il avait postulé un nouvel emploi dans une unité combattante. Il pensa que cette convocation était une réponse.

Il commença seulement à être surpris lorsque le colonel qui le reçut lui demanda carrément

* Nondirect object disjunctive pronouns meeting these conditions are members of the subclass, indirect object.

point-blank if he was prepared to join an intelligence unit. Austin, who had been bored with administrative duties for some time and longed for something more active, at once greeted this proposal as the fulfillment of his dearest wishes. In all good faith, however, he felt it was his duty to point out that he was merely a doctor and had no particular qualifications for a secret agent's work.

"That's no concern of mine," the colonel replied impatiently. "I don't have much to do with those gentlemen myself, but they're the ones who've singled you out."

"Me? They?"

"One of their V.I.P.'s to whom we humble regular soldiers can refuse nothing, even if he asked for our entire personnel. Do you want the job, yes or no?"

Austin felt he had made enough fuss already and accepted the offer, convinced that there must be some mistake.

"That's settled, then. We can strike you off our roster as from today. Now, off you go and report to this Dr. Fog. Here's the address. You'll be under his auspices from now on."

"Dr. Fog!"

"He's the one who asked for you; he'll tell you all about it himself. Cloak-and-dagger stuff, of course. If anyone asks me, I don't know a thing about you. Off you go now."

s'il était disposé à entrer dans un service de renseignements. Austin, que la routine de l'administration ennuyait depuis longtemps et qui rêvait d'aventures, s'aperçut soudain que cette proposition comblait ses vœux les plus chers. Toutefois, consciencieux à l'extrême, il crut devoir signaler qu'il était un simple médecin et qu'il ne se connaissait pas de qualification particulière pour le métier d'agent secret.

— Ceci ne me regarde pas, fit le colonel avec impatience. Je n'ai moi-même que peu de rapports avec ces gentlemen; mais ce sont eux qui vous ont remarqué.

— Moi ? Eux ?

— Un personnage de chez eux à qui nous ne pouvons rien refuser, même s'il exigeait la totalité de nos effectifs, nous, misérables guerriers en uniforme. Etes-vous d'accord, oui ou non ?

Austin pensa qu'il avait assez fait de manières et accepta, persuadé qu'il s'agissait d'une méprise.

— Alors, c'est réglé. Vous n'avez plus rien à faire avec nous. Allez trouver ce docteur Fog. Voici l'adresse. C'est de lui que vous dépendez à partir d'aujourd'hui.

— Le docteur Fog !

— C'est lui qui vous a réclamé; il vous expliquera lui-même. Bien entendu, mystère et discrétion. Je ne vous connais plus. Allez.

EXERCISE

PRACTICE IN DETERMINING DP FUNCTION

I. In the space to the right indicate what appropriate disjunctive pronoun would replace the noun phrase written in italics.

Example: Les agents coururent à *l'officier.*   _lui_

a. Cousin renonça à *ses chefs.*   _eux_
b. Morvan est allé à *sa mère.*   _elle_
c. Claire songe à *son frère.*   _lui_
d. L'adjoint parle de *l'agent.*   _lui_
e. Il n'a pas fait attention à *la foule.*   _elle_ Poss. y.
f. Il ne prenait pas intérêt à *nos soldats.*   _eux_
g. Le succès de la mission dépend de *toi et* de *ta soeur.*   _vous_
h. Les Anglais auront recours à *des volontaires français.*   _eux_
i. La Gestapo aura affaire à *toutes les victimes.*   _elles_
j. C'est *du docteur Fog* que vous dépendez à partir d'aujourd'hui.   _de lui_

Austin saluted and left the room. Before reporting to the address he had been given, he consulted a medical directory and found what he was looking for at once: Dr. Fog, Specialist in Mental Diseases. The name was followed by an impressive string of initials.

His memory had not played him false. It was definitely the same Dr. Fog, a psychiatrist of considerable repute in medical circles, with whom he had been in correspondence shortly before the war. He had just graduated and was eager to specialize in the same branch. He had written to ask for advice and had applied for an interview. The doctor had answered all his questions and fixed an appointment for a rather long time ahead because of a journey he had to make. After his return, war was declared and Austin was sent to France. Since then he had not ventured to renew his request for an interview.

It was Dr. Fog himself who was now asking to be remembered to him—and in what peculiar circumstances! What on earth could he have in common with special services? And how was he, Austin, meant to fit into the picture? He did not worry unduly about this second question. As for the first, it was made clear at the outset of their conversation, as soon as he had been shown into a sumptuous chamber—a room more like a drawing room than an office, with thick carpets on the floor, some massive pieces of furniture, and a sober color scheme relieved by an occasional touch of fantasy. This room, situated in a quiet backwater of London, was used for work, research, contemplation, and various elaborate speculations. It was Dr. Fog's private study.

"I suppose you're wondering what this is all about, Austin. I'll satisfy your curiosity right away. I'm not one for making a mystery of things with my close colleagues. I can have complete confidence in your discretion, I trust?"

Austin salua et sortit. Avant de se rendre à l'adresse indiquée, il consulta le bottin, et trouva tout de suite ce qu'il cherchait : Docteur Fog, spécialiste des maladies mentales. Le nom était suivi de titres scientifiques impressionnants.

Ses souvenirs ne le trompaient pas. Il s'agissait bien du même docteur Fog, psychiatre réputé dans les milieux médicaux, avec lequel il avait été en correspondance un peu avant la guerre. Il venait de terminer ses études et désirait se spécialiser dans la même branche. Il lui avait écrit pour lui demander des conseils et solliciter un entretien. Le docteur avait répondu à toutes ses questions, fixant un rendez-vous pour une date assez lointaine, à cause d'un voyage qu'il entreprenait. A son retour, la guerre était déclarée, et Austin envoyé en France. Rapatrié, il n'avait pas osé renouveler sa demande.

C'était le docteur Fog, lui-même, qui se rappelait à son souvenir; et de quelle étrange manière ! Qu'est-ce qu'il pouvait bien avoir de commun avec les services secrets ?... Et lui, Austin, qu'allait-il faire dans cette galère ? Ce dernier point ne tourmentait pas beaucoup sa jeunesse insouciante. Quant au premier, il fut éclairci dès le début de leur entretien, lorsqu'il eut pénétré, le cœur un peu battant, dans une pièce cossue, plutôt salon que bureau, aux tapis épais, aux meubles larges et bas, à la décoration sobre avec des pointes occasionnelles d'originalité, qui, dans un quartier paisible du vieux Londres, était un lieu de travail, d'études, de réflexion, de spéculations parfois subtiles : le cabinet du docteur Fog.

— Je suppose que vous êtes assez intrigué, Austin. Je vais satisfaire d'abord votre curiosité. J'ai l'habitude de ne pas faire de mystère avec mes proches collaborateurs. Je peux avoir confiance en votre discrétion, n'est-ce pas ?

A conjunctive pronoun—rather than a disjunctive pronoun—is used with both nonanimate and animate objects after *à* and *de* with motion verbs that **do not imply** motion and with projected action verbs.

CONJUNCTIVE PRONOUNS WITH NONANIMATE OBJECTS

		CP
Projected action verb	1.	*Nous* **y** *pensons.*
		We're thinking about it.

Projected
action verb

    2. *J' y fais attention.*
       I'm paying attention to it.

    3. J'en *parle.*
       I'm speaking about them.

CONJUNCTIVE PRONOUN WITH ANIMATE OBJECT

Motionless verb 4. *Il* **me** *vient à l'esprit.*
             It comes to my mind.

Austin assured him he was capable of keeping a secret. The doctor paused for a moment, then went on:

"I know you're a sound sort of chap. Anyway, I've got quite a lot of information about you. . . . Yes, we've been keeping an eye on you, without your knowing it, just for the sake of the old routine. We wanted to make sure that you weren't drunk before six in the evening and didn't sleep with a different girl every night. From my point of view, what matters far more is your training, the plans you have in mind, the branch you want to specialize in, and the letters you wrote me. All that's perfect. So, since you're prepared to work with me . . . You're quite sure about that, are you?"

[See Appendix 1 for English translation.]

Austin l'assura qu'il était capable de garder un secret. Le docteur réfléchit une minute et reprit :

— Je sais que vous êtes un garçon sérieux. On m'a d'ailleurs transmis pas mal de renseignements sur vous... oui, vous avez été surveillé, à votre insu, ceci pour donner satisfaction à la vieille routine. On voulait être sûr que vous ne vous enivriez pas avant six heures du soir, et que vous ne rentriez pas chaque nuit avec une nouvelle maîtresse. Pour moi, ce qui compte beaucoup plus, ce sont vos études, vos projets, la spécialité à laquelle vous vous destinez, et les lettres que vous m'avez écrites. Tout cela est excellent. Donc, puisque vous acceptez de travailler avec moi... Vous êtes bien d'accord, n'est-ce pas ?

— D'accord, Sir, répondit Austin, qui avait l'impression de se trouver devant un très grand patron, et à qui il ne vint même pas à l'esprit de discuter la proposition.

— Je veux donc que vous ayez une idée complète de mon service. Posez-moi des questions si je ne suis pas clair. Pour commencer, vous l'avez déjà compris, j'occupe une situation assez importante et très spéciale dans un organisme secret.

Devant cette apparente ingénuité, Austin, qui avait l'intuition que son nouveau chef n'était pas aussi confiant qu'il voulait le laisser croire, parvint mal à dissimuler un sourire. Le docteur Fog, à qui rien n'échappait, changea de ton.

— Oui, je comprends... j'oubliais que vous êtes du métier, ou presque. Vous vous dites : « Il me reçoit comme un de ses clients. Première règle avec les malades mentaux : les mettre en confiance. Tout cela est du boniment professionnel. » Ce n'est pas vrai ?

Austin blushed and sketched a vague gesture of denial. It was exactly what he had been thinking. The doctor gave a shrug and went on:

"Anyway, this is roughly what you ought to know. It will spare you from racking your brains about it, and I want your brains to be devoted to something more useful. . . . As I was saying, I work for a branch of the secret service. . . . Does that surprise you? It shouldn't. Personally, I believe the psychiatrist is an indispensable adjunct to national defense in wartime, if only for the purpose of weeding out the dangerous lunatics, both military and civilian, who happen to be in important positions. Don't you agree?"

Austin rougit et ébaucha un vague geste de protestation. C'était exactement la pensée qu'il avait eue. Le docteur haussa les épaules et poursuivit :

— En tout cas, voici à peu près ce que vous devez savoir. Cela vous évitera de vous torturer le cerveau, et j'ai besoin que votre cerveau se consacre à des besognes plus utiles... Donc, j'ai un rôle à jouer dans certain service secret... Cela vous surprend ? Réfléchissez : Je considère, moi, que le psychiatre est l'auxiliaire indispensable de la Défense nationale en temps de guerre, ne serait-ce que pour écarter les fous dangereux, militaires ou civils, des postes essentiels qu'ils occupent. Vous ne croyez pas ?

EXERCISE

PRACTICE IN DISCRIMINATING DP FROM CP

II. In the space on the right indicate what appropriate disjunctive or conjunctive pronoun would replace the noun (phrase) functioning as indirect object. Underline the substitutable elements in the indirect object slot. Note that the preposition is underlined for a CP substitution, but not for DP substitution.

Examples: J'ai réfléchi longtemps à l'ampoule de cyanure. _____ *y*
Cette mitraillette est à mon commandant. _____ *lui*

a. Ils parlaient de la paix. _____ *en*
b. La Gestapo a recours à de telles méthodes. _____ *y (en)*
c. Cette ferme est à Lachaume. *lui* _____ *y*
d. La secrétaire-dactylo pensait souvent à sa mère. _____ *elle*
e. Les policiers allemands coururent à la ferme Lachaume. _____ *y*
f. Les soldats rêvaient de la fin de la guerre. _____ *en*
g. Le fuyard a renoncé à ses anciens camarades. _____ *eux*
h. La capacité de résistance dépend de leur caractère. _____ *en*
i. Les agents ont affaire maintenant à des spécialistes nazis. _____ *eux*
j. Ils faisaient attention à la transmission du poste émetteur. _____ *y*

[No translation is supplied.]

Devant l'air grave du docteur, Austin se retint d'esquisser un nouveau sourire et convint que les spécialistes des maladies mentales avaient un rôle de premier plan à jouer en temps de guerre.

— Mais j'avais cru comprendre, Sir, que ce n'était pas seulement en qualité de médecin...

— Attendez. C'est ainsi que j'ai débuté, en tout cas, il y a longtemps. Je commençais à avoir une certaine réputation scientifique, quand un grand ponte du service a eu l'idée de faire appel à moi, pour examiner un agent

important qu'il devait envoyer en pays étranger. Il n'avait pas l'habitude de se décider à la légère, comprenez-vous ? Comme tous les pontes, il prenait toujours l'avis de techniciens compétents. Pour une fois, il avait pensé aux qualités intellectuelles, ce qui n'était pas si bête. J'ai accepté. Il a été satisfait de ma collaboration, apparemment, car il a pris l'habitude de me demander conseil. J'ai fini par avoir un poste attitré. On m'envoyait les nouveaux sujets, avant de les engager définitivement. — Des anciens aussi, car le cerveau se détraque facilement dans ce métier. — Je leur faisais passer une série d'épreuves. Mon diagnostic devait répondre aux questions suivantes : Fera-t-il un bon agent ? Dans l'affirmative, vers quelle branche vaut-il mieux le diriger : renseignement, action, contre-espionnage, etc. ?

"A sort of professional orientation, based on scientific data, in a very specialized field, sir?"

— Une sorte d'orientation professionnelle, basée sur des données scientifiques, dans un secteur très particulier, Sir ?

"That's about it. I soon developed an intense interest in these duties. There were sometimes some very odd types among those candidates."

The doctor paused for a moment, lost in thought, as he recalled certain cases to mind. Then he went on:

"Yes, very strange fellows indeed, and engaged in very strange business, too. I had to exercise a great deal of tact and caution. A congenital idiot can sometimes do a very useful job in this profession, whereas an infinitely gifted man may make a deplorably bad agent."

— A peu près. J'ai trouvé bientôt un intérêt puissant à mes fonctions. Il y avait parfois des types extrêmement curieux parmi ces sujets.

Le docteur Fog fit une pause, rêveur, remuant des souvenirs, puis reprit :

— Oui, de drôles de pistolets, lancés dans de drôles d'aventures. Je devais faire preuve de beaucoup de tact et de prudence. Un idiot congénital peut parfois accomplir des besognes très utiles dans ce métier; au contraire, un être supérieurement doué, faire un agent déplorable.

The **verbal core** is a grammatical unit consisting of the finite or conjugated form of the verb (including the present participle, but not the infinitive or past participle) and any conjunctive pronoun, subject or object, that may be present.

In the following sentences the verbal core is enclosed in a box.

1. *Cousin* [**écrit**] *la lettre.*
   Cousin is writing the letter.

2. [**Il écrit**] *la lettre.*
   He is writing the letter.

3. *Cousin* [**l'écrit**.]
   Cousin is writing it.

4. [**Il l'écrit**.]
   He is writing it.

5. *Cousin* [**a**] *écrit la lettre.*
   Cousin wrote the letter.

6. [**Il a**] *écrit la lettre.*
   He wrote the letter.

7. *Cousin* [**l'a**] *écrite.*
   Cousin wrote it.

8. [**Il l'a**] *écrite.*
   He wrote it.

The doctor fell silent again, then sharply exclaimed:

"If I had vetoed the employment of every idiot, Austin, I should have more or less drained the service, do you realize that?"

"I can well believe it, sir," Austin replied without batting an eyelid.

"Since the war it has been even more tricky, as there are some missions that could hardly be carried out at all except by complete lunatics. On those occasions our job is to find out in what way a given form of mental derangement can be put to the best use. I tell you, Austin, it's terribly exciting work. I'm sure you'll be absolutely fascinated by it."

He rubbed his hands together with obvious satisfaction. His eyes, which had become intensely expressive, sparkled with delight as he described the rewards of his unusual profession. At that moment, in spite of his affable attitude, in spite of the background of this office, which seemed specially designed to create an atmosphere of confidence and well-being, Austin could not help feeling there was something diabolical about him. He suppressed a momentary shudder, without being able to make up his mind whether this feeling was caused by a certain diffidence regarding the moral aspect of this strange orientation, or by the pleasure of discerning a touch of the unusual in his future duties with Dr. Fog. The latter realized the impression he had created and changed his tone.

"Don't for a moment imagine that our work is necessarily sinister, Austin. There's a very pleasant side to it sometimes."

"Oh, I'm sure," the young man replied politely.

"As, for instance, when the pundit I told you about applied for an interview himself. . . . I put him through all the tests with my usual punctiliousness and with particular care, you may be sure. Would you like to know what the result was?"

"I'd be very interested to hear."

Le docteur observa un nouveau silence, puis insista avec véhémence.

— Si j'avais mis mon veto à l'emploi des imbéciles, Austin, j'aurais à peu près complètement vidé le service; comprenez-vous ?

— Je comprends, Sir, dit Austin sans sourciller.

— Depuis la guerre, c'est encore plus délicat, certaines missions ne pouvant guère être exécutées que par des fous. Il s'agit alors de déceler dans quel sens un certain dérangement cérébral peut être utilisé au mieux... Je vous le dis, Austin, c'est un travail passionnant. Je suis sûr que vous serez captivé.

Il se frottait les mains avec une satisfaction visible. Ses yeux, devenus prodigieusement vivants, pétillaient d'enthousiasme quand il évoquait les attraits de son métier insolite. En cet instant, malgré ses manières affables, malgré le cadre de ce cabinet, qui semblait étudié pour créer une atmosphère de confiance et de détente, Austin ne put s'empêcher de lui trouver un air diabolique. Il réprima un frisson, sans trop savoir si cet émoi était dû à une certaine crainte quant à l'aspect moral de cette bizarre orientation, ou bien au plaisir de deviner un léger piment de perversité dans ses futures fonctions auprès du docteur Fog. Celui-ci se rendit compte de l'impression qu'il avait produite et changea d'attitude.

— Ne vous imaginez pas surtout que notre travail est forcément sinistre, Austin. Il a parfois un aspect très plaisant.

— Je n'en doute pas, protesta poliment le jeune homme.

— Ainsi, le jour où le ponte dont je vous ai parlé me demanda une consultation pour lui-même... Je la lui ai donnée avec ma conscience habituelle et avec un soin particulier, vous n'en doutez pas. Voulez-vous connaître le résultat ?

— J'en serais très curieux.

EXERCISE

PRACTICE IN DETERMINING ELEMENTS OF THE VERBAL CORE

III. In the following sentences the elements of the subject, direct object, and indirect object slots are replaced by conjunctive pronouns. Underline the finite portion of the verb and the replaceable elements in each slot. Enclose the verbal core in a box.

Examples: <u>Morvan endura</u> cinq fois l'application du fer.

       Il l'endura   cinq fois.

       <u>Son inconcient avait</u> souhaité <u>ce miracle</u> de toutes ses forces.

       Il l'avait   souhaité de toutes ses forces.

a.   Cherchez le docteur Fog.
      Cherchez-le.

b.   Nous parlerons de sa proposition.
      Nous en parlerons.

c.   Austin avait écrit au psychiatre avant la guerre.
      Il lui avait écrit avant la guerre.

d.   Le docteur avait répondu à toutes ses questions.
      Il y avait répondu.

e.   Austin avait pénétré, le coeur un peu battant, dans une pièce cossue.
      Il y avait pénétré, la coeur un peu battant.

f.   Sa soeur et lui ont félicité leur mère pour sa bravoure.
      Ils l'ont félicitée pour sa bravoure.

g.   Le lieutenant-médecin Austin était à l'hôpital.
      Il y était.

h.   Austin revenait le jour même d'un certain bureau du War Office.
      Il en revenait le jour même.

i.   Le nom était suivi de titres scientifiques impressionnants.
      Il en était suivi.

j.   La pièce, plutôt salon que bureau, avait des tapis épais.
      Elle en avait.

"Unemployable in any capacity. Distinct mental instability. A tendency to paranoia. Unresponsive reflexes. The last man in the world to engage as an agent. I should have opposed his being employed on any mission whatsoever. He took it badly to begin with, but he had to come around in the end—the results of the tests leave no room for ambiguity."

"You actually told him that, sir?"

"He ordered me to tell him."

"What did he do? Resign?"

"Not at all. I pulled certain strings to have him promoted. He's now a bigger pundit than ever and merely directs operations at a very high level. His deficiencies warranted a position of this sort; they even indicated his peculiar suitability for it. It was the only solution. Since then there has been noticeable progress in every branch of the service. There you have a singularly fascinating example of 'professional orientation,' as you call it."

— Inemployable, dans aucune branche. Instabilité mentale caractérisée. Tendance à la paranoïa. Réflexes désordonnés. Le dernier homme à engager comme agent. Je me serais opposé à ce qu'on lui confiât la moindre mission. Il l'a mal pris au début, mais il a dû s'incliner : les résultats des tests ne présentaient pas d'ambiguïté.

— Vous le lui avez dit, Sir ?

— Il l'avait exigé.

— Qu'a-t-il fait ? Il a démissioné ?

— Non. J'ai intrigué pour lui faire avoir de l'avancement. Il est devenu un ponte encore plus grand, et se contente de diriger de très haut. Ses déficences lui permettent cela; elles le désignaient même pour un poste de ce genre. C'était la seule issue. Depuis, on a constaté un grand progrès dans tout le service. Vous avez là un exemple singulièrement intéressant d'*orientation professionnelle,* comme vous dites.

GRAMMATICAL POINTS

When a simple sentence contains two object pronouns (replacing nouns or noun phrases) and at least one of them is *le, la, l', les, y,* or *en,* then the two pronouns must be conjunctive (i.e., both pronouns will be part of the verbal core).

1. *Le docteur* donne *l'ampoule à Cousin.*
   The doctor gives the capsule to Cousin.

   Le docteur **la lui donne.**
   The doctor gives it to him.

2. *Morvan* présente *sa soeur et sa mère au lieutenant.*
   Morvan introduces his sister and his mother to the lieutenant.

   Morvan **les lui présente.**
   Morvan introduces them to him.

3. *Cousin* se rappelle *les ordres.*
   Cousin recalls the orders.

   Cousin **se les rappelle.**
   Cousin recalls them.

4. *Les agents* envoient *les messages à Londres.*
   The agents send the messages to London.

   Les agents **les y envoient.**
   The agents send them there.

5. *Claire* vous donnera *des provisions.*
   Claire will give you provisions.

   Claire **vous en donnera.**
   Claire will give you some.

6. **Donnez-moi** *la mitraillette.*
   Give me the submachine gun.

   Donnez-la-moi.
   Give it to me.

Once again Austin had to suppress a smile at Dr. Fog's serious demeanor. After a moment's hesitation, he screwed up his courage and said:

Une fois encore, Austin réprima un sourire devant l'air sérieux du docteur Fog. Après un instant de silence, il s'enhardit à demander.

"As far as I can see, sir, my work will be mostly theoretical. I was hoping . . ."

"Wait a moment, I haven't finished yet. I, too, have had a . . . a sort of promotion. I still interview certain candidates in this office, but only the most important ones. I no longer deal with the small fry now that my field of activity has been enlarged. This is what I'm leading up to. As you can imagine, this job entails a great deal of specialized work and research on the methods, scope, and types of secret-service missions. I had to have free access to all the files. Close contact with the people at the top was also absolutely essential. At first they wouldn't hear of it. With their mania for mystery and secrecy, they preferred to regard me as one of their numerous specialists who are not allowed to know a thing about general organization—a cipher expert, for instance. They would only give me the information I needed in dribs and drabs. One day I lost my temper and put it to them point-blank: either they let me have what I wanted or else I resign. It seems they thought sufficiently highly of me to agree. Since then we've worked together far more closely. I'm no longer restricted to laboratory tests. I've been able to follow the agents at every stage of their careers and keep a complete file on them—there's nothing like observing a man in action. I've been kept informed of their successes and also of their failures. I've sometimes watched them operate at extremely close range. To cut a long story short, I've now become . . ."

"A sort of head of personnel?"

"Rather more than that, perhaps," Dr. Fog replied with a smile, which convinced Austin once and for all of his chief's importance. "I'm sometimes asked for advice outside my own field of specialization. I've been also required to make certain decisions."

Under Austin's fascinated gaze, he continued briskly:

"But when I have to act on my own initiative, Austin, the personnel is invariably my main consideration, and particularly the intellect of the personnel. Brains are an essential factor in this profession."

"I'm sure of that, sir."

— Si je comprends bien, Sir, mon travail sera assez théorique. J'avais espéré...

— Attendez donc, je n'ai pas fini. J'ai eu... une sorte d'avancement, moi aussi. Je continue encore à examiner dans mon cabinet certains agents, mais les plus importants seulement; je me suis débarrassé du fretin depuis que mon champ d'action a été élargi. C'est là que je veux en venir. Ce travail, vous le devinez, exigeait beaucoup d'études spéciales, de recherches sur les méthodes, les moyens et le genre de missions des services secrets. Je devais avoir libre accès à toutes les archives. Des contacts fréquents avec les chefs m'étaient indispensables. Tout d'abord, ils ne voulaient rien entendre. Avec leur manie du mystère et du cloisonnement, ils désiraient me considérer comme un de leurs nombreux spécialistes, qui doivent tout ignorer de l'organisation générale; un expert du chiffre par exemple. Ils ne laissaient filtrer que goutte à goutte les renseignements qui m'étaient nécessaires. Un jour, je me suis fâché; je leur ai mis le marché en main : ou ils me fournissaient les atouts que je réclamais, ou je démissionnais. Il paraît qu'ils m'appréciaient : ils se sont inclinés. Alors, ma collaboration est devenue beaucoup plus étroite. Je ne me suis plus contenté de tests en laboratoire. J'ai pu suivre les agents dans leur carrière, constituer des dossiers complets. — Rien de tel que d'observer un sujet en pleine action. — J'ai été tenu au courant de leurs succès, de leurs échecs. Je les ai vus opérer parfois de très près. Bref, je suis devenu...

— Une sorte de chef du personnel ?

— Un peu plus peut-être, dit le docteur Fog avec un sourire qui acheva de convaincre Austin de l'importance de son patron. Je donne parfois des conseils en dehors de ma spécialité. Il m'arrive aussi de prendre des décisions.

Sous le regard intrigué d'Austin, il poursuivit avec énergie.

— Mais quand je suis amené à prendre ces initiatives, Austin, c'est toujours la considération du *personnel* qui les inspire, et plus spécialement de l'intellect de ce personnel. L'esprit est essentiel dans ce métier.

— Je n'en doute pas, Sir.

EXERCISE

PRACTICE IN DETERMINING MEMBERS OF THE VERBAL CORE

I. In the following pairs of sentences underline the direct object and the indirect object in the first sentence. Then enclose the verbal core of the second sentence in a box.

Examples: Il tend parfois la perche miraculeuse à ceux qu'il a accablés.

Il la leur tend parfois.

Un nouveau hurlement a rappelé Cousin à la réalité.

Un nouveau hurlement l'y a rappelé.

a. Cousin lut la réponse dans son regard.
   Cousin l'y lut.
b. On m'envoyait toujours les nouveaux sujets.
   On me les envoyait toujours.
c. Vous m'avez écrit des lettres, n'est-ce-pas?
   Vous m'en avez écrit, n'est-ce pas?
d. Austin s'est rendu à l'adresse indiquée.
   Austin s'y est rendu.
e. On communiqua le message secret au lieutenant-médecin Austin.
   On le lui communiqua.
f. Cousin sortit la minuscule ampoule de verre de sa cachette.
   Cousin l'en sortit.
g. Il glissa furtivement l'ampoule dans sa bouche malgré ses mains menottées.
   Il l'y glissa malgré ses mains menottées.
h. Nous envoyons des agents importants en pays étranger.
   Nous y en envoyons.
i. Le psychiatre écarte les fous dangereux des postes essentiels qu'ils occupent.
   Le psychiatre les en écarte.
j. Un idiot congénital accomplit parfois des besognes très utiles dans ce métier.
   Un idiot congénital y en accomplit parfois.

"So now you realize why I need assistants like you. I've got very few of them. I'm a difficult man to please, but I hope you and I will get along together. You already have some experience with the human brain; that's clear from your letters. You're young and eager to get on, I believe . . ."

"So on the whole, sir," said Austin, who was fascinated at the prospect of the exciting missions for which he might be made responsible, "on the whole, I can look forward to leading a fairly active life."

"I'm glad that's the attitude you take," the doctor replied, rubbing his hands together again. "I can see we understand each other. By the way, I noticed in your file that you speak French fluently?"

"As well as I do English, sir. My mother was French and I was partly brought up abroad."

Thereupon, after giving him a few more general particulars, Dr. Fog informed Austin that his job would be to deal with French affairs and, for a start, with one particular case in which he was deeply interested.

— Vous comprenez maintenant pourquoi j'ai besoin d'assistants dans votre genre. Je n'en ai que très peu. Je suis très difficile. Pour vous, j'espère que cela ira. Vous avez déjà une certaine expérience du cerveau humain, cela se sentait dans vos lettres. Vous êtes jeune, plein de bonne volonté, je crois...

— En somme, Sir, conclut Austin, qui se sentait enthousiasmé en entrevoyant les missions aventureuses dont il pourrait être chargé, en somme, je peux espérer mener une vie assez active ?

— Ravi que vous le preniez ainsi, dit le docteur en se frottant de nouveau les mains. Je vois que nous nous comprenons... A propos, j'ai vu dans votre dossier que vous parliez couramment le français ?

— Aussi bien que l'anglais, Sir. Ma mère était française et j'ai été élevé en partie sur le continent.

C'est alors que le docteur Fog, après lui avoir donné encore quelques indications générales, apprit à Austin qu'il allait précisément s'occuper d'affaires françaises et, pour commencer, de l'une d'elles qui lui tenait à cœur.

[See Appendix 1 for English translation.]

— Commençons toujours par l'essentiel : il s'agit avant tout, d'un agent. Voici son dossier. Il vous faudra l'étudier avec attention. C'est un cas difficile, je crois; mais j'ai confiance en votre jugement. Vous me donnerez votre avis.

Il avait baissé la voix et pris un ton assez solennel. Austin flaira un mystère et attendit la suite avec une curiosité impatiente.

— C'est un Français, reprit le docteur Fog. Je l'ai examiné une fois, il y a assez longtemps. Depuis, on m'a communiqué bien d'autres renseignements sur lui.

Il se mit à feuilleter le dossier en le commentant.

Potentially reflexive conjunctive pronouns always precede other object CP. In the following table all the object CP in column 1 are potentially reflexive (i.e., they may occur as reflexive pronouns). The remaining four columns (2, 3, 4, 5) contain 3d person object CP which precede the verb in the following order: direct object (column 2); indirect object, animate (column 3); indirect object, nonanimate, adverbial, indicating location or motion "toward" or "in" (column 4); indirect object, nonanimate, adverbial, indicating motion "from" (column 5). The form in column 5 is identical to the partitive pronoun which is discused in the footnote below.

POSITION OF OBJECT CP BEFORE THE VERB *

1	2	3	4	5
me (m')	le (l')	lui	y	en †
te (t')	la (l')	leur		
se (s')	les			
nous				
vous				

Handwritten annotations: "Not Together" and "Not Together"; "Il faut avoir le la les y en + les objets indirect"

* The CP in columns 1 and 3 cannot occur together.

† The CP *en* replaces the prepositional *de* plus a noun (phrase) when it functions as an adverb of place:

Il revient **de Londres.**
He is returning from London.

Il **en** *revient.*
He is returning from there.

Or *en* replaces the partitive *de* plus a noun (phrase):

Il transmet **des messages.**   [direct object]
He is transmitting (some) messages.

Il **en** *transmet.*
He is transmitting some.

In any case, *en* replacing either a prepositional phrase or a partitive phrase occurs in column 5.

"A writer in civilian life, an intellectual . . . On active service always volunteered for the dangerous jobs . . . In principle there's nothing wrong with that . . . One of those heroes who escaped from their own country . . . Nothing wrong with that, either . . . Sent back to France, carried out various clandestine operations with zeal and intelligence . . . Ah, here's the hitch . . .His mission ended in disaster, but it wasn't his fault. . . Managed to escape . . . Well, you can read it all for yourself. When you've finished, we'll put our heads together and see if this chap is still employable and, if so, in which branch. If he is, mind you, there's only one possible solution. He'll have to come directly under me—the others, the professionals in the service, don't trust an agent who has been captured by the enemy, even if he does escape. . . I may as well tell you now, Austin, I've often been known to give people a second chance when they've been turned down by the other sections. So far the results haven't been too bad. . . .

[No translation is supplied.]

— Un écrivain, dans le civil; un intellectuel... une conduite très brillante depuis le début de la guerre. Sur le front toujours volontaire pour un poste dangereux... en principe, il n'y a pas de mal à cela... un de ces héros qui ont quitté clandestinement leur patrie pour continuer la lutte... Rien à dire là non plus. Renvoyé en France, accomplit avec beaucoup de zèle et d'intelligence diverses missions de renseignements... Ah, voilà l'accroc... l'affaire s'est terminée tragiquement, mais il semblerait que ce ne fût pas sa faute... A réussi à s'échapper... Enfin, vous lirez tout cela, Austin. Quand vous aurez fini, nous déciderons ensemble si ce garçon est utilisable, et dans quelle branche... S'il l'est, remarquez, il n'y a qu'une possibilité. C'est moi qui l'emploierai directement; les autres, les professionnels du service, se méfient d'un agent qui a été pris par l'ennemi, même s'il s'est échappé... Il faut que vous sachiez encore, Austin, qu'il m'arrive souvent de donner ainsi une chance à ceux que les autres sections rejettent. J'ai eu parfois de bons résultats.

« Donc, il avait été mis à l'écart... un emploi insignifiant dans un bureau. — Peut-être avec raison, après tout ? Mais nous manquons terriblement de gens intelligents, et il n'est certainement pas bête. — C'est là que je l'ai découvert. Il s'appelle Cousin. Il faudra d'ailleurs lui trouver un autre nom. Les noms ont leur importance; je les choisis en général de façon qu'ils suggèrent un certain trait de l'individu, souvent d'une manière très détournée. Réfléchissez-y.

— J'y penserai, Sir.

— Nous en reparlerons quand vous aurez étudié le dossier.

Il se leva. En gagnant la porte. Austin posa une question:

— Vous l'avez déjà examiné, Sir ?

— Trop rapidement, il y a des mois.

— Est-ce un sujet normal ?

EXERCISE

PRACTICE IN DETERMINING MEMBERS OF THE VERBAL CORE

II. In the following sentences underline the elements in the direct object slot and in the indirect object slot. Then rewrite the sentence in the space provided below, replacing the elements in each slot by the appropriate CP in the correct order. Enclose the verbal core in a box.

Examples: Les médecins donnent les consultations aux pontes avec un soin particulier.

Les médecins les leur donnent avec un soin particulier.

Vous avez demandé des consultations au docteur Fog sans autre forme de procès?

Vous lui en avez demandé sans autre forme de procès?

a. L'adjoint montre le poste émetteur aux soldats.

L'adjoint le leur montre

b. Ils posent d'abord des questions à Morvan.

Ils lui en posent d'abord

c. Vous informerez le messager du résultat demain matin.

Vous l'en informerez demain matin

d. Nous nous emparons tout de suite de tous les documents.

Nous nous en emparons tout de suite

e. L'Allemand a planté le tisonnier dans les braises.

L'Allemand l'y a planté

f. Tu donneras de brèves instructions à tes hommes.

Tu leur en donneras

g. Nous nous acquittons bien de nos fonctions.

Nous nous en acquittons bien

h. Le lieutenant se recule d'un pas du placard.

Le lieutenant s'en recule d'un pas

i. Vous pousserez immédiatement les deux agents secrets vers la porte.

Vous les y pousserez immédiatement

j. Le commandant confie maintenant les secrets du réseau à son adjoint.

Le commandant les lui confie maintenant

" 'Normal' is a word that doesn't mean very much, you know. His brain seems to function correctly. And yet . . ."

Dr. Fog fell silent for a moment, then a strange look came into his eyes, the same glitter that had suggested something satanic to Austin's mind. He went on with a smile, giving his assistant a friendly tap on the shoulder:

"When you get to know me better, Austin, you'll realize that normal people—I mean absolutely normal in the ordinary sense of the word—don't interest me at all. I don't have any truck with them myself. I send them along to another section."

— Normal est un adjectif qui ne signifie pas grand-chose pour nous, vous le savez bien. Son cerveau semble fonctionner correctement. Cependant...

Le docteur Fog resta silencieux un instant, puis une lueur bizarre éclaira son regard, le même pétillement qui avait suggéré à Austin l'idée d'un certain satanisme. Il reprit avec un bon sourire, en tapant familièrement sur l'épaule de son assistant :

— Quand vous me connaîtrez mieux, Austin, vous vous apercevrez que les êtres normaux, absolument normaux au sens vulgaire du terme, ceux-là ne m'intéressent guère. Je ne m'occupe pas d'eux personnellement. Je les envoie dans une autre section.

10

GRAMMATICAL POINTS

In the **affirmative**—not negative—**imperative** two conjunctive pronouns always come after the verb in the following order: direct object; indirect object animate; pronominal adverb *y;* pronominal adverb or partitive *en.*

POSITION OF OBJECT CP IN AFFIRMATIVE IMPERATIVE *

1	2	3	4	5
le(l')	*moi(m')*†			
la(l')	*toi(t')*†	*lui*	*y*	*en*
les	*nous*	*leur*		
	vous			

"Well, what's your verdict, Austin?"

These were the words with which Dr. Fog greeted him when he came into the office two days later, just as though he had always belonged to the service. To justify this confidence, Austin decided to give his opinion without further delay. He had spent the whole night working on Cousin's file, which filled him with admiration for the personality that emerged from it with startling clarity, and left him puzzled by the note of reservation he had detected in some of the doctor's comments.

"A very favorable impression, sir," he declared staunchly. "Before the incident at the farm his conduct had always been beyond reproach. Even then, it seems, his only fault was to overestimate this fellow Morvan. That led to disaster, alas, but he can't be blamed entirely—his colleague had proved his worth for several months; anyone would have trusted him completely."

"So that's what you think, is it?" Dr. Fog observed in a noncommittal tone.

"That's my considered opinion, sir."

"So you feel quite confident—as I do, mark you—that he can be entrusted with another mission in enemy-occupied territory?"

— Alors, votre impression, Austin ?

Le docteur Fog l'accueillait ainsi le surlendemain, dès son entrée dans son cabinet, comme s'il avait toujours fait partie du service. Pour justifier cette confiance, Austin crut devoir donner son opinion sans détours. Il avait passé la nuit à étudier le dossier de Cousin, admirant souvent ce personnage qui se révélait à lui d'une manière bizarre, perplexe au souvenir des réserves contenues dans certains propos du docteur.

— Mon impression est bonne, Sir, dit-il résolument. Avant l'accident de la ferme, sa conduite a toujours été irréprochable. Même alors semble-t-il, son seul tort fut d'estimer trop haut ce Morvan. Cela a abouti, hélas, à un désastre, mais dans lequel sa responsabilité est faible : son compagnon s'était montré parfait pendant des mois. Qui n'aurait pas eu confiance en lui ?

— Ah ? C'est cela que vous pensez, fit le docteur Fog sur un ton neutre.

— Exactement, Sir.

— Vous êtes donc d'avis, comme moi d'ailleurs remarquez, qu'on peut lui confier une autre mission, en pays ennemi par exemple ?

---

* The CP in columns 2 and 3 cannot occur together.

† *Moi* and *toi* are written *m'* and *t'*, respectively, before *y* and *en.*

"From our point of view, yes. I even think this recent experience of his will stand him in good stead in his future dealings with his subordinates. It remains to be seen whether he'd be willing to go back."

"He has already suggested it," Dr. Fog replied calmly. "He has volunteered a second time."

Disregarding the gasp of admiration Austin had not been able to suppress, he went on to explain:

"On his return, he first went off on leave. Then, as I told you, he was assigned to this unimportant staff job. He languished there for several weeks, forsaken and forgotten, like many casualties in the service, apparently resigned to his fate, filing utterly useless documents during working hours, and painting the town red at night, like many other worthy young men who are at present saving the Empire and the civilized world."

— De notre point de vue, oui. Il me semble même que l'expérience passée lui sera précieuse pour ses futurs rapports avec ses subordonnés. Reste à savoir s'il voudra repartir, lui.

— L'initiative vient de lui, dit lentement le docteur Fog. Il est volontaire, une fois de plus.

Sans tenir compte d'une exclamation admirative qu'Austin n'avait pu retenir, il expliqua :

— A son retour, il a d'abord pris un congé; puis on l'a affecté, comme je vous l'ai dit, dans un bureau insignifiant. Il a passé là quelques semaines, abandonné, oublié, comme tous ceux qui ont eu un accident dans le service, résigné semble-t-il à sa retraite, classant des fiches parfaitement inutiles pendant les heures de travail et faisant la nuit une noce mesurée, comme beaucoup des braves gens qui sauvent en ce moment l'Empire et le monde civilisé...

EXERCISE

PRACTICE IN POSITIONING MEMBERS OF THE VERBAL CORE

I. In the space provided rewrite the sentence in the affirmative imperative, replacing the elements in the direct object and indirect object slots by the appropriate CP. Place them in the correct order. Enclose the verbal core in a box.

Example: Nous envoyons les êtres normaux dans une autre section.

Envoyons-les-y.

Tu donnes tout de suite des indications générales au lieutenant-médecin Austin.

Donne-lui-en tout de suite.

a. Vous donnez votre opinion au docteur Fog sans détours.

Donnez-la-lui sans détours

b. Nous confions cette mission au même agent dans une heure.

Confions-la-lui dans une heure

c. Ce jour même, tu adresses une longue requête aux autorités.

Ce jour même adresse-la-leur

d. Vous vous précipitez du haut de ce rocher-là.

Précipitez-vous-en

e. Nous nous précipitons ainsi au-devant des périls.

Précipitons-nous-y ainsi

f. Sur ma demande, vous discutez quelques pièces de son dossier dans mon cabinet.

Sur ma demande discutez-les-y

g. Tu redemandes dix fois le compte rendu de Cousin sous sa tente.

Redemande-l'y dix fois

h. Nous recherchons toujours des coins isolés sur une plage.

Recherchons-y en toujours

i. Pour une fois, tu donnes à ton texte cette allure d'objectivité et de modestie.

Pour une fois donne l y

j. En particulier, vous donnez ces renseignements avec bien d'autres à <u>vos</u> subordonnés.

En particulier donnez les leur !

[See Appendix 1 for English translation.]

"Volunteering to go back after gambling with death, knowing that the risks are now infinitely greater! And yet you still seem to have some doubt about him, sir?"

"My dear fellow," said the doctor, "far be it from me to curb your enthusiasm, but as far as I'm concerned, you know, volunteers . . ."

He paused, then continued as though he were thinking out loud:

"It's certainly not our business to discourage them. It's splendid, of course, but between ourselves, from the point of view of my special subject, I think I prefer the other sort."

"The other sort?"

"Those who are willing to toe the line. Volunteers . . . I know that some of them are real topnotchers who have a proper idea of their own possibilities; but in most cases, Austin, when they're so overeager to court danger, it's because they're not absolutely sure of their courage and are frightened it might be

— Vous savez cela aussi, Sir ? murmura Austin.

— Ce garçon m'intéresse. Il est naturel que je tienne à m'informer... Donc, on n'entendait plus parler de lui quand, un beau jour, il a adressé une longue requête aux autorités, suppliant qu'on lui confiât une autre mission en France. Depuis, il multiplie les demandes et les démarches dans ce sens.

— Je parie que c'est au lendemain d'une nuit de noce qu'il s'est décidé, Sir ! En tout cas, après sa précédente expérience, c'est l'indice d'une force de caractère peu commune.

— Sans doute, sans doute, dit le docteur d'un air absent. C'est en effet assez exceptionnel. Les bravaches, qui ont du courage de loin — ce qui est déjà quelque chose, remarquez; beaucoup de gens n'en ont ni de loin ni de près —, sont volontaires une fois; mais quand ils se sont brûlé les doigts, ou les pieds, ils ne sont pas disposés à recommencer.

— Volontaire pour repartir, après avoir côtoyé l'enfer, et alors que les risques sont bien plus grands pour lui ! Et vous paraissez encore réticent à son sujet, Sir ?

— Mon jeune ami, dit le docteur, je m'en voudrais de souffler sur votre enthousiasme, seulement, moi, les volontaires...

Il hésita et parut rêver à haute voix.

— Ce n'est certes pas notre rôle de les décourager. C'est très beau, évidemment; mais, entre nous, du point de vue de ma spécialité, je crois que j'aime mieux les autres.

— Les autres ?

— Ceux qui se contentent de suivre le mouvement. Les volontaires... je sais, il y a parmi eux des sujets d'élite, qui ont une exacte perception de leurs possibilités; mais beaucoup, Austin, s'ils se précipitent ainsi au-devant des périls, c'est parce qu'ils ne sont pas très sûrs de leur courage, et parce qu'ils ont peur que

noticed. They're the worrying kind, frequently found among intellectuals. They're subconsciously trying to delude themselves, and everyone else as well."

cela se voie. Ce sont des inquiets, des intellectuels très souvent. Ils cherchent inconsciemment à donner le change, aux autres et à eux-mêmes.

Disjunctive pronouns constitute a part of the verbal core in only two cases; (1) after *c'est...* or *ce sont...*, and (2) as third person subject pronouns **not** followed by punctuation or by words other than finite verbs. In all other cases (e.g., after any preposition, in isolation, in apposition, etc.), a DP is not part of the verbal core. Since *ce(c')*, like any subject pronoun, cannot occur in isolation, it is part of the verbal core.

In the following sentences the verbal core is enclosed in a box.

1. *Mais* | ce sont eux | *qui* | vous ont | *remarqué.*
   But it's they who noticed you.

2. *Moi? Eux?* | C'est | *vrai?*
   I? They? It's true?

3. | C'est | *le docteur Fog, lui-même.*
   It's Doctor Fog, himself.

4. | C'est lui | *qui* | vous a | *réclamé.*
   It's he who has asked for you.

5. | C'est moi. | *Moi,* | je l'ai | *dit!*
   It's I. I, I said so!

6. *Lui seul* | travaillait; | eux jouaient. |
   He alone worked; they just played.

[No translation is supplied.]

— Cela n'amène-t-il pas parfois de très beaux résultats, Sir ? Certains de ces inquiets n'ont-ils pas dépassé les limites de l'héroïsme ?

— Cela s'est vu, admit le docteur Fog — rarement... Remarquez, continua-t-il en changeant de ton, je parle d'une manière très générale.

Il s'exprimait souvent ainsi, Austin devait le vérifier par la suite, « d'une manière très générale », particulièrement au sujet des êtres humains.

— Mais nous, hommes de science, nous ne pouvons pas établir une ligne de conduite sur des exceptions.

Sur sa demande, et un peu agacé par son parti pris, Austin ouvrit le dossier et ils commencèrent à en discuter quelques pièces. L'une d'elles était le rapport écrit par Cousin lors de sa première arrivée en Angleterre. Austin, qui appréciait beaucoup, non seulement les sentiments exprimés, mais l'absence évidente de

forfanterie et le ton modeste, avait ressenti du dépit à la lecture d'une remarque notée en marge par le docteur : « Ne pas oublier qu'il a *travaillé* sur ce rapport pendant plus d'une semaine. » Il pria son patron de lui expliquer ce qu'il entendait exactement par là, et comment il était si bien renseigné.

— C'est sur mes instructions que les services de sécurité contrôlaient ce point pour tous les refugiés : la durée passée à écrire le compte rendu, et d'autres détails quand cela était possible. Dans le cas de Cousin, j'ai eu pas mal d'informations précieuses... Dix jours, pas un de moins, Austin ! Il a fallu le lui redemander plusieurs fois; il voulait toujours le perfectionner. Et un soin ! Il avait commencé à le composer dans la salle commune, comme tous les autres, n'est-ce pas. Cela n'a pas duré. Il ne pouvait pas *travailler* là, comprenez-vous ? Il était gêné par ses voisins. Il avait besoin de réfléchir, de se concentrer.

— Je vois, fit Austin, songeur.

EXERCISE

PRACTICE IN DETERMINING MEMBERS OF THE VERBAL CORE

II. In the following sentences enclose the CP, DP, and finite verb forms that belong to the verbal core in a box.

Examples: | Ils s'attaquèrent | d'abord à lui.
| C'était lui, | lui, qu' | on allait | torturer. Lui-même et pas un autre.

a. Les policiers | avaient | commencé par Morvan.
b. Morvan | devait | parler, et pas lui.
c. | Vous dépendez | de lui à partir d'aujourd'hui.
d. Et lui, Austin, qu' | allait-il | faire dans cette galère?
e. Un grand ponte du service | a fait | appel à moi.
f. | C'est moi | qui | emploierai | directement cet agent.
g. Mais nous autres, | nous manquons | terriblement de gens intelligents.
h. | Il a eu confiance en lui. |
i. Lui, Cousin, | s'attela | à la composition de ce rapport.
j. | C'était lui | qui | l'avait | vécue, lui et pas un autre.

liaison obligatoire dans le noyau verbal.

"Even in his own quarters, he couldn't find the peace and quiet he needed. He was bothered by his two companions. After that he was observed creeping off to some secluded spot on the beach, working away for hours on end, using up an inordinate amount of paper on draft after draft."

"What a shame, sir," Austin observed with a

— Même sous sa tente, il n'avait pas la tranquillité d'esprit nécessaire. Ses deux compagnons le troublaient. On l'a vu alors rechercher des coins isolés sur une plage et peiner là, le crayon à la main, des heures entières, usant une quantité invraisemblable de papier en d'innombrables brouillons.

— Il est dommage, Sir, remarqua Austin

hint of irony in his voice, "that you didn't manage to get hold of one of those drafts. Comparing it with the final fair copy . . ."

"I've got one of them here," the doctor replied calmly. "I forgot to add it to the file. For once I was lucky enough to have an intelligent source of information. You'd be wrong to laugh at these methods. This already shows that our man did not succeed at the first attempt in introducing that note of objectivity and modesty that impressed you so favorably."

Austin read through the draft and lowered his head; but, not being willing to admit defeat, he protested feebly:

"He's a professional writer, sir. It's hardly surprising he should take so much trouble to find the right word."

"The right word—that's just it, Austin. I find no difficulty in picturing him bent over his work, struggling to find the term best suited to put over the idea he wants to express, crossing out, beginning all over again until . . . until perhaps, Austin, the personality of the writer emerges from the text in a manner completely satisfactory to himself."

"In other words, sir, you look upon this document as a work of art."

Dr. Fog heaved a sigh, shrugged his shoulders, and grunted:

"Certainly not. I simply think it's the work of a writer. You don't seem able to understand me at all this morning, my dear fellow!"

They went on discussing the case, and Austin drew attention to Cousin's admirable conduct at the front.

"That isn't literature, anyway, sir. I see you've been able to check up on quite a number of points."

"He always behaved well when he knew he was being watched," Dr. Fog conceded. "I don't deny it."

He gave a brief outline of Cousin's initial activities in the service, then proceeded to the disaster that had put an end to his mission.

avec une nuance d'ironie, que vous ne soyez pas parvenu à obtenir ces brouillons. La comparaison avec l'original...

— En voici un, répondit le docteur avec calme, j'avais oublié de le joindre au dossier. Pour une fois, j'ai eu affaire à un informateur intelligent. Vous auriez tort de vous moquer de ces procédés. Ceci nous apprend déjà que notre homme n'a pas réussi du premier jet à donner à son texte cette allure d'objectivité et de modestie qui vous a si favorablement impressionné.

Austin lut le brouillon et baissa la tête; mais, ne voulant pas se déclarer battu, il protesta faiblement :

— C'est un écrivain de métier. Il n'est pas surprenant qu'il apporte beaucoup de soin à trouver le mot juste.

— Le mot juste, c'est exactement cela, Austin. Je n'ai aucune peine à l'imaginer, penché sur son ouvrage, cherchant avec passion le terme propre à donner l'idée qu'il veut absolument suggérer, raturant, recommençant jusqu'à ce que... peut-être, Austin, jusqu'à ce que la personnalité de l'auteur se dégage du texte d'une manière complètement satisfaisante pour lui.

— Autrement dit, Sir, vous considérez ce document comme une œuvre d'art ?

Le docteur Fog soupira et haussa les épaules en maugréant.

— Certainement pas. Je pense seulement que c'est un travail d'écrivain. Comme vous me comprenez mal, ce matin, jeune homme !

Ils continuèrent à discuter, et Austin fit valoir la brillante conduite de Cousin sur le front.

— Cela n'est pas de la littérature, Sir; j'ai vu que vous aviez pu faire vérifier beaucoup de ces points.

— Il s'est toujours bien comporté quand on le regardait, admit le docteur Fog. Je ne le nie pas.

Le docteur passa rapidement sur les premières activités de Cousin dans le service, et en arriva au drame qui avait mis fin à sa mission.

If at least one of two object pronouns is not *le, la, l', les, y, en,* then the direct object is conjunctive (CP) and the indirect object is disjunctive (DP). This feature also applies to the affirmative imperative. Under no circumstances can the so-called "potentially reflexive" pronouns *me, te, se, nous,* and *vous* occur conjunctively with the indirect object pronouns *lui* and *leur*.

1. *L'adjoint* **nous envoie** *à son chef.*
   The deputy sends us to his chief.

   L'adjoint **nous envoie** *à lui.*
   The deputy sends us to him.

2. *Le psychiatre* **se souvient** *de toi et de ta soeur.*
   The psychiatrist remembers you and your sister.

   Le psychiatre **se souvient** *de vous.*
   The psychiatrist remembers you (both).

3. *Le docteur Fog* **te présentera** *à ses collègues.*
   Doctor Fog will introduce you to his colleagues.

   Le docteur Fog **te présentera** *à eux.*
   Doctor Fog will introduce you to them.

4. **Livrez-moi** *à la soeur de la victime.*
   Deliver me unto the sister of the victim.

   Livrez-moi *à elle.*
   Deliver me unto her.

Once again it was Cousin's personal report that provided the basic facts; but most of the events described were confirmed by another agent who had been able to get a few details about the raid on the Lachaume farm through a contact in the Gestapo.

Austin had given close attention to this document, which Cousin had submitted after his escape and return to England. It was written in an extremely terse style that at times was almost brutally down-to-earth. It clearly revealed his anxiety not to evade the slightest responsibility, as well as the despair he felt at witnessing the failure of all his endeavors and at seeing his efforts nullified by a moment's weakness on the part of his subordinate.

He gave a brief account of the arrival of the Gestapo, then described in further detail how the Germans had decided to interrogate the prisoners separately. The Gestapo knew what it was doing—in his presence Morvan would not have talked, he was sure of that. Once they were separated, however, Morvan had not been able to hold out against the brutal treatment. At the last moment, just as the Germans were about to start torturing him, Cousin, Morvan told them everything he knew. And he knew most of the secrets. On that score, Cousin admitted, there was no one to blame but himself. In particular, Morvan knew about the opera-

Là encore, c'était son rapport qui fournissait le document de base; mais la plupart des faits relatés étaient confirmés par une note d'un autre agent, qui avait pu avoir quelques précisions sur l'affaire de la ferme Lachaume, par des complicités dans la police.

Austin avait étudié avec passion ce document, rédigé par Cousin après son évasion et son retour en Angleterre. Il était écrit dans un style extrêmement concis, d'une sécheresse brutale parfois. On y sentait son souci de ne vouloir éluder aucune responsabilité, en même temps que son désespoir de constater la ruine de ses entreprises et de voir tous ses efforts rendus vains par un instant de faiblesse de son subordonné.

Il mentionnait en termes très brefs l'irruption de la Gestapo, puis la décision prise par les policiers de les interroger séparément. Ils savaient ce qu'ils faisaient : près de lui, Morvan n'aurait pas parlé; il en était sûr. En fait, isolé, Morvan n'avait pas résisté au traitement barbare. Il avait révélé tout ce qu'il savait, cela juste au moment où les policiers allaient commencer à le torturer, lui. Et Morvan connaissait beaucoup de secrets. C'est en cela qu'il se sentait coupable; il ne cherchait aucune excuse. En particulier, il était au courant de l'opération qui devait avoir lieu dans la nuit, à cinquante kilomètres de là, contre l'atelier de loco-

tion scheduled for that night, only fifty kilometers away, against the roundhouse. He had given away this information and a great deal more.

Realizing the urgency of the situation, the Gestapo officer had decided to leave the farm at once with most of his men and organize an ambush for the raiding party, postponing the rest of the interrogation until later. Net result: ten men killed that night, five arrested, and many more casualties in the course of the next few days. To sum up, the whole network was destroyed, six months' work wiped out, and more than fifty patriots tortured and executed.

motives. Il avait donné ce renseignement avec bien d'autres.

Devant l'urgence de la situation, le chef des policiers décida de quitter immédiatement la ferme, avec la plupart de ses hommes, pour préparer le piège où devait tomber le commando, remettant à plus tard la continuation de l'interrogatoire. Résultat brutal : la même nuit, dix hommes massacrés, cinq arrêtés; et bien d'autres victimes dans les jours qui suivirent. En résumé, tout le réseau était démantelé; le travail de six mois, anéanti; une cinquantaine de patriotes, torturés et fusillés.

EXERCISE

PRACTICE IN IDENTIFYING MEMBERS OF THE VERBAL CORE

III. Rewrite the sentences in the space provided replacing the elements in the direct object and indirect object slots by the appropriate CP and DP. Be careful to observe the correct word order. Enclose the verbal core in a box.

Examples: Le paysan vous dénonça aux Allemands.

Le paysan **vous dénonça** *à eux.*

Il s'agissait de l'agent fin et plus hardi.

Il s'agissait de lui.

a. Les hommes de la Gestapo s'emparèrent de Morvan.

Les hommes de la Gestapo s'emparèrent de lui

b. Nous nous débarrassons de tous les mauvais candidats.

Nous nous débarrassons d'eux.

c. Nous poussons Morvan dans la pièce voisine.

Nous l'y poussons

d. Vous vous occuperez seulement des agents français.

Nous vous occuperez seulement d'eux

e. Les autres se méfient d'un agent évadé.

Les autres se méfient de lui

f. Le rapatrié s'est adressé plusieurs fois aux autorités.

Le rapatrié s'est adressé plusieurs fois à eux

g. Toi, tu te contenteras uniquement de volontaires?

Toi, Tu te contenteras uniquement d'eux?

h. Le psychiatre avait parlé des ampoules de cyanure à Austin.

Le psychiatre lui en avait parlé

i. Ce personnage se révélait au lieutenant-médecin d'une manière bizarre.

Ce personnage se révélait à lui d'une manière bizarre

j. Tu rejoues pour Austin la scène subie dans son bureau.

Tu l'y rejoues pour lui

Cousin went on to describe how he had been taken back to the room where Morvan was lying and was left there with him, guarded by two Gestapo men, to await the officer's return. At this point his style underwent a curious change. The tone became pathetic, betraying a very understandable emotion.

"The next few hours," he wrote, "were the worst I have ever spent in my life. Morvan was stretched out on a bed right in front of me, fully aware of his treachery, I am sure. After throwing a blanket over his legs, the butchers did nothing more for him. In spite of his suffering I could not—no, I could not—feel any pity toward him. It was impossible to forget the harm that was being done as a result of his weakness. In my mind's eye I kept seeing the ghastly massacre that was bound to take place that very night, and it was all his fault.

"As for him, he didn't dare look at me. He kept his eyes shut tight and I could tell his mental agony was more intense than the physical pain. More than once he went through the motions of raising his eyelids, but as soon as he recognized my silhouette he dropped them again. He didn't once open his mouth, and I couldn't bring myself to say a word to him, either."

He resumed his pithy style in describing his escape. During the night his two guards started drinking and eventually passed out. He managed to slip out of his handcuffs, keeping a wary eye on the submachine gun one of the guards had left lying beside him. Cousin's attempt was well timed. In one movement he had sprung to his feet, snatched up the weapon, and mowed down the Gestapo men with a couple of bursts. A chance in a million.

The end of his report dealt briefly with his flight, how he had reached another safe house and eventually managed to get in contact with London. A Lysander had come to take him off one night, after he had received a message ordering him back.

At this juncture Austin interrupted to ask a question, remembering he had noticed something was missing from this description when he had read it over the first time. What had become of Morvan?

"Yes, you're right," the doctor replied slowly. "That part has been omitted, but he gave the details verbally. He was ordered to leave them out of his written report. He had to

Cousin racontait ensuite comment il avait été ramené dans la chambre où gisait Morvan, et laissé avec lui, sous la garde de deux policiers, en attendant le retour du chef. Son style se transformait curieusement dans ce passage. Le ton devenait pathétique, trahissant une émotion bien compréhensible.

« J'ai passé là, en sa compagnie », disait-il, « les heures les plus atroces de mon existence. Il était étendu sur son lit, devant moi, pleinement conscient de sa trahison, j'en suis sûr. Les bourreaux, après avoir jeté une couverture sur ses jambes, ne s'occupaient plus de lui. Malgré ses souffrances, je ne pouvais pas, non je ne pouvais pas le prendre en pitié. Il m'était impossible d'oublier le mal que sa défaillance était en train de causer. J'avais constamment devant les yeux l'épouvantable spectacle du massacre qui se préparait cette nuit même, par sa faute.

« Quant à lui, il n'osait pas me regarder. Il tenait les yeux obstinément fermés et je devinais que ses souffrances morales étaient plus cruelles que la douleur physique. A plusieurs reprises, ses paupières ont esquissé un mouvement pour se soulever, mais dès qu'il apercevait mon ombre à travers les cils, il les rabattait aussitôt. Il ne prononça pas un seul mot, et je n'eus pas le courage, moi-même, de lui adresser la parole. »

Il retrouvait sa sécheresse pour raconter son évasion. Au cours de la nuit, les gardiens se mirent à boire de l'alcool, et s'assoupirent. Il réussit à se débarrasser de ses liens, guettant la mitraillette que l'un d'eux avait posée à côté de lui. Son coup était bien calculé : D'un seul mouvement, il bondit, s'empara de l'arme, et tira deux rafales, qui abattirent les policiers. Une chance.

La fin de son rapport relatait brièvement sa fuite, comment il avait gagné un autre abri, et pu reprendre contact avec Londres. Un *Lysander* était venu le chercher une nuit, après qu'il eut reçu l'ordre de rentrer.

Austin fit une remarque, se rappelant qu'il avait trouvé une lacune dans ce récit, lors de sa première lecture. Qu'était devenu Morvan ?

— Cela est en effet passé sous silence, dit lentement le docteur Fog; mais il l'a précisé verbalement. C'est par ordre qu'il l'a omis dans son compte rendu. Il a abandonné Morvan, qui

leave Morvan behind, as he couldn't walk. We also knew from a reliable source that the poor fellow was subsequently killed. The Gestapo officer no doubt took his revenge on him as soon as he got back."

ne pouvait pas marcher. Nous savons aussi de source sûre que celui-ci a été tué. Le chef de la Gestapo s'est probablement vengé sur lui à son retour.

11

GRAMMATICAL POINTS

Ne . . . pas is the form most frequently used to make the verbal core negative. Other negative forms that function like *ne . . . pas* are; *ne . . . point, ne . . . plus, ne . . . jamais,* and *ne . . . guère.*

To make the verbal core negative, *ne* (*n'*) is placed after the subject pronoun if the subject pronoun comes first. In all other cases, *ne* (*n'*) comes first. *Pas* is placed at the end of the verbal core.

In the following sentences the verbal core is enclosed in a box.

1. *Claire* **attend**.
   Claire is waiting.

   Claire n' **attend** *pas.*
   Claire isn't waiting.

2. *Claire* **attend** *son frère.*
   Claire is waiting for her brother.

   Elle *ne* **l'attend** *pas.*
   She isn't waiting for him.

3. *Est-ce qu'* **elle l'attend?**
   Is she waiting for him?

   Ne **l'attend-elle** *Pas?*
   Isn't she waiting for him?

"He left him behind!"

Dr. Fog gave a nod.

"Furthermore, he had very good reasons for doing so, which he'll tell you himself. I've asked him to call here this morning."

"Admittedly," Austin muttered, "Morvan was responsible for a ghastly massacre. Just the same . . ."

"Just the same, any court-martial would have acquitted him in view of what he had been through. There would have been no charge brought against him, even by the service itself."

"I suppose he had his cyanide capsule on him and knew what he was meant to do," said Austin, who was already conversant with the customs of the service.

"Perhaps he wasn't able to use it, and besides . . ."

"Yes?"

"I think I can tell you this," said the doctor, after a moment's hesitation. "We do indeed issue strict instructions on the subject, knowing only too well that they'll hardly ever be followed. Generally speaking, we're not too severe about it."

Il l'a abandonné !

Le docteur Fog fit un signe affirmatif.

— Il avait d'ailleurs d'excellentes raisons, qu'il vous exposera lui-même. Je l'ai convoqué ce matin.

— Certes, murmura Austin, Morvan était responsable d'un horrible massacre. Tout de même...

— Tout de même, n'importe quel tribunal l'eût acquitté, étant donné le genre de traitement subi. Dans le service même, on n'eût pris aucune sanction contre lui.

— Je suppose qu'il avait du poison et qu'il connaissait les consignes, remarqua Austin, déjà au courant des habitudes de la maison.

— Il n'a peut-être pas pu l'utiliser; et puis...

— Et puis ?

— Je peux bien vous le dire à vous, fit le docteur après une hésitation. On leur donne en effet des instructions strictes à ce sujet, en sachant fort bien qu'elles seront rarement suivies. En général, on ne leur en tient pas rigueur.

"There are some, however, who have preferred to die that way."

"There are," Dr. Fog agreed, "but very few."

Austin was about to ask another question, when the house telephone rang. After answering it, the doctor turned back toward him.

"Here's our man.'

Austin felt a mounting excitement at the advent of this character who had occupied his thoughts for the past two days. A few minutes later Cousin was shown into the room.

His whole demeanor was perfect, Austin thought. He stood stiffly at attention in front of the doctor, in a deferential attitude but without a trace of servility. He spoke in a crisp, self-confident voice and answered the psychiatrist's questions without equivocation. The doctor had greeted him in an affable manner and spoke to him in an encouraging tone in which Austin once again detected a professional attitude.

— Il y en a, pourtant, qui choisissent la mort.

— Il y en a, admit le docteur Fog. — Très peu.

Austin allait poser une autre question quand le téléphone intérieur sonna. Le docteur, après avoir répondu, se tourna vers lui.

— C'est notre homme.

Austin se sentit tressaillir à l'approche de ce personnage qui occupait ses pensées depuis deux jours. Quelques instants plus tard, Cousin était introduit dans le cabinet.

Sa présentation était parfaite, jugea-t-il. Il se tenait très droit devant le docteur, dans une attitude déférente, mais sans aucune servilité. Il parlait d'une voix nette, convaincante, et répondait sans hésiter aux questions du psychiatre. Celui-ci l'avait accueilli avec des manières affables et lui parlait sur un ton encourageant, où Austin décela encore une attitude professionnelle.

EXERCISE   *See Work Bk for Completed exercises*

PRACTICE IN MAKING THE VERBAL CORE NEGATIVE

I. Rewrite each sentence in the space provided, superimposing *ne (n')* . . . *pas* on the verbal core. Enclose the verbal core in a box.

Examples: Le docteur passa rapidement sur ses activités.

Le docteur ne |*passa*| *pas rapidement sur ses activités.*

Le considérez-vous comme une oeuvre d'art?

Ne |*le considérez-vous*| *pas comme une oeuvre d'art?*

a. Il l'abandonne?

b. Le docteur Fog fit un signe affirmatif.

c. Le docteur Fog s'aperçut de son trouble.

d. Cela m'étonne de vous, Sir.

e. Morvan était responsable d'un horrible massacre.

f. On leur donne en effet des instructions strictes à ce sujet.

g. Il se rappelait exactement ces paroles maudites.

3rd Rule - superposition

h. Je lui en enverrai la semaine prochaine.

---

i. Il y en a pourtant.

---

j. Y en a-t-il tout de même?

[See Appendix 1 for English translation.]

Cousin gave his account in a firm voice, without faltering, exactly as he had written it down. By judicious questioning the doctor made him include a few additional details.

It was just at the moment when one of the butchers was bending over him with a red-hot poker in his hand that he heard Morvan cry out in the adjoining room: "Stop, stop! I'll talk! I'll tell you everything, everything! I'll do whatever you wish!" He remembered those dreadful words exactly. He felt like shouting out himself, to tell Morvan to hold his tongue, but the Gestapo man put a gag in his mouth. After that they didn't bother about him any further. They had what they wanted. Morvan went on shouting: "I'll tell you everything, everything! I'll do whatever you want!" Cousin repeated the words grimly.

When he described the hours he subsequently spent in the room with the wretched fellow, his voice, becoming less assured, betrayed the same emotion that had emerged from the corresponding passage in his report. It seemed as though the recollection of that

Il dit à Cousin qu'il connaissait ses brillants antécédents. Il concevait fort bien qu'un caractère comme lui s'ennuyât dans un bureau. Il était au courant de toutes ses démarches pour reprendre du service actif et pensait que, peut-être, il pourrait l'employer.

— C'est tout ce que je demande, Sir, répondit sobrement Cousin. Je ne suis pas fait pour rester à Londres.

— Je n'ignore pas, continua le docteur, l'issue de votre dernière mission. C'est un accident comme il en arrive souvent chez nous, et j'estime que vous n'y êtes pour rien. J'aimerais cependant vous entendre raconter l'histoire vous-même. Rien de tel que de se connaître à fond quand on doit travailler ensemble, ajouta-t-il sur un ton patelin, qui le fit traiter mentalement de monstrueux hypocrite par son jeune assistant.

Cousin fit son récit d'une voix ferme, sans hésitation, tel qu'il l'avait écrit. Par des questions précises, le docteur lui fit ajouter queques détails.

C'est au moment même où l'un des bourreaux s'approchait de lui, un tisonnier ardent à la main, qu'il entendit Morvan s'écrier dans la pièce voisine : « Assez ! Je parlerai. Je dirai tout, tout ; je ferai ce que vous voudrez ! » Il se rappelait exactement ces paroles maudites. Il voulut crier à son tour pour lui ordonner de se taire, mais les policiers lui mirent un bâillon sur la bouche. Ensuite, ils ne s'occupèrent plus de lui. Ils avaient ce qu'ils désiraient; Morvan ne s'arrêtait plus : *Je dirai tout, tout; je ferai ce que vous vondrez*, répéta Cousin avec accablement.

Quand il rappela les heures passées en compagnie du malheureux, sa voix, devenue moins assurée, trahit la même émotion qui se dégageait du passage correspondant de son rapport. On devinait que l'évocation de ce voisinage, du visage de son compagnon, de sa honte visible

proximity, of his companion's face and visible shame, made him drop his customary reserve in spite of himself. The scene came to life with extraordinary intensity, and Austin had no difficulty in picturing it in all its horror.

le faisait, malgré lui, sortir de sa réserve. La scène revivait avec une intensité extraordinaire et Austin en ressentait toute l'horreur.

Conjunctive pronoun objects stand immediately **after** the verb in the affirmative imperative but **before** the verb in the negative imperative. The verbal core is enclosed in a box in the following sentences.

1. **Attendez.**
   Wait.

   N' **attendez** *pas.*
   Don't wait.

2. **Attendez-le.**
   Wait for him.

   Ne **l'attendez** *pas.*
   Don't wait for him.

3. **Donnez-le-lui.**
   Give it to him.

   Ne **le lui donnez** *pas.*
   Don't give it to him.

Eventually Cousin came to the point at which he had killed the two guards, and paused for a moment. Dr. Fog asked him quietly to go on. He then assumed a calm, almost unfeeling, tone to explain why he had made his escape alone. He looked the doctor straight in the eye, and even, at times, with a sort of defiance.

"He couldn't walk, sir. I would have had to carry him and I wouldn't have gone far. Just then I saw the beam of a headlight in the distance. It was obviously the Gestapo coming back. Dawn was beginning to break. We should both have been caught. You see, sir, I considered I ought not to sacrifice myself pointlessly for the sake of a mere traitor. I left him there. I plunged into the woods alone . . . I'd do it again if I found myself in the same position, sir. I'm willing to answer for my decision before a court-martial, if necessary."

"There's no question of that," Dr. Fog assured him quietly. "This is just a friendly conversation and I fully understand your attitude and your conduct. Let's leave it at that. . . . Incidentally, you know, don't you, that Morvan atoned for his shortcoming? He was killed. The Gestapo shot him."

Cousin hung his head for a moment, then looked up and answered grimly:

"I heard about it. Frankly, sir, I can't bring myself to feel sorry for him. That's too much to expect."

Il en arriva enfin au moment où il avait abattu les gardiens et fit une pause. Le docteur Fog le pria doucement de poursuivre. Il retrouva alors un ton calme, presque dur, pour expliquer pourquoi il avait fui seul. Il regardait son interlocuteur bien en face, avec même, parfois, une nuance de défi.

— Il ne pouvait pas marcher, Sir. Il m'aurait fallu le porter, et je ne serais pas allé loin. C'est à ce moment que j'ai aperçu une lueur de phare dans le lointain. C'était certainement la Gestapo qui revenait. Le jour allait poindre. Nous y serions restés tous les deux. J'ai pensé, Sir, oui, j'ai estimé que je ne devais pas me sacrifier inutilement à cause d'un traître. Je l'ai laissé là. Je me suis enfui dans les bois, seul... Je le referais encore si je me trouvais dans une situation semblable, Sir. Je suis prêt à répondre de cet acte devant n'importe quel tribunal.

— Il n'est pas question de tribunal, fit la voix calme du docteur Fog. C'est en famille que nous réglons ces questions et je comprends fort bien votre raisonnement ainsi que votre attitude. N'en parlons plus... A propos, vous savez, n'est-ce pas, que Morvan a expié sa faute ? Il a été tué. La Gestapo l'aura abattu.

Cousin baissa la tête une seconde, puis la releva pour répondre farouchement :

— Je l'ai appris. Franchement, Sir, je n'arrive pas à le plaindre. Il ne faut pas me demander cela.

"No one's asking you to," said Dr. Fog.

Cousin's attitude seemed rather tough, to Austin's way of thinking. Yet his state of mind was understandable. After living for months on end under nerve-racking conditions, surrounded by all sorts of danger, successfully eluding the countless traps set by the enemy, and then seeing his efforts suddenly sabotaged, his hopes destroyed by the miserable weakness of a subordinate—all this more than explained his bitterness.

"It's just possible you may be given another mission in France," Dr. Fog declared after a moment's silence. "I know you won't object to that."

— Je ne vous le demande pas, dit le docteur Fog.

Cette attitude parut sévère à Austin. Cependant son état d'esprit était bien compréhensible. Vivre pendant des mois dans des conditions terribles pour les nerfs, entouré de dangers de toutes sortes, réussir à déjouer les mille pièges de l'ennemi, et sentir tout d'un coup son œuvre sabotée, ses espoirs anéantis par la misérable défaillance d'un sous-ordre, cela expliquait certes sa rancune.

— Il est possible que nous vous confiions une nouvelle mission en France, déclara le docteur Fog après un silence. Je sais que cela ne vous effraie pas.

EXERCISE

PRACTICE IN MAKING THE VERBAL CORE NEGATIVE

II. Rewrite each sentence in the space provided, first in the affirmative imperative, then in the negative imperative. Replace nouns and noun phrases by pronouns. Enclose the verbal core in a box.

Examples: Tu nous présentes à ta mère.

Présente-nous à elle.
Ne nous présente pas à elle.

Vous nous présentez ta mère.

Présentez-la-nous.
Ne nous la présentez pas.

a. Tu dissimules les fuyards dans le troupeau.

b. Tu te présentes correctement au colonel.

c. Vous vous adressez tout de suite aux gendarmes.

d. Vous envoyez mon compagnon et moi au psychiatre.

e. Vous nous parlez des hommes de la Gestapo.

f. Nous nous plions à ces formalités.

_____

_____

g. Vous vous perfectionnez dans les nouvelles techniques.

_____

_____

h. Vous lui parlez des dangers de sa mission.

_____

_____

i. Tu te raccroches à cet officier de toutes tes forces.

_____

_____

j. Nous nous précipitons sur les malheureux.

_____

_____

"I couldn't ask for anything better, sir. You *must* give me another chance."

"Austin will keep you posted. Naturally you won't be able to use your own name again. You'll have to change your identity. We've got some experts who'll attend to that. Go and see this one."

He gave him an address, accompanied him as far as the door, and held out his hand.

"Thank you," said Cousin, and that was all.

After he had gone, Dr. Fog subsided into a deep reverie from which Austin made no attempt to rouse him, feeling rather inclined to meditation himself. The doctor seemed to be debating with himself over some serious decision. He came down to earth eventually and made a gesture as though to sweep aside some unwelcome objection.

"The die is cast. We'll send him back, Austin. I'll give you all the details of the role I have in mind for him. I don't want to see him again myself. You're the one who'll give him his orders . . . and keep an eye on him, if necessary," he added lightly.

"I see you still have some reservations about him, sir. That being so, I'm amazed you entrust him with an important mission."

"He may be extremely useful to us in certain circumstances," Dr. Fog replied. "He's intelligent. He's sharp. He has a highly developed psychological sense. You don't find qualities like that every day of the week, and they're just the ones that are needed for the duties I have in mind for him. He won't be given the same

— C'est mon plus cher désir, Sir. Il *faut* me donner une autre chance.

— Austin vous tiendra au courant. Naturellement, vous ne pouvez repartir que sous une fausse identité. Il faut modifier votre physionomie. Nous avons des experts pour cela. Allez voir celui-ci.

Il lui donna une adresse, le raccompagna jusqu'à la porte et lui tendit la main.

— Merci, dit simplement Cousin.

Après son départ, le docteur Fog sombra dans une profonde rêverie, à laquella Austin ne tenta pas de le soustraire, se sentant lui-même enclin à la méditation. Il paraissait hésiter à prendre une grave décision. Il revint enfin à lui, et fit un geste comme pour balayer une objection importune.

— Le sort en est jeté. Il retournera là-bas, Austin. Je vous expliquerai en détail le rôle que je lui destine. Je ne tiens pas à le revoir. C'est vous qui lui donnerez des ordres... et qui le surveillerez, au besoin, ajouta-t-il négligemment.

— Je vois que vous éprouvez encore une certaine méfiance à son égard. Dans ces conditions, Sir, je suis étonné que vous le chargiez d'une mission délicate.

— Il peut être très utile dans certaines circonstances, dit le docteur Fog. Il est intelligent. Il est subtil. Il a un sens psychologique très sûr. Ce sont des qualités qui ne courent pas les rues, et qui sont nécessaires justement pour les fonctions que je lui destine. Il n'aura pas le même champ d'action qu'autrefois. Il travail-

field of activity as he had before. He'll be working on his own, in a watertight compartment. Well, not quite alone . . . He'll have someone with him constantly, to witness his actions and make him feel conscious of a watchful eye upon him."

lera seul, dans un compartiment étanche... Seul ? non pas; il faut quelqu'un en permanence à côté de lui, un témoin de ses actes, dont il sentira le regard vigilant.

The rule for forming the negative verbal core is the same in compound tenses. Note that *pas* occurs **before** the past participle.*

The verbal core is enclosed in a box.

1. *Austin* ⟨a⟩ *écrit la lettre.*
   Austin wrote the letter.

   Austin n' ⟨a⟩ *pas écrit la lettre.*
   Austin didn't write the letter.

2. *Austin* ⟨l'a⟩ *écrite.*
   Austin wrote it.

   Austin ne ⟨l'a⟩ *pas écrite.*
   Austin didn't write it.

3. ⟨Il l'a⟩ *écrite.*
   He wrote it.

   ⟨Il *ne* l'a⟩ *pas écrite.*
   He didn't write it.

4. ⟨L'a-t-il⟩ *écrite?*
   Did he write it?

   Ne ⟨l'a-t-il⟩ *pas écrite?*
   Didn't he write it?

Austin gave a knowing grin, thinking that this role would be entrusted to him. He felt slightly abashed as the doctor went on:

"A reliable colleague who can act as a radio operator."

"I bet you've already found the man you need, sir," said Austin testily.

"A woman, Austin. A couple is always less suspect. Yes, I've already found her. The more I think of it, the more convinced I am that my choice is a good one. With her, I'm pretty sure he'll toe the line. Furthermore, she knows every inch of the region to which I want to send him. It's where she comes from; she's a Breton. But of course, you know her—she's mentioned in our man's file. Can't you guess who it is? Come, come now! I'm referring to Claire."

"Morvan's sister!"

Austin eut un sourire entendu, persuadé que ce rôle allait lui être confié. Il fut déçu lorsque le docteur poursuivit.

— Un compagnon sûr, qui soit en même temps un opérateur de radio.

— Je parie que vous avez déjà l'homme sous la main, Sir, dit Austin avec dépit.

— Une femme, Austin. Un couple est toujours moins suspect... Oui, je l'ai déjà trouvée. Plus j'y réfléchis, plus je pense que mon choix est bon. Avec elle, je suis certain qu'il marchera droit. De plus, elle connaît fort bien la région où je veux l'envoyer. C'est son pays; elle est bretonne. Mais vous la connaissez; elle est mentionnée dans le dossier de notre homme. Vous ne devinez pas ? Voyons, il s'agit de Claire.

— La sœur de Morvan !

---

* In rare cases where adverbs such as *même* occur before *pas* in compound tenses, the adverb is considered superimposed on the negative construction.

Elle t'a écrit une lettre.
She wrote you a letter.

Elle ne t'a pas écrit une lettre.
She didn't write you a letter.

Elle ne t'a **même** *pas écrit une lettre.*
She didn't even write you a letter.

"His sister, exactly. She already belongs to the service. She's an excellent radio operator . . . and she's also volunteered for the field. Don't you think it's a first-rate idea?"

"But sir," exclaimed Austin, who thought it a monstrous choice, "surely you're not going to team her up with Cousin? It's impossible!"

"On the contrary, that's exactly what I plan to do. What's biting you, Austin?"

"Well, sir, I feel . . . I feel it's a sort of confidence trick. If she knew, she'd never accept for a moment."

"Don't worry about that. She does know."

"She knows?"

"She had already heard something about the case, and I've hidden hardly anything from her myself."

"Then she can't possibly be willing to go back with him."

"That's just where you're wrong, my lad," Dr. Fog replied, lowering his voice and assuming a tone full of hidden meaning; "that's just where you're wrong. She has volunteered *twice* to go back with him."

— Sa sœur, précisément. Elle travaille dans le service. Elle est un excellent opérateur de radio... et elle est volontaire, elle aussi. Vous ne trouvez pas que c'est une excellente idée ?

— Sir, protesta Austin, qui trouvait ce choix monstrueux, vous n'allez pas l'associer avec Cousin; ce n'est pas possible.

— C'est ce que je vais faire, au contraire. Qu'est-ce qui vous tracasse, Austin ?

— Je trouve. Sir, que c'est... que c'est un abus de confiance. Si elle savait, elle n'accepterait jamais.

— Rassurez-vous. Elle sait.

— Elle sait ?

— Elle avait déjà entendu parler de l'affaire dans le service, et je ne lui en ai presque rien caché.

— Il n'est pas possible alors qu'elle consente à partir avec lui.

— C'est ce qui vous trompe, mon garçon, dit le docteur Fog en baissant la voix d'un air chargé de sous-entendus, c'est ce qui vous trompe : pour partir avec lui, elle est *deux fois* volontaire.

EXERCISE

PRACTICE IN MAKING THE VERBAL CORE NEGATIVE

III. Rewrite each sentence in the space provided, superimposing *ne* (*n'*) . . . *pas* on the verbal core. Enclose the verbal core in a box.

Examples: Cousin l'a abandonné.

Cousin ne l'a *pas abandonné.*

S'est-il tourné vers lui?

Ne s'est-il *pas tourné vers lui ?*

a. Cousin a fait son récit d'une voix ferme.

b. Il l'a fait d'une voix ferme.

c. Cousin s'est tenu très droit devant le docteur.

d. S'est-il tenu très droit devant lui?

e. Pourquoi avait-il fui seul?

f. Ils les avaient abattus de deux courtes rafales.

g. Mais je vous l'ai demandé deux fois.

_____

h. Je me suis longuement entretenu avec elle.

_____

i. Nous la lui avons révélée hier soir.

_____

j. Le docteur Fog, s'en est-il aperçu après sa dernière mission?

_____

Austin tried to fathom the doctor's inmost thoughts but soon gave it up as a hopeless task. He felt he was being caught in a web of Machiavellian intrigue of which his chief held all the threads and that had been spun with no other consideration than the aim in view. Dr. Fog noticed his uneasiness.

"Don't accuse me of being underhanded. I've talked it over with her at considerable length. As I told you, I've hidden hardly anything from her. The only thing she doesn't know is that Cousin left her brother behind. She believes he was killed in the fray when our man fired on the guards. She would probably volunteer *three* times if I told her the truth, but I didn't go as far as that."

"I'm surprised you didn't, sir," Austin muttered involuntarily.

He blushed at his audacity, but Dr. Fog merely smiled and went on:

"That's not all. We need a brain for this peculiar team, a brain capable of controlling human passion—for there's bound to be some passion between these two; no doubt that's what we need in this type of warfare, but it's not enough for me—someone who can go to France with them and stay there, at least for a certain length of time: a sound brain. I thought of you."

"I'm at your service, sir."

Austin's indignation could not last in the face of the exhilarating prospect of taking part in this venture. He was about to express himself in warmer terms when the doctor gruffly interrupted him.

"Above all, don't tell me you're also volunteering. I've selected you for the job, that's all."

[No translation is supplied.]

Austin essaya de deviner la pensée secrète du docteur, mais y renonça vite, découragé. Il avait l'impression de tomber au milieu d'un réseau d'intrigues machiavéliques déjà tissé, dont son chef tenait tous les fils, sans aucune autre considération que le but à atteindre. Le docteur Fog s'aperçut de son trouble.

— Ne me taxez pas de perfidie. Je me suis longuement entretenu avec elle. Je vous dis que je ne lui ai presque rien caché. Elle ignore seulement que Cousin a abandonné son frère. Elle croit qu'il a été tué dans une bagarre au moment où l'autre a attaqué les gardiens. Peut-être serait-elle trois fois volontaire si je lui avais révélé toute la vérité, mais je n'ai pas été jusque-là.

— Cela m'étonne de vous, Sir, murmura Austin instinctivement.

Il rougit de son audace, mais le docteur Fog se contenta de sourire et poursuivit.

— Ce n'est pas tout. Il faut un cerveau à cette équipe bizarre, un cerveau capable d'orienter les passions... car il y aura de la passion au sein de ce couple; celle-ci est probablement nécessaire dans cette guerre, mais elle ne me suffit pas... quelqu'un qui les accompagne en France et y reste au moins un certain temps; un cerveau sain. J'ai pensé à vous.

— Je suis à votre disposition, Sir.

L'indignation d'Austin ne tenait pas devant la perspective enivrante d'être mêlé à cette aventure. Il allait s'exprimer en termes plus enthousiastes quand le docteur lui coupa la parole sur un ton bourru.

— Surtout, ne me dites pas que vous êtes volontaire, vous aussi. Je vous ai désigné, voilà tout.

— A vos ordres, Sir.

— Voilà... tout de même, j'aimerais être convaincu que vous acceptez de bon cœur.

"I almost forgot . . . Have you found a suitable name for our man?"

"Not yet, sir. I haven't given it much thought."

"Well, you know, last night I had a rather bright idea," he said with an air of false modesty. "I thought of Arvers. How does that strike you?"

"Arvers?"

*"Mon âme a son secret,"** the doctor declaimed in the same self-satisfied tone. "I'm not quite sure what put the idea into my head. . . . Yet I can't imagine a better name for him—Arvers."

He looked as though he had made a most valuable discovery, and Austin could not help thinking, as he left the room, that the devil himself sometimes has a childish side to his nature.

— Du fond du cœur, Sir, fit le jeune homme avec un empressement qui arracha un demi-sourire à son chef.

— Parfait. Ce soir, nous étudierons donc en détail la mission, et je vous présenterai à Claire. Vous verrez, c'est une fille sympathique, résolue; un caractère, je crois.

— Je n'en doute pas, Sir. Je devine le motif de sa conduite. Elle ne peut pas supporter l'idée que son frère a failli. Elle veut le racheter, sauver l'honneur de la famille. C'est très beau.

Le docteur Fog le fixa de son regard profond, et eut un accent étrange pour déclarer :

— Vous êtes très perspicace, jeune homme... A propos, j'ai oublié de vous dire, mais vous l'aurez deviné aussi, sans doute, qu'elle adorait son frère. Elle l'adorait, Austin et elle avait pour lui une admiration intense.

A sa façon d'appuyer sur ces derniers mots, il semblait qu'il attendît une réponse. Mais celle-ci ne vint pas. Austin restait muet, décontenancé par la perception confuse chez son patron d'une arrière-pensée se traduisant par des nuances trop subtiles. Le docteur n'insista pas et le congédia. Sur le pas de la porte, il se frappa le front.

— J'allais oublier... avez-vous trouvé un nom pour notre sujet ?

— Pas encore, Sir. Je n'y ai pas réfléchi.

— Eh bien, moi, figurez-vous, j'ai eu une idée baroque, la nuit dernière, dit-il avec un air de fausse modestie. J'ai pensé à Arvers. Qu'en dites-vous ?

— Arvers ?

— « Mon âme a son secret », déclama le docteur en français, sur le même ton satisfait. Je ne sais pas trop, d'ailleurs, quelle fantaisie m'a passé par la tête... Pourtant, je ne vois rien de mieux pour lui que ce nom-là : Arvers.

Il avait vraiment l'air d'avoir fait une précieuse découverte, et Austin rêva, en s'en allant, que le diable lui-même a parfois un côte puéril.

---

* Translator's note: *"Mon âme a son secret, ma vie a son mystère"* is the first line of the so-called "Sonnet d'Arvers"—the only sonnet written by the nineteenth-century poet of that name.

12

GRAMMATICAL POINTS

The negative forms *rien* and *personne* are superimposed somewhat differently on the verbal core. Both *rien* and *personne* may function as subject, direct object, or indirect object.

When used as subject, *rien* and *personne* precede *ne*.

The verbal core of the following sentences is enclosed in a box.

RIEN AND PERSONNE AS SUBJECT

1. **Rien n'** |*arrive.*|
   Nothing is happening.

   Rien n' |*est*| *arrivé.*
   Nothing happened.

2. **Personne ne** |*vient.*|
   No one is coming.

   Personne n' |*est*| *venu.*
   Nobody came.

3. **Rien ne** |*leur fait*| *plaisir.*
   Nothing pleases them.

   Personne ne |*leur a*| *plu.*
   No one pleased them.

The mission for which Arvers had been selected was extremely simple. So it seemed, at least, to Austin, who kept wondering over and over again if it wasn't perhaps a pretext for one of Dr. Fog's secret designs. He could scarcely see the reason for sending two agents into France (plus himself, whose only function was to supervise the others) and organizing a parachute drop by night—always a tricky operation—merely for Arvers to establish contact with a German who was prepared to sell some information to the Allies.

The instruction Arvers had been given could be summed up as follows: as soon as he landed in France he was to settle in a certain villa in the vicinity of the Rance—by a strange coincidence, not far from Morvan's village, where his mother undoubtedly was still living. This was to be his regular meeting place with Gleicher, the German traitor, an industrialist who had a neighboring villa he visited from time to time. Cousin would receive whatever information there was and pay for it according

La mission réservée à Arvers était simple. Elle sembla telle, du moins, à Austin, qui se demanda maintes fois si elle n'était pas le prétexte à une intention secrète du docteur Fog. Il admettait difficilement que l'on envoyât en France deux agents (plus lui-même, dont la seule fonction était de surveiller les autres), que l'on organisât une opération de parachutage nocturne, toujours délicate, avec le risque de perdre un équipage, tout cela seulement pour qu'Arvers pût avoir quelques contacts avec un Allemand disposé à vendre certaines informations aux Alliés.

Les instructions données à Arvers se résumaient en effet à ceci : Dès son arrivée en France, il devait aller s'installer dans une villa, située près de la Rance — par un curieux hasard, non loin du village de Morvan, où sa mère habitait probablement encore. — Là, il rencontrerait périodiquement Gleicher, le traître allemand, un industriel qui venait de temps en temps se reposer dans une villa voisine. Il recevrait les renseignements et les paierait selon leur importance. La villa était déjà retenue;

to its importance. The villa had already been rented and Gleicher had been notified to get in touch with him, which said a great deal for the means at Dr. Fog's disposal and made his reason for sending an additional agent there all the more incomprehensible. Any urgent information could be signaled back by radio. A messenger would come at regular intervals to collect the bulkier documents. Arvers, in fact, would simply be acting as a letter box.

Meanwhile Austin was to remain in the background, without entering into communication with the German. His mission was to supervise the team and see that it functioned properly. Dr. Fog's main interest was in Arvers: his conduct and his reactions under certain circumstances. He discussed this at some length with Austin, without giving him any definite instructions but drawing his attention to the points he considered most significant.

Gleicher, prévenu d'avoir à s'adresser à lui, ce qui en disait long sur les moyens dont disposait le docteur Fog et rendait encore plus bizarre son besoin d'envoyer là-bas un agent supplémentaire. Les renseignements urgents seraient transmis par radio. Un messager viendrait prendre de temps en temps les documents plus volumineux. C'était, en somme, un rôle de boîte aux lettres.

Quant à lui, Austin, il devait rester dans l'ombre, sans entrer en rapport, en principe, avec l'Allemand. Sa mission était de surveiller l'équipe et de s'assurer qu'elle se comportait bien. Le point capital pour le docteur Fog était Arvers, sa conduite et ses réactions dans certaines circonstances. Il s'expliqua longuement avec Austin à ce sujet, sans lui donner d'instructions très précises, mais en attirant son attention sur les questions qu'il jugeait intéressantes.

EXERCISE

PRACTICE IN SUPERIMPOSING NEGATION ON THE VERBAL CORE.

I. In the following sentences make the subject negative by replacing it with *rien ne* or *personne ne,* as the case requires.

Examples: L'admiration d'Austin s'exprimait en termes enthousiastes.

Rien ne s'exprimait en termes enthousiastes.

Morvan a expié sa faute.

Personne n'a expié sa faute.

a. Austin vous tiendra au courant.

Personne ne vous tiendra au courant

b. Cela m'étonne de vous, Sir.

Rien ne m'étonne de vous, Sir

c. Le docteur Fog's s'aperçut de son trouble.

Personne ne s'aperçut de son trouble

d. Cette fois la mission était simple.

Rien n'était simple

e. On a organisé une opération de parachutage nocturne.

Personne n'a organisé une opération ----- ---

f. Les renseignements urgents seraient transmis par radio.

Rien ne seraient transmis par radio

g. La veille du départ, d'autres affaires réclamaient son attention.

La veille du départ rien ne réclamaient son attention

h. Au bout d'un certain temps, Arvers et Claire étaient installés dans la villa.

Personne n'était installée dans la ville.

i. Après trois mois, le traître allemand avait accepté leurs services.

Personne n'avait

j. Les réactions devant la perspective d'un saut en parachute sont importantes.

Rien n'est important.

"The essential problem in this world, and particularly for us, Austin, is the interaction of the mental and the physical, of the body and the mind. What I want to know is how he deals with this problem."

Austin set to work with youthful ardor and a natural curiosity that the doctor's methods had sharpened considerably. He scarcely let Arvers out of his sight during the time devoted to their preparations. On the eve of their departure he wanted to let the doctor know certain things that had come to his notice, but the doctor cut him short. He simply asked him if he thought everything would be all right and, on receiving an affirmative reply, wished him good luck and dismissed him. There were other matters claiming his attention.

And so Austin was parachuted into France with the incongruous couple. He spent three months there, exchanging no more than a few brief signals with his chief in London. By the end of that time Arvers and Claire had settled at the villa, passing themselves off as young newlyweds. Claire, who was well known in the neighborhood, had kept her true identity. It was believed that she had eloped into the Free Zone with her lover and returned to the fold after marrying him. Their personal papers were up to date and in order.

Gleicher, the German source of information, came down at regular intervals to weekend in the villa next door, the only other house within a radius of about two kilometers, and his meetings with Arvers occurred under ideal conditions of security. Claire sent the information back by radio, operating either from the villa or from the back parlor of Mrs. Morvan's grocery. Her mother, whom she had contacted at once, was the only person in the area who knew of her clandestine activities. The old woman had offered her help, and, after a certain amount of hesitation, Austin had agreed to accept her assistance. It was to her house that the messenger came from time to time to collect the reports, since Arvers had no direct dealings with this agent. Dr. Fog had insisted on this point. The experts in London appeared

— Le problème essentiel en ce monde, et particulièrement pour nous, Austin, ce sont les interactions du mental et du physique, du corps et de l'âme. Je veux savoir comment ce problème se présente pour lui.

Austin se mit à l'œuvre avec l'ardeur de la jeunesse et une curiosité naturelle que les façons du docteur avaient fortement aiguisée. Il ne quitta guère Arvers pendant la période des préparatifs. La veille du départ, il aurait voulu faire part au docteur de certaines observations, mais celui-ci l'arrêta d'un mot. Il lui demanda simplement s'il pensait que tout irait bien et, sur sa réponse affirmative, le renvoya en lui souhaitant bonne chance. D'autres affaires réclamaient son attention.

C'est ainsi qu'Austin fut parachuté en France avec l'étrange couple. Il y séjourna trois mois, n'échangeant avec son chef que de brefs messages. Au bout de ce temps, Arvers et Claire étaient installés dans la villa, se faisant passer pour de jeunes mariés. Claire, connue dans la région, avait gardé sa véritable identité. Elle était supposée avoir fait une longue fugue en zone libre, avec son amant, et rentrer au bercail après l'avoir épousé. Tous deux possédaient des papiers en règle.

Gleicher, l'informateur allemand, venait à intervalles réguliers passer un week-end dans la villa voisine, la seule habitation dans un rayon de deux kilomètres, et rencontrait Arvers dans des conditions idéales de sécurité. Claire transmettait les renseignements par radio, opérant tantôt à la villa, tantôt dans l'arrière-boutique de sa mère, qu'elle avait retrouvée et qui, seule dans le pays, était au courant de son activité clandestine. La vieille avait offert de les aider, et Austin, après quelques hésitations, avait accepté ses services. C'était chez elle qu'un messager venait de temps en temps prendre le courrier, Arvers n'ayant pas de rapports directs avec cet agent. Le docteur Fog avait exigé ce dernier point. Les experts de Londres se montraient assez satisfaits des informations ainsi recueillies.

to be quite satisfied with the information that
had been collected thus far.

When used as direct object, *ne . . . rien* and *ne . . . personne* are superimposed
on the verbal core in the same way as *ne . . . pas, ne . . . plus,* etc. In compound tenses, however, *personne* follows the past participle.

In each pair of sentences below, the affirmative sentence is to be compared
with the negative sentence that follows. The verbal core is enclosed in a box.

RIEN AND PERSONNE AS DIRECT OBJECT

1. *Morvan* voit *quelque chose.*
   Morvan sees something.

   Il **ne** voit **rien.**
   He sees nothing.

2. *Les agents* voient *quelqu'un.*
   The agents see someone.

   Ils **ne** voient **personne.**
   They see no one.

3. *Lachaume* a *vu quelque chose.*
   Lachaume saw something.

   Il **n'** a **rien** *vu.*
   He didn't see anything.

4. *Les Français* ont *vu quelqu'un.*
   The Frenchmen saw someone.

   Ils **n'** ont *vu* **personne.**   *N.B. Anomalie avec personne.*
   They didn't see anyone.   *position finale.*

Austin, who was living in Rennes in a safe
house that was also unknown to Arvers, met
the couple from time to time at a secret rendez-
vous and saw for himself that they were both
doing their jobs. He felt there was nothing
more for him to do and was relieved when he
received a signal from Dr. Fog asking him to
come back to London if he thought the situation no longer required his presence in France.
Since this was, in fact, his considered opinion,
he made the necessary arrangements for his return, and a light airplane flew in one night to
take him back.

The following morning found him once
again in Dr. Fog's office. Contrary to the attitude of indifference he had shown on the eve

Austin, qui habitait à Rennes dans un refuge
également inconnu d'Arvers, rencontrait de
temps en temps le couple en des rendez-vous
secrets, et constatait que chacun s'acquittait
bien de ses fonctions. Il estimait n'avoir plus
grand-chose à faire et se sentit soulagé quand
il reçut un message du docteur Fog, le priant
de rentrer en Angleterre s'il jugeait que la situation n'exigeait pas sa présence. Comme c'était
exactement son impression, il prit ses disposi-
tions pour le retour et un petit avion vint le
chercher, une nuit.

Le lendemain, il se retrouvait dans le cabinet du docteur. Celui-ci, contrairement à l'attitude indifférente qu'il avait eue lors de son

of Austin's departure, the doctor actually now seemed impatient to hear what he had to say and to know the results of his supervision. He asked Austin not to omit a single significant detail.

"I'd better begin, sir, with the period we spent at the parachute training center prior to the drop. It was only a few days, just long enough for some preliminary training and five practice jumps, but we were hardly out of one another's sight for a moment."

[See Appendix 1 for English translation.]

départ, semblait impatient d'entendre son rapport et de connaître le résultat de ses observations. Il l'invita à n'omettre aucun détail significatif.

— Il me faut alors commencer, Sir, par le stage que nous fîmes avant le départ dans un centre de parachutage. Nous n'y passâmes que quelques jours, le temps de recevoir une instruction théorique élémentaire et d'effectuer cinq sauts; mais j'ai vécu là, avec eux, d'une manière permanente.

— Bon, fit le docteur. Alors ? Les réactions devant la perspective d'un saut en parachute sont importantes. C'est en général une épreuve extrêmement instructive, très impressionnante pour certaines natures. J'ai connu des hommes courageux qui étaient incapables de se jeter dans le vide. Je me rappelle encore avoir fait passer ce test à certain capitaine; un vrai dur, je vous assure. Il avait cent fois prouvé sa valeur à terre; eh bien...

Il parlait d'épreuves, de tests, comme s'il s'agissait d'expériences de laboratoire. Austin souriait aujourd'hui, en retrouvant chez lui une attitude familière qui lui avait causé autrefois un certain malaise.

— Eh bien, c'était pitoyable, affreux. Tout l'équipage était honteux pour lui. Quand l'ordre lui a été donné, il s'est accroché aux hommes, aux objets, à tout ce qu'il pouvait agripper. Il griffait la carlingue de ses doigts. Comme on s'apprêtait à le jeter de force, il a supplié, oui, supplié, avec des larmes, qu'on le lâchât... Une loque, Austin et, je vous le répète, c'était un héros.

EXERCISE

PRACTICE IN SUPERIMPOSING NEGATION ON THE VERBAL CORE

II. In the following sentences make the direct object negative by replacing it with *ne . . . rien* or *ne . . . personne* as the case requires.

Examples: Arvers entend le signal d'alarme?

Arvers n'entend rien ?

Cousin a abandonné Morvan.

Cousin n'a abandonné personne.

a. Le docteur Fog fit un signe affirmatif.

Le docteur Fog ne fit rien

b. Claire adorait son frère.

Claire n'adorait personne

c. Il avait fait une précieuse découverte.

Il n'avait rien fait

d. Ce soir nous étudierons en détail la mission.

Ce soir nous n'étudierons rien en détail

e. Quant à Austin, le docteur Fog lui a donné des instructions précises.

ne lui a rien donné

f. Pendant trois mois, Austin échangeait avec son chef de brefs messages.

n'échangeait rien avec son chef

g. Aussitôt, Arvers a rapproché son assiette.

Arvers n'a rien rapproché

h. De plus, il s'est servi une énorme portion.

De plus il ne s'est rien servi

i. Est-ce qu'il y a envoyé ce couple étrange?

Est-ce qu'il n'y a envoyé personne

j. Claire le suivait des yeux, le corps toujours immobile.

Claire ne suivait personne des yeux, le corps . . .

(margin note: Sematic inter- no Punctual adverb.)

"Nothing like that happened to Arvers, sir—or to me, for that matter, though I certainly didn't enjoy it, I assure you. As for the girl, sir, I may as well tell you right away, I have nothing but admiration."

"Really?"

Austin seemed to recall his own experience as a parachutist with anything but pleasure.

"To be permanently as calm and cool as she was during that sort of ordeal, you've either got to be an insensitive brute, which she obviously isn't, or else be uplifted, anesthetized, by some sentiment sufficiently deep and powerful to make a mockery of fear and deaden your reactions to it."

"Didn't I tell you there was bound to be some passion in our team?" said Dr. Fog.

"She was perfectly *detached,* sir—that's the only word for it: detached. During those few days I'm sure she didn't once give a thought to the fact that she would have to launch herself into the void at a height of three thousand feet. Her courage came to her quite naturally; it didn't entail the slightest effort. Her appetite wasn't affected, she spoke in her usual tone of voice and didn't have much to say. She looked on this stage of the training as an insignificant formality. . . . A one-track mind, in which there was no room for any sensation—that's the impression she gave me, sir."

— Rien ne s'est passé de la sorte, Sir, ni pour lui... ni pour moi, quoique je n'aie pas aimé cela, je vous assure. Quant à elle, je dois le signaler tout de suite, Sir, elle a fait mon admiration.

— Vraiment ?

Austin paraissait avoir gardé personnellement un souvenir amer de son expérience de parachutiste.

— Pour conserver son sang-froid en permanence, comme elle l'a fait, au cours d'un tel apprentissage, il faut être, ou bien une brute parfaite, ce qui n'est pas son cas, ou bien soutenu, anesthésié par un sentiment assez profond, assez violent pour rendre la peur dérisoire et en supprimer les réflexes.

— Je vous avais prévenu qu'il y aurait de la passion au sein de notre équipe, dit le docteur Fog.

— Elle était parfaitement *détachée,* Sir; c'est cela, détachée. Pendant ces quelques jours, je suis sûr qu'elle n'a pas réfléchi une seule fois au fait qu'elle allait se jeter de trois mille pieds dans le vide. Sa bravoure était naturelle; elle ne lui coûtait aucun effort. Elle mangeait comme de coutume; elle parlait à son rythme habituel; peu. Elle considérait ce stage comme une formalité insignifiante... Une idée fixe, ne laissant place à aucune sensation, voilà l'impression que j'ai eue à son sujet, Sir.

"Perhaps it's just an exalted feeling of patriotism?"

"Perhaps," Austin replied, in the same tone of disbelief the doctor had used to make this suggestion.

They looked at each other in silence for a moment, then Austin observed pointedly:

"She never took her eyes off him."

"Really?"

"Not for a minute, sir; not for a second."

"That doesn't surprise me unduly," Dr. Fog said thoughtfully. "But what about him? Let's hear about him for a change."

"He behaved like a brave man, if that's what you want to know. I could give you some details . . ."

"That's the stuff!" the doctor cried eagerly. "Let's get on to the details."

"The day before our first jump, during the afternoon, in the course of exit practice from an aircraft on the ground, I began to detect certain symptoms in him: fits of absent-mindedness, sudden attacks of pallor—all very normal under the circumstances. That evening, during dinner, I'm sure he had no appetite at all, and yet . . ."

"Yes?"

Austin went on, his brows furrowed in a visible effort to recall the scene.

"He took a big helping . . . and it wasn't what he had intended to do, I noticed that. He was going to pass the dish on, after taking no more than a spoonful, when his eyes met Claire's. I told you she never let any of his gestures escape her, not even at mealtimes. He changed color at once and his features seemed to shrivel. He took the dish back and gave himself an enormous helping."

"Excellent," Dr. Fog said, rubbing his hands together." "And did he eat it all?"

"At first I thought he wouldn't be able to manage it; he could hardly lift his fork to his mouth and he had difficulty in chewing. I could see what an effort he was having to make, and it wasn't hard to visualize the painful progress of the food down his throat. Each mouthful made him shudder from head to foot. At one moment his arm dropped to his side, as though it had lost all feeling. He seemed to be at his last gasp."

[No translation is supplied.]

— Peut-être est-ce simplement l'exaltation du patriotisme ?

— Peut-être, répondit Austin sur le même ton incrédule qu'avait pris le docteur pour faire cette supposition.

Ils se regardèrent un instant en silence, puis il remarqua avec intention :

— Elle ne le quittait pas des yeux.

— Vraiment ?

— Pas une minute, pas une seconde, Sir.

— Cela ne m'étonne pas outre mesure, fit le docteur Fog, rêveur... mais lui ? Parlez-moi donc de lui.

— Il s'est conduit en homme courageux, si c'est cela que vous voulez savoir. Pour les détails...

— C'est cela, dit vivement le docteur d'un air gourmand. Passons aux détails.

— La veille de notre premier saut, dans l'après-midi, au cours d'une répétition partielle dans un avion à terre, j'ai commencé à déceler chez lui certains symptômes : de brusques absences, des accès de pâleur; rien que de très normal, en somme. Le soir, au cours du repas, je pense qu'il n'avait pas d'appétit; et pourtant...

— Pourtant ?

Austin poursuivit, les sourcils froncés dans un effort visible pour bien se rappeler la scène.

— Il s'est servi très copieusement... oh, ce n'était pas sa première intention, je l'ai noté. Il allait repousser le plat, après avoir pris seulement une cuillerée, quand son regard a croisé celui de Claire. Je vous ai dit qu'elle ne perdait pas un seul de ses gestes, même à table. Aussitôt, il a changé de couleur; ses traits se sont crispés. Il a rapproché son assiette et s'est servi une énorme portion.

— Excellent, murmura le docteur Fog en se frottant les mains. Et il a tout mangé ?

— J'ai cru d'abord qu'il ne le pourrait pas. Il portait sa fourchette à sa bouche d'un geste accablé. Il mastiquait péniblement. Je sentais son effort. Il me semblait suivre à travers lui la progression douloureuse des aliments. Chaque centimètre provoquait un spasme de tout son corps. A un moment, son bras est retombé, inerte. Il paraissait aux abois.

— Excellent, répéta le docteur. Je vois que vous avez bien observé.

— Pas aussi bien qu'elle, pas aussi bien qu'elle Sir, s'écria Austin avec une soudaine surexcitation ! Seigneur, elle le dévorait des

"Just a moment. This is absolutely fascinating. Don't go on so fast. We were still at dinner . . ."

"At dinner, that's right," said Austin, who seemed to be curiously moved by the recollection of that scene. "Well, he looked her straight in the eyes and . . . Do you know what he did then, sir? You'd never believe it."

"I think I can guess," Dr. Fog replied calmly.

"He took a second helping! Do you realize that, sir? He took a second helping, and not a small one, either!"

yeux ! Quand il est resté ainsi, immobile, prêt à défaillir, son corps s'est penché vers lui, comme sur une proie. C'était intolérable, je vous assure. J'allais faire une remarque quelconque pour faire cesser ce manège, quand il s'en est aperçu. Alors, il s'est raidi. Il a eu un sursaut. Tous ses muscles se sont contractés. Il est parvenu à reprendre un air à peu près naturel. Et il a avalé, Sir, non seulement il a avalé la bouchée qui lui était restée dans la gorge, mais il a fini ce qu'il avait dans son assiette. Seulement, ensuite, il est devenu très pâle. Il a souri; oui, il a réussi à sourire et à prononcer un mot d'excuse. Puis il se leva et sortit.

« Elle le suivit des yeux, le corps toujours incliné dans sa direction, comme attirée par un aimant. Il revint au bout de quelques minutes. Je suis sûr qu'il était allé vomir. Il était toujours aussi pâle, mais il souriait encore. Il se rassit. Son regard croisa celui de Claire. Il prit un air de défi..., le même qu'il devait avoir le lendemaint, après le premier saut, pour demander à recommencer tout de suite.

Le docteur, qui semblait fort intéressé par ce récit du repas, l'interrompit.

— Une minute. Tout cela est captivant. N'allez pas trop vite. Nous en sommes au dîner.

— Au dîner, oui, répéta Austin, que le souvenir de cette scène paraissait curieusement émouvoir. Il l'a donc regardée bien en face; et savez-vous ce qu'il a fait alors, Sir ? Vous ne le croiriez pas.

— Je crois que je le devine, dit calmement le docteur Fog.

— *Il s'est resservi !* Comprenez-vous, Sir ?

Il s'est resservi, et encore une portion importante !

13

GRAMMATICAL POINTS

As indirect objects, *rien* and *personne* are separated from the verbal core by the preposition *à* or *de*.

In each pair of sentences below, the affirmative sentence is to be compared with the negative sentence that follows. The verbal core is enclosed in a box.

1. *Cousin* [*pense*] *à quelque chose.*
   Cousin is thinking about something.

   [*Il* **ne** *pense*] *à* **rien**.
   He isn't thinking about anything.

2. *Les agents* [*parlent*] *à quelqu'un.*
   The agents are speaking to someone.

   [*Ils* **ne** *parlent*] *à* **personne.**
   They aren't speaking to anyone.

3. *Morvan* [*a*] *pensé à quelque chose.*
   Morvan thought about something.

   [*Il* **n'** *a*] *pensé à* **rien.**
   He didn't think about anything.

4. *Les Allemands* [*ont*] *parlé de quelqu'un.*
   The Germans spoke of someone.

   [*Ils* **n'** *ont*] *parlé de* **personne.**
   They didn't speak of anyone.

"So he took a second helping, did he?" Dr. Fog repeated.

There were at least two unusual elements in this dialogue: the vehement manner in which Austin was reporting these trivial details, and the deep attention with which the doctor was listening, each man seeming to attribute a tremendous significance to the petty incidents.

"I can see him now, sir. He had pulled himself together. With a courteous gesture he offered the dish first to Claire and then to me, and when we refused he helped himself again.

"That's all, as far as the meal goes, Sir. But I took advantage of that evening, when we were

Il s'est resservi, vraiment, répéta le docteur Fog.

Il y avait au moins deux éléments insolites dans ce dialogue : la véhémence que mettait Austin à rapporter ces détails triviaux, et l'attention profonde avec laquelle le docteur écoutait, chacun paraissant leur attribuer implicitement une signification transcendante.

— Je le vois encore, Sir. Il était redevenu maître de lui. Il tendit d'abord le plat à Claire, puis à moi, avec un geste d'homme du monde et, sur notre refus, il s'est resservi.

« C'est tout pour le repas, Sir; mais je profitai de cette soirée où nous étions réunis pour

all together, to brief him on his mission. He was very disappointed and could not help saying so. He had applied for an active post, he told me. That was what he wanted—action. He repeated the word several times, with fierce insistence. I explained that we attached great importance to the contact with Gleicher and hinted that there might be some action as a result of it. He acquiesced. Then I got down to the details: how to justify their presence in the villa. I outlined my plan to both of them: they were to be a young married couple who wanted to find a little peace and quiet in the remote countryside."

"I let you have a free hand on that score. So you decided they would be able to act their parts convincingly?"

"I was still of two minds about it, but that evening I was struck by the way she kept watching him all the time, with a jealous, anxious eye, and by his reactions to this."

"I see," said the doctor, rubbing his hands together. "So you told them . . ."

lui exposer sa mission. Il fut déçu et ne put s'empêcher de protester. Il avait, me dit-il, sollicité un poste actif. C'était ce qu'il voulait : de l'action. Il répéta plusieurs fois ce mot avec une insistance farouche. Je lui expliquai que nous attachions une grande importance aux contacts avec Gleicher, et lui déclarai que l'action viendrait peut-être par la suite. Il s'inclina. J'en vins alors à certains détails : comment justifier leur présence à la villa ? Je leur exposai mes vues à tous deux : ils seraient de jeunes mariés, recherchant l'isolement et le calme de la campagne.

— Je vous avais laissé le champ libre à ce sujet. Vous avez donc estimé qu'ils pouvaient jouer ce rôle avec quelque vraisemblance ?

— J'hésitais encore, mais j'ai été illuminé, ce soir-là, par la façon dont elle le surveillait à chaque instant, d'un regard inquiet, jaloux, et par la manière dont il réagissait.

— Je comprends, fit le docteur en se frottant les mains. Vous leur avez donc dit...

EXERCISE

PRACTICE IN SUPERIMPOSING NEGATION ON THE VERBAL CORE

I. In the following sentences, make the nondirect [disjunct.] object negative by replacing it with *ne . . . rien* or *ne . . . personne,* as the case requires.

Examples: Les instructions données à Arvers se résumaient en effet à ceci.

Les instructions données a Arver ne se resumaient en effet à rien.

La guerre compte pour quelque chose.

La guerre ne compte pour rien.

a. Il tendit le plat à Claire.

Il ne tendit le plat à personne

b. J'exposai mes vues à tous deux.

Je n'exposai mes vues à personne [rien (in context)]

c. Le traître allemand s'est adressé à Cousin.

Le traître allemand ne s'est adressé à personne

d. On se méprend sur leurs véritables sentiments.

On ne se méprend sur rien

e. On s'habitue au parachutage.

On ne s'habitue à rien

f. Je me suis rendu compte de tout.

Je ne me suis rendu compte de rien

g. Il se montrait prévenant avec sa compagne.

Il ne se montrait prévenant avec personne

h. Lui avait besoin de nous deux.

Lui n'avait besoin de personne

i. Le chef de bord s'est aperçu de son malaise.

Le chef de bord ne s'est aperçu de rien

j. Elle s'est souvenue de ses paroles d'encouragement.

Elle ne s'est souvenue de rien

"I assumed my most cloak-and-dagger manner, sir, and said: 'From the moment you arrive in France, in fact, from this moment on, you have to behave at all times like a couple hopelessly in love. The war doesn't mean a thing to you. Your one and only thought is for each other. This must be apparent in every gesture you make, in every word you utter.' "

Dr. Fog gave his young colleague a look of surprise, tinged with admiration.

"You told them that?"

"Wasn't I right? Didn't they have to live the part completely?"

"Absolutely. And they followed your instructions?"

"To the letter sir, with amazing success."

"You didn't suggest they should share the same bed, did you?"

"I didn't go quite as far as that, sir," said Austin.

The two men looked at each other in silence, then Austin went on, with the curious animation that seized him whenever he spoke about Claire.

"But I'm positive she would have raised no objection, sir. She is obsessed by one idea and nothing else, I'm certain. She would go to bed with the Loch Ness monster if it served the purpose she has in mind—she would even go to bed with him, perhaps, and with the same detachment she displayed during her parachute training."

"What about him?"

[See Appendix 1 for English translation.]

— J'ai pris mon air le plus « service secret », Sir, et je leur ai déclaré : Dès l'instant où vous serez en France, dès maintenant même, vous devez vous comporter en toute circonstance comme un couple d'amants éperdument épris. La guerre ne compte pas pour vous. Vous n'avez d'autre pensée que votre amour. Celui-ci doit apparaître dans chacun de vos gestes, chacun de vos regards.

Le docteur Fog observa son jeune collaborateur avec une surprise mêlée d'une pointe d'admiration.

— Vous leur avez dit ça ?

— N'était-ce pas mon devoir ? Ils devaient se mettre dans la peau de leur personnage ?

— Certes. Et ont-ils suivi vos instructions ?

— A la lettre, Sir, avec un succès étonnant.

— Vous ne leur avez pas demandé de partager le même lit ?

— Je n'ai pas été jusque-là, Sir, dit Austin.

Ils se regardèrent en silence, puis Austin poursuivit avec la curieuse animation qui s'emparait de lui quand il parlait de Claire :

— Mais je suis persuadé, Sir, qu'elle n'eût fait aucune objection. Elle est hantée par une idée fixe, j'en suis certain. Elle coucherait avec une pieuvre, si c'était nécessaire au but qu'elle poursuit, avec lui peut-être même, cela avec le détachement qu'elle montrait pour l'épreuve du parachute.

— Et lui ?

— Je n'ai pas soulevé la question. L'essentiel est l'apparence, et ils s'appliquent si bien qu'on pourrait se méprendre sur leurs véritables sentiments. Leur attitude instinctive aurait déjà pu tromper n'importe quel observateur. Cette sorte d'intérêt passionné qu'elle montre pour lui et qui se traduit par une série de coups d'œil furtifs ou insistants, les regards inquiets par lesquels il répond, lui, à cette surveillance permanente, tout cela m'avait frappé soudain, je vous l'ai dit. Tout cela pouvait être interprété comme les signes d'un amour profond. J'ai l'impression d'avoir utilisé au mieux leurs réflexes naturels, Sir, comme vous me l'aviez recommandé.

Negative adverbs such as *jamais* and *plus* precede *rien* and *personne* when these function as objects. Both *rien* and *personne* assume affirmative force (i.e., something, someone) when the context already implies negation.

In the following sentences, the verbal core is enclosed in a box.

1. ⌐Il   n'   a⌐ **jamais rien** *dit*.
   He never said anything.

2. ⌐Nous   n'   avons⌐ **plus rien** *à vendre*.
   We have nothing more to sell.

3. ⌐Il   n'   y a⌐ **plus personne** *ici*.
   There is no longer anyone here.

4. ⌐Il   n'   a⌐ **rien** *dit à* **personne**.
   He didn't say anything to anyone.

5. **Personne n'** ⌐a⌐ **jamais rien** *dit*.
   No one has ever said anything.

"Absolutely indifferent. I wouldn't have believed it was possible. . . . But there's something else I must tell you about him.

— Je commence à me demander si vous n'êtes pas plus malin que moi, jeune homme, dit le docteur Fog, rêveur. Je vous prédis une brillante carrière.

— Un couple bizarre, Sir, murmura Austin, que certains souvenirs agitaient encore. Je les imagine en ce moment, en tête à tête dans l'intimité de cette villa perdue dans les bois, chacun d'eux enfermé dans ses pensées...

— Procédons par ordre, dit le docteur Fog. Les sauts ?

— Tout se passa bien... J'en viens tout de suite au parachutage au-dessus de la France, Sir, si vous le permettez. Il fut identique aux sauts d'entraînement. C'est un fait curieux, que les professionnels m'ont confirmé : on ne s'habitue pas à cette horreur.

— Une horreur, vraiment ? remarqua le docteur sur un ton de parfait détachement.

— Une atrocité, Sir. Le cinquième est aussi impressionnant que le premier; le centième, que le cinquième, paraît-il. Que vous vous jetiez de trois mille ou de dix mille pieds, au-dessus d'une prairie ou d'une montagne inaccessible, qu'une tasse de thé vous attende en bas, ou bien une rafale de mitraillette, l'angoisse est la même. Pour en revenir à lui, aussi bien en Angleterre que dans le ciel ennemi, il était livide, mais il a sauté convenablement.

— Et elle?

— Indifférente. Je n'aurais pas cru cela possible... mais je dois vous parler encore un peu de lui.

"Before we took off, while we were waiting in the mess, I noticed he was turning paler and paler. All the color was gradually draining from his cheeks. Over the Channel, after the dispatcher had given us permission to smoke, I caught a glimpse of his face by the light of a match. I almost let out a scream. I don't think any shroud has ever concealed a more ghastly sight. Yet in the dark there was nothing to betray the state he was in—or almost nothing. He even managed to utter a word or two now and then, and unless you were watching as closely as I was, you would never have noticed the effort it cost him—a superhuman effort, no doubt. Another thing I remember—and, at the time, I considered it heroic—in order to prove he was in complete command of himself and was capable of following my instructions under all circumstances, up there, in the aircraft, he made a point of keeping up his cover story. He treated Claire with great affection, showered her with attentions, and murmured words of encouragement that were quite unnecessary as far as she was concerned. Such an absolute discrepancy between his outward behavior and the death mask I had glimpsed . . . I could hardly believe my eyes, sir!"

« Avant le départ, pendant l'attente dans un mess, je m'était rendu compte qu'il blêmissait peu à peu. Le sang se retirait graduellement de son visage. Au-dessus de la Manche, quand le chef de bord nous eut permis de fumer, j'ai pu voir encore sa face à la lueur d'une allumette. J'ai failli pousser un cri. Je ne crois pas qu'aucun linceul ait jamais recouvert pareille abomination. Cependant, dans l'ombre, rien ne trahissait cet état; ou presque rien. Il a même réussi à parler à plusieurs reprises, et il fallait être attentif comme je l'étais pour déceler son effort; un effort probablement surhumain. Et encore, je me souviens — sur le moment, j'ai estimé que c'était un trait d'héroïsme —, pour me montrer qu'il était en possession de tout son sang-froid et capable de respecter mes consignes en toute circonstance, là, dans cet avion, il se montrait prévenant avec sa compagne. Il avait avec elle des façons tendres, l'enveloppait de gestes câlins et lui murmurait des paroles d'encouragement dont elle n'avait que faire. Une telle discordance entre ces manières et le masque que j'avais entrevu... c'était hallucinant, Sir !

EXERCISE

PRACTICE IN SUPERIMPOSING NEGATION ON THE VERBAL CORE

II. In the following sentences replace the subject, direct object, and indirect object by the appropriate construction containing *rien* or *personne*. Replace the adverbs *toujours* and *encore* by (*ne*) . . . *jamais* and (*ne*) . . . *plus,* respectively.

Examples: Dites cela toujours à votre professeur.

Ne dites jamais rien à personne.

Il lui a donné encore un stylo.

Personne n'a plus rien donné à personne.

a. Il se ressert.

Personne ne ressert à personne.

b. Ressers-toi encore une portion.

Ne resser

c. Nous nous reservons encore.

Personne ne ressert plus à personne

d. Il se resservait toujours.

Personne ne resservait jamais à personne

e. Il s'est resservi encore une portion importante.

Personne n'est plus rien resservi à personne

f. Transmettez les renseignements demain.

Ne transmettez rien

g. Transmettez les renseignements au docteur Fog demain matin.

Ne transmettez rien à personne

h. Transmets toujours les renseignements aux agents alliés.

Ne transmet jamais rien à personne.

i. J'ai toujours dit bien des choses à son égard.

Personne n'a jamais rien dit à son égard

j. Nous avons reçu encore des messages de Gleicher, le traître allemand.

Personne n'a plus jamais rien reçu de personne.

[No translation is supplied.]

"When the green light came on and he heard the word 'Go!', for a fraction of a second, but no more than that, he hesitated. I felt his fate was sealed; at that instant I thought I had won my bet. And she, too, believed she had been right. That was all she was thinking of, sir! The horror of the drop meant nothing to her. I could almost hear the cry of triumph she was about to give but which never passed her lips— he had jumped. I'm convinced he sensed the violence of her feeling just as I did. She was leaning right over toward him and, in that confined space, a sort of magnetic field had developed that established a sort of telepathy between us. That's what launched him out of the aircraft, sir . . . Then we jumped out after him."

— Enfin, il a sauté ?

— Il a sauté; mais dans les quelques secondes qui ont précédé l'apparition du signal vert, j'ai cru qu'il s'effondrerait. J'avais engagé un pari avec moi-même... Moi aussi, j'avais besoin de penser à autre chose, Sir. Je ne voyais plus ses traits, mais leur contraction créait comme une tension de tout l'espace environnant. Réellement, Sir, il me semblait que les battements de son cœur faisaient vibrer la carlingue. Je lui posai une question; il fut alors incapable de me répondre. Seulement cela, Sir; le chef de bord ne s'est aperçu de rien; personne, sauf moi... et elle, bien sûr, elle qui, comme moi, mieux que moi, épiait dans l'ombre les manifestations subtiles de l'épouvante. Elle se tenait là, de noveau penchée en avant. Elle attendait, elle espérait avec un désir fou..., oh, Sir, je sais, j'ai compris maintenant ce qu'elle espère; mais vous ne l'ignorez pas non plus !

Le docteur Fog hocha la tête sans réprondre et le pria de continuer.

— Quand la lumière verte s'est allumée, quand le *go* a retenti, durant une fraction de seconde, pas davantage, il a hésité. Je devinais que son destin se jouait, et c'est pendant cet éclair qui j'ai pensé avoir gagné mon pari. Et elle aussi, elle a cru à sa victoire. — Elle ne pensait qu'à cela, Sir ! L'horreur du vide n'avait aucune prise sur elle. — J'entendais déjà le cri de triomphe qu'elle allait pousser, mais qui n'a pas franchi ses lèvres : il avait sauté. Je suis persuadé qu'il a perçu comme moi toute la violence de son désir. Elle était presque courbée en deux sur lui et, dans cet espace étroit, il s'était créé une sorte de magnétisme établissant entre nous une communication spirituelle. C'est cela qui l'a précipité hors de l'avion, Sir... Nous avons sauté à notre tour.

14

GRAMMATICAL POINTS

The **pro-form** *en* can be a substitute for a noun (phrase) preceded by prepositional *de* or for a noun (phrase) preceded by partitive *de*.

Preceded by prepositional *de,* the noun (phrase) may be the indirect object of a verb or of a verbal locution. The verbal locution is made up of a verb plus a noun (phrase) or an adjective, the entire construction functioning as a verb.*

PREPOSITIONAL DE PLUS NOUN (PHRASE) AS INDIRECT OBJECT (OF VERB)

Ils sont revenus **de Rennes.**
They returned from Rennes.

Ils **en** *sont revenus.*
They returned from there.

AS INDIRECT OBJECT (OF VERBAL LOCUTION)

Nous avons besoin **de plusieurs détails.**
We need several details.

Nous **en** *avons besoin.*
We need some.

Vous êtes content **de votre aventure.**
You are satisfied with your experience.

Vous **en** *êtes content.*
You are satisfied with it.

---

* In a sentence such as *J'en suis fâché,* derived from *Je suis fâché* **qu'il soit arrivé,** the construction *qu'il soit arrivé* is a clause qualifying the verbal locution *suis fâché* and is not a noun phrase functioning as a DO. Compare the above sentence with *Je le regrette,* derived from *Je regrette* **qu'il soit arrivé,** where *le* and **qu'il soit arrivé** function as DO.

Austin wanted to give a few details about their arrival; how they had successfully joined up together after landing in the dark, how they had reached the house safely, how the couple had moved into the villa, and how Gleicher had contacted them. He soon saw, however, that this was of no interest to Dr. Fog, who brought the conversation back to his favorite subject—Arvers and his reactions in certain tricky situations.

[See Appendix 1 for English translation.]

Dr. Fog voiced his approval of this maneuver.

"Splendid. It's not often you get a chance to observe people without their knowing it."

"I was able to see immediately that they were both following my instructions scrupulously, even in this place where they were unknown. To all outward appearances, they were a typical couple of young lovers. For a moment, sir, I was almost taken in by it myself. A strange thought suddenly came into my head. I began to wonder if they weren't actually in earnest."

"Odder situations than that have been known to develop," said Dr. Fog, "but as far as this particular pair is concerned, it would surprise me."

"It would surprise me too, sir. Anyway, this suspicion was soon dispelled.

Austin aurait voulu donner quelques détails sur leur arrivée, expliquer comment ils avaient réussi à se retrouver au sol, dans la nuit, et à gagner l'abri prévu, comment le couple s'était installé à la villa, et la façon dont Gleicher s'était présenté. Il s'aperçut bien vite que tout cela n'intéressait guère le docteur Fog, qui le ramena à son sujet d'élection : Arvers; ses réactions en certaines circonstances délicates.

— Je n'ai pas grand-chose de plus à signaler, Sir. Cependant, le hasard m'a fait assister à une scène assez suggestive. C'est l'incident du soldat allemand ivre; il aurait pu mal tourner. Cela n'a guère de rapport avec notre mission et ne présente d'intérêt qu'au point de vue psychologique.

— Vous savez bien que les indications psychologiques sont ma pâture favorite, murmura le docteur sur un ton bourru. Racontez-moi l'histoire de votre soldat allemand ivre.

Austin commença, sans se faire prier.

— C'était peu de temps après leur emménagement. J'avais besoin, ce jour-là, de leur parler à tous deux et leur avais fixé un rendez-vous à Rennes, devant un grand cinéma. Nous devions, comme d'habitude, prendre nos places ensemble et nous asseoir sur des sièges voisins. J'arrivai bien avant l'heure prévue. Pour passer le temps, j'entrai dans un café désert. Je venais de m'installer dans un coin sombre quand ils pénétrèrent dans le même établissement. Ils étaient en avance, eux aussi, et avaient eu la même idée que moi. Je ne signalai pas ma présence. J'étais dissimulé par une cloison. En me penchant un peu, je pouvais les observer sans être vu.

Le docteur Fog apprécia cette tactique.

— Excellent. Il est rare, et souvent précieux, de pouvoir examiner les sujets sans qu'ils s'en doutent.

— Je pus vérifier d'abord que chacun respectait scrupuleusement mes instructions, même en ce lieu où ils étaient inconnus. En apparence, ils formaient un couple parfait d'amoureux. Moi-même, Sir, j'ai failli un moment être dupe. Une idée bizarre m'a traversé la cervelle. Je me suis demandé s'ils ne s'étaient pas pris au jeu.

— On a vu des situations évoluer d'une façon plus extravagante, dit le docteur Fog; mais en ce qui les concerne, cela m'étonnerait.

— Cela me surprendrait aussi, Sir. D'ailleurs, ce soupçon fut vite dissipé.

EXERCISE

PRACTICE IN DETERMINING PREPOSITIONAL *DE*

I. In the following sentences replace prepositional *de* plus noun (phrase)
    functioning as indirect object by *en*.

Examples: Ils ont sauté cinq fois de l'avion.

Ils en ont sauté cinq fois.

Cela faisait partie de leur tactique habituelle.

Cela en faisait partie.

faire partie de —⎫ locution verbale
être content de ⎬ use en
avoir besoin de ⎪ as o.D
faire le tour de —⎭

a. Il parlait d'épreuves, de tests.

Il en parlait

b. Son sourire était chargé de dédain.

Son sourire en était chargé

c. Chacun s'acquittait bien de ses fonctions.

Chacun s'en acquittait bien.

d. Il nous a fait part de certaines observations.

Il nous en a fait part

e. La vieille était au courant de leur activité clandestine.

La vieille en était au courant

f. Je suis moins satisfait d'ailleurs de mon propre rôle.

J'en suis moins satisfait d'ailleurs

g. Elle se moque pas mal de la guerre et des ennemis.

Elle s'en moque pas mal.

h. Le docteur Fog n'a pas tenu compte de son exclamation admirative.

Le docteur Fog n'en a pas tenu compte

i. Austin avait ressenti du dépit à la lecture d'une remarque notée en marge par
    le docteur.

Austin en avait ressenti, à la lecture d'une remarque —   le docteur

j. La personnalité de l'auteur se dégage du texte d'une manière complètement
    satisfaisante *adverbial* pour lui. *de l'auteur*

La personnalité s'en dégage d'une manière complètement
satisfaisante pour lui.

"Time went by. I was about to settle my bill and move on to our rendezvous ahead of them, when the German soldier came in. He was blind drunk and his arrival caused an uneasy stir in the café. He settled down at the counter facing them and ordered a drink, which the waiter reluctantly served him. Then he turned around toward the couple and began staring at them intently. His attitude was so insolent that the waiter stopped clearing up the glasses to look at him.

"I postponed my departure and waited, anxious to see how Arvers would behave. He had become quite red in the face and was pre-

« Le temps passait. Je m'apprêtais à appeler le garçon et à me rendre le premier au rendez-vous, quand le soldat allemand entra dans le café. Son arrivée causa un malaise. Il était ivre. Il se campa devant le comptoir, en face d'eux, et commanda une consommation que le garçon lui servit de mauvaise grâce. Il se retourna alors vers le couple et se mit à le dévisager avec insistance. Son attitude était si insolente que le garçon s'arrêta de ranger des verres pour le regarder.

« Je différai mon départ et attendis, intéressé par le comportement d'Arvers. Il était devenu d'abord très rouge et feignait, contre toute vrai-

tending, against all probability, not to notice the drunk's attitude. He had turned his head in another direction and appeared to be deeply absorbed in the contemplation of a large clock.

"When the soldier taunted him out loud, he again changed color and became almost as white as he had been in the airplane. Jerking his chin in Claire's direction, the German then made an obscene remark in broken French. Arvers' features contracted, though he still could not bring himself to turn around and face the fellow."

"A profoundly interesting test," Dr. Fog observed. "I've always wondered how he would react in a hand-to-hand fight. His file doesn't give the slightest indication on that point."

"There's something still more curious to come, sir. It was when I looked at Claire that I had a real surprise.

"Her behavior was extraordinary. Instead of remaining aloof, as she usually was and as any woman might have, she gave a quick sidelong smile that was a direct invitation to the brute's advances. There was no mistaking it. Each glance of hers was an encouragement for him to persist in his taunts. She even made a gesture of contempt in her companion's direction, shrugging her shoulders and looking the drunkard straight in the eyes. The waiter, who couldn't help noticing her behavior, showed his indignation by clattering the glasses together.

semblance, de ne pas s'apercevoir de l'attitude du soudard. Il avait tourné la tête dans une autre direction et paraissait prodigieusement absorbé dans la contemplation d'une grosse horloge.

« Le soldat ayant ricané assez haut, il changea encore de couleur et devint presque aussi pâle que dans l'avion. L'autre, montrant Claire du menton, proféra une réflexion obscène en mauvais français. Les traits d'Arvers se crispèrent, sans qu'il pût se décider à tourner la tête vers l'adversaire.

— Un test du plus haut intérêt, remarqua le docteur Fog. Je me suis toujours demandé comment il réagissait devant le *corps à corps*. Son dossier ne donne aucune indication à ce sujet.

— Il y a plus curieux, Sir. C'est en la regardant, elle, que j'éprouvai une réelle surprise.

« Sa conduite était insolite. Au lieu de rester indifférente comme elle l'était d'ordinaire, et comme l'eût fait n'importe quelle femme, elle esquissait un sourire perfide qui était une invite aux avances de la brute. On ne pouvait s'y tromper. Ses clins d'œil étaient autant d'encouragements pour lui à pousser plus loin ses provocations. Elle montra même son compagnon d'un geste de dérision, en haussant les épaules et en dévisageant l'ivrogne. Le garçon, à qui son manège ne pouvait échapper, manifestait son indignation en choquant violemment les verres.

Preceded by prepositional *de,* the noun (phrase) may function as the modifier of some noun, not necessarily as the indirect object of a verbal locution.

PREPOSITIONAL DE PLUS NOUN (PHRASE) AS INDIRECT OBJECT (OF VERBAL LOCUTION)

Il fit le tour **de la table.**
He walked around the table.

Il **en** *fit le tour.*
He walked around it.

AS MODIFIER OF NOUN (PHRASE)

Elle sondait la profondeur **de son courage.**
She tested the extent of his courage.

Elle **en** *sondait la profondeur.*
She tested its depth.

L'auteur **de ce livre** *est Cousin.*
The author of this book is Cousin.

L'auteur **en** *est Cousin.*
Cousin is its author.

"Arvers, whose head was turned in the opposite direction, could not maintain that position indefinitely. He turned around toward her just as the soldier, incited by her gestures, was making a direct obscene proposal to her. Arvers happened to be saying something to her at that very instant. He broke off in the middle of the sentence and I could guess what the gist of it was. He was alluding to our meeting and was telling her, with feigned indifference, that it was time for them to be moving if they didn't want to be late. I haven't forgotten a single detail of the scene, sir. He stopped short, his voice died away as his gaze fell on the girl, whose smile, originally aimed at the German, changed its target as well as its meaning. It was at him her smile was now directed, taunting, full of scorn. Then his face became even whiter and I distinctly saw his leg begin to tremble.

"She looked at him like this for several seconds, then she herself said something. Her voice betrayed utter contempt as well as intense satisfaction. . . . I don't know if I'm making myself clear, sir."

"Nothing could be clearer," said the doctor. "I can see the whole thing as though I were there myself."

"It was the outcome that surprised me," Austin went on. "There again I lost a bet with myself. . . . Anyway, she said something in reply to his remark.

" 'You're right darling,' she said . . . Did I tell you she always called him 'darling'? Oh, I can just see them there by themselves in the villa. Ours is a dirty job, sir, there's no getting away from it!"

"You realize that," said the doctor, "just when you're beginning to have a passion for this job. So she said to him: 'You're right, darling . . .'"

"She said it with withering contempt, underscoring each word. 'You're right, darling, we must be leaving. It's high time we got out of here.' And she rose to her feet.

" 'Just a moment,' Arvers exclaimed suddenly.

« Arvers, le cou tordu, ne pouvait conserver indéfiniment cette position. Il se retourna vers elle au moment où le soldat, surexcité par ses œillades, lui faisait directement une proposition grossière. En effectuant son mouvement, Arvers avait prononcé quelques paroles à mi-voix. Il s'arrêta net, au milieu d'une phrase dont j'avais deviné le sens. Il faisait allusion à leur rendezvous et lui disait, avec une indifférence affectée, qu'il était grand temps de partir s'ils ne voulaient pas être en retard. Je n'ai pas oublié un seul détail de cette comédie, Sir. Il s'interrompit, sa voix s'éteignit, juste au moment où son regard rencontra celui de la jeune fille, dont le sourire, destiné d'abord à l'Allemand, changeait de cible ainsi que de signification. C'est à lui que ce sourire s'adressait maintenant, narquois, chargé de dédain. Alors, Sir, il devint encore plus pâle, et j'observai distinctement un tremblement de sa jambe.

« Elle le toisa ainsi pendant quelques secondes, puis elle parla à son tour. Son accent exprimait un terrible mépris en même temps qu'une satisfaction intense... Je ne sais si je me fais comprendre avec clarté, Sir.

— On ne peut plus clairement, dit le docteur. Je vois la scène comme si j'y étais.

— C'est le dénouement qui m'a surpris, déclara Austin. Là, j'ai encore perdu un parti... Elle parla donc, répondant à sa remarque.

« — Vous avez raison, chéri, disait-elle... Vous ai-je dit qu'elle l'appelait « chéri » ?... Oh, je les vois tous les deux, seuls dans leur villa; Sir, nous faisons un métier inhumain !

— Vous vous en apercevez, dit le docteur, au moment même où vous commencez à vous passionner pour ce métier... Elle lui a donc dit : « Vous avez raison, chéri... »

— Avec un mépris écrasant; en insistant perfidement sur chaque mot. « Vous avez raison, chéri, il vaut *beaucoup* mieux que nous partions. Il est temps, *grand temps* que nous sortions d'ici. » Et elle se leva.

« — Une minute, dit soudain Arvers.

"I gave a start. His voice, which had altered abruptly, seemed to belong to someone else and I stupidly peered around the room. No, it was certainly he, but his attitude had undergone a complete change. Only a moment before, he had been little more than a dummy; now he had an air of authority. I also observed—I think I'm beginning to be quite a good observer, sir—I also observed that the nervous tremor in his leg had stopped. His gestures were deliberate, but somehow stiff and mechanical. . . . An automaton, that's it—an automaton obeying an impulse, an external will. The shock of the girl's scorn had caused this metamorphosis.

" 'Just a moment, darling,' he said, motioning her to sit down again.

« Je sursautai. Sa voix, brusquement altérée, semblait celle d'un autre individu et j'inspectai stupidement la salle. Non; c'était bien lui, mais son attitude avait subi une profonde modification. Un instant auparavant, c'était presque une loque; il avait maintenant l'air autoritaire. J'observai encore — je crois que je deviens un excellent observateur, Sir —, j'observai que le tremblement nerveux de sa jambe avait cessé. Ses gestes étaient décidés, mais ils avaient une raideur mécanique... Un automate, c'est cela, un automate obéissant à une impulsion, à une volonté étrangère. Le choc de son mépris avait déclenché cette métamorphose.

« — Une minute, chérie, répéta-t-il en l'obligeant à se rasseoir.

EXERCISE

PRACTICE IN DETERMINING PREPOSITIONAL *DE*

II. In the following sentences indicate whether the prepositional noun (phrase) in italics functions as an indirect object (IO) or a noun modifier (MOD).

Examples: Je ne me suis plus contenté *de tests en laboratoire.*   IO

Son sourire avait counvaincu Austin *de l'importance de son patron.*   IO

L'importance *de sa mission* était évident au lieutenant-médecin.   MOD

a. Il se pénétrait *de cette idée.*   IO
b. Austin s'est aperçu vite *de son comportement.*   IO
c. Il l'a passé au crible *de son esprit.*   MOD
d. La lenteur administrative retardait la réalisation *de ses rêves glorieux.*   MOD
e. L'agent anglais n'a pas tenu compte *de son point de vue.*   IO
f. Le plus petit détail *de cette mission* est d'une importance capitale.   MOD
g. Il a écouté la plainte *de son compagnon* avec un intérêt passionné.   MOD
h. Avec des moyens misérables, certains de ses compatriotes constituaient un organisme *de renseignements* dans le cadre de la France Libre.   MOD
i. La présence de son interlocuteur empêchait le plein développement *des rêves bouillonnants dans son esprit.*   MOD
j. Lancés dans tant de drôles d'aventures, vous avez fait preuve *de beaucoup de tact et de prudence.*   IO.

"He stepped around the table, walked straight across to the soldier, who was watching him with a smirk, stopped in front of him, and gave him a hard slap in the face. Then he went back to her, and there was a glint of triumph in his eyes. Meanwhile she lowered her head and looked extremely disappointed. After that . . . after that, sir, he seemed to collapse, inert and defenseless in the face of his adversary, incapable, I felt, of retaliating in any way had he been attacked. The trembling in his leg had started up again. I held my breath."

"A dramatic moment, I should imagine," said Dr. Fog.

"The tension was dispelled, luckily, by the attitude of the very man responsible for it. The soldier looked disconcerted and shaken for a moment, then burst into a loud guffaw. He was too drunk to fight back. He murmured 'friend,' then turned his back and went on with his drink.

" 'We can leave now, darling,' Arvers said with a tremor in his voice over which he had no control. He was at the end of his rope. She got up to join him. I watched them move off arm in arm, while the waiter gave him an obsequious bow."

"So on the whole you're pleased with your team?" Dr. Fog asked.

"Fairly pleased, sir, although Claire's attitude worries me somewhat. But I'm not so satisfied with my own role."

"Each man to his own job. What's bothering you?"

For the last moment or two Austin had been looking slightly vexed. He decided to ask the question that was preying on his mind.

"It's this, sir. Has she been given a private briefing from you without my knowing it?"

"What do you mean?"

"Have you given her instructions to keep an eye on him to spy on him?"

"No, Austin," the doctor replied frankly, "I'm relying on you for that. But I knew she would do so in any case, and I think it may be useful. I suppose you no longer have the slightest doubt about the motive for her conduct?"

"Not the slightest!" Austin exclaimed. "I was mad to think her intention was to redeem her brother's crime. What an idea! Not once has she acknowledged his treachery. Not for a second has she believed him guilty."

« Il fit le tour de la table, marcha vers le soldat, qui le regardait venir en ricanant, s'arrêta devant lui et le gifla de toutes ses forces. Alors, il se retourna vers elle et son œil était illuminé par un éclair de triomphe. Elle ? Elle baissa la tête, effroyablement déçue. Ensuite... ensuite, Sir, il sembla se tasser, immobile, désarmé devant son adversaire, incapable, je crois, d'aucune riposte en cas d'attaque. Le tremblement de sa jambe avait repris. Je ne respirai plus.

— Un instant dramatique, sans doute, remarqua le docteur Fog.

— La tension fut apaisée, heureusement, par l'attitude même du responsable. Celui-ci resta décontenancé, vacillant, puis éclata d'un rire énorme. Il était trop ivre pour se battre. Il murmura « amis », tourna le dos et se remit à boire.

« — Nous pouvons partir maintenant, chérie, dit encore Arvers, d'une voix tremblante, avec des modulations qui échappaient à son contrôle. Il était à bout de forces. Elle se leva pour le rejoindre. Je les regardai sortir à demi enlacés, pendant que le garçon s'inclinait très bas devant lui.

— En somme, demanda le docteur Fog, vous êtes content de notre équipe ?

— Assez content, Sir, quoique cette attitude de Claire me donne du souci. Je suis moins satisfait d'ailleurs de mon propre rôle.

— Chacun sa spécialité. Qu'est-ce qui vous tracasse ?

Depuis un moment, Austin semblait manifester un certain dépit. Il se décida à poser une question :

— Voilà, Sir. N'a-t-elle pas reçu une mission de vous, à mon insu ?

— Que voulez-vous dire ?

— Ne lui avez-vous pas confié le soin de le surveiller, de l'espionner ?

— Non, Austin, répondit le docteur avec netteté. C'est en vous que j'ai mis toute ma confiance pour cela. Mais je prévoyais qu'elle le ferait et je crois que c'est utile. Je suppose que vous n'avez plus le moindre doute sur le motif de sa conduite ?

— Plus un seul ! s'écria Austin. J'ai été fou de rêver que son intention était de racheter le crime de son frère. Allons donc ! Pas un instant, Sir, elle n'a admis sa trahison. Pas une seconde, elle ne l'a cru coupable.

"Not for a second. I've known that all along, but I felt it was better for you to find it out for yourself."

"She has only one idea, sir, one ambition—to prove her brother's innocence. But in that case, if he really was innocent, if he wasn't the one who talked . . ."

He stopped short. After a short pause Dr. Fog put his thought into words.

"Someone talked, Austin. If it wasn't Morvan . . ."

"It's impossible, sir. Why should Cousin have been so anxious to go back? He was sitting pretty over here and could have ended the war at his desk."

The doctor nodded pensively but did not reply to this question.

"Well, anyway," he said, "you mustn't be surprised if she seizes every opportunity to test his courage and plumb its depths."

[No translation is supplied.]

"I wasn't thinking of them—what I mean is, her mother. She knows all about it."

"I'm sure she does. What is she like?"

— Pas une seconde. J'ai préféré vous laisser le soin de le découvrir vous-même.

— Elle n'a qu'une idée, une ambition, Sir : prouver l'innocence de ce frère. Seulement, si celui-ci est innocent, si ce n'est pas lui qui a parlé...

Il s'arrêta. Le docteur Fog précisa sa pensée, après un silence.

— Quelqu'un a parlé, Austin. Si ce n'est pas Morvan...

— Ce n'est pas possible, Sir. Pourquoi aurait-il tant insisté pour retourner là-bas ? Il n'avait qu'à se tenir tranquille. Il aurait fini la guerre dans son bureau.

Le docteur hocha pensivement la tête et ne répondit pas à sa question.

— En tout cas, dit-il, il ne faut pas vous étonner si elle utilise toutes les occasions de mesurer son courage et d'en sonder la profondeur.

— Elle ne se contente pas de les utiliser. Elle s'ingénie à les susciter. C'est bien ce qui m'inquiète. Elle se moque pas mal de la guerre et des ennemis.

— Lui aussi, peut-être, dit le docteur Fog; et c'est pour cela que nous sommes là. C'est à nous d'orienter les passions dans un sens utile aux intérêts du pays. Et dans cet ordre d'idées, je considère comme essentiel qu'il se sente observé.

— Observé, Sir ! Vous voulez dire épié, espionné, traqué. Par moi, d'abord; il a bien deviné pourquoi j'étais là-bas. Seigneur, si vous l'aviez vu se surveillant à chaque instant, hésitant à faire le geste le plus banal de peur qu'elle ne l'interprète comme une faiblesse, se forçant à éliminer de son attitude tout ce qui pourrait suggérer l'ombre de la peur ! Vous ne trouvez pas effroyable, Sir, l'obligation de s'imposer à tout moment des réflexes de héros ?

— C'est ce qu'il nous faut dans le service, Austin, dit le docteur Fog avec calme : des hommes qui se conduisent en toute circonstance comme s'ils étaient des héros.

— Et ils vivent ensemble; et il doit la traiter constamment comme une femme adorée; et il n'y a pas qu'elle !

— Bien sûr. Il y a les ennemis naturels de tous nos agents : la Gestapo et l'Abwehr. Mais il était volontaire.

— Je ne pensais même pas à ceux-là. Je songeais à la même. Elle est au courant de tout.

— Sans aucun doute. Comment est-elle ?

"She doesn't have much to say, but I'd swear she's even worse than her daughter, sir. She'd do her damnedest to vindicate her son. A forceful personality, what's more. I have a feeling that Claire's a mere child compared to her mother."

"You were quite right to accept her services."

"Perhaps. But I wouldn't be in Arvers' shoes for anything in the world."

"Not would I," Dr. Fog agreed. "But then . . ."

He assumed a strange tone of voice and looked directly at Austin as he added:

"But then, I shouldn't have liked to be in Morvan's, either.

— Elle ne parle pas du tout, elle; mais je jurerais qu'elle est pire que la fille, Sir. Prête à tout, elle aussi, pour réhabiliter son fils. Autoritaire, avec cela. J'ai l'impression que Claire est une gamine à côté d'elle.

— Vous avez bien fait d'accepter ses services.

— Peut-être; mais je ne voudrais pour rien au monde être à la place d'Arvers.

— Moi non plus, certes, admit le docteur Fog. Seulement...

Il prit une voix bizarre pour ajouter, en regardant le jeune homme dans les yeux :

— Seulement, Austin, je n'aimerais pas beaucoup, non plus, être à la place de Morvan.

15

GRAMMATICAL POINTS

It is important to distinguish between prepositional *de* and partitive *de* plus noun (phrase). Only a noun (phrase) preceded by partitive *de* may function as direct object.*

PREPOSITIONAL DE PLUS NOUN PHRASE

Austin a gardé un souvenir amer **de son expérience de parachutiste.**
Austin retained an unpleasant memory of his experience as a parachute jumper.

Austin **en** *a gardé un souvenir amer.*
Austin had an unpleasant memory of it.

PARTITIVE DE PLUS NOUN PHRASE

　　　　　　　　DO
Claire ressentait **de la haine** *pour l'ennemi.*
Claire felt hatred for the enemy.

　　　DO
Claire **en** *ressentait pour l'ennemi.*
Claire felt some for the enemy.

Arvers opened his eyes with a start as he heard the shutters bang in the adjoining room. Even before recovering consciousness, he felt the painful spasm in all his organs, and the discomfort of his body aggravated that of his uneasy mind. It was the sort of horrible awakening he experienced every morning: for several minutes at this time of day the physical and the

Arvers eut un sursaut et ouvrit les yeux en entendant claquer les volets de la chambre voisine. Avant même d'avoir repris conscience, il sentit la contraction douloureuse de tous ses organes. Le malaise de son corps ranima celui de son esprit inquiet. C'était le genre de réveil odieux qu'il endurait chaque matin : pendant plusieurs minutes, à ce moment-là, le physique

---

* The noun phrase preceded by partitive *de* may also function as subject:

Des victimes *poussaient des cris terribles.*
Some victims were uttering frightful cries.

Partitive *de* may occur after various prepositions as part of an expression having adverbial function:
Il est parti avec **des** *guides.*
He left with some guides.

Je travaille pour **des** *monstres.*
I work for monsters.

mental would react on each other with the pitiless regularity of a machine.

A faint light filtered into the room. Among the objects just beginning to come into focus, the heating stove directly opposite his bed appeared to him once again as an evil phantom placed there by the hand of a demon to remind him of some distant hell. He would gladly have got rid of the wretched contraption, he would at least have moved it to some other position so as not to have it before his eyes on waking up, but he did not dare: Claire would have been sure to notice. Her twisted hostile imagination would have seized on this simple gesture and read some sinister meaning into it. He was fully aware of the malevolence of her constant spying.

He listened to her footsteps in the adjoining room and trembled as they approached the connecting door. It was the sound of her shutters being flung open that had waked him. She made no attempt to open them quietly—rather the opposite, in fact. She knew he never managed to get to sleep until it was almost dawn, and did her utmost to allow him no rest. When the sound of her footsteps ceased, he imagined her standing motionless and intent, her eyes fixed on his room, listening to the sound of his breathing.

He got out of bed cautiously, taking care not to make the springs creak, and tiptoed over to the hiding place where he kept a bottle of cheap Calvados. He took several minutes to turn the key in the drawer, casting anxious glances in the direction of the door. He silently took a couple of mouthfuls, careful not to let the liquid gurgle in the bottle. If she had suspected he regularly took a nip of alcohol first thing in the morning, she would have been certain to infer that he was lacking in innate courage.

et le moral réagissaient l'un sur l'autre suivant les lois d'une mécanique impitoyable.

Un peu de lumière filtrait dans la chambre. Parmi les ombres dont le contour commençait à se préciser, le poêle à bois, juste en face de son lit, lui apparut une fois de plus comme un fantôme sinistre, placé là par la main d'un démon pour lui rappeler un enfer lointain. Il se serait bien débarrassé de cet ustensile maudit, il l'aurait déplacé tout au moins pour ne pas l'avoir ainsi sous les yeux au réveil, mais il n'osait pas : Claire l'aurait certainement remarqué. Son imagination hostile et perverse aurait brodé autour de ce simple geste, et fini par lui trouver une signification tendancieuse. Il connaissait la malveillance de son espionnage perpétuel.

Il guetta son pas dans la chambre voisine, tressaillant lorsqu'elle s'approchait de la porte de communication. C'était le fracas de ses volets brutalement poussés qui l'avait éveillé. Elle ne prenait aucune précaution, au contraire. Elle savait qu'il ne s'endormait jamais avant l'aube, et s'employait à ne lui laisser aucun répit. Quand le bruit de ses pas s'arrêta, il se la représenta immobile, l'oreille aux aguets, le regard fixé vers sa chambre, écoutant le bruit de sa respiration.

Il se leva avec des gestes lents, ayant soin de ne pas faire craquer le lit, et marcha sur la pointe des pieds vers la cachette où il dissimulait une bouteille de mauvais calvados. Il mit plusieurs minutes à faire jouer silencieusement la serrure d'une tiroir, lançant des coups d'œil inquiets vers la porte. Il but à petites gorgées, avec le souci d'éviter le glouglou du liquide. Si elle s'était doutée qu'il prenait ainsi une dose d'alcool au réveil, elle n'aurait pas manqué d'en induire qu'il manquait de courage naturel.

EXERCISE

PRACTICE IN DISTINGUISHING PREPOSITIONAL *DE* FUNCTION FROM PARTITIVE *DE* FUNCTION

I. In the following sentences indicate whether the italicized phrase beginning with *de* functions as a preposition (PREP) or as a member of the partitive construction (PART).

Examples: Il a été satisfait *de ma collaboration*.   *PREP*

Vous avez créé une atmosphère *de confiance et*
   de détente.   *PREP*

> J'ai trouvé parfois *des types extrêmement curieux.*   PART
>
> Il se leva avec *des gestes lents.*   PART

[handwritten left margin:] Part of Prep. phrase

a. Je vous ai déjà parlé *du grand ponte.*   *Prep*
b. J'ai besoin *d'assistants dans votre genre.*   *Prep*
c. Les volets *de la chambre voisine* claquaient.   *Prep, comme modific.*
d. Il lançait *des coups d'oeil inquiets* vers la porte.   *Part*
e. Un idiot congénital accomplit parfois *des besognes très utiles.*   *Part*
f. Il prenait toujours *de l'alcool* au réveil.   *Part*
g. L'autre montrait Claire *du menton.*   *Prep*
h. On m'a communiqué *d'autres renseignements* sur lui.   *Part*
i. Il a classé *des fiches parfaitement inutiles* pendant les heures du travail.   *Part*
j. Ils se sont assis sur *des sièges voisins.*   *Part avec prep.*

[See Appendix 1 for English translation.]

He fell to dreaming. He had no need to improve on reality to make the torrent of glory he needed spring forth from his adventures. He merely had to focus a spotlight on certain aspects for them to become immediately so brilliant as to outshine the few insignificant details that were consequently lost in the shadows. He had practised these mental gymnastics for so long now that he performed them automatically. . . . Was he not a secret-service agent of outstanding ability and daring? Had he not succeeded, thanks to his own resourcefulness, in escaping his redoubtable foe, the Gestapo? Having gotten back to London—a unique feat, he knew, in the annals of the service—had he not insisted on returning to the hell he had only just left, even though the danger was magnified

Après avoir bu, il resta un moment immobile, le temps de laisser les émanations réconfortantes gagner son cerveau. Puis il replaça la bouteille avec les mêmes précautions, mais d'une main plus ferme, et s'allongea de nouveau sur son lit. L'alcool n'était pas suffisant par lui-même pour chasser la sensation insupportable que lui causait la méfiance, mais il agissait comme catalyseur sur son esprit — cet esprit qui avait seul le pouvoir d'élaborer des antidotes contre le poison qui le rongeait.

Il parvint à concentrer assez de volonté pour ressusciter ses phantasmes favoris et à recréer l'image de son héros idéal. Chaque matin, il s'astreignait à cette opération spirituelle, qui remplaçait pour lui la prière, et où il puisait de nouvelles forces pour continuer son combat quotidien.

Il rêva. Il n'avait pas besoin d'altérer la réalité pour faire jaillir de ses aventures le torrent de gloire qui lui était nécessaire. Il lui suffisait de braquer un phare puissant sur certains points, qui devenaient aussitôt étincelants, au détriment de quelques détails sans signification, qui disparaissaient dans les ténèbres. Il était entraîné depuis longtemps à cette gymnastique mentale et l'exécutait machinalement... N'était-il pas un agent secret d'une habileté et d'une audace exceptionnelles ? N'avait-il pas réussi à échapper par ses propres ressources au plus acharné de ses ennemis, la Gestapo ? Revenu à Londres, fait unique, il le savait, dans les annales du service, n'avait-il pas insisté pour retourner dans l'enfer qu'il venait à peine de quitter, alors les périls étaient décuplés par sa

tenfold by his previous arrest? His superiors had been amazed, and yet they were only too familiar with acts of courage. They had wanted to restrain him, to save him from his own temerity. He had had only to say the word—not even that, he had had only to stay put and say nothing—to have seen the war out in a staff appointment. He had rejected this security and plunged voluntarily once more into the abyss. He had dropped by night from a plane into a country where the worst possible dangers awaited thim. All this was true; no one could deny it.

première arrestation ? Ses chefs en étaient restés étonnés, et pourtant ils étaient blasés sur les actes de bravoure. Ils voulaient le garder, le préserver de sa propre témérité. Il n'aurait eu qu'un mot à dire — même pas, il lui suffisait de rester passif — pour finir la guerre dans un bureau. Il avait refusé cette sécurité, replongé volontairement dans le gouffre. Il s'était jeté la nuit, d'un avion, au-dessus d'un pays où l'attendaient les pires dangers. Tout cela était vrai; personne ne pouvait le contester.

The past participle of a reflexive verb or a verb conjugated with *avoir* agrees in gender and number with the preceding direct object.

VERB CONJUGATED WITH AVOIR

1. *Arvers a donc regardé les policiers bien en face.*
   Arvers then looked the policemen right in the face.

2. *Arvers **les** a donc **regardés** bien en face.*
   Arvers then looked at them right in the face.

REFLEXIVE VERB

3. *Austin s'est bien rappelé la scène.*
   Austin recalled the scene well.

4. *Austin se **l'**est bien **rappelée.***
   Austin recalled it well.

Whenever the pro-form *en* functions as preceding direct object or indirect object, the past participle remains invariable.*

WITH DIRECT OBJECT

1. *Il a soulevé des questions importantes.*
   He raised some important questions.

2. *Il **en** a **soulevé.***
   He raised some.

---

* Agreement, however, takes place with *combien, plus,* or *moins* preceding partitive *en* when the sense is plural:
Combien de lettres avez-vous reçues?
How many letters did you receive?

Combien en *avez-vous* **reçues?**
How many did you get?

Plus *j'***en** *ai* **reçues, moins** *j'***en** *ai* **lues.**
The more I received, the fewer I read.

WITH INDIRECT OBJECT

3. *Claire a ri des menaces des Allemands.*
   Claire laughed at the Germans' threats.

4. *Claire* **en** *a* **ri.**
   Claire laughed at them.

[No translation is supplied.]

Dr. Fog had congratulated him, to be sure, but he had assigned him to a subordinate position. This fellow Austin, a mere stripling, was in command. Austin was the one in charge of the general organization, over and above him. True, he was allowed a certain initiative in his dealings with Gleicher, but all the other arrangements were made without consulting him. He knew nothing about the messenger who came to fetch the mail. Claire herself took it around to her mother's place. Of course, this method seemed reasonable from the security point of view: it was only natural for Claire to go and call on her mother quite often. Just the same, Austin might have consulted him before coming to this decision. Why hadn't he done so? Was it possible that they did not consider him absolutely *reliable*?

Et pourtant, ses chefs n'avaient pas pour lui la considération qu'il méritait et qu'il eût souhaitée. Devant ces preuves de sa valeur, ils auraient dû lui confier un poste comportant de hautes responsabilités. Il se sentait capable d'être le numéro un du service pour toute la France.

Il songea longuement à ses présentes fonctions, essayant de se persuader que le contact avec Gleicher avait une importance capitale pour la conduite de la guerre, et que cette mission était une marque du cas qu'on faisait de lui en haut lieu. Il y parvenait assez souvent; mais ce matin, cet effort excéda ses ressources psychiques. Il ne pouvait pas laisser dans l'ombre certains indices évidents de réserve à son égard; une réserve incompréhensible, injustifiée, intolérable à sa nature, et dont la sensation obsédante empêchait l'essor de ses rêves glorieux.

Le docteur Fog l'avait félicité, certes, mais il lui attribuait un poste de subalterne. Cet Austin, un tout jeune homme, était son chef. C'est lui qui s'était occupé de l'organisation générale, par-dessus sa tête. On lui laissait une certaine initiative pour entreprendre Gleicher, mais tous les autres arrangements étaient faits à son insu. Il ignorait tout du messager qui venait chercher le courrier. Claire le portait elle-même chez sa mère. Certes, ce dispositif paraissait satisfaisant au point de vue de la sécurité : il était naturel que Claire se rendît très souvent chez sa mère. Tout de même, Austin aurait pu le consulter avant d'en décider ainsi. Pourquoi ne l'avait-il pas fait ? Etait-il possible qu'on ne le considérât pas comme absolument sûr, *reliable* comme disaient les Anglais ?

EXERCISE

PRACTICE IN DISTINGUISHING PREPOSITIONAL *DE* AND PARTITIVE *DE* FUNCTION

[handwritten: agreement with specific nouns only]

II. In the space provided after each of the following sentences, write the correct form of the past participle of the verb that would be used if the italicized phrase were changed to a pronoun.

Examples: On m'a envoyé *les nouveaux rapports.* *[handwritten: spec agree]*   *envoyés*
On m'a envoyé *de nouveaux rapports.* *[handwritten: part noun no agree]*   *envoyé*
On m'a parlé *des nouveaux rapports.* *[handwritten: 10 - no agree]*   *parlé*

a. J'ai accepté *sa proposition.*   *[handwritten: (la)]*   *acceptée*
b. Il a usé *d'innombrables brouillons.*   *[handwritten: (en)]*   *usé*
c. Le docteur Fog lui a demandé *des conseils.*   *demandé*
d. Cousin a renouvelé *ses demandes.*   *renouvelées*
e. Le psychiatre a écarté *les fous dangereux, militaires et civils.*   *écartés*
f. Il avait produit *cette mauvaise impression* sur tout le monde.   *produite*
g. On a confié *des missions* à beaucoup d'agents français.   *confié*
h. Au cours de la nuit, il a abattu *les policiers allemands.*   *abattus*
i. L'un d'eux avait posé *la mitraillette* à côté de lui.   *posée*
j. Tout de même, il avait eu d'ailleurs *d'excellentes raisons.*   *eu.*

Try as he might, he could not get rid of this horrible idea, and the thought of Morvan's mother added to his dismay. He had met her only once, but he could not bear the way she had looked at him. He never went into the village. It was quite enough, having to live with the daughter.

His dreams were taking a decidedly gloomy turn. He toyed with the idea of having another swig of alcohol but changed his mind for fear his breath might betray him. He got out of bed, this time making no pretense about it, and opened the shutters. The view of the neighboring town he could see through the trees suggested a more engaging theme for his thoughts, and he managed to derive a little comfort from the prospect of his next meeting with Gleicher. The German was to come down the following day and would hurry around, as usual, to get in touch with him. Arvers took infinite pleasure in making him feel his superiority and, in his company, experienced moments of almost complete euphoria. He despised Gleicher wholeheartedly—a man of the lowest type, who betrayed his country for money. Arvers never missed an opportunity to show the German what he thought of him, and his pleasure was twice as great when the meeting took place in front of Claire.

Il n'arrivait pas à chasser cette pensée odieuse et l'évocation de la mère Morvan augmenta son désarroi. Il ne l'avait rencontrée qu'une fois. Il ne pouvait pas supporter son regard. Il n'allait jamais au village. C'était bien assez de devoir cohabiter avec la fille.

Décidément, ses rêves s'engageaient sur une mauvaise voie. Il hésita à prendre une nouvelle dose d'alcool, mais la crainte que son haleine le trahît l'en empêcha. Il se leva, ostensiblement cette fois, et poussa les volets. La vue de la villa voisine, qu'il apercevait à travers les arbres, lui suggéra enfin un thème consolant et il trouva un peu de calme en songeant à Gleicher. L'Allemand devait arriver le lendemain et s'empresserait, come d'habitude, de se présenter à lui. Il prenait plaisir à lui faire sentir sa supériorité et connaissait avec lui des instants de détente presque euphoriques. Il le méprisait de toute son âme. C'était un individu de l'espèce la plus vile, qui trahissait son pays pour de l'argent. Il saisissait toutes les occasions de lui montrer son dégoût, et sa jouissance était double quand Claire assistait à leur entrevue.

16

GRAMMATICAL POINTS

In the case of reflexive verbs, if the past participle is followed by partitive *de* plus noun (phrase), the past participle remains invariable (i.e., partitive *de* plus noun phrase function as a following—not a preceding—direct object).

NONREFLEXIVE VERB PLUS PARTITIVE DE AND NOUN PHRASE

1. *Je lui ai servi* **d'énormes portions.**
   I served her some large portions.

2. *Je lui* **en** *ai* **servi.**
   I served some to her.

REFLEXIVE VERB PLUS PARTITIVE DE AND NOUN PHRASE

3. *Claire s'est servi* **d'énormes portions.**
   Claire served herself some large portions.

4. *Claire s'***en** *est* **servi.**
   Claire served some to herself.

[See Appendix 1 for English translation.]

He walked along at a leisurely pace until he came to a modest building in the Quartier de l'Europe. It was here he had set up his office; although he was in a position to requisition the most sumptuous house, he preferred to be discreet. The building had no elevator. With his brief case under his arm, he walked up the three flights of stairs at a fairly brisk pace but without being able to conceal his slight limp. He was a heavily built man in his fifties, bald

En quittant le restaurant des Champs-Elysées où il venait de s'offrir un repas délicat, arrosé de vins français, pour lesquels il éprouvait une faiblesse, Gleicher constata qu'il avait encore plusieurs heures devant lui avant de prendre le train pour Rennes. Une automobile l'attendrait là-bas, et il arriverait dans la nuit à la villa où il passait certains week-ends. Il avait terminé toutes ses autres affaires à Paris. Il ne lui restait qu'à préparer son rendezvous avec Arvers, ce qu'il faisait toujours avec un soin particulier.

Sans trop se presser, il gagna à pied un immeuble modeste dans le quartier de l'Europe. C'était là qu'il avait installé son bureau, quoiqu'il eût le pouvoir de réquisitionner un local sompteux : il aimait la discrétion. La maison ne possédait pas d'ascenseur. Sa serviette sous le bras, il monta à pied les trois étages, d'un pas assez alerte, mais qui trahissait une légère claudication. C'était un quinquagénaire massif, chauve, portant des lunettes; en apparence, un

and wearing spectacles—to all outward appear-ances, one of those German businessmen en-gaged in industry or finance who frequently visited Paris, were absorbed in their work, but were not averse to the pleasures that were available in the capital at bargain prices. His official position was inscribed on the door, which he reached slightly out of breath—"Re-inforced Concrete Construction. Inspector's Office"—a civilian job that accounted for his knowledge of important military secrets.

As he climbed the last few steps, his appear-ance underwent a slight change. His back stif-fened, his stomach seemed to decrease in vol-ume; his limp assumed a different aspect. He went in without knocking, left his hat in the hall, and entered one of the two rooms consti-tuting the office. Otto rose to his feet as he came in. Otto, his assistant, must have been about the same age as himself. The formality of his greeting was in the true German tradi-tion and appeared faintly incongruous against the background of a business concern.

Gleicher's features now showed an authority that was not apparent in the street and still less so in the restaurant. Before sitting down in the chair Otto had just vacated, he placed his spec-tacles on a corner of the desk. He did not need them here.

de ces hommes d'affaires allemands, industriels ou financiers, qui séjournaient souvent à Paris, absorbés par leur travail, sans pour cela né-gliger les plaisirs qu'ils pouvaient se procurer à bon compte dans la capitale. Sa fonction offi-cielle était inscrite sur la porte devant laquelle il arrivait en soufflant un peu. « Travaux en béton. Bureau de l'Inspecteur » : un emploi civil qui expliquait sa connaissance de secrets militaires importants.

Comme il gravissait les dernières marches, son attitude se modifia légèrement. Sa taille se redressa; son ventre parut diminuer de volume; son boitement même prit un aspect différent. Il entra sans frapper, déposa son chapeau dans le vestibule, et pénétra dans une des deux pièces qui composaient le bureau. Otto se dressa pour l'accueillir. Otto, son adjoint, devait avoir le même âge qui lui. La raideur de son salut était certes bien dans la manière allemande, avec peut-être une nuance assez curieuse dans le cadre d'une entreprise civile.

La physionomie de Gleicher exprimait main-tenant une autorité qui n'apparaissait pas dans la rue, et encore moins au restaurant. Avant de s'asseoir à la place qu'Otto venait de lui céder, il déposa ses lunettes sur un coin de la table. Il n'en avait pas besoin ici.

EXERCISE

PRACTICE IN DETERMINING PARTITIVE *DE* FUNCTION

I. In the space provided beneath each of the following sentences, change the verb to the *passé composé* and replace the following noun phrase by the pronoun *en*. Recall that the past participle of a verb does not agree with *en*.

Examples: Gleicher portait des lunettes.

Gleicher en a porté.

Il s'offrait des repas délicats.

Il s'en est offert.

a. Le traître passait des week-ends à la villa.

Le traître en a passé à la villa

b. Il se procurait des plaisirs à bon compte.

Il s'en est procuré à bon compte

c. Nous connaissions des secrets militaires importants.

Nous en avons connu.

d. Elle déposa des lunettes sur un coin de la table.

Elle en a déposé sur un coin de la table

e. Ils se proposeront des changements pour le dépistage des renseignements.

Ils s'en sont proposé pour - - - - -

f. Elle s'imaginait des histoires à propos du comportement du soldat ivre.

Elle s'en est imaginé

g. Parfois ils se répétaient des phrases banales devant les autres.

Parfois ils s'en sont répété devant les autres

h. De cette façon il s'assurait des repas préparés à la française.

De cette façons il s'en est assuré

i. Vous vous échangiez des compliments bien étranges à mon avis.

Vous vous en êtes échangé, a mon avis

j. Ils s'envoyaient des messages un peu exagérés au sujet de l'affaire Arvers.

Ils s'en sont envoyé au sujet de l'affaire Arvers.

"Is the *Spielmaterial* ready?" he asked.

[See Appendix 1 for English translation.]

"Really?"

"The British services responsible for interpreting the *Spielmaterial* are also fairly astute, Herr Doktor," Otto said with an air of great experience. "In my opinion it would be advisable to ask the head of our special branch to see that the next supply shows some improvement."

— Est-ce que le *Spielmaterial* est prêt ? demanda-t-il.

— Voilà, Herr Doktor. Notre branche spéciale me l'a fait parvenir ce matin.

Le « Herr Doktor » ne plaisait guère au colonel comte von Gleicher, ex-officier de la Wehrmacht, qu'une mauvaise blessure et l'amitié de l'amiral Canaris avaient incité à prendre du service dans l'Abwehr. S'il était une nécessité devant témoins, Otto, lui semblait-il, aurait pu lui donner son titre militaire dans un tête-à-tête. Il avait souvent eu envie de lui faire une observation à ce sujet, mais il s'était retenu, par crainte du ridicule. Cependant, Otto paraissait appuyer sur ce Herr Doktor avec intention, comme pour faire sentir à un amateur les servitudes d'un métier où il était, lui, un vieux professionnel.

— Est-ce bien ? demanda-t-il, en prenant une pile de documents que lui présentait son assistant.

Otto fit la moue et parla sentencieusement.

— Ce n'est pas mal, sans doute. Comme d'habitude, tous les renseignements sont vraisemblables, et beaucoup sont exacts : ceux que nous savons être déjà entre les mains de l'ennemi. Cependant, Herr Doktor, si l'affaire devient importante, comme nous l'espérons, il faudra que nos techniciens fassent un effort supplémentaire.

— Vraiment ?

— Les services britanniques pour le dépistage du *Spielmaterial* sont aussi très malins, Herr Doktor, dit Otto, avec un air de grande expérience. A mon avis, il serait désirable que vous fissiez une démarche auprès du chef de notre branche spéciale pour faire améliorer les prochaines livraisons.

"Right," the Herr Doktor replied gruffly. "I'll do so in good time, if it proves to be necessary. Meanwhile I'll just glance through this."

As he bent over the file, Otto went on:

"I feel it's even more important, Herr Doktor, since the Arvers affair might eventually be extremely interesting. There's some new information about his character."

In spite of himself, Gleicher pricked up his ears.

— C'est bon, fit sèchement le Herr Doktor. Je le ferai en temps voulu, si c'est nécessaire. En attendant, je vais lire ceci.

Il se penchait sur le dossier quand Otto reprit :

— Cela me paraît d'autant plus utile, Herr Doktor, que l'affaire Arvers pourrait devenir *très* intéressante. Il y a du nouveau au sujet de sa personnalité.

Gleicher, intéressé malgré lui, dressa l'oreille.

When the past participle of a reflexive verb is followed by prepositional *de,* the past participle agrees with the reflexive pronoun (i.e., Prepositional *de* plus noun phrase is the indirect object. Therefore, the reflexive pronoun must be the preceding direct object.*) The rule also applies to prepositional *à, dans, chez, etc.*

REFLEXIVE VERB PLUS PARTITIVE DE AND NOUN PHRASE

1. *Les deux femmes* **se** *sont* **servi** *de la soupe.*
   The two women served (some) soup to themselves.

2. *Les deux femmes* **s'en sont servi**.   [*se(s')* indir. obj.]
   The two women served some to themselves.

REFLEXIVE VERB PLUS PREPOSITIONAL DE AND NOUN PHRASE

1. *Les deux femmes* **se** *sont* **servies** *de la mitraillette.*
   The two women used the submachine gun.

2. *Les deux femmes* **s'en sont servies**.   [*se(s')* indir. obj.]
   The two women used it.

3. *La jeune espionne* **s'est attachée** *à son devoir.*
   The young spy became attached to her duty.

4. *La jeune espionne* **s'y est attachée**.   [*se(s')* dir. obj.]
   The young spy became attached to it.

"It's a long story, which our service seems to have pieced together pretty well, Herr Doktor. It's like this . . ."

— C'est une longue histoire, que notre service semble bien avoir reconstituée, Herr Doktor. Il s'agit...

Gleicher l'interrompit avec une brusquerie accentuée.

---

* This is true even when prepositional *de* introduces an adverbial construction. Compare:

Elles se sont **plaintes** *de la mission.*   [indir. obj.]
They complained about the mission.

Elles se sont **plaintes** de la sorte.   [adverbial]
They complained in that manner.

Certain verbs cannot take a direct object: *(se) plaire, (se) ressembler, (se) nuire, (se) sourire,* etc. The past participle of such verbs is therefore always invariable.

[No translation is supplied.]

— Si elle est longue, vous me la raconterez plus tard. Laissez-moi d'abord étudier ces documents.

Il était agacé par ses manières. Dans sa façon respectueuse de suggérer certaines démarches, de prononcer « notre branche spéciale », « notre service », il décelait trop bien chez Otto un sentiment de condescendance à l'égard d'un officier de troupe, dont les circonstances avaient fait son chef, mais qui ne serait jamais familiarisé comme lui avec les subtils rouages de l'organisation secrète. L'ex-colonel von Gleicher n'était pas fâché de cette occasion qui lui permettait de le remettre à sa place. Après l'avoir fait, il trouva cependant sa propre susceptibilité un peu exagérée, et corrigea sa sévérité par une plaisanterie.

— Il faut bien que je prenne connaissance des renseignements que je vais livrer à l'ennemi.

Otto s'inclina, et attendit que son chef eût terminé l'examen du dossier. Gleicher y apporta beaucoup d'attention et de minutie, réfléchissant, prenant des notes, demandant parfois des explications à son adjoint. Comme, sur un point, ces éclaircissements lui paraissaient insuffisants, Otto eut, sur sa demande, un long entretien téléphonique avec un technicien de la section qui fabriquait ces informations destinées à « intoxiquer » l'ennemi, suivant le jargon des services secrets. C'était un homme très fin que Gleicher, et il avait à cœur de prouver qu'il ne s'acquittait pas de ses fonctions en amateur, comme Otto semblait le croire parfois. Entrant dans la peau du Herr Doktor, il s'était astreint à étudier la technique des travaux en béton, et en particulier des fortifications, qu'il était supposé inspecter. Il tenait à ce qu'aucune question sur ce sujet ne pût le prendre de court.

Otto acquiesced and waited for his chief to finish reading through the file. Gleicher devoted a great deal of attention and care to this task, turning each detail over in his mind, jotting down notes and occasionally asking his assistant for further explanations. Since there was one point that was still unclear, Otto, at his request, had a long conversation with one of the technicians in the section that manufactured information designed, in secret-service jargon, to "deceive" the enemy. Gleicher was a sensitive man and was eager to prove that he did not fulfill his functions like an amateur, as Otto sometimes seemed to think. Entering into the character of the Herr Doktor, he had forced himself to study the technicalities of reinforced concrete construction, with special reference to fortifications, which he was supposed to inspect. He wanted to be sure that no question on this subject would find him without an answer.

When everything was clear to him, he placed the papers methodically in his brief case.

"I'll run through them again on the train," he muttered. "Now then, Otto, let's hear your story about our friend Herr Arvers."

Quant tout fut clair dans son esprit, il rangea avec méthode les papiers dans sa serviette.

— Je les reverrai une dernière fois dans le train, murmura-t-il. Maintenant, Otto, racontez-moi donc votre histoire à propos de notre ami, Herr Arvers.

EXERCISE

PRACTICE IN DISTINGUISHING PARTITIVE *DE* FUNCTION FROM PREPOSITIONAL *DE* FUNCTION

II. In the following sentences change the verb to the *passé composé* and replace the noun phrase following it by *en* or *y,* as the case requires. Recall that *se*(*s'*) is the preceding direct object when the reflexive verb is followed by prepositional *de* or *à.*

Examples: Elles se posaient des questions devant les Allemands.

Elles s'en sont posé devant les Allemands.

Elle ne se contentait plus de tests en laboratoire.

Elle ne s'en est plus contentée.

Elle se rendait à la même adresse.

Elle s'y est rendue.

a. Elles s'offraient des livres.   les livres = D.O.   Part

   Elles s'en sont offert

b. Elle se méfiait de leurs transmissions. (se méfier de)   s = D.O.   Prep. (de)

   Elle s'en est méfiée

c. Ils s'apercevaient de vos fautes.   de vos faute = I.D.   Prep. (de)
                                             s' = D.O.

   Ils (s'en sont aperçus)

d. Ils se montraient des photos. = D.O.   se = I.D.   Part

   Ils s'en sont montré (des photos)

e. Ils se proposeront des mesures plus sévères. D.O.   Part.

   Ils s'en sont proposé

f. Elle s'occupera personnellement de toutes leurs affaires. = prep.   Prep. (de)

   Elle s'en est occupée

g. Ils s'intéressaient à son comportement malgré sa recommandation.   Prep. (à)

   Ils (s')y sont intéressés malgré sa recommandation

h. Elles s'emparèrent de la villa dès leur arrivée.   prep.   Prep. (de)

   Elles (s')en sont emparées

i. Ils ne s'acquittèrent pas de leurs fonctions dès le début.   I.D.   Prep. (de)

   Ils ne (s')en sont pas acquittés

j. En ce qui concerne le parachutage au-dessus de la France, ils ne s'habitueront pas à cette horreur.

   En ce qui concerne le parachutage au-dessus de la France, ils ne s'y sont pas habitués   Prep. (à)

17

GRAMMATICAL POINTS

Simple type 2 sentences containing a nonreflexive verb plus a direct object may be put in the passive voice in French. The direct object becomes the grammatical subject, and the verb is composed of the auxiliary *être* plus the past participle.*

The past participle agrees in gender and number with the grammatical subject.

TYPE 2 SENTENCE CONTAINING DO

Active   *Le service appela Claire la première, dès le lendemain.*
The service summoned Claire first, the very next day.

Passive   *Claire fut appelée la première, dès le lendemain.*
Claire was the first to be summoned, the very next day.

Active   *Claire a occupé le poste pendant plusieurs mois.*
Claire held the job for several months.

Passive   *Le poste a été occupé par Claire pendant plusieurs mois.*
The job was held by Claire for several months.

"I'll have to go back quite a bit, Herr Doktor. You remember that business about the Cousin network and the Lachaume farm?"

"As though I could ever forget it!" Gleicher broke in with feeling.

It was one of the first affairs for which he had been made responsible after transferring to the *Abwehr*. He had only just had time to look into the case and draw up his plans when the Gestapo intervened with their usual brutality.

— Il me faut remonter assez loin, Herr Doktor. Vous rappelez-vous l'histoire du réseau Cousin et de la ferme Lachaume ?

— Si je me la rappelle !

Gleicher l'interrompit avec humeur. C'était une des premières affaires dont il avait été chargé de s'occuper lorsqu'il était entré à l'Abwehr. Il avait tout juste eu le temps de l'étudier et de préparer ses batteries quand la Gestapo était intervenue avec sa brutalité habituelle.

---

* Only *obéir*, *désobéir*, and *pardonner* may be made passive with the indirect object as the grammatical subject:

Tout le monde obéira à la reine.
Everyone will obey the queen.

La reine sera toujours obéie.
The queen will always be obeyed.

Le roi pardonna à la reine.
The king pardoned the queen.

Elle fut pardonnée.
She was pardoned.

[See Appendix 1 for English translation.]

— Ces porcs de la Gestapo ont saboté tout mon travail. Quinze jours plus tard, nous arrêtions toutes les têtes, alors qu'ils ont eu seulement le fretin.

— Ils montrent toujours une précipitation regrettable, admit Otto.

Otto partageait sans réserve les sentiments de son chef sur ce point. La rivalité haineuse de l'Abwehr et de la Gestapo se manifestait chez tous les membres de ces organismes et leur faisait parfois reléguer au second plan l'efficacité de leur lutte commune contre les espions alliés.

— Cependant, continua-t-il en pinçant les lèvres, ils ont obtenu quelques résultats en cette occasion.

— Quels résultats ? clama Gleicher. Quelques sous-ordres arrêtés; de malheureux fous qui voulaient détruire trois vieilles locomotives, massacrés; et c'est tout.

— Des gens sans grande importance, bien sûr, admit Otto. Tout de même, une cinquantaine d'ennemis liquidés...

— Et quels moyens pour arriver à ce beau succès ? continua Gleicher, à qui les hommes de la Gestapo étaient odieux pour de multiples raisons. — Il avait épousé les querelles de l'organisation rivale; il haïssait instinctivement les policiers, et il s'était fait blâmer en haut lieu pour s'être laissé devancer par eux. — Quels moyens ? La torture. Ils ne connaissent que cela. Privez-les de leurs matraques, de leurs baignoires et d'autres instruments plus répugnants, ils sont incapables d'obtenir un renseignement. Moi, je vous le répète, Otto, j'aurais eu tous les chefs, et sans griller la plante des pieds à personne, comme ils l'ont fait, paraît-il.

EXERCISE

PRACTICE IN DETERMINING THE PASSIVE POTENTIAL OF TYPE 2 SENTENCES

I. In the space provided indicate whether each of the following simple sentences is of type 1, 2, or 3. If the sentence is a direct object type 2 sentence, underline the direct object and rewrite the sentence in the passive voice.

Examples: Il abandonna Morvan.

Type 2 Morvan fut abandonné par lui.

Il a abandonné Morvan.

Type 2 Morvan a été abandonné par lui.

Cette attitude parut sévère à Austin.

Type 3 (no passive)

Austin hésita encore deux minutes.

Type 1 (no passive)

a. Le récit du repas intéressa le docteur.

2. *Le docteur fut intéressé par le récit du repas*

b. Ils ont suivi vos instructions.

2. *Vos instructions ont été suivies par eux*

c. Avant leur arrivée, j'entrai dans un café désert.

1 *Type 1. (no passive)*

d. Ces pratiques sont non seulement déshonorantes, mais imbéciles.

Type 3 (no passive)

e. Un couple bizarre, Sir, ils ont sauté ensemble.

Type 1. no passive

f. L'attitude même du responsable apaisa la tension, heureusement.

2. heureusement *La tension fut apaisée par l'attitude du responsable*

g. Ils tuèrent le chef des policiers et son second. *ont été*

2. *Le chef des policier et son second ffurent tués par eux*

h. Je l'ai observé, épié, éspionné, traqué. *a été*

2 *Il fut observé épié espionné traqué par moi*

i. Il songea longuement à ses présentes fonctions.

Type 2 + indirect (no passive.)

j. Depuis la guerre, des fous acharnés ont exécuté les missions les plus importantes. *ont été*

2 *Depuis la guerre, les missions les plus importantes furent exécutées par des fous acharnés*

"I'm sure you would have, Herr Doktor. Please don't think I'm trying to stand up for them; although, in certain circumstances, brutality. . . ."

His reticence showed that even though he hated the Gestapo at least as much as his chief, he was not absolutely opposed on principle to some of its methods. Colonel von Gleicher, who felt deeply on this subject, declared in a biting tone:

"I tell you, Otto, those practices are not only dishonorable but stupid. When you think in those terms, you're incapable of proper planning and find yourself hoodwinked by the first fool you come across who invents some cock-and-bull story for fear of being maltreated. No one is going to use torture in this service as long as I have the honor of directing it. *Der Nachtrichtendienst ist ein Herrendienst,** and don't forget it."

— J'en suis persuadé, Herr Doktor. Je ne les défends pas, croyez-le bien; quoique, dans certaines circonstances, la brutalité...

Ses réticences montraient que s'il détestait la police civile au moins autant que son chef, il n'était pas absolument opposé, en principe, à certaines de ses méthodes. Ce sujet tenait à cœur au colonel comte von Gleicher, qui déclara sur un ton tranchant :

— Je vous dis, Otto, que ces pratiques sont non seulement déshonorantes, mais imbéciles. Quand on a ces procédés en tête, on ne peut former de grands projets, et on se laisse berner par le premier crétin venu, qui invente un roman par peur de la souffrance. Personne n'utilisera la torture dans ce service tant que j'aurai l'honneur de le diriger. *Der Nachrichtendienst ist ein Herrendienst ***, ne l'oubliez pas.

---

* Intelligence work is a noble profession—an occupation for gentlemen.

** Le service de renseignements est un service de Seigneurs.

Otto acquiesced, as he always did when his chief quoted this particular phrase attributed to Admiral Canaris—which he was apt to do at least once a week. Gleicher continued:

[No translation is supplied.]

Otto s'inclina, comme il le faisait chaque fois que son chef citait cette formule attribuée à l'amiral Canaris, ce qui se produisait environ une fois par semaine. Gleicher poursuivit :

— Et voyez leur stupidité. Dans le cas de la ferme Lachaume, ils ont été assez maladroits pour laisser échapper le personnage principal et son opérateur de radio, avant d'en avoir tiré tout ce qu'ils savaient, tant ils étaient impatients d'effectuer des arrestations spectaculaires, pour se faire mousser à nos dépens.

— C'est en partie exact, Herr Doktor. L'un des deux hommes, Cousin, justement, s'est enfui. L'autre, le radio, est mort.

— Ce n'est pas mieux. Mort ? C'est même encore plus stupide. Le résultat de leur traitement, je parie ?

— Ils le nient, Herr Doktor, mais c'est très vraisemblable.

Gleicher leva les yeux au ciel et soupira.

— Enfin... Continuez donc votre histoire.

— Encore à propos de cette affaire, vous savez, Herr Doktor, que le chef des policiers et son second furent tués, la même nuit, lors du guet-apens tendu au commando. Malgré la surprise, celui-ci s'est bien défendu, avant d'être massacré.

The **agent, cause,** or **instrument** of an action after a passive is introduced by *par* or *de*. *De* is used with the instrument of a consequence or to express a customary action or emotional relation. *Par* is used with an agent or to express the cause of an action.

PASSIVE WITH DE *and as a result of*

Instrument	1.	*Le policier a été tué **d**'un coup de fusil.* *au moyen de....*
		The policeman was killed by a rifle shot.
Customary action *state*	2.	*Cousin était guetté constamment de l'Abwehr.*
		Cousin was constantly being watched by the Abwehr.
Emotional relation	3.	*Arvers est vraiment haï **de** chacun.*
		Arvers is really hated by each one.

PASSIVE WITH PAR

Agent	4.	*Morvan a été tué **par** la Gestapo.*
		Morvan was killed by the Gestapo.
Cause	5.	*La chute d'Arvers fut ralenti **par** le parachute.* *(because of — .)*
		Arvers' fall was slowed down by the parachute.

Gleicher peered at his assistant intently.

"How do you know all this, Otto?"

"I planted an agent among those gentlemen," Otto admitted. "It has proved quite useful at times."

Colonel Count von Gleicher eyed him with disdain, unwilling to approve of this underhand spying on a rival service. He also resented the fact that his subordinate should have acted on his initiative without first consulting him. He did not remonstrate with him, however, considering, on second thought, that these practices, which perhaps were very useful, should remain unknown to the lords of the profession.

— Je l'ignorais. Je ne peux pas dire que cela me bouleverse.

— Les deux tortionnaires, restés à la ferme pour garder les prisonniers, ayant été également abattus, il ne semble plus rester de témoin des révélations faites par un des hommes.

— Imbéciles, murmura Gleicher.

— Pas tout à fait, dans ce cas-ci tout au moins, Herr Doktor, car les aveux ont été enregistrés par un magnétophone, et la bande a été retrouvée intacte. Cousin, en s'enfuyant, a omis de la détruire. Peut-être ignorait-il la présence de cet appareil.

— Et cette bande ?

— A été épluchée, bien entendu, par la Gestapo, et tous les renseignements exploités il y a longtemps. Elle est maintenant rangée aux archives.

Gleicher regarda curieusement son assistant.

— Comment savez-vous tout cela, Otto ?

— J'entretiens un informateur chez ces messieurs, avoua Otto. Cela est utile, parfois.

Le colonel comte von Gleicher le toisa d'un air hautain, hésitant à approuver cet espionnage perfide d'un service rival. Il trouvait aussi à redire au fait que son subordonné prît de telles initiatives sans son autorisation. Il ne lui fit cependant pas d'observation, jugeant, après réflexion, que ces pratiques, peut-être en effet très utiles, devaient être ignorées des Seigneurs.

EXERCISE

PRACTICE IN DETERMINING THE USE OF *DE* AND *PAR* WITH PASSIVE VOICE

II. Indicate whether *de* or *par* would most likely be used if the verb in the following sentences were put in the passive voice.

Examples: Les autres agents détestaient Cousin.   *de*

Le vent a renversé tous les parachutistes.   *par*
de also poss. for diff. meaning habituel

a. Gleicher surveillait Cousin.   *par (agent)*
b. Claire n'aimait pas Arvers.   *de (emotion)*
c. Les hommes de la Gestapo ont tué Lachaume.   *par (agent)*
d. De beaux arbres entouraient la ville.   *de (coutume)*
e. Les soldats de l'Abwehr ont brûlé la villa.   *par (conséquence)*
f. La honte accablait l'auteur du crime.   *de emot*
g. Les autres agents l'ont accusé du meurtre.   *par*
h. Otto a ouvert toutes les fenêtres du bureau.   *par*
i. Les fuyards ont abattus les deux tortionnaires restés à la ferme pour garder les prisonniers.   *par*
j. Un magnétophone a enregistré tous les aveux des agents.   *(d' instru.* *(par.*

"My agent," Otto added casually, "has undertaken to get hold of this document and hand it over to us. He'll have to be paid, of course."

"What good is it to us? And, besides, what has it got to do with the business we're engaged in at the moment?"

Otto spoke slowly, with a certain emphasis, anxious to make the most of what he had to say.

"The identification section," he observed, "believes that Cousin and Arvers may be one and the same person. They even think it's more than likely."

Gleicher could not help betraying his surprise by giving a faint whistle.

"But we are more or less certain, aren't we, that Arvers was dropped with his wife only a short time ago?"

"We are also almost certain that the other man succeeded in getting back to England. They've unearthed an old photograph of Cousin. It's the only one they've got and it isn't very clear, but after comparing it with Arvers', the experts are almost certain. Here they are, anyway."

Gleicher bent over them. It was he himself who had managed to take a snapshot of Arvers, without his knowing it, from the garden of his villa. He had not wished to risk arousing suspicion by entrusting one of his agents with this task. He was also anxious to acquaint himself with the humblest duties of his new profession, and this detective-story procedure amused him. He looked at the two prints for a long time. He had never seen Cousin, even though he had had some dealings with his network.

"There's a vague resemblance, perhaps, but there are many points that don't agree at all."

"Just the ones it would be easy to modify, Herr Doktor—the haircut, the spectacles, the mustache . . ."

"But you haven't answered my first question yet. What is the use of the tape if all the information has already been exploited?"

"I wasn't thinking of the *contents* of the tape, Herr Doktor."

"Well, then," said Gleicher, who felt considerably put out by his subordinate's mysterious manner, "tell me how the confessions of his former radio operator can be of any help in my dealings with Arvers."

"If that's what really happened—I mean the official version: the man under torture finally

— Mon agent, ajouta négligemment Otto, se fait fort de mettre la main sur ce document et de nous le remettre. Il faudra le payer, bien entendu.

— Quel intérêt ? Et puis, où est le rapport de ceci à l'affaire qui nous occupe actuellement ?

Otto parla lentement et avec une certaine emphase, soucieux de ménager son effet.

— La section d'identification, dit-il, estime que Cousin et Arvers pourraient être la même personne. Elle considère même que c'est probable, Herr Doktor.

Gleicher ne put s'empêcher de marquer sa surprise par un petit sifflement.

— Mais nous sommes à peu près certains qu'Arvers a été parachuté il y a peu de temps, avec la femme ?

— Nous sommes presque sûrs aussi que l'autre a réussi à regagner l'Angleterre... On a déniché une vieille photo de Cousin. C'est la seule qu'on possède, et elle n'est pas nette; mais après l'avoir comparée à celle d'Arvers, nos experts sont presque affirmatifs. Les voici, d'ailleurs.

Gleicher se pencha. C'était lui-même qui avait réussi à prendre un instantané d'Arvers, à son insu, dissimulé dans le jardin de sa villa. Il ne voulait pas risquer d'éveiller son attention en chargeant un de ses agents de ce soin. Il tenait aussi à se perfectionner dans les pratiques les plus humbles de son nouveau métier, et ces procédés de roman policier l'amusaient. Il regarda longuement les deux clichés. Il n'avait jamais aperçu Cousin autrefois, quoique ayant commencé à s'occuper de son réseau.

— Il y a peut-être une ressemblance, mais beaucoup de points sont différents.

— Ceux, justement, qu'il est facile de modifier, Herr Doktor : la coupe de cheveux, les lunettes, la moustache...

— Mais vous n'avez pas répondu à ma première question. Quel intérêt peut avoir cette bande de magnétophone, si tous les renseignements ont déjà été exploités ?

— Je ne pensais pas au *contenu* de la bande, Herr Doktor.

— Enfin, répliqua Gleicher, agacé par ses allures mystérieuses, expliquez-moi en quoi les aveux de son ancien radio faciliteront mes rapports avec Arvers.

— Si cela s'est passé ainsi — et c'est en effet la version officielle : l'homme torturé a fini par

talked, what could be more natural?—then this document won't be of any help, of course. Only . . ."

"Only what?"

"There's another possibility," said Otto. "When my agent saw I was interested in the case, he obtained further details for me. It was believed that all witnesses to the interrogation had been killed. But one has been found—a rather simple-minded strong-arm man who had never given his opinion because no one had ever asked him for it. He actually helped to *interrogate* the radio operator. Now, on this point he is absolutely adamant—the man never talked."

Gleicher suppressed an exclamation and merely emitted another whistle of surprise. Otto fell silent for a moment, to allow time for his chief's mind to come to a certain conclusion, then went on:

"Of course, I can't vouch for the truth of this. Allowances have to be made for this fellow's personality—an absolute brute of a man. But why shouldn't he have retained a perfectly clear recollection of that scene?"

"And yet he came back?" muttered Gleicher, who was following his own train of thought.

"Rather strange, on the face of it, but it can probably be explained."

"How much is your agent asking for the tape?" Gleicher asked after a moment's reflection.

Otto mentioned a fairly steep price. Gleicher brought his fist down on the table.

"Buy it, Otto! Go and buy it right away and don't waste any time bargaining. Do you think you can get hold of it within the next half hour?"

"Out of the question, Herr Doktor. It will take me at least a day or two."

"Never mind . . . though I should have liked to hear it played through before going down there this evening. . . ."

He got up, put on his spectacles again, and set about resuming his bourgeois aspect.

"Good work, Otto," he said as he left the office. "You may rest assured that I shall listen to every intonation of his voice with the utmost attention."

18

GRAMMATICAL POINTS

A distinction is made between *être* plus past participle when it denotes an action (true passive), and when it describes a state or condition (pseudo-passive). In the latter case, the past participle has adjectival function.

TRUE PASSIVE (ACTION)

1. *Les fenêtres* **ont été** *fermées par son adjoint.*
   The windows were closed by his aide.

2. *Les policiers* **furent** *abattus par Cousin.*
   The policemen were shot down by Cousin.

PSEUDO-PASSIVE (STATE OR CONDITION)

3. *Les fenêtres* **étaient** *déjà fermées.*
   The windows were already closed.

4. *Les deux pièces de Gleicher* **étaient** *fermées le dimanche.*
   Gleicher's two rooms were locked up on Sundays.

[See Appendix 1 for English translation.]

Dans le living-room de la villa, Arvers contemplait avec amertume un câble reçu de Londres. Claire lisait dans un coin de la pièce — ou feignait-elle de lire ? Ses occupations les plus banales lui paraissaient des prétextes à l'épier, et il contrôlait les muscles de son visage pour ne lui laisser refléter aucun de ses sentiments —.

Le message était assez long, sans renfermer d'élément important, mais il était irrité d'y déceler du début à la fin une appréciation peu enthousiaste de son travail; non pas un blâme précis, mais comme un regret que son action ne fût pas plus efficace. Le câble accusait réception de documents parvenus par les précédents courriers, et surtout des renseignements transmis quelques jours plus tôt par Claire, après la dernière visite de Gleicher. Non seulement il ne contenait aucun encouragement tel que : « Bon travail; continuez », comme cela arrivait souvent autrefois, mais il était parsemé de commentaires de ce genre : « Peut être utile, à la

He was cut to the quick by the sarcastic tone of this last remark. This was not characteristic of Austin, who generally drafted the messages. Some big shot, comfortably ensconced in his armchair, had probably wanted to add his grain of salt and show his authority. Arvers read it through again. There was no doubt about it: they were insinuating that he was not doing his best. Was it his fault that his role was so restricted and that he depended entirely on Gleicher for the information he provided? If the German was making a fool of them, he, Arvers, could hardly be blamed; all he could do was express his dissatisfaction.

rigueur » et « ceci est connu depuis longtemps », ou encore « beaucoup plus urgent donner précisions sur tel point dont intérêt semble vous échapper. Plus difficile, certes; mais cela doit pouvoir être fait en prenant des risques raisonnables ».

Il fut ulcéré par le ton ironique de cette dernière remarque. Ce n'était pas là le style habituel d'Austin, qui rédigeait habituellement les messages. Quelque grand patron du service, bien calé dans son fauteuil, avait probablement voulu ajouter son grain de sel et montrer son autorité. Il relut encore : Pas de doute; on insinuait qu'il ne faisait pas tout son possible. Etait-ce sa faute si on avait ainsi limité son rôle, et s'il dépendait entièrement de Gleicher pour les renseignements qu'il fournissait ? Si celui-ci se moquait du monde, il n'y était pour rien; tout ce qu'il pouvait faire, c'était de lui signifier son mécontentement.

EXERCISE

PRACTICE IN DISTINGUISHING PASSIVE FROM PSEUDO-PASSIVE

I. Indicate whether the verbs of the following sentences are in the passive (PASS) or pseudo-passive (PS-PASS). *Hint:* If the tense of the auxiliary is the imperfect, the past participle is quite likely to have adjectival function.

> **Examples:** Sans aucun doute, Arvers était irrité.   *PS-PASS*
> Le silence de la jeune fille était imprégné de malveillance.   *PS-PASS*
> La tension fut apaisée par l'attitude même du responsable.   *PASS*

a. Le message était parsemé de commentaires.   Ps-Pass
b. Il fut ulcéré par le ton de cette dernière remarque.   Pass
c. Son oeil était illuminé par un éclair de triomphe.   Ps-Pass
d. L'auberge était réquisitionnée pour trois jours.   Ps-Pass
e. Il était agacé par ses manières.   Ps-Pass
f. Il a été chargé de ces affaires par le chef de l'Abwehr.   Pass
g. Les policiers allemands furent massacrés la même nuit, lors du guet-apens tendu au commando.   Pass
h. Les deux tortionnaires, restés à la ferme, ont été également abattus.   Pass
i. Il ne serait pas familiarisé comme lui avec les subtils nouages de l'organisation secrète.   -Pass
j. Dans ce cas-ci, tout au moins, la bande a été épluchée par la Gestapo.   Pass

Not that he ever failed to do so. The recollection of his last meeting with Gleicher did something to soothe his injured pride. Since the

Il ne s'en privait pas, d'ailleurs. Un souvenir mit un peu de baume sur ses blessures d'amour-propre : au cours de leur dernier entretien,

traitor had appeared rather resentful of his usual tone of authority, he had given him a thorough dressing-down, like a schoolboy, and intimated that he held the German's honor and even his life in the palm of his hand—a statement from which he derived a singular pleasure. Gleicher had quickly resumed his humble attitude and promised to do his utmost to fulfill his demands. . . . Yet the last batch of information was worthless, or almost so, according to London! He made a note to take Gleicher down a peg in the course of their next meeting. Meanwhile, he himself was the scapegoat. He was the one whom his superiors appeared to consider too timid—even pusillanimous, perhaps?

Pusillanimous! He became red in the face and could not suppress a gesture of anger. He regretted this at once, sensing that this movement had not escaped Claire and that she had raised her head. His whole body had become extraordinarily sensitive to Claire's gaze. He glanced in her direction. He was not mistaken: she was peering at him over the edge of her book. He became even redder as he tried to explain his attitude.

"It's this message," he muttered irritably. "They really seem to think we're just twiddling our thumbs. They don't realize the conditions in which one has to work when engaged in clandestine activity."

His voice sounded false and he knew it. Claire knew as well as he did that London was fully aware of the difficulties confronting secret agents. Nor did it escape her that his present job entailed infinitely less danger than many other missions. He felt the need of justifying himself still further in the eyes of this girl, whose silence was, as usual, filled with malevolence.

"If we don't take great risks, it's only in order to abide by their instructions."

comme le traître paraissait mal supporter son ton autoritaire habituel, il l'avait réprimandé vertement, comme un écolier, ne lui cachant pas qu'il tenait son honneur et sa vie dans le creux de sa main, déclaration qui lui procurait un plaisir singulier. L'autre avait vite repris son attitude humble et promis de faire son possible pour satisfaire ses exigences... Et voilà que sa dernière fournée de renseignements était insignifiante ou presque, au dire de Londres ! Il se promit de lui laver la tête de belle façon lors de leur prochain rendez-vous. En attendant, il servait de bouc émissaire. C'était lui que ses chefs semblaient trouver timide; pusillanime, peut-être ?

Pusillanime ! Il rougit et ne put réprimer un geste de colère. Il le regretta aussitôt en devinant que ce mouvement n'échappait pas à Claire et qu'elle relevait la tête.

Tout son corps était devenu d'une sensibilité extraordinaire au regard de Claire. Il tourna les yeux vers elle. Il ne s'était pas trompé : elle l'observait par-dessus son livre. Il devint encore plus rouge en tentant d'expliquer son attitude.

— C'est ce message, murmura-t-il avec humeur. Ils ont vraiment l'air d'imaginer que nous nous tournons les pouces. Ils ne se rendent pas compte des conditions dans lesquelles on travaille dans la clandestinité.

Sa voix sonnait faux et il s'en rendait compte. Claire savait très bien, comme lui d'ailleurs, que les chefs de Londres connaissaient les difficultés des agents secrets. Il ne lui échappait pas non plus que son activité actuelle présentait infiniment moins de dangers que celle de beaucoup d'autres. Il éprouva le besoin de se justifier encore vis-à-vis de la jeune fille, dont le silence était imprégné de malveillance, comme à l'ordinaire.

— Si nous ne prenons pas de plus grands risques, c'est bien pour nous conformer à leurs instructions.

A distinction is made between adverbials (ADV) containing nouns as head and noun (phrases) functioning as direct objects (DO). The head noun plus modifiers in the adverbial slot cannot become the subject of the verb in the passive voice.

DO

1. *Arvers a mangé* **ce poisson**.
   Arvers ate this fish.

2. **Ce poisson** *a été mangé par Arvers*.
   This fish was eaten by Arvers.

ADV *
3. *Arvers a mangé* ce matin.
    Arvers ate this morning.

The "we" was a tentative effort to create a team spirit between them. He often endeavored by such means to break through the constraint and distrust that made their relationship intolerable. It had never led to any result. With a similar intention, while walking arm in arm through the countryside, as they often did to fulfill the demands of their roles, so as to be noticed by the local peasants, he had even dared, at the beginning, to make a joke of their status as a young married couple and to hold her more tightly than was strictly necessary. He did this without any ulterior motive, simply to introduce a little humanity into their relationship, but she had glared at him with such disdain that he had quickly given up these familiarities.

"Anyway, darling, I don't see what more we can do in this hole they've put us in."

He sometimes called her "darling" even when they were alone together. His excuse was that he did not want to lose the habit; in fact, it was only because the word seemed to decrease the hostility of her presence. Today he was persisting in his efforts to conciliate her and doing his utmost to win her approval.

Claire said nothing in reply but allowed a faint smile to appear on her lips—her way of expressing her scornful pity and contempt, which made him tremble with anger and burn with a wild desire to show her how completely mistaken she was about him.

He sincerely regretted what he had just said, for her smile was quite plain: it meant that she, at any rate, saw quite clearly what more they could do. Without saying a word, as though he was unworthy of a fuller explanation, she thereby reminded him of an extraordinary conversation they had had the day before.

Le « nous » était une timide tentative pour susciter entre eux un esprit d'équipe. Il cherchait ainsi parfois à briser ce cercle de contrainte et de méfiance qui lui rendait leurs rapports insupportables. Cela n'avait jamais donné d'heureux résultats. Avec la même intention, au cours des promenades dans la campagne qu'ils effectuaient parfois enlacés, pour se plier aux exigences de leur rôle, de façon à être aperçus par quelques paysans, il s'était enhardi, les premiers temps, à tourner en plaisanterie leur positions de jeunes mariés, et à la serrer contre lui plus fort qu'il n'était nécessaire. Il faisait cela sans arrière pensée, simplement pour introduire un peu d'humanité dans leurs relations. Elle l'avait toisé avec un dédain si glacial qu'il renonça vite à ces familiarités.

— Enfin, chérie, je ne vois pas ce que nous pourrions faire de plus, dans ce trou où on nous a placés !

Il l'appelait parfois « chérie » même lorsqu'ils étaient seuls. Le prétexte était qu'il ne voulait pas en perdre l'habitude; en fait, il lui semblait que ce mot atténuait l'hostilité de sa présence. Il persistait, aujourd'hui, dans sa tentative de rapprochement et implorait une approbation.

Claire ne répondit rien, mais ses lèvres esquissèrent un sourire; une façon à elle d'exprimer la pitié méprisante, la dérision, qui le faisait frémir de rage et lui inspirait un désir furieux de lui prouver à quel point elle se méprenait sur son compte.

Il regretta sincèrement la phrase qu'il venait de prononcer, car le sourire était très clair : il signifiait qu'elle voyait très bien, elle, ce qu'ils pourraient faire de plus. Sans prononcer un mot, comme s'il n'était pas digne qu'elle s'expliquât mieux, elle lui remettait ainsi en mémoire une conversation singulière qu'ils avaient eue la veille.

---

* One cannot say:

Ce matin *e été mangé par Arvers.*
This morning was eaten by Arvers.

EXERCISE

PRACTICE IN DISTINGUISHING ADVERBIAL FROM DIRECT OBJECT FUNCTION

II. If in the following sentences the noun head plus modifiers function as direct object, rewrite the sentence in the passive voice in the space provided. If not, leave the space blank.

Examples: Gleicher déposa les lunettes sur la table.

Les lunettes furent déposées par Gleicher sur la table.

Gleicher a étudié ces documents.

Ces documents ont été étudiés par Gleicher.

Il a dormi hier soir.

_____

a. Le docteur Fog a voyagé l'été passé.

_____

b. Claire observa Arvers par-dessus son livre.

Arver fut observé par Claire par dessus son livre

c. Les chefs de Londres connaissent les difficultés des agents secrets.

Les difficultés des agents secrets sont connues par les chefs de Londre.

d. Les chefs de Londres ont répondu deux heures plus tard.

_____

e. Ils ont bu le soir, jusqu'à une heure avancée.

_____

f. Le docteur Fog a attribué à Arvers un poste de subalterne.

Un poste de subalterne a été attribué à Arvers

g. L'Allemand arriva le lendemain matin à neuf heures.

_____

h. Une des brutes a écrasé le visage de Morvan d'un coup de poing.

Le visage de Morvan a été écrasé d'un coup de poing par une des brutes

i. Le cri inhumain dans la chambre voisine dura plusieurs secondes.

_____

j. Le même râle a suivi un deuxième hurlement, plus horrible que le premier.

Un deuxième hurlement plus horrible que le premier a été suivi par le même râle.

_____

[No translation is supplied.]

Un cousin éloigné de Claire, domestique dans une auberge située à quelques kilomètres de là, en pleine forêt, lui avait fourni un renseignement précieux, sans y attacher d'importance lui-même. L'auberge était réquisitionnée pour trois jours, parce qu'un certain Herr Müller désirait s'y reposer. Müller n'était pas le vrai nom de l'individu; le cousin l'avait appris lors d'un de ses précédents séjours, par un des hommes de sa suite qui parlait français. Il s'agissait du docteur Bergen, un personnage considérable. Cela, Claire et Arvers ne l'ignoraient pas, le docteur Bergen étant depuis long-

temps signalé aux services alliés comme un des plus grands spécialistes en matière d'armes secrètes. Ils savaient aussi qu'il effectuait parfois de brefs séjours près de la côte.

Claire était sortie de sa réserve habituelle en lui rapportant cette conversation. Certains réseaux auraient payé très cher l'information que son cousin lui avait donnée, sans se douter le moins du monde de son activité clandestine.

— Il arrive demain. Il passera là trois jours. Ses habitudes sont connues. Il travaille dans sa chambre l'après-midi, et fait le matin une longue marche en forêt. A l'auberge, les chambres voisines de la sienne sont occupées par un secrétaire et par quatre individus en civil, probablement des policiers. Il semble mal supporter la présence de ceux-ci et ils ne l'accompagnent jamais pendant sa promenade. Les gardes du corps, de leur côté, paraissent considérer ce séjour comme des vacances. Ils se contentent de fouiller la maison et de parcourir les environs immédiats quand ils arrivent. Le soir, tandis que Bergen se couche tôt, ils boivent jusqu'à une heure avancée, et ils font la grasse matinée. Bergen sort de très bonne heure, seul... Je connais tous les recoins de cette forêt. J'y allais souvent jouer dans mon enfance. Jamais nous ne retrouverons une occasion pareille.

Elle s'était tue, guettant comme d'habitude ses réactions. Puis, elle ajouta avec intention :

— De petite taille, chétif, Bergen n'est jamais armé.

Il avait d'abord feint de ne pas comprendre sa suggestion implicite, et dit simplement :

— Il faut avertir Londres sans délai.

— Il est bien trop tard pour qu'ils puissent préparer une opération. Il arrive demain.

— Ce sera pour la prochaine fois. Arrangez-vous pour que votre cousin vous prévienne.

— Des occasions pareilles ne se représentent jamais. Il faut bondir dessus en remerciant le ciel... Je vous répète que je connais la forêt sur le bout du doigt. Il prend toujours le même sentier.

Elle l'avait regardé de nouveau avec insistance et il lui semblait déjà voir poindre au coin de sa lèvre son sourire détesté. Il ne lui était plus possible de paraître incompréhensif. Se sentant obligé de lui donner des explications sur son attitude négative, il dissimula son embarras sous un air d'autorité presque paternelle.

She had fallen silent, studying his reactions as usual. Then she had pointedly added:

"Bergen's a weedy little chap and never carries a gun."

At first he had pretended not to understand her implicit suggestion and had merely said:

"We'll have to notify London immediately."

"It's much too late for them to do anything. He's arriving tomorrow."

"Then it will have to wait for the next time. See that your cousin gives you sufficient warning."

"An opportunity like this doesn't occur every day. We must snap it up and thank our lucky stars. . . . I tell you, I know the forest like the back of my hand. He always takes the same path."

Once again she had looked at him intently, and he fancied he already saw that odious smile on her lips. It was no longer possible for him to pretend that he had not grasped her meaning. Realizing he would have to give some explanation for his passive attitude, he tried to conceal his embarrassment under an almost paternal air of authority.

"I must remind you, darling, that one of the first rules of any secret service is to keep intelligence apart from action. We're condemned, alas, to intelligence. I can understand how you feel at missing such an opportunity. Don't imagine I'm not equally disappointed. If only . . . But no, it's no use," he concluded, pretending to reconsider his decision; "we haven't the right to take action on our own."

He had felt at once that she looked upon these excellent reasons of his as weak excuses. Admittedly, his voice had not been very convincing. And now, at this moment, under Claire's scornful gaze, he realized this conversation had been preying on his mind ever since the previous day.

She still did not reply to his remark: "I can't see what more we can do," but her smile became more pronounced and frankly sarcastic. He averted his gaze, unable to support this calculated insult any longer. His eyes fell on the message from London, which seemed to reflect contempt of a slightly more subtle kind but similar to the scorn she was pouring on him. The violence of his shame and rage made him tremble and fired him with an irresistible urge —the brutal reaction of his pride against the monstrous injustice of ignominious suspicions.

"So that's how it is, is it?" he exclaimed, bringing his clenched fist down on the table. "They think we're being overcautious, is that it? Well, they'll soon see. We're going to take action for a change."

— Je vous rappelle, chérie, qu'une des règles essentielles des services secrets est la séparation des organismes de renseignement et d'action. Nous sommes condamnés, hélas, au renseignement. Je comprends votre déception de voir une telle occasion perdue. Croyez-vous donc que je ne sois pas désespéré, moi ? Si seulement... non, non, conclut-il, après avoir fait mine de se livrer à un ultime débat, nous n'avons pas le droit d'intervenir directement.

Il avait senti qu'elle considérait ces excellentes raisons comme de mauvaises excuses. Il est vrai que sa voix n'était pas convaincante. En ce moment, devant l'expression dédaigneuse de Claire, il s'aperçut qu'il n'avait cessé de songer à cet entretien depuis la veille.

Elle ne répondait toujours pas à sa remarque : « Je ne vois pas ce que nous pourrions faire de plus », mais son sourire s'accentua et devint franchement sarcastique. Il baissa les yeux, incapable de supporter plus longtemps cette insulte calculée. Son regard tomba sur le message de Londres, qui lui parut refléter un mépris plus nuancé, mais comparable à celui dont elle l'accablait. L'excès de sa honte et de sa rage fit trembler son corps et déclencha en lui une impulsion irrésistible, la réaction brutale de son orgueil devant le monstrueuse injustice de soupçons ignominieux.

— C'est ainsi, s'écria-t-il en frappant sur la table de son poing crispé, c'est ainsi ? Ils nous trouvent trop prudents ? Eh bien, ils vont voir, et tout de suite; nous allons passer à l'action.

19

GRAMMATICAL POINTS

Any **compound** or **complex sentence** may be considered as a combination of two or more type 1, type 2, or type 3 sentences.

Compound sentences are joined by a coordinating conjunction (*et, ou, mais, ni, car,* etc.) or by an adverbial conjunction (*puis, alors, aussi, cependant, pourtant,* etc.) The position of the coordinating—but not the adverbial—conjunction is relatively fixed in compound sentences.

COMPOUND SENTENCES

Type 2 + 3   *Ils le nient,* **mais** *c'est très vraisemblable.*
             They deny it, but it's very likely.

Type 2 + 2   *J'aurais eu tous les chefs,* **et** *sans griller la plante des pieds à personne.*
             I would have had all the leaders, and without burning the soles of
                anyone's feet.

Type 2 + 1   *Elle le toisa ainsi pendant quelques secondes,* **puis** *elle parla à son tour.*
             She eyed him up and down for a few seconds, then she spoke in turn.

Type 3 + 1   *Ce sacrifice paraît pénible, il est nécessaire* **cependant**.
             This sacrifice seems difficult, it is, however, necessary.

He had no control over these words at the moment he uttered them. It was only in the silence that followed his declaration that he realized he had unleashed a fatal chain of events, culminating for him in a fresh ordeal that gave him a vague presentiment of horror. He cursed himself for having once again become his own executioner, but the change in Claire's attitude prolonged the intoxication of his hasty decision.

She looked at him in amazement and disbelief. The smile had frozen on her face. He derived such solace from her manifest stupefaction that he continued to pursue the course on which he had blindly embarked, burning his boats, taking a keen pleasure in disclosing his plans by slow degrees, in order to enjoy her discomfiture the more. He now spoke solemnly, deliberately, weighing every word as he was drawn deeper and deeper into the mesh.

Il n'avait pas le contrôle de ces paroles au moment où il les prononçait. C'est dans le silence qui suivit sa déclaration qu'il prit seulement conscience d'avoir déclenché un enchaînement fatidique d'événements, aboutissant pour lui à une nouvelle épreuve dont il imaginait l'horreur d'une manière confuse. Il se maudit d'avoir été, une fois encore, son propre bourreau, mais le changement d'attitude de Claire prolongea l'enivrement de son impétueuse décision.

Elle le regardait, stupéfaite et incrédule. Son sourire s'était figé. Il puisa un tel réconfort dans sa déconvenue visible qu'il continua dans la voie où il venait de s'engager en aveugle, brûlant ses vaisseaux, prenant un plaisir subtil à ne dévoiler ses batteries que peu à peu, pour jouir plus longuement de sa déception. Il parlait maintenant d'une voix grave, précise, pesant sur chaque mot, qui l'attirait un peu plus profondément dans l'engrenage.

"Bergen's still got two more days at the inn?"

"Tomorrow and the day after."

"And he goes for his walk all by himself?"

"All by himself."

"You say you know the forest pretty well?"

"Every tree, every bush, every rock."

"How long does it take to get there?"

"Less than two hours. There are several shortcuts."

He could no longer avoid the outcome. He paused for a moment; then, with the cool determination of a leader weighing all the risks, declared briskly:

"Very well, then. If you'll agree to come with me, I'll see to him."

He was delighted to see her bite her lip with anger, and this sight was all he needed to appease his anguish. She, in turn, now began to raise objections, and her voice was trembling.

"But you said we ought to confine ourselves to intelligence."

"In principle, yes. But the opportunity's too good to miss."

— Bergen est encore à l'auberge pour deux jours ?

— Demain et après-demain.

— Et il fait sa promenade seul ?

— Seul.

— Vous m'avez dit que vous connaissiez des cachettes ?

— Chaque arbre; chaque buisson; chaque rocher.

— Combien de temps faut-il pour y aller ?

— Moins de deux heures. Il y a des raccourcis.

Il ne pouvait plus échapper à la conclusion. Il observa une pause et, avec la détermination tranquille du chef qui a pesé tous les risques, il déclara simplement :

— C'est bien. Si vous acceptez de m'accompagner, je lui réglerai son compte.

Il la vit avec délectation se mordre les lèvres de rage, et ce spectacle était nécessaire pour apaiser ses tourments. Elle fit à son tour des objections, d'une voix qui tremblait.

— Vous avez dit que nous devions nous limiter au renseignement.

— En principe, oui; mais l'occasion est trop belle.

EXERCISE

PRACTICE IN DISTINGUISHING BETWEEN COORDINATING AND ADVERBIAL COMPOUND SENTENCE TYPES

I. In the space provided after each sentence, indicate the sentence types involved. Also indicate the coordinating or adverbial conjunction utilized.

Examples: L'ennemi est aux portes, et vous délibérez! _3 + 1 et_

Il ne boit ni ne mange. _1 + 1 ni_

J'aime le bien, le mal pourtant me séduit. _2 + 2 pourtant_

a. C'est très beau, évidemment; mais, entre nous, j'aime mieux les autres. _3 + 2 mais_

b. Austin ouvrit le dossier et ils en ont discuté quelques pièces. _2 + 2 et_

c. Il ne prononça pas un seul mot, et je ne lui ai pas adressé la parole. _2 + 2 et_

d. C'était son rapport à lui; mais la plupart des faits relatés étaient confirmés. _3 + 3 mais_

e. Morvan était responsable d'un horrible massacre; tout de même, n'importe quel tribunal l'eût acquitté. _3 + 2 tout de même_

f. Les policiers lui mirent un bâillon sur la bouche; ensuite, ils ne s'occupèrent plus de lui. _2 + 2 ensuite_

g. Cousin baissa la tête une seconde, puis la releva pour répondre farouchement. _2 + 2 puis_

h. Cette attitude parut sévère à Austin; cependant son état
d'esprit était bien compréhensible.

i. Un couple est toujours moins suspect; de plus, Claire
connaît fort bien la région.

j. Ne me taxez pas de perfidie, car je me suis longtemps
entretenu avec elle.

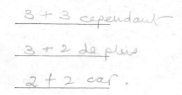

[See Appendix 1 for English translation.]

— Nous risquons d'être blâmés par Londres.

— Certainement, fit-il sur un ton de calme
défi. Je cours ce risque par-dessus le marché.
Il y a un fait qui doit tout primer, chérie; j'y
ai réfléchi très sérieusement : l'existence de cet
homme, Bergen, est une menace pour des milliers, peut-être des millions de vies humaines.
Cela, c'est une certitude. Dans un pareil cas,
le but justifie une entorse à nos principes. Je
prends toute la responsabilité... mais naturellement, si vous hésitez, je ne peux pas vous obliger à m'aider.

Il se donnait la satisfaction suprême de paraître soupçonner, à son tour, un manque de
courage chez elle. Elle se contenta de hausser
les épaules.

— Je vous conduirai. Si nous partons cette
nuit, nous serons là-bas demain avant l'aube.

— Cette nuit !

Sa voix eut une soudaine intonation de terreur. Il n'avait pas réfléchi à la proximité de
son acte. En lui-même, il l'avait vaguement
prévu pour le surlendemain, et un délai de
quarante-huit heures en estompait l'horrible
netteté.

— Cette nuit !

Leur dialogue ressemblait à une escrime savante. Comme elle relevait vivement les yeux,
puisant un espoir nouveau dans son saisissement, il riposta d'instinct.

— D'accord. Nous partirons cette nuit, pour
être en place à l'aurore. Il ne faut négliger
aucune chance. S'il y avait un aria demain, il
nous resterait encore un jour.

Their dialogue resembled a duel between
two expert swordsmen. As she suddenly fixed
her eyes on him, deriving fresh hope from his
dismay, he parried her thrust automatically.

"Right. We'll leave tonight so as to be in
position by daybreak. We musn't let this opportunity slip through our fingers. Then, if anything goes wrong tomorrow, we'll still have
another day."

They fell silent. He was hoping she would
acknowledge his audacity with at least a word
or two of commendation but, having recovered from her surprise, she now seemed to be
absorbed in her own thoughts. He waited
anxiously for the outcome of this inner deliberation.

Ils restèrent silencieux. Il espérait follement
qu'elle aurait au moins un mot d'appréciation
pour son audace; mais, sa surprise passée, elle
paraissait absorbée dans ses réflexions. Il attendit avec crainte le résultat de cette délibération
intérieure.

Complex sentences occur when one sentence is embedded in another. The embedded sentence is preceded by a relative pronoun, an infinitive introducer,
or a subordinating conjunction (**subordinator**).

The most common subordinator is *que*. Others are *comment, comme, si, quand, pourquoi,* etc.

Type 1, 2, or 3 sentences may be embedded in the subject(s), the direct object(DO), or the predicate complement (PC) slot when introduced by the subordinator *que*.

EMBEDDED IN S SLOT

Type 2   **Que sa présence le rendra nerveux** *inspire Claire.*
That her presence will make him nervous inspires Claire.

EMBEDDED IN DO SLOT

Type 3   *Je sais* **qu'elle est furieuse.**
I know that she is wild with anger.

EMBEDDED IN PC SLOT

Type 1   *L'essentiel est* **qu'on arrive à leur insu.**
What is essential is that we arrive without their knowing it.

"How are you going to kill him, darling?" she finally asked.

He could see she was preparing a counterattack. Her gentle, insidious tone and the "darling," which she herself never used in private, were enough to reveal her intention. The word "kill" almost made him jump out of his skin. He managed, however, to retain an appearance of composure.

"I'll take one of the revolvers that are hidden in your mother's house."

"But you don't seem to realize . . . It'll have to be done in silence."

Each word was charged with a special ferocity. She went on methodically, as though explaining a theorem to a child.

"The shots couldn't fail to be heard, not only by his bodyguard but also by the French police post that is hardly any distance away. Although the forest is fairly dense in the neighborhood of the inn, it doesn't stretch very far. They'd be bound to find us. No, that's out of the question."

She pretended to turn the matter over in her mind, like an eager colleague who was trying to work out for him the best solution to a tricky problem.

"Cut his throat? Perhaps. But you told me that requires a perfect and rather difficult technique. Let's see, now . . . I think," she concluded, looking him straight in the eyes, "I

— Comment allez-vous le tuer, chéri ? demanda-t-elle enfin.

Il se doutait bien qu'elle préparait une contre-attaque. Sa voix douce, insidieuse, et le « chéri » qu'elle n'employait jamais, elle, dans l'intimité, suffisaient à prouver son intention. Le mot « tuer » faillit le faire sursauter. Il parvint cependant à conserver l'apparence du sang-froid.

— Je prendrai un des revolvers qui sont cachés chez votre mère.

— Vous n'y pensez pas ! Il faut l'abattre silencieusement.

Chacun de ses mots était chargé d'une férocité singulière. Elle continua avec méthode, comme si elle expliquait un théorème à un enfant.

— Les coups de feu ne manqueraient pas d'alerter, d'une part, les gardes du corps, de l'autre, un poste de gendarmerie française qui se trouve à quelque distance de là. Or, si le bois est touffu autour de l'auberge, il n'est pas très étendu. Nous serions inévitablement découverts. C'est impossible.

Elle fit mine de réfléchir encore, comme si, collaboratrice zélée, elle cherchait pour lui la meilleure solution d'un problème difficile.

— L'égorger ? Peut-être; mais vous m'avez dit que cela exigeait une technique parfaite et assez difficile. Attendez. Je crois, conclut-elle en le regardant bien en face, je crois que c'est

think this would be an ideal opportunity to use your piano wire."

He broke out into a cold sweat and at the same time felt a violent urge to strangle her rather than anyone else. He was the one—as usual—who had first brought up the question of piano wire: in London, when they were assembling their operational kit.

"It's worth taking a few lengths with us," he had said. "You can't always find what you want on the spot just when you happen to need it."

une occasion unique d'utiliser votre corde à violon.

Une sueur imprégna son corps, en même temps qu'il ressentait un violent désir de l'étrangler, elle. C'était lui — encore lui — qui avait mentionné la corde à violon; à Londres, lors de leurs préparatifs de départ.

— Il est bon d'en emporter quelques-unes, avait-il dit. On ne trouve pas toujours ce que l'on veut sur place, au moment où l'on en a besoin.

EXERCISE

PRACTICE IN DETERMINING FUNCTION OF EMBEDDED SENTENCES

II. In the following complex sentences underline the embedded sentence, then indicate, in the space provided, the sentence type (1, 2, or 3) and the function of the embedded sentence (s, DO, PC).

Examples: Il comprit qu'on lui proposait une mission secrète.   *type 2, DO*

③ Qu'un agent ait parlé paraît presque sacrilège.   *type 1, S*

La vérité est qu'elle est courageuse.   *type 3, PC*

a. Vous savez que le chef fut tué.   *type 2 DO*

b. Je ne dis pas que cela me bouleverse.   *type 2 DO*

c. Elle considère même que c'est probable.   *type 3 DO*

d. Le vrai est qu'il a commis des abus.   *type 3 PC*

e. Que les grands pontes se moquent de lui le remplit d'amertume.   *type 2 S*

f. La section d'identification estime qu' Arvers et Cousin sont la même personne.   *type 2 DO*

g. Mais nous sommes à peu près certains qu'Arvers a été parachuté il y a peu de temps.   *type 2 PC*

h. Ils savaient aussi qu'il effectuait parfois de brefs séjours près de la côte.   *type 2 DO*

i. Je vous rappelle, chérie, qu'une des règles essentielles des services secrets est la séparation des organismes de renseignement et d'action.   *type 2 DO*

j. Que des vérités si simples soient dites et répétées, n'est certainement pas inutile.   *type 3 S*

Flaunting his experience, he had then told her what he had learned in his special training course—according to some experts, strangling was the easiest and surest method of getting rid of an enemy in silence; the use of a knife required too much practice.

[No translation is supplied.]

Faisant parade de son expérience, il lui expliquait alors ce qu'il avait appris au cours de son entraînement spécial : d'après certains experts, l'étranglement était le procédé le plus facile et le plus sûr pour se débarrasser sans bruit d'un ennemi, le poignard nécessitant une trop longue pratique.

C'était le cas où jamais d'employer la corde; elle avait raison; mais il discernait dans sa suggestion la volonté diabolique de le pousser

dans ses derniers retranchements, en multipliant les difficultés de la tâche qu'il s'était imposée dans un moment de folie. Poignarder, étrangler, ces mots n'éveillaient aucune inquiétude à Londres dans un camp d'entraînement, tant l'acte qu'ils représentaient paraissait lointain et problématique. Ici, aujourd'hui, quand il s'agissait de quelques heures, ces termes prenaient un sens bien différent.

Il était pris au piège. Il ne pouvait trouver aucune objection honorable à la terrible logique de sa conclusion : les coups de feu étaient imprudents. La corde à violon s'imposait, dont il avait vanté les mérites, qu'il avait lui-même tenu à emporter, en prévision, justement, d'une circonstance de ce genre. A la rigueur, il lui restait à choisir entre elle et le poignard, mais il lui fallait se décider sur-le-champ; il ne pouvait plus supporter le supplice de son regard. Elle exigeait une réponse immédiate, déjà prête à lui infliger un nouveau sourire.

— Je choisis la corde, dit-il d'une voix sourde.

Il s'exprimait d'une façon telle qu'on eût pu le prendre, lui, pour le condamné à mort. Il s'en aperçut et se reprit, réussissant à parler sur un ton posé, dans un effort héroïque pour corriger la tournure ambiguë de son acquiescement, où son implacable compagne pouvait voir la révélation d'un piteux état d'esprit.

— C'est en effet le moyen le plus sûr, chérie. Je lui sauterai dessus, par-derrière, et je l'étranglerai. Il n'aura pas le temps de pousser un cri.

20

GRAMMATICAL POINTS

Subordinators such as *pourquoi, comment, si, quand,* and others may also precede type 1, 2, or 3 sentences embedded in the subject (s), the direct object (DO), the indirect object (IO), the predicate complement (PC), or the adverbial slot of a higher sentence (i.e., main clause).

TYPE 1 SENTENCE EMBEDDED IN s SLOT OF TYPE 3 HIGHER SENTENCE

             S   V   PC

1. | **Pourquoi** *Arvers a sauté* | *restera* | *un grand mystère.* |

    Why Arvers jumped will remain a great mystery.

TYPE 2 SENTENCE EMBEDDED IN DO SLOT OF TYPE 2 HIGHER SENTENCE

     S   V   DO

2. | *Austin* | *expliqua* | **comment** *on s'installa à la villa.* |

    Austin explained how they set themselves up in the villa.

TYPE 3 SENTENCE EMBEDDED IN IO SLOT OF TYPE 2 HIGHER SENTENCE

    S V   IO

3. | *Il* | *parle* | *de* **quand** *il était agent secret.* |

    He is talking about when he was a secret agent.

TYPE 1 SENTENCE EMBEDDED IN DO SLOT OF TYPE 2 HIGHER SENTENCE

      S   IO   V   DO

4. | *Claire* | *nous* | *dira* | **si** *Cousin a parlé.* |

    Claire will tell us if Cousin talked.

TYPE 2 SENTENCE EMBEDDED IN PC SLOT OF TYPE 3 HIGHER SENTENCE

     S   V   PC

5. | *C'* | *est* | **pourquoi** *elle découvrira la vérité.* |

    That's why she'll find out the truth.

"He couldn't bring himself to do it. At the last moment he suddenly lost his nerve and collapsed like a pricked balloon. Thank heavens! If he had managed to bring it off, I think I should have given up the struggle. He was compelled to show his cowardice, but he did not admit it."

In front of her mother, Claire forced herself to assume an exultant tone. As a matter of fact, she was at the end of her rope. The constant battle she waged against Arvers was beginning to wear her down as much as him. She did her best to look upon her adversary's failure as a victory, whereas it was nothing more than a point in her favor after a long series of setbacks.

"Tell me about it."

The old woman retained her usual self-possession. It would have needed a great deal more than an abortive attempt on the life of a German to crush her spirit. She still had the same sullen, stubborn, obdurate expression that nothing could alter except, perhaps, the fulfillment of her highest hope—a hope that had gradually turned her features into a strained and frozen mask.

Claire had just arrived, out of breath, overwrought, and on the point of collapse. Her mother seemed annoyed to see her displaying such lack of self-control, and she scarcely seemed to give a thought to the danger her daughter had courted. She poured out a drink for her and repeated gruffly:

"Tell me about it."

Claire took a deep breath and managed to master her feelings sufficiently to embark on her story. The previous evening, she had told her mother about the scheme Arvers had in mind. She reported their enemy's gestures and actions to her every day, conscientiously listening in return to her advice, or, rather, her orders.

"We set out after dark. He hadn't eaten anything all evening and had locked himself in his room earlier. I managed to get quite close to him before leaving the villa. It wasn't too easy; he obstinately kept moving away. He smelled of liquor."

"He smelled of liquor," her mother echoed with satisfaction.

She made a mental note of every detail of Arvers' behavior, no matter how trivial. These she mentally pieced together to form a sort of file that grew larger each day, and which she thought would finally burst open someday, revealing the truth.

— Il n'a pas osé. Il a renoncé au dernier moment, tout d'un coup. Il s'est dégonflé comme une baudruche. Heureusement ! S'il s'était exécuté, je crois que j'aurais abandonné la lutte. Il a été obligé de montrer sa lâcheté, mais il ne l'a pas avouée.

En face de sa mère, Claire se forçait à prendre un accent triomphant. En fait, elle était à bout de nerfs. Le combat perpétuel qu'elle menait contre Arvers commençait à devenir aussi déprimant pour elle que pour lui. Elle s'appliquait à considérer comme une victoire la défaillance de l'adversaire, alors que c'était tout au plus un point marqué, après une longue série de désillusions.

— Raconte.

La vieille, elle, gardait tout son sang-froid. Pour le lui enlever, il eût fallu bien autre chose qu'un attentat manqué contre un Allemand. Elle conservait toujours le même visage, fermé, renfrogné, têtu, qu'aucun événement ne pouvait altérer, à part peut-être la réalisation d'un espoir suprême, cet espoir qui, peu à peu, avait tendu et figé les traits de sa face.

Claire venait d'arriver, haletante, bouleversée, prête à défaillir. Sa mère semblait irritée de la voir si peu maîtresse d'elle-même. Elle ne se souciait guère, apparemment, du danger qu'avait couru sa fille. Elle lui servit à boire et répéta durement :

— Raconte.

Claire respira avec effort et réussit à se calmer assez pour rapporter son histoire. La veille au soir, la mère avait été mise au courant du projet d'Arvers. Chaque jour, Claire l'informait des faits et gestes de leur ennemi, écoutant religieusement ses conseils, ou plutôt ses ordres.

— Nous sommes partis dans la nuit. Hier soir, il n'avait rien mangé et s'est enfermé de bonne heure dans sa chambre. J'ai réussi à m'approcher très près de lui avant de quitter la villa. Ce n'était pas facile; il se tenait à l'écart avec obstination. Il sentait l'alcool.

— Il sentait l'alcool, répéta la mère avec satisfaction.

Elle notait mentalement tous les détails, même les plus triviaux, concernant l'attitude d'Arvers. Elle en constituait dans sa tête une sorte de dossier, qui grossissait chaque jour et qui, à son idée, finirait bien par faire éclater la vérité.

EXERCISE

PRACTICE IN DETERMINING FUNCTION OF EMBEDDED SENTENCES

I. In the space provided after each of the following complex sentences, underline embedded sentence, indicate the type of higher sentence (HS: 1, 2, 3), the type of embedded sentence (ES: 1, 2, 3), and finally the function of the embedded sentence (S, DO, IO, PC, ADV).

Examples: Je saurai s'il a abandonné la lutte.   *HS:2, ES:2, DO*

C'est pourquoi elle l'a entraîné par des chemins
de traverse.   *HS:3, ES:2, PC*

Il écrit comme il parle.   *HS:1, ES:1, ADV*

a. Arvers sait comment Claire prendra la chose.   *HS:2 ES:2 DO*
b. C'est justement pourquoi nous existons.   *HS:3 ES:1 PC*
c. Tu me dira si c'est lui.   *HS:2 ES:3 DO*
d. Ce sera quand je le voudrai.   *HS:3 ES:2 PC*
e. Tu sais comment il est.   *HS:2 ES:3 DO*
f. Regardez comme il court.   *HS:2 ES:1 DO*
g. Dites-nous donc quand la chose s'est passée.   *HS:2 ES:2 DO*
h. Comment c'est fait je ne sais.   *HS:2 ES:3 DO*
i. Pourquoi on le choisit ne tourmentait pas beaucoup sa
   jeunesse insouciante.   *HS:2 ES:2 S*
j. Je me suis toujours demandé comment il réagissait
   devant le corps à corps.   *HS:2 ES:2 DO*

"He smelled of liquor even though he had taken the precaution of cleaning his teeth. I heard him. He must have spent most of the evening at the bottle. We walked down the road in silence, then I led the way along the short-cuts. I could hear him gasping for breath just behind me. He could hardly keep up. I went on walking as fast as I could."

"Good," her mother observed with satisfaction.

"Several times he asked me to slow down a little, ostensibly because of the darkness. Once he asked me in a hoarse voice to stop. He put his hand to his heart. He was on his last legs. I shone my flashlight in his face. He looked so ghastly that even I was terrified and took a step backward. If he had had the strength or the courage, it's me he would have killed."

"But he hasn't got the strength or the courage."

"I know. That's what reassured me a little. We started off again. We arrived close to the inn at daybreak. I had no difficulty in finding the spot I had thought of as the most suitable for an ambush—a dense thicket, traversed by the path leading from the house. Bergen was

— Il sentait l'alcool, quoiqu'il eût pris la précaution de se rincer la bouche; je l'ai entendu. Il avait dû boire une partie de la nuit. Nous avons marché en silence sur la route; puis je l'ai entraîné par des chemins de traverse. J'entendais dans mon dos son souffle désordonné. Il me suivait avec peine et je marchais le plus vite possible.

— Bien, approuva la mère.

— A plusieurs reprises, il m'a demandé de ralentir, soi-disant à cause de l'obscurité. Une fois, il m'a priée de m'arrêter, d'une voix rauque. Il a porté la main à son cœur. Il était à bout. J'ai brusquement éclairé son visage avec ma lampe électrique. Il était si hideux que je fus terrifiée, moi aussi, et que je fis un pas en arrière. S'il en avait eu la force et le courage, c'est moi qu'il aurait tuée.

— Il n'en a ni la force ni le courage.

— Je le sais. C'est ce qui m'a un peu rassurée. Nous avons repris notre marche. Nous sommes arrivés près de l'auberge au lever du jour. J'ai retrouvé facilement l'endroit auquel j'avais songé comme le plus propice à une embuscade : un fourré épais, traversé par le

bound to come that way. Close by there are some outcrops of rock overlooking the wood and affording a view of the front of the house. We climbed to the top of one of them, after preparing a hide-out down below. He followed me like an automaton and kept shivering all the time."

"Shivering," her mother echoed.

"He flopped down on the ground, no longer capable of assuming a bold front. I felt he was on the point of collapse. I had never seen him in such a pitiful condition. His lips moved as though he wanted to say something, and he looked at me imploringly. I thought—yes, for several seconds I thought he was going to make a clean breast of everything. He was lying slightly on one side, his hand to his chest and trembling from head to foot."

"Go on," her mother exclaimed impatiently, without sharing the emotion her daughter felt at the recollection of this scene.

"Then he pulled himself together . . ."

Her mother broke in severely:

"You should have harried him, pressed home your advantage."

sentier venant de la maison. Bergen était obligé de passer par là. Tout près, des amas de rochers dominent le bois et permettent de voir la façade de la maison. Nous avons grimpé sur l'un d'eux, après avoir repéré une cachette en bas. Il me suivait comme un automate. Il grelottait.

— Il grelottait, répéta la mère.

— Il s'est affalé sur le sol. Il n'était plus en état de s'imposer une contenance. Je l'ai senti sur le point de s'effondrer. Jamais il ne m'avait paru si pitoyable. Ses lèvres ont remué comme s'il voulait parler. Il avait l'air suppliant. J'ai cru, oui, pendant quelques secondes, j'ai cru qu'il allait me faire un aveu... Il était couché par terre, un peu tourné sur le côté, une main comprimant sa poitrine, tout le corps secoué de frissons.

— Et alors ? fit la mère avec impatience, sans partager l'émotion qu'éprouvait sa fille au souvenir de cette scène.

— Il s'est repris...

La mère prit un ton sévère.

— Il fallait le brusquer, profiter de ton avantage !

A distinction must be made between forms such as *pourquoi, comme, que, si, quand, comment,* etc., when they function as subordinators and when they function as other parts of speech.

Subordinator	1.	*Austin demande **pourquoi** il devrait les surveiller.* Austin asks why he should spy on them.
Adverb	2.	*Austin a demandé: "**Pourquoi** les surveiller?"* Austin asked: "Why spy on them?"
Subordinator	3.	*Je vois **que** vous comprenez.* I see that you understand.
Pronoun	4.	*C'est un métier **que** vous comprenez.* It's a job that you understand.
Subordinator	5.	*Dites-lui **si** vous viendrez.* Tell him whether you'll come.
Condition Conjunction	6.	***Si** vous venez, je ne viendrai pas.* If you come, I won't come.

"I didn't have time to. He recovered his self-possession as the sun began to rise over the forest. He managed to sit up again. I could see he was making a desperate effort. He began keeping a close watch on the inn. The front door swung open and Bergen came out, alone. I had had him described to me—a wizened

— Je n'ai pas eu le temps. Il s'est ressaisi, comme le soleil commençait à éclairer la forêt. Il a réussi à s'asseoir. Je sentais qu'il faisait des efforts désespérés. Il s'est appliqué à regarder l'auberge. La porte d'entrée fut poussée et Bergen sortit, seul. On me l'avait décrit : petit, malingre, les jambes grêles: c'était bien lui. Il

little man with short, stumpy legs. It was he, all right. He went through the garden and disappeared into the woods. In less than ten minutes he would be right below us. We just had time to climb down from our observation post, then we hid behind a bush on the edge of the path. He was bound to pass less than six feet away."

[See Appendix 1 for English translation.]

traversa le jardin et disparut dans le sous-bois. Dans moins de dix minutes, il devait être près de nous. Nous n'avions que le temps de descendre de notre observatoire. Nous nous cachâmes derrière un buisson en bordure du sentier. Il passerait à deux mètres de nous.

— Quelle était son attitude, à ce moment ?

— Elle m'a paru étrange. Alors qu'il était sur le point de s'évanouir cinq minutes auparavant, il semblait calme et presque résolu. Il tira la corde de sa poche et la tendit entre ses mains, comme pour en éprouver la solidité... Oh, je suis sûre, j'ai compris plus tard qu'il avait déjà décidé de renoncer. C'était un simulacre de détermination. Il réfléchissait à l'excuse qu'il me donnerait.

— J'en suis certaine, moi aussi.

— En cet instant, j'ai cru voir un autre homme. Je me suis demandé s'il n'irait pas vraiment jusqu'au bout.

— Pas de danger, marmonna la mère. Je le vois comme si j'y étais.

— C'est seulement quand j'ai entendu le pas tout proche de Bergen que j'ai deviné le sens de sa comédie. Alors, son expression s'est modifiée et il a porté la main à son front comme s'il venait d'être frappé par une idée subite. Toute cette mimique ne tendait qu'à masquer sa défaite.

« Quand nous vîmes Bergen, à cinquante mètres de nous, il me saisit le bras. Je voulais me dégager, mais il me serra plus fort, me renversa, se coucha sur moi, pour m'immobiliser et me chuchota à l'oreille : « Ne bougez pas, surtout. Je viens seulement d'y songer. Il ne faut pas. C'est impossible. »

EXERCISE

PRACTICE IN DISTINGUISHING BETWEEN SUBORDINATORS AND OTHER PARTS OF SPEECH

II. In the space provided after each of the following sentences, indicate whether the word in italics functions as a subordinator (SUB) or a nonsubordinator (N-SUB).

Examples: Je vous demande *pourquoi* vous courez.   *SUB*

Comment Cousin s'est-il enfui?   *N-SUB*

Comme elle le guette!   *N-SUB*

a. *Comme* on fait son lit, on se couche.   N. S

b. Vous pouvez m'expliquer *pourquoi* elle le déteste.   SUB

c. Je le ferai *si* le doctor Fog l'ordonne.   N. SUB   cond?

d. Vous verrez *s*'il fait mal.   *Sub*

e. *Comment!* Tu es encore ici?   *N-Sub*

f. J'aime aussi beaucoup *quand* il parle de son métier de
   Seigneur.   *Sub*

g. *Quand* aurez-vous fini de me guetter?   *N-Sub*

h. *Que* tu es belle, ma chérie.   *N-Sub*

i. C'est un homme *qu*'il faut brusquer.   *? Sub Pronom*

j. J'ai compris plus tard *qu*'il avait déjà décidé d'y
   renoncer.   *Sub*

[No translation is supplied.]

« J'étais folle de rage. J'avais envie de signaler notre présence, de me jeter, moi, sur l'Allemand, pour voir ce qu'il ferait.

— Tu aurais dû.

— Je n'ai pas pu. Il me paralysait de tout son poids et sa main me bâillonnait. Bergen passa, marchant très vite, sans soupçonner notre présence.

« Il attendit un long moment avant de me libérer. Lorsqu'il fut sûr que l'autre était loin, il me parla à mi-voix, affectant une assurance qui m'exaspéra.

« — Ce serait une folie, dit-il. Le désir de servir nous a fait perdre la tête. Réfléchissez aux représailles qu'un tel attentat entraînerait dans tout le pays.

« — Je croyais que vous aviez pesé tous les risques, répliquai-je. L'existence de Bergen menace des milliers, peut-être des millions de vies humaines.

« C'étaient ses propres paroles. Sa figure s'empourpra. Il fut un instant décontenancé, mais reprit avec véhémence :

« — Il ne s'agit pas de nous; cela ne serait rien. Nous avons fait le sacrifice de notre vie. Mais songez que les Allemands fusilleraient la moitié de votre village, qui est le centre le plus proche. Et avez-vous pensé à votre mère ?

« C'était un prétexte évident, mais tout le mépris que j'ai pu mettre dans mon attitude n'y changeait rien. Il parvenait encore à sauver la face.

— Nous l'aurons, dit la mère. C'est une défaite pour lui, malgré tout. Il s'est bien rendu compte que tu n'étais pas dupe ?

— Bien sûr. Pendant le retour, il n'osait pas me regarder.

— Nous l'aurons, répéta la mère, en hochant la tête. La prochaine fois, il ne faut pas le laisser se ressaisir. Je le connais bien, maintenant. C'est un homme qu'il faut brusquer. Il s'en tirera toujours si on lui donne le temps de réfléchir.

21

GRAMMATICAL POINTS

Embedded infinitives are often preceded by the **introducers** (INTR) *de* and *à* which must be distinguished from the prepositions *de* and *à* which have identical form but different function. Other infinitive introducers are *par, pour* and *φ** (blank, i.e., no overt form before the infinitive).

Compare the following sentences in which the embedded infinitive constructions are preceded by *de*.

PREPOSITIONAL DE

1. *Cousin a rêvé **d'être un héro.***
   Cousin dreamed about being a hero.

2. *Cousin **en** a rêvé.*
   Cousin dreamed about it.

[handwritten: [φ etre] complementizer not realised]

INTRODUCER DE   *complementizer*   *De = φ*

3. *Cousin a oublié **d'abattre le policier.***
   Cousin forgot to shoot down the Gestapo agent.

4. *Cousin **l'**a oublié.*
   Cousin forgot to (forgot it).

[handwritten: interdire + complementizer empecher + ref.]

The pronoun *en* in sentence 2 replaces the *de* (*d'*) plus infinitive construction in sentence 1. This indicates that *de* (*d'*) in sentence 1 is a preposition that is cohesive with (goes with) the main verb (*rêver de*).

The pronoun *le* (*l'*) in sentence 4 replaces the *de* (*d'*) plus infinitive construction in sentence 3. This indicates that *de* (*d'*) in sentence 3 is not a preposition but an introducer that is cohesive with the infinitve construction (*d'abattre le policier*).

Arvers was waiting for Gleicher, who had arrived at the villa at dusk and was to come over and join him after dinner. He tried to shake off the image of Bergen in the wood and the bitter taste left by the memory of his failure. He succeeded by concentrating on the reception he was preparing for the traitor and by repeating under his breath the orders he was going to give him. In the gloomy atmosphere

Arvers attendait Gleicher, qui était arrivé à sa villa à la nuit tombante et qui devait venir le rejoindre après le dîner. Il tentait de chasser l'image de Bergen dans le bois et le goût amer que lui laissait le souvenir de son échec. Il y parvenait en songeant à la réception qu'il réservait au traître et en répétant à voix basse les propos qu'il allait lui tenir. Dans la sombre atmosphère où il se débattait, les visites de

* The symbol φ ("blank" or "zero") is used for expository purposes and never appears in an actual sentence.

148

in which he was struggling, Gleicher's visits came like rays of sunshine.

[See Appendix 1 for English translation.]

He felt intoxicated by the sound of his own words. Claire stopped writing and made an abrupt gesture, which his pride interpreted as a sign of approval, whereas in fact it expressed only the girl's annoyance at his attitude. He went on, striving to create an effect by way of contrast, switching straight to a mysterious, almost sinister tone.

"Not to mention, of course, the extremely serious steps that I shan't hesitate to take in order to ensure your discretion."

This was the way to handle a traitor! The fellow was entirely at his mercy. He had seen through him completely. He was not only corrupt but also contemptible—the very thought of him made Arvers feel sick. To realize what sort of man he was, you only had to look at him now—cringing instead of standing up to him. Arvers interrupted him again in a furious tone:

Gleicher lui apparaissaient comme un rayon de soleil.

L'Allemand frappa légèrement à la porte à l'heure convenue, et se présenta sous l'aspect qu'Arvers lui connaissait, corsant son allure bourgeoise de jeux de physionomie étudiés pour exprimer la servilité, l'avidité et la peur. Arvers ne l'invita même pas à s'asseoir. Les mains dans les poches, le regard dominateur, prenant plaisir à lui faire baisser les yeux, il exposa brutalement ses griefs. Claire était dans l'autre partie du living-room, séparée d'eux par une cloison mobile à moitié tirée. Il parla assez fort pour qu'elle ne perdit pas un mot de son algarade.

— J'ai à vous dire, monsieur, que je ne suis pas du tout satisfait de vos services. Les derniers renseignements que je vous ai achetés sont parfaitement insignifiants. Je m'en étais déjà aperçu et mon service me l'a confirmé. Je vous paie assez cher pour attendre de vous autre chose que des balivernes.

Il se déplaça un peu pour apercevoir Claire. Elle était en train d'écrire et paraissait indifférente à sa sortie. Il fut contrarié, mais un peu consolé par l'air déconfit de Gleicher, qui balbutiait timidement de plates excuses. Il l'interrompit d'un geste sec, signifiant qu'il n'avait pas terminé.

— Je vous fais remarquer que j'ai scrupuleusement respecté nos accords jusqu'à ce jour, moi. J'ajoute que je serai obligé de les reviser si vous n'apportez pas plus de conscience dans le marché.

Il s'enivrait de ses propres phrases. Claire s'arrêta d'écrire et fit un geste brusque, que son orgueil prit pour une marque d'appréciation, alors qu'il traduisait seulement l'exaspération de la jeune fille devant ses manières. Il continua, cherchant un effet de contraste, prenant sans transition un ton mystérieux, presque sinistre.

— Sans parler, bien entendu, des mesures extrêmement graves que je n'hésiterai pas à prendre pour m'assurer de votre discrétion.

Voilà comment il fallait en user avec les traîtres ! Celui-là était entièrement à sa merci. Il l'avait percé à jour : c'était non seulement un individu taré, mais un pleutre, un être dont la seule évocation lui donnait la nausée. Il suffisait pour le juger de voir son attitude en ce moment. Il s'aplatissait, au lieu de faire front. Il l'interrompit encore d'un air excédé :

"That'll be all for the moment. But don't say I didn't warn you. Now then, what have you brought me today?"

The German opened his brief case and handed him some papers that Arvers began studying, shrugging his shoulders from time to time. Gleicher watched him closely and seemed lost in thought. His reflections must have been sufficiently absorbing to make him gradually abandon his servile manner. In the end he decided to speak, in a voice still deferential but at the same time filled with a subtle, almost imperceptible undertone that would have escaped anyone but Arvers, who was acutely sensitive to these fine distinctions.

"Herr Arvers," Gleicher was saying, "I owe you an apology. I'm ashamed of myself, positively ashamed. You're absolutely right: that last lot of information wasn't worthy of you."

— C'est bon. Je vous ai averti. Que m'apportez-vous aujourd'hui ?

L'Allemand ouvrit sa serviette et lui tendit des papiers qu'Arvers se mit à examiner avec mauvaise humeur, haussant de temps en temps les épaules. Gleicher l'observait attentivement et paraissait pensif. Sa réflexion devait être assez intense pour lui faire abandonner peu à peu ses manières serviles. Il se décida enfin à parler, sur un ton encore déférent, mais enrichi d'une nuance subtile, presque imperceptible, qui eût peut-être échappé à un interlocuteur quelconque, mais pour laquelle Arvers possédait un sens de détection infaillible, et qu'il détestait.

— Herr Arvers, disait Gleicher, je vous dois les plus humbles excuses. Je suis honteux, positivement honteux. Vous avez cent fois raison; ces renseignements n'étaient pas dignes de vous.

EXERCISE

PRACTICE IN DISTINGUISHING INTRODUCER *DE* FROM PREPOSITIONAL *DE*

I. In the following sentences indicate whether the form *de* before the embedded infinitive construction (given in italics) functions as a preposition (PREP) and the entire construction could be replaced by *en,* or if it functions as an introducer (INTR) and the entire construction could be replaced by *le (l').*

Examples: Claire n'a pas peur *de surveiller Arvers.*   *PREP, en*

Arvers déteste *de sauter en parachute.*   *INTR, le*

a. Claire craint *de ne pas arriver à temps.*   Intr   le
b. Arvers regrette beaucoup *de ne pas l'avoir fait.*   Intr   le
c. Le docteur Fog vous remercie *de le lui avoir dit.*   prep   en
d. Gleicher s'étonne *de ne pas avoir vu le lieutenant.*   prep   en
e. Arvers évitait lâchement *de boire devant Claire.*   Intr   le
f. Austin a négligé *de raconter l'histoire du soldat allemand ivre.*   Intr   le
g. Arvers lui a interdit *d'embrasser Claire.*   Intr   le
h. Arvers l'a empêché *d'embrasser Claire.*   prep   en
i. Le psychiatre vous dispense *de lui raconter tous les détails.*   prep   en
j. Il m'a demandé *de ralentir,* soi-disant à cause de l'obscurité.   Intro   le

Arvers' peculiar sense was immediately alerted. He detected a note of irony in this suspicious display of humility. It was so unexpected that he felt a dull shock and shivered as

Le sens particulier d'Arvers fut alerté. C'était une note sarcastique qu'il enregistrait à travers cette humilité suspecte. Elle était si inattendue qu'il en éprouva un choc et qu'il frissonna

though it were a portent of danger. Since his return to France, any surprise he suffered was invariably accompanied by a vague foreboding. He glanced automatically in Claire's direction, anxious to see whether she, too, had been struck by these unusual inflections; but she had resumed her work and appeared not to have noticed.

"You're absolutely right, Herr Arvers, that last lot of information wasn't worthy of you, and I'm afraid this batch isn't particularly important, either. Believe me, it's not my fault; after all, I had a great deal of difficulty getting it. But I'm anxious to give value for the money I earn and I'd like to prove this to you. Do you realize, Herr Arvers, that even before you voiced your complaints—which are justified, absolutely justified—my conscience was pricking me? Honestly, I've felt deep remorse at having failed to deliver the goods these last few weeks.

"I've done my utmost to redeem myself, and I think I've succeeded. Yes, at last I'm in a position to let you have a document of exceptional value, a document worthy of you, Herr Arvers—and also of myself, for I, too, have my pride."

He began to reveal his heavy guns. This moment was his reward for a long period of mortification, during which he had been forced to play a loathsome role.

"And where's this marvelous document of yours?" Arvers asked, making an effort to recover his air of authority. "All I see here is the usual drivel."

"I didn't bring it with me. It belongs to a friend of mine who would probably let me have it; but he is fully aware of its value. He's asking an extremely steep price, Herr Arvers."

"How can I tell if it's really worth anything or not?"

Gleicher lowered his voice so as not to be overheard and whispered in a mysterious manner:

"You can listen to it this evening, Herr Arvers. It's in my villa."

"Listen to it?"

"Yes. It isn't a piece of paper, it's a tape recording."

Arvers gave a start. At the sound of the words "tape recording," which suggested no specific danger, the feeling of apprehension caused by his visitor's behavior intensified. He had the uneasy suspicion that this new

comme si elle annonçait une menace. Depuis son retour en France, la surprise s'accompagnait toujours chez lui d'une sourde inquiétude. Il regarda instinctivement dans la direction de Claire, anxieux de savoir si elle avait été frappée comme lui par ces accents insolites; mais elle avait repris son travail et ne paraissait pas entendre.

— Vous avez cent fois raison, Herr Arvers; ces renseignements n'étaient pas dignes de vous, et je crains bien que ceux-ci ne soient pas non plus d'une importance capitale. Ce n'est pas ma faute, croyez-le; j'ai eu, malgré tout, beaucoup de mal à les obtenir. Mais je tiens à gagner honnêtement mon argent et je veux vous en donner la preuve. Figurez-vous, Herr Arvers, que, avant même vos reproches, justifiés, tout à fait justifiés, je me suis senti mauvaise conscience. Réellement, j'ai éprouvé un remords de ne pas vous avoir fourni une marchandise de premier choix ces dernières semaines.

« J'ai fait l'impossible pour me racheter, et j'ai réussi. Je suis en mesure, aujourd'hui, de vous livrer enfin un document de premier ordre, un document digne de vous, Herr Arvers, et de moi aussi, car j'ai également mon amour-propre.

Il commençait à démasquer ses batteries. Cet instant le payait d'une longue période de dégoût où il s'était astreint à jouer un rôle répugnant.

— Et où est cet extraordinaire document ? demanda Arvers, faisant un effort pour reprendre son air autoritaire. Je ne vois là rien d'autre que le fretin habituel.

— Je ne l'ai pas apporté ici. Il appartient à un de mes amis, qui serait probablement disposé à le céder; mais il se rend compte de sa valeur. Il en veut très cher, Herr Arvers.

— Comment puis-je savoir s'il est vraiment précieux ?

Gleicher baissa la voix de façon à être entendu de lui seul et murmura d'un air mystérieux :

— Je puis vous le faire entendre ce soir, Herr Arvers, il est à ma villa.

— Entendre ?

— Oui. Il s'agit d'un enregistrement de magnétophone.

Arvers tressaillit. En entendant ce mot « magnétophone » qui ne suggérait aucun danger précis, il sentit croître l'oppression provoquée par le bizarre comportement de son visiteur. Il avait l'intuition confuse qu'il apportait une

material furnished an alarming explanation of the apparent insignificance of some incident—one he had forgotten long before, because of its unimportance, and that he could not yet call to mind exactly. Perhaps the truth was already beginning to emerge in his subconscious by the usual tortuous paths—paths more akin to premonition than to rational knowledge.

"A tape recording," he echoed, also lowering his voice so that Claire could not hear.

"A tape recording. When you've heard it, I'm sure you'll appreciate its importance as I do—and also," Gleicher added with a wink, "its extremely confidential character, Herr Arvers. This document must not be divulged to any subordinate. That's why I didn't bring it here. But if you'd be so kind as to come around to my place—it's only a step, Herr Arvers—you'll be able to see for yourself immediately."

[No translation is supplied.]

explication redoutable à l'insignifiance apparente de certain incident, oublié pendant longtemps à cause de sa banalité, et qu'il n'arrivait pas encore à ressusciter exactement. Peut-être la vérité commençait-elle déjà à se faire jour dans son inconscient, par les chemins tortueux qui lui sont habituels, voies beaucoup plus proches de la prémonition que de la connaissance raisonnée.

— Un magnétophone, répéta-t-il en baissant lui aussi instinctivement la voix, pour que Claire ne pût entendre.

— Un magnétophone. Quand vous aurez écouté cette bande, je suis sûr que vous apprécierez comme moi son importance... et aussi, ajouta Gleicher en clignant de l'œil, son caractère extrêmement confidentiel, Herr Arvers. Ce document ne doit pas être divulgué à des subalternes. C'est pour cette raison que je ne l'ai pas apporté ici. Mais si vous daignez marcher jusque chez moi, cinquante mètres seulement, Herr Arvers, vous pourrez en prendre connaissance dans quelques minutes.

Il n'était plus possible de se méprendre sur son attitude. C'était de l'ironie, de la lourde ironie allemande.

Arvers essaya une fois encore de dominer son trouble et de reprendre l'avantage, en déclarant avec hauteur qu'il s'agissait probablement des mêmes broutilles, pour lesquelles il était inutile qu'il se dérangeât. Gleicher répliqua alors que son propre intérêt exigeait ce déplacement, d'un air soudain si sérieux qu'il se sentit de nouveau dominé. Son angoisse était devenue si intense qu'il n'osa pas demander d'autres explications au sujet de cette mystérieuse bande.

Compare the following sentences in which the embedded infinitive constructions are preceded by *à*.

PREPOSITIONAL A

5. *Claire songeait* **à se venger.**
   Claire thought about having her revenge.

6. *Claire* **y** *songeait.*
   Claire thought about it.

INTRODUCER A

7. *Claire apprenait* **à se battre.**
   Claire was learning how to fight.

8. *Claire l'apprenait.*
   Claire was learning how to (was learning it).

The pronoun *y* in sentence 6 replaces the *à* plus infinitive construction in sentence 5. This indicates that *à* in sentence 5 is a preposition that is cohesive with the main verb (*songer à*).

The pronoun *le* (*l'*) in sentence 8 replaces the *à* plus infinitive construction in sentence 7. This indicates that *à* in sentence 7 is not a preposition but an introducer that is cohesive with the infinitive construction (*à se battre*).

[No translation is supplied.]

Il hésitait, pourtant. Il était déjà allé à la villa de Gleicher. Jusqu'ici, il ne craignait pas de guet-apens de sa part, le jugeant trop compromis pour pouvoir lui nuire; mais ce soir, ses façons étranges l'alarmaient. L'Allemand devina sa pensée.

— Croyez-moi, Herr Arvers. Vous ne risquez rien. Je vous donne ma parole qu'il ne s'agit pas d'un piège.

— Je ne vous crains pas, dit Arvers brusquement. Allons-y.

Ils sortirent dans la nuit. Gleicher le précédait sans prononcer un mot et Arvers ne lui posa pas de question. Ce traître, qu'il croyait tenir dans le creux de sa main, commençait à lui apparaître comme un être redoutable, un ennemi à ajouter à la liste nombreuse de ceux qui s'ingéniaient à perturber le développement harmonieux de ses rêves.

Gleicher le fit entrer dans son living-room, qui était éclairé. Arvers eut un sursaut en apercevant là un autre individu. Otto se leva à leur arrivée.

— Calmez-vous, Herr Arvers, fit Gleicher avec un petit rire. Vous êtes bien nerveux. C'est simplement Otto, l'ami dont je vous ai parlé. Il vous connaît depuis longtemps. Il tenait à vous voir. Vous pouvez avoir toute confiance en lui. Il sait à qui il a affaire. N'est-ce pas, Otto ?

Otto approuva, en souriant aux sous-entendus plaisants de son chef. Gleicher, qui paraissait très content de lui, leur servit à boire.

— Herr Arvers est pressé, Otto, dit-il ensuite. Nous ne devons pas lui faire perdre son précieux temps. Je crois que nous pouvons lui donner notre petite audition. Etes-vous prêt, Herr Arvers ?

Arvers acquiesced with a gesture. Otto went over and switched on the tape recorder he had brought in and placed in a corner of the room. Then he straightened up and remained stand-

Il acquiesça d'un geste. Otto se leva et mit en marche un magnétophone qu'il avait apporté et posé dans un coin de la pièce. Ensuite il se redressa et resta debout, tout près de l'appa-

ing by the machine, watching Arvers intently. All they could hear at first were a few indistinct sounds.

"Listen carefully, Herr Arvers," Gleicher repeated. "It's a really remarkable recording."

reil, observant Arvers avec attention. Ils entendirent d'abord quelques sons indistincts.

— Ecoutez bien, Herr Arvers, dit encore Gleicher. C'est un morceau étonnant.

EXERCISE

PRACTICE IN DISTINGUISHING INTRODUCER *A* FROM PREPOSITIONAL *A*

II. In the following sentences indicate whether the form *à* before the embedded infinitive construction (given in italics) functions as a preposition (PREP) and the entire construction could be replaced by *y,* or if it functions as an introducer (INTR) and the entire construction could be replaced by *le (l').*

Examples: Claire a réussi *à attraper le traître.*   _PREP., y_

Il nous a enseigné *à le faire.*   _INTR, l'_

a. Il apprend *à sauter en parachute.*   Intro l'
b. Il l'aide *à s'habiller en parachutiste.*   Prep y
c. Claire tient *à retourner en France.*   Prep y
d. Gleicher a consenti *à nous aider.*   Prep. y
e. Austin a songé *à le lui demander.*   Prep y.
f. Arvers cherche *à lui plaire.*   Intro l'
g. Arvers n'a pas renoncé *à suivre Claire.*   Prep y.
h. Austin s'intéresse *à étudier ce document.*   Prep y
i. Claire n'a pas désappris *à parler anglais.*   Intro le
j. Nous lui avons montré *à tirer à la mitraillette.*   Intro le

22

GRAMMATICAL POINTS

Embedded infinitives may function as subject, direct object, or as the object of a preposition. Infinitive constructions functioning as direct objects often take *à* or *de* as introducers. Those functioning as objects of prepositions cohesive with the higher verb always take φ as an introducer.*

EMBEDDED INFINITIVE AS SUBJECT

1. ┌──────┐
   │ Mentir │ *est honteux.*
   └──────┘
   To lie (Lying) is shameful.

2. ┌──────────┐
   │ De le voir │ *me rassure.*†
   └──────────┘
   To see him reassures me.

complémentiser

EMBEDDED INFINITIVE AS DIRECT OBJECT

3. *Nous lui apprenons* ┌───────┐
   │ à lire. │
   └───────┘
   We are teaching him to read. *complémentiseur*

   (*Nous* ┌────┐ *lui apprenons.*)
   │ le │
   └────┘

4. *Elle lui défend* ┌──────────┐
   │ de boire. │
   └──────────┘
   She forbids him to drink.

   (*Elle* ┌────┐ *lui défend.*)
   │ le │
   └────┘

EMBEDDED INFINITIVE AS OBJECT OF A PREPOSITION COHESIVE WITH HIGHER VERB

préposition → 'y'

5. *Nous l'aidons à* ┌───────────┐
   │ φ écrire. │
   └───────────┘
   We help him to write.

   (*Nous l'* ┌────┐ *aidons.*)
   │ y │
   └────┘

6. *Elle l'empêche de* ┌──────────┐
   │ φ boire. │
   └──────────┘
   She prevents him from drinking.

   (*Elle l'* ┌─────┐ *empêche.*)
   │ en │
   └─────┘

At first Arvers did not understand at all. He failed to recognize his own voice. For a few seconds he thought he was listening to a stranger talking and felt a momentary sense of relief—but only for a few seconds, as though some perverse power had decided to grant him this brief respite so that the blow it dealt him later should be all the more crushing.

Then, with the gradual progression of a refined torture, while his heart began to thunder and the walls of his palace of illusions started to crumble about his ears, he felt himself sink-

Tout d'abord, Arvers ne comprit pas. Il ne reconnaissait pas sa propre voix. Pendant quelques secondes, il s'imagina écouter les propos d'un étranger et en éprouva un apaisement fugitif; quelques secondes seulement, comme si une puissance perverse décidait de lui accorder ce court répit, pour mieux l'accabler par la suite.

Alors, avec la gradation d'un supplice raffiné, en même temps que s'accéléraient les battements de son cœur, tandis que se disloquaient les murailles de son palais d'illusions, il se sen-

---

* As explained earlier, the symbol ø ("blank" or "zero") is used for expository purposes and never appears in an actual sentence.

† Because it has no prepositional function, *de* is an introducer when it occurs before an embedded infinitive functioning as subject.

155

ing into a bottomless pit of disaster by sufficiently slow degrees for his conscious mind to grasp every detail of this utter hell.

[See Appendix 1 for English translation.]

When Cousin had dared to open his eyes again, the Gestapo officer had his back turned toward him and was bending over an instrument Cousin had never seen before, which was connected by some wires to a dry-cell battery. He thought it might be a generator, clutching at the wild hope that he was simply going to be subjected to a few electric shocks—how gentle that torture now seemed!—but it wasn't that at all. The officer looked around, abandoned the mysterious machine, and signaled to one of his men. The man walked over toward Cousin brandishing the poker, the point of which was glowing as brightly as a star.

That was the precise moment he had given in—at the mere sight of the red-hot iron. He

tit plonger dans le gouffre sans issue du désespoir, assez progressivement pour que sa conscience enregistrât tous les détails de cet enfer.

Une sombre nuée de souvenirs nauséabonds, que la volonté miraculeuse d'un esprit acharné à survivre tenait écartés depuis des mois, se mirent à tourbillonner autour de lui, se rapprochant à chaque cercle, de plus en plus agressifs, de plus en plus près d'une certaine image centrale, axe de leur ronde, une forme humaine quiét ait lui, lui-même, ligoté, impuissant, étendu sur une misérable paillasse dans la chambre d'une ferme délabrée.

De plus en plus vite, au rythme de plus en plus rapide de son cœur, les démons de la réalité, échappés de la cage obscure où il les avait emprisonnés, s'employaient à l'étouffer sous leurs ailes répugnantes, chuchotant d'abord à son oreille sur un ton de confidence, d'abord murmurant à tour de rôle les bribes de leur témoignage partiel, puis haussant le ton et précipitant la cadence de leurs monstrueuses accusations, jusqu'à fondre leurs voix glapissantes en une seule clameur. Ce hurlement ressuscitait un état ancien de son être qui, malgré la sublime croisade d'oubli menée par l'esprit, avait existé en un point du passé, marquant son empreinte dans les archives indélébiles du temps et de l'espace. Cet état se dégageait peu à peu des voiles sous lesquels il l'avait enfoui, son ignominie s'accentuant à chaque spire déroulée dans l'instrument. Les phrases se présentaient maintenant comme de vieilles connaissances. Elles lui étaient redevenues si familières qu'il remuait les lèvres et les prononçait inconsciemment en même temps que l'appareil, parfois même un instant auparavant, faisant à son insu de sa voix actuelle un accompagnement dérisoire à cet écho sinistre du passé.

Quand Cousin avait osé rouvrir les yeux, le chef des policiers, le dos tourné, était penché sur un instrument dont il ne pouvait déterminer la nature, mais qui était relié par des fils à une batterie de piles. Il pensa à une magnéto, se raccrochant à l'espoir insensé qu'il allait simplement subir des secousses électriques. — Comme cette torture lui paraissait douce !— Mais il n'était pas question de cela. Le chef se retourna, abandonnant l'engin mystérieux, et fit signe à un de ses hommes. Celui-ci marcha vers Cousin, brandissant le tisonnier, dont la pointe brillait comme une étoile.

C'est à cet instant précis qu'il avait capitulé, à la simple vue du fer incandescent. Il ne sup-

could not bear the idea of its contact with his flesh. He was overwhelmed by the anticipation of the pain. He surrendered in a flash, in wild haste born of headlong panic. Up till then he had somehow hoped to gain a little time by arguing with his executioners. These vague intentions were instantly obliterated by the gleam of the poker.

There was only one thought left in his head, only one desire onto which his mind could fasten—to be quick about it, so as not to give the man time to take another step. His dominating terror now was that he might not be able to talk soon enough, that at the last moment—just when there was nothing he would refuse them—he might not be able to make them understand, that he might not have time to convince them he was at their mercy, body and soul, only too ready to do whatever they asked. Provided they had no doubt on that score! Provided they did not think they would need to break down his resistance by a brief application of the iron!

porta pas l'idée de son contact avec sa chair. Il fut anéanti par la prémonition de la souffrance. Il rendit les armes d'un seul coup, avec la précipitation et l'affolement des grandes paniques. Jusque-là, il avait vaguement espéré gagner du temps, envisagé de discuter avec ses bourreaux. Toutes ces velléités confuses furent instantanément désintégrées par le rayonnement du tisonnier.

Il n'avait plus qu'une seule pensée, son esprit se concentrait sur un seul désir : faire vite, Dieu, faire vite ! Ne pas laisser à cet homme le temps de s'approcher d'un pas. Sa terreur dominante, maintenant, était de ne pouvoir parler assez tôt, d'être empêché de leur faire comprendre, à la seconde même, qu'il ne leur refuserait rien; de ne pas avoir le temps de les convaincre qu'il était à leur merci, corps et âme, prêt à exécuter sans discussion toutes leurs volontés. Pourvu qu'ils n'aient pas de doute à ce sujet ! Pourvu qu'ils ne s'imaginent pas vaincre une dernière réticence par une brève application du fer !

EXERCISE

PRACTICE IN DISTINGUISHING FUNCTION OF EMBEDDED INFINITIVES

In the space provided after each of the following sentences, indicate whether the italicized embedded infinitive constructions function as subject (s), direct object (DO), or prepositional object of the higher verb (PO). If DO or PO constructions are involved, indicate whether the introducer is *à*, *de*, or *ϕ*.

De m subject = complement

Examples: *De penser* à lui la soutiendra. _____ S _____

Nous nous amusons *à le taquiner.* *Nous nous y amusons* ___ PO, ϕ ___

Elle se réjouit *de nous voir.* *Elle s'en réjouit* ___ PO, ϕ ___

Promettez *de ne pas le dire.* *complimentza* ___ DO, de ___

Donnez-lui *à boire*, Otto. *compli* ___ DO, à ___

a. Arvers ne l'invita même pas *à s'asseoir.* *A ne l'y invita même pas* ___ PO ϕ ___

b. *De l'entendre* lui fait mal. ___ S ___

c. J'avais envie *de signaler notre présence.* *J'en avais...* ___ PO ϕ ___

d. Arvers se mit *à examiner les papiers* avec mauvaise humeur. *(= y)* ___ PO ϕ ___

e. Il avait empêché le traître *de lui parler.* ___ PO ϕ ___

f. On ne lui a pas interdit *de réfléchir.* ___ DO de ___

g. Il tentait *de chasser l'image de Bergen dans le bois.* ___ DO de ___

h. *Vivre,* c'est agir. ___ S ϕ ___

i. Gleicher, qui paraissait très content de lui, leur servit *à boire.* ___ DO à ___

j. Je me contenterai *d'envoyer à vos chefs la bande du magnétophone.* *(en)* ___ PO ϕ ___

[No translation is supplied.]

Ainsi, le cerveau enfiévré par l'urgence de sa capitulation, il réussit, dans le temps que l'homme fit un pas, à cracher au loin l'ampoule de verre — ce poison qu'il n'avait jamais eu l'intention d'avaler — et à hurler précipitamment ces mots que le magnétophone lui répétait avec une fidélité implacable.

— Arrêtez ! Je parlerai. Je dirai tout, tout; je ferai ce que vous voudrez... un réseau complet... des liaisons avec Londres... les noms, les adresses, je donnerai tout !

L'appareil reproduisait avec une perfection cruelle toutes les nuances de son épouvante; le trébuchement de sa voix, par exemple, lorsqu'il avait failli s'étrangler, tellement les mots se pressaient dans sa gorge, tant il était avide de fournir sur-le-champ le plus d'informations possible.

Le chef des policiers ayant l'air d'hésiter, il précipita encore son débit.

— Ceci est très urgent... vous voyez que je ne cache rien... ce soir, cette nuit... pas de temps à perdre... un attentat préparé. L'atelier de locomotives... un commando de vingt hommes. Le rendez-vous est au Café du Commerce... Je donnerai l'adresse. Le signal de reconnaissance est...

Son abjection se précisait avec une netteté singulière. Rien ne l'obligeait à parler de cette opération; rien, sinon la nécessité de leur démontrer avec évidence la superfluité de la torture. Il s'acharna, estimant que cet aveu gratuit était la meilleure preuve de sa bonne volonté.

— Cette nuit... dans quelques heures; vous n'avez que le temps d'intervenir... vingt hommes... au Café du Commerce. Des mitraillettes sont cachées là... il y a aussi des explosifs.

Le bourreau s'était immobilisé sur un geste du chef. Le sursis désiré obtenu, Cousin continuait de se vautrer dans l'indignité, mendiant leur pitié, leur jetant en désordre tous les arguments qui lui venaient à l'esprit pour se concilier leurs bonnes grâces.

— Ne me touchez pas. C'est inutile. Je peux vous rendre de très grands services. J'ai la confiance de mes chefs. Songez à l'aide que je peux vous apporter...

"Don't hurt me. There's no need for that. I can be extremely useful to you. I have the confidence of my superiors. Think how helpful I can be to you . . ."

The recording went on in this vein for several minutes, punctuated by questions from the Gestapo officer, to which Cousin replied with painstakingly accuracy, over and above what was demanded of him. This practical demonstration of his cowardice caused him untold agony. He felt he could not stand it a moment

L'enregistrement durait ainsi plusieurs minutes, coupé par les questions du policier, auxquelles il répondait avec une exactitude et une précision scrupuleuses, allant au-devant de ses exigences. Ce reflet matériel de sa lâcheté lui causait une souffrance atroce. Il lui semblait, à chaque instant, impossible que son organisme

longer. This torture had to be brought to an end one way or another. He was certainly going to faint. But the loss of consciousness for which he prayed with all his might was denied him and he had to listen to the bitter end, unable even to summon up sufficient strength to cover his ears with his hands.

[No translation is supplied.]

la supportât plus longtemps. Ce supplice devait cesser d'une manière ou d'une autre. Il allait s'évanouir, certainement. Mais la perte de conscience qu'il appelait de toute son âme lui était refusée, et il écoua jusqu'au bout, incapable même de trouver en lui des forces suffisantes pour porter les mains à ses oreilles.

L'audition était terminée. Otto avait arrêté l'appareil depuis longtemps, et attendait, immobile, une initiative de son chef, qui ne paraissait pas pressé. Glencher avait déjà écouté ce morceau à plusieurs reprises, mais celui-ci lui inspirait chaque fois de nouvelles réflexions. Il sortit brusquement de sa rêverie pour redresser sa taille, effacer son ventre et reprendre l'allure du colonel comte von Gleicher. C'était une réaction instinctive de défense contre la bassesse du personnage prostré dans le fauteuil, devant lequel il jugeait indigne de se contraindre à jouer un rôle.

— Donnez-lui à boire, Otto, dit-il avec dédain; sinon il va se trouver mal, et cela n'arrangerait rien... Monsieur, vous avez entendu comme nous. Je n'ai l'intention de faire aucun commentaire. Quand vous serez un peu remis, je vous expliquerai seulement ce que j'attends de vous.

Le « Monsieur », chargé d'un mépris glacial où ne se discernait plus la moindre trace d'ironie, intimida Otto lui-même. Arvers, après avoir vidé machinalement son verre, n'eut pas un geste de protestation et ne fit aucune réponse. Gleicher attendit un instant et poursuivit.

— Voici mes ordres, monsieur. Je pense que vous vous rendez compte de votre situation, et que je n'ai pas besoin d'insister sur les désagréments que vous attirerait la moindre désobéissance... Oh, je vois à votre regard que vous vous méprenez; je vais donc être plus clair. Je ne suis pas un barbare. S'il existe dans notre police, comme dans celle de toutes les nations, des subalternes qui s'abaissent à utiliser la torture, je méprise ces procédés et ne les emploierai jamais. Vous ne risquez rien de cette sorte avec moi; je vous en donne ma parole d'officier allemand... Non; si vous ne marchez pas droit, monsieur, je me contenterai de faire parvenir à vos chefs la bande du magnétophone.

23

GRAMMATICAL POINTS

The deletion of the subject of an embedded infinitive construction may be governed by the occurrence of an identical noun (phrase) functioning as the subject, the direct object, or the indirect object of the verb in the higher (main) clause.

DELETION BY SUBJECT OF THE HIGHER VERB

1. Claire *lui a promis de venir.*
   Claire promised him to come.
   ("Claire" promised. "Claire" came.)

subject of higher verb erases — subject of dependent clause

DELETION BY DIRECT OBJECT OF THE HIGHER VERB

2. *Claire* l' *a persuadé de venir.*
   Claire persuaded him to come.
   (Claire persuaded "him." "He" came.)

DELETION BY INDIRECT OBJECT OF THE HIGHER VERB

3. *Claire* lui *a conseillé de venir.*
   Claire advised him to come.
   (Claire advised "him." "He" came.)

Indirect obj erases the subject of dependence clause

   In sentence 1, *"Claire* came." In sentence 3, "he came." Sentences 1 and 3 both take an indirect object (*lui*) and differ only in the higher verb (sentence 1, *promettre;* sentence 3, *conseiller*). In sentence 1, the subject (*Claire*) of *promettre* makes unnecessary the subject (*Claire*) of *venir.* In sentence 3, the indirect object (*lui*) of *conseiller* deletes the subject of *venir.*
   In sentence 2, the direct object (*le*) of *persuader* deletes the subject of *venir.*
   Clearly, the meaning of the higher verb determines whether its subject, direct object, or indirect object is identical to the missing subject of the embedded infinitive construction.

Austin entered Dr. Fog's office, as usual admiring the peace and quiet that reigned there. Engaged on more and more absorbing tasks of his own, Dr. Fog had left the Arvers case entirely in Austin's hands, with the proviso that he was to be notified of any important development. Deciding that at this juncture he needed

Austin pénétra dans le cabinet du docteur Fog, dont il admirait à chaque visite l'harmonie reposante. Absorbé par des occupations de plus en plus importantes, le docteur lui laissait toute initiative dans l'affaire Arvers et dans quelques autres, sous réserve de le prévenir en cas d'événement important. Austin, jugeant qu'au-

his advice, Austin had applied for an interview. Dr. Fog greeted him with his usual affability.

"I've got some news for you, sir."

"Really?" Dr. Fog exclaimed, rubbing his hands together.

"First of all, this message that came in last week."

"From Arvers?"

"Yes. I thought you'd better have a look at it."

The doctor read it under his breath, pausing now and then for reflection.

"FRESH DEVELOPMENTS WITH GLEICHER. HAS BEEN CONTACTED BY SENIOR ABWEHR OFFICER WHO CLAIMS TO KNOW ABOUT MY ACTIVITY AND HIS. PSEUDONYM OTTO. OTTO AS WELL AS ABWEHR HEADQUARTERS CONVINCED GERMANY HAS LOST WAR SEEKS CONTACT WITH ALLIED SECRET SERVICE AUTHORITIES FOR EXTREMELY IMPORTANT NEGOTIATIONS. CAUTION, BUT GLEICHER APPEARS TRUSTWORTHY. WHAT ACTION SHOULD I TAKE?"

Dr. Fog showed no sign of surprise. Instead of giving advice in response to Austin's tacit request, he simply said:

[See Appendix 1 for English translation.]

jourd'hui son intervention était devenue nécessaire, lui avait demandé une audience. Il l'accueillit avec son affabilité coutumière.

— Il y a du nouveau, Sir.

— Vraiment ? fit le docteur Fog, en se frottant les mains.

— Ce message, d'abord, reçu il y a une dizaine de jours.

— Envoyé par Arvers ?

— Lui-même. Je crois utile que vous le lisiez en entier.

Le docteur lut à mi-voix, en prenant son temps pour réfléchir :

« Nouveaux développements avec Gleicher. A été contacté par officier supérieur Abwehr qui a déclaré connaître mon activité et la sienne. Nom de guerre : Otto. Otto convaincu ainsi que état-major Abwehr guerre perdue pour Allemagne, cherche entrer rapport avec autorité services secrets alliés pour pourparlers importance suprême. Méfiance, mais Gleicher semble sincère. Que dois-je-faire ? »

Le docteur Fog ne manifesta guère de surprise. Au lieu de donner son avis, comme le regard d'Austin l'y invitait, il remarqua simplement :

— Je suppose que vous avez déjà répondu ?

— Immédiatement, Sir, ceci : « Si estimez proposition sérieuse, prenez contact vous-même avec Otto. Obtenez précisions et garanties. »

Le docteur approuva ce texte d'un signe.

— J'ai cru pouvoir lui dicter cette conduite, Sir. Isolé comme il l'est, il n'y a pas d'inconvénient à ce qu'il rencontre un agent ennemi qui le connaît déjà. De plus...

— De plus, quand un piège nous est tendu, il faut toujours feindre d'y tomber. C'est un excellent principe avec les malades mentaux et les services ennemis... Mais ce n'est peut-être pas un piège.

— Ce n'est peut-être pas un piège, répéta Austin sans conviction.

— Nous ne devons pas dédaigner systématiquement des avances de ce genre, aussi bizarres qu'elles nous paraissent. Vous n'ignorez pas qui est le chef de l'Abwehr ?

— L'amiral Canaris.

— Lui-même. Or, je vais peut-être vous surprendre, mais le bruit a déjà couru plusieurs fois qu'il cherchait à prendre contact avec nous..., je veux dire avec un personnage important du service, corrigea le docteur Fog avec un sourire hypocrite.

— Vraiment ?

— J'ajoute que certaines personnalités sont même persuadées qu'il attend seulement un geste de nous pour passer dans notre camp, ce qui me paraît bien exagéré... Arvers a-t-il répondu ?

— Voici, Sir : « Rencontré Otto. Semble personnage important et paraît de bonne foi. Garanties : *primo* m'a prouvé n'ignore rien trahison Gleicher, renseignements fournis, mes propres activités, rapports avec Londres, radio, points de transmission. Assez pour nous faire tous fusiller, et n'a cependant jamais cherché à nous inquiéter. *Secundo,* m'a livré lui-même documents je crois très importants, transmis d'urgence. Insiste entrer en contact avec chefs responsables. »

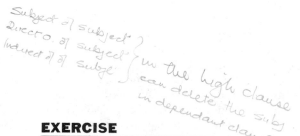

EXERCISE

PRACTICE IN DETERMINING DELETED SUBJECT OF EMBEDDED INFINITIVE CONSTRUCTION

In the space provided after each of the following sentences, indicate whether the subject (s), direct object (DO), or indirect object (IO) of the higher verb is the logical subject of the italicized embedded infinitive construction.

Examples: Elle lui servit *à boire*.   *IO*

Il m'a priée *de m'arrêter*.   *DO*

Nous lui avons juré *de ne pas recommencer*.   *S*

a. Gleicher lui dit *de le suivre*.   IO
b. Gleicher menace Arvers *de le dénoncer à ses chefs*.   DO
c. Arvers regardait Otto *mettre en marche un magnétophone*.   DO
d. Arvers lui dit *avoir compris*.   S
e. Pardonnez-lui *de l'avoir oublié*.   ID
f. Il l'admire *de jouer si bien*.   DO
g. Je vous remercie *de me l'avoir dit*.   DO
h. Il lui avoue *avoir trahi ses compatriotes*.   S
i. Gleicher apprend à Otto *à utiliser une torture moins déshonorante*.   IO
j. Je ne vous blâme pas *d'être venu*.   DO

"What about these documents?" Dr. Fog asked.

"They arrived yesterday," Austin told him. "I passed them on to the specialists after glancing through them myself. All our opinions agree. They're infinitely more important than anything else we've had, and they appear to be accurate."

— Et ces documents ? demanda le docteur Fog.

— On les a reçus avant-hier, dit Austin. Je les ai communiqués aux spécialistes, après les avoir examinés rapidement. Nos avis concordent. Ils sont importants, beaucoup plus que les autres, et ils semblent exacts.

"How so?"

"We've been able to cross-check quite a number of them. There are some that refer to the new submarine shelter, on which a group of French engineers has already provided information; but these are far more complete and detailed. Others, covering a wider field, should prove extremely useful. Unless, of course . . .'"

"Unless they're all part of a vast deception scheme."

"That's exactly what the specialists think, sir. But they add: 'In which case it's an extremely high-level scheme, drawn up by a service in close contact with the High Command . . .' At all events, this seems to prove that it's definitely an *Abwehr* authority who is interested in us."

"Which doesn't make it any more reassuring," Dr. Fog muttered.

"There's also another reason why we should be on our guard, sir."

The doctor looked at him intently. Austin had lowered his voice, like a lecturer preparing an effect.

"It's this, sir. These last two messages were enciphered in a code only Arvers knows, one reserved for top-secret messages. Their importance certainly justifies this precaution. Claire therefore sent them off without knowing what they were all about."

[No translation is supplied.]

— Ils semblent ?

— Beaucoup ont été recoupés. Certains concernent un nouvel abri de sous-marins, sur lequel des ingénieurs français nous ont déjà fait passer des renseignements; mais ceux-ci sont plus complets et plus précis. D'autres, qui ont une portée plus générale, doivent avoir une très grande valeur. A moins...

— A moins qu'ils ne fassent partie d'un vaste plan d'intoxication.

— C'est la conclusion même des spécialistes, Sir. Mais ils ajoutent : « Dans ce cas, il s'agit d'un plan à très haute échelle, établi par un service en liaison avec l'état-major général...» De toute façon, cela semble prouver que c'est bien une autorité de l'Abwehr qui s'intéresse à nous.

— Ce qui n'est pas plus rassurant, marmonna le docteur Fog.

— Nous avons une autre raison d'être sur nos gardes, Sir.

Le docteur le regarda curieusement. Austin avait baissé la voix, comme un conférencier qui prépare un effet.

— Voilà, Sir. Ces deux derniers câbles ont été chiffrés au moyen d'un code qu'Arvers est seul à connaître, et qui est réservé à des messages extrêmement confidentiels. Leur importance justifie certainement cette précaution. Claire les a donc transmis sans les comprendre.

— Vous êtes bien sûr que c'est Claire qui les a transmis ?

— Certain. J'ai interrogé l'opérateur qui les reçoit habituellement, et il ne peut y avoir de doute. — Vous savez qu'ils reconnaissent la « touche » d'une transmission, beaucoup mieux qu'une signature. — C'est donc Claire qui les a envoyés. Seulement...

— Seulement ?

— Elle les a marqués d'un signal d'alarme, Sir. Deux lettres interverties dans un certain groupe. Cela n'est pas un obstacle au déchiffrement pour nos experts et, d'après les conventions, cela signifie que nous devons être sur nos gardes.

Le docteur Fog fronça le sourcil, mais ne fit aucun commentaire. Austin attendit un instant, puis poursuivit avec animation.

— Impossible de se faire une opinion ici, Sir, mais il est certain que notre personnel ne tourne pas rond : l'emploi du code spécial indique qu'Arvers se méfie de Claire. Le signal de celle-ci prouve la réciproque. Mon rôle étant de veiller sur ce personnel, ma présence est indispensable là-bas.

— C'est bien dangereux, remarqua le docteur, sans paraître autrement surpris.

— Ce le serait probablement davantage de le laisser agir seul. Quant à ne rien faire, vous l'avez dit vous-même, Sir, nous risquons de perdre une occasion précieuse.

— Claire a tiré la sonnette d'alarme, dit pensivement le docteur.

— Elle a pu se monter la tête devant le fait même que l'autre ne l'a pas mise dans le secret. Son idée fixe risque de la faire déraisonner. Je le craignais depuis longtemps.

Le docteur Fog, qui avait eu mainte occasion de juger son assistant et qui l'appréciait de plus en plus, approuva son plan. Suivant son habitude, il lui laissa la plus grande liberté d'action. Austin examinerait le personnel, étudierait sur place la proposition allemande, aurait une entrevue avec Gleicher, et même avec le fameux Otto s'il estimait pouvoir prendre ce risque. Eventuellement, il préparerait une rencontre à un échelon plus élevé. Le docteur termina leur entretien en lui conseillant la prudence.

— N'oubliez pas, Austin, lui dit-il en le congédiant, que les professionnels de chez nous n'auraient jamais utilisé un agent qui a été entre les mains de l'ennemi.

24

GRAMMATICAL POINTS

The **causative verb** *faire* followed by an embedded infinitive affects the form and position of the elements functioning both as subject and object of the infinitive, and as object of *faire*.

The infinitive and its object, as a unit, may be the direct object of *faire*. If the object of the infinitive is a noun (phrase), it follows the infinitive. If it is a pronoun, it precedes *faire*.

DO

1. *Gleicher fait*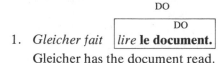
   Gleicher has the document read.

2. Gleicher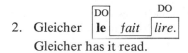
   Gleicher has it read.

The infinitive and its subject, as a unit, may be the direct object of *faire*. If the subject of the infinitive is a noun (phrase), it also follows the infinitive. If it is a pronoun, it precedes *faire*.

DO

3. *Gleicher fait*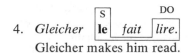
   Gleicher makes the spy read.

4. *Gleicher*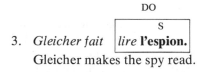
   Gleicher makes him read.

The embedded infinitive may have both a subject and an object. If the subject and object are noun phrases, they both follow the infinitive with the subject (the agent—AG) in final position and preceded by the particle *à*. To avoid ambiguity, the preposition *par* replaces the particle *à* in less formal speech.*

DO

5. *Gleicher fait*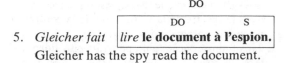
   Gleicher has the spy read the document.

---

* Gleicher fait lire le document à l'espion may mean either "Gleicher has the spy read the document," or "Gleicher has someone read the document to the spy."

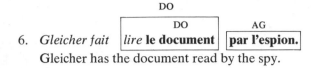

6. *Gleicher fait* | *lire* **le document** | **par l'espion.**

Gleicher has the document read by the spy.

Colonel Count von Gleicher was certainly no savage. He even prided himself, and with reason, on being highly civilized. He was as fond of philosophy and the arts as he was of war. During his week ends at the villa, after he had finished with Arvers and his professional obligations, he would often spend the evenings listening to records of classical music or immerse himself in the works of some great thinker, either ancient or modern. It was these very qualities that had singled him out for an important position in the *Abwehr*.

[See Appendix 1 for English translation.]

Certes, le colonel comte von Gleicher n'était pas un barbare. Il se flattait même, et avec raison d'être extrêmement cultivé. Il aimait la philosophie et les arts autant que la guerre. Durant ses séjours à la villa, quand il en avait terminé avec Arvers et les obligations de son métier, il lui arrivait de passer ses soirées à écouter des disques de musique classique, à moins qu'il ne se plongeât dans les œuvres d'un maître de la pensée, ancien ou moderne. Ces qualités mêmes l'avaient désigné pour un poste important de l'Abwehr.

C'était aussi un homme d'une droiture parfaite, pétri d'honneur militaire. Ainsi, entendant pour la première fois les aveux d'Arvers, si sa réaction immédiate fut une nausée mentale et son seul commentaire *Schwein,* il n'envisagea pas un instant de faire pour lui une exception à la règle qu'il s'était fixée pour ses rapports avec les agents ennemis. Ceci apparut sans amibguïté lorsque son adjoint Otto eut insisté sur l'intérêt du document, avec un air qui ne lui plut pas.

— Nous savons que c'est un lâche, Herr Doktor. Nous n'aurons pas de mal à obtenir tout ce que nous voudrons de lui.

— Nous n'aurons aucune difficulté, répéta Gleicher, en le regardant fixement, mais rappelez-vous ce que je vous ai dit, Otto. Nous ne sommes pas des policiers et je n'ai pas accepté ces fonctions pour me salir les mains.

— Je connais vos idées à ce sujet, Herr Doktor, on ne peut que les approuver. Aussi, ne pensé-je pas du tout à la contrainte physique; mais étant donné sa pleutrerie, je crois que la simple menace...

Gleicher l'interrompit avec sévérité.

— Il n'est même pas question de cela. Jamais le spectre de la torture, ou de la contrainte physique comme vous dites, ne sera évoqué dans mon service. Je ne pourrais plus dormir si je m'abaissais à de tels procédés... C'est par la *psychologie* que nous devons agir, Otto, ajouta-t-il sur un ton radouci; et, dans ce cas particulier, j'y ai longuement réfléchi, je suis sûr que nous possédons une arme infiniment plus efficace que la violence.

— Peut-être, dit Otto sans conviction.

— Vous en doutez ? Vous n'avez donc pas encore compris quelle est sa position vis-à-vis de ses chefs ? Vous ne devinez pas qu'il a mis la trahison sur le compte de l'autre, et qu'il s'est fait passer pour un héros ? Cela seul peut expliquer qu'on l'ait chargé d'une autre mission. Alors, ne croyez-vous pas que cet homme fera n'importe quoi pour que nous gardions le silence ?

Otto regarda son chef d'abord avec surprise, puis avec admiration. Il n'aurait pas cru trouver en lui autant de subtilité. Pendant un instant, un instant très court, il soupçonna d'une manière assez confuse que son plan risquait de l'entraîner dans des voies plus cruelles encore que les méthodes de la Gestapo, mais l'évidence de son efficacité empêcha ses scrupules de se préciser, et il répondit simplement :

— Vous avez raison, mon colonel — c'était la première fois qu'il l'appelait ainsi —. Il est *obligé* de nous obéir. Je suis impardonnable de n'y avoir pas songé. Je vous remercie de m'avoir ouvert les yeux sur l'immoralité et l'inutilité de la torture.

— *Ein Herrendienst,* Otto, avait conclu Gleicher, souriant de satisfaction devant cet hommage.

Arvers n'eut même pas une velléité de révolte lorsque Gleicher lui mit le marché en main. Il ne pouvait en avoir. L'angoisse confuse dans laquelle il vivait jusqu'alors faisait place à une terreur précise, se traduisant par une vision odieuse qui s'imposait à lui à chaque heure du jour et de la nuit :

Le décor était le cabinet du docteur Fog, resté dans sa mémoire comme le repaire d'un personnage mystérieux et redoutable. Le docteur était là, avec Austin et aussi quelques officiers français qu'il avait fréquentés à Londres et qui admiraient sa belle conduite. Claire venait d'entrer, son sourire abominable au coin des lèvres. Il était lui-même assis dans un fauteuil; les autres ne faisaient pas attention à lui.

Arvers did not offer the slighest resistance when Gleicher took him in hand. Such an effort was beyond him. The vague apprehension in which he had been living until then was succeeded by a palpable terror in the form of a ghastly vision that obtruded on him at every hour of the day and night.

The scene was Dr. Fog's office, which his memory depicted as the haunt of a mysterious and forbidding figure. The doctor was there with Austin and a number of French officers Arvers had known in London and who were full of admiration for his brilliant record. Claire had just come in, with that abominable smile on her lips. He himself was sitting in an armchair; the attention of the others was directed elsewhere.

EXERCISE

PRACTICE IN DETERMINING THE SUBJECT AND OBJECT OF THE EMBEDDED INFINITIVE AFTER *FAIRE*

In the space provided after each of the following sentences, indicate whether the italicized nouns or pronouns function as subject (s) or direct object (DO) of the embedded infinitive.

Examples: J'ai fait écrire *mon frère*. *Je l'ai fait...*   *S*

J'ai fait écrire *un devoir* à mon fils.   *DO*

J'ai fait écrire un devoir *à mon fils*.   *S*

Je *l'*ai fait écrire par mon fils.   *DO*

Il *le* faisait *(se)* taire par un geste impérieux.   *S*

a. Gleicher fera parvenir *la bande* aux chefs d'Arvers.   *S*

b. Son idée fixe risque de faire déraisonner *Claire*.   *S*

c. Son idée fixe risque de *la* faire déraisonner.   *S*

d. Arvers s'acharnait fiévreusement à faire travailler
son cerveau. *→ son cerveau travaille*   *S*

e. Il n'a pas pu les dissuader de faire voir *la bande*.   *DO*

f. Ils *l'*ont fait voir à son insu.   *DO*

g. L'instrument a fait entendre *ses balbutiements* par une
belle matinée de printemps. *Par quelqu'un d'autre*   *DO*

h. Gleicher en sait assez pour *nous* faire tous fusiller.   *DO*

i. Je *vous* fais remarquer que j'ai scrupuleusement respecté
nos accords.   *S*

j. Sa réflexion devait être assez intense pour faire abandonner
ses manières serviles *au traître allemand Gleicher*.   *S*

[No translation is supplied.]

Je l'ai fait écrire à mon fils

à - to him / by him.

Le docteur Fog examinait avec curiosité un objet en forme de cylindre aplati. Il le tournait entre ses mains agiles. Par moments, ses traits rappelaient ceux de Gleicher. Il expliquait :

— Cela vient de France. C'est Mademoiselle qui nous l'a apporté. Un document, paraît-il, très intéressant.

— Très intéressant, Sir, chuchotait Claire.

— Très intéressant, Sir, répétait Austin en écho.

— Très, très intéressant, Sir, reprenaient en chœur tous les assistants, comme s'ils savaient de quoi il s'agissait.

— Nous allons bien voir, disait le docteur Fog. Qu'on m'apporte un magnétophone.

— Un magnétophone, qu'on apporte un magnétophone, où y-a-t-il un magnétophone ? répétait le chœur.

Ils s'égaillaient comme une volée de moineaux et se mettaient à fouiller la maison, passant et repassant sans cesse, avec des mines affairées, par les portes du bureau. Le rêve prenait alors pour Arvers une forme particulière d'horreur. Pendant la longue, l'interminable durée de leur recherche, il s'acharnait fiévreusement et en vain à faire travailler son cerveau. Il le harcelait avec une passion farouche pour qu'il inventât un moyen d'empêcher l'audition. Il se consumait en efforts accablants, sans pouvoir en obtenir le moindre prétexte propre à les dissuader de faire passer la bande. Son

esprit, habituellement si fécond, était inerte, paralysé devant ce problème; son imagination, frappée d'impuissance, et la conscience aiguë de cette faillite intellectuelle totale était un des aspects les plus épouvantables de son cauchemar.

L'appareil était enfin apporté. Alors, brusquement, comme sous la baguette d'une fée, la gangue qui emprisonnait les ressorts de son mécanisme cérébral semblait se dissoudre et le don de spéculation lui était rendu. Une idée lui venait pour conjurer définitivement le péril, une idée magnifique dans sa simplicité, et qu'il saluait comme un glorieux miracle de son intelligence. Mais cet éclair d'espérance s'éteignait dans l'instant même et son supplice prenait une nouvelle forme : à peine commençait-il à se féliciter de sa merveilleuse découverte, à peine se sentait-il ébloui, dans l'incohérence de son hallucination, par la subtilité de cette parade, que la paralysie physique, succédant à l'impuissance mentale, s'opposait à son exécution. Il ne pouvait remuer un membre, ni desserrer ses mâchoires crispées. Et ainsi son génie s'était manifesté en vain; car cette prodigieuse trouvaille consistait seulement à se précipiter sur la bande, à la déchirer et à en avaler les morceaux !

Le docteur Fog reprenait le document sans qu'il eût esquissé un geste. Il le fixait sur l'appareil avec des précautions minutieuses. Le rire de Claire éclatait franchement, un chant de triomphe qui décuplait l'acuité de la torture. Arvers tentait maintenant de concentrer les bribes de son énergie dans les muscles de sa gorge. Toute sa volonté était tendue dans un effort pour parler, pour hurler, pour couvrir le son de l'instrument maudit, qui faisait entendre ses balbutiements préliminaires comme la voix grinçante d'un démon annonçant un spectacle infernal. Mais au moment où il pensait y parvenir, où le cri sauveur allait enfin sortir de sa bouche, le docteur Fog s'apercevait de sa présence. Il ressemblait à s'y méprendre à Gleicher, maintenant. Il le faisait taire d'un geste impérieux.

Tous les regards se tournaient alors vers Arvers, et les lamentables supplications de sa voix s'élevaient dans un silence absolu : « *Je parlerai. Je dirai tout; je ferai ce que vous voudrez...* »

25

GRAMMATICAL POINTS

When the embedded infinitive following *faire* takes a subject and a direct object, both having pronominal form, the pronouns both precede *faire*. The direct object is *le, la, l'*, or *les*, and the subject is *lui* or *leur* (the particle *à* plus the third person pronoun subject assumes the form *lui* or *leur*). The order of the pronouns is like that of normal object conjunctive pronouns (*le lui, les lui, le leur*, etc.).

1. *Le docteur fit*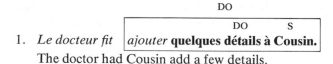
   The doctor had Cousin add a few details.

2. *Le docteur*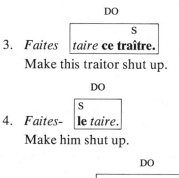
   The doctor had him add them.

Certain reflexive verbs (such as *se taire, s'asseoir, se souvenir*, etc.) regularly, but not obligatorily, omit the reflexive pronoun when they follow *faire*. The reflexive pronoun is also often omitted before verbs following *laisser, mener, envoyer, emmener*, etc. (all of which function like *faire*).

3. *Faites*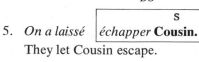
   Make this traitor shut up.

4. *Faites-* **le** *taire.*
   Make him shut up.

5. *On a laissé* **échapper** *Cousin.*
   They let Cousin escape.

6. *On* 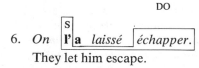 **l'a** *laissé* *échapper.*
   They let him escape.

Certain reflexive verbs following *faire* may not omit the reflexive pronoun without changing the meaning of the sentence. For reflexive verbs retaining the

reflexive pronoun, the subject of the embedded infinitive is not preceded by the particle *à*.

7. *Morvan* **les** *a fait* **se** *connaître.*

Morvan introduced them to each other (made them acquainted with each other).

8. *Morvan* **les** *a fait* *connaître.*

Morvan made them known (made someone know them).

The sound of that voice set in motion such painful vibrations in his body that he woke with a start. He was not in London but sprawled in an armchair in his living room, from which he had not moved for some time. He tried to persuade himself that this ridiculous dream was the product of a morbid imagination. It could not possibly happen like that in real life. He would find some way of warding off the danger. He had got himself out of many tight spots before. But first of all he would have to find a means of defense against this excruciating nightmare constantly hovering around him, waiting to overwhelm him the moment he was off guard. And in order to gain the upper hand in this struggle, his nature could conceive of only one weapon, one single strategem—to charm away the diabolical obsession with the virtues of some other obsession of his own choosing and deliberately invoke a divine hallucination in colors bright enough to obliterate the first. He sometimes actually succeeded in doing so.

It was by no means an easy business. A desperate mental effort was needed for him to create the illusion that he was still a man of honor. Gleicher had done nothing to make this task any easier. He despised him to such an extent that he did not even bother to conceal his true intentions. He made no attempt to lend the least plausibility to the pretext he had invented in order to draw an important member of the Allied services into his clutches. His attitude could leave no doubt in Arvers' mind as to the infamy of his conduct. And yet, during those pathetic moments when he feverishly tried to find some antidote to the haunting nightmare, he frequently succeeded in convincing himself that his behavior had been dictated

La résonance de cette voix entretenait dans son corps des vibrations si douloureuses qu'il se réveilla. Il n'était pas à Londres, mais prostré dans un fauteuil de son living-room, qu'il ne quittait guère depuis quelque temps. Il se répéta plusieurs fois que ce rêve absurde était le fait d'une imagination morbide. Cela ne pouvait se passer ainsi dans la réalité. Il trouverait un moyen d'écarter cette menace. Il avait échappé à bien d'autres périls. Mais il lui fallait d'abord se défendre contre ce cauchemar lancinant qui planait sans cesse autour de lui, guettant une seconde d'inattention pour l'accabler. Et pour mener à bien ce combat, sa nature ne pouvait concevoir qu'une seule arme, un seul artifice : conjurer l'obsession diabolique par les vertus d'une autre obsession de son choix; susciter volontairement une hallucination paradisiaque aux couleurs assez vives pour effacer la première. Il y parvenait parfois.

Ce n'était pas une tâche aisée. Un labeur spirituel écrasant lui était nécessaire pour se créer l'illusion d'être encore un homme d'honneur. Gleicher n'avait rien fait pour lui faciliter la besogne. Il le méprisait tellement qu'il ne s'était même pas donné la peine de l'abuser sur ses véritables intentions. Il n'avait pas cherché à rendre plausible pour lui le prétexte qu'il avait inventé en vue d'attirer dans ses griffes un personnage important des services alliés. Son attitude ne pouvait laisser de doute raisonnable à Arvers sur la traîtrise de sa conduite. Et cependant, en ces instants pathétiques où il cherchait fébrilement un remède à la hantise du cauchemar, il réussissait souvent à se convaincre que tous ses actes étaient dictés par un ardent pa-

by an ardent sense of patriotism in the interests of the Allied cause. Such is the sovereign power of the human mind; such is its sublime dishonesty.

[See Appendix 1 for English translation.]

triotisme, dans l'intérêt de la cause alliée. Telle est la puissance souveraine de l'esprit; telle est sa sublime mauvaise foi.

Ce jour-là, comme les jours précédents, il s'ingénia à rassembler les misérables arguments qu'il estimait propres à étayer cette thèse, à les faire briller avec une patience infinie, puis à les orienter dans le sens indispensable à sa suprême illusion.

Après tout, s'il ne cherchait pas à le persuader de la pureté de ses intentions, Gleicher n'avait jamais déclaré positivement qu'il s'agissait d'une ruse de guerre. Rien ne prouvait qu'il ne désirât pas sincèrement entrer dans la voie de la collaboration. — Il est vrai qu'il s'était bien gardé de l'interroger à ce sujet, tant il redoutait une réponse brutale, lui interdisant tout espoir. — Ce point était une base de départ fragile, mais suffisante pour que son rêve commençât à s'y développer, faisant bientôt briller l'évidence de sa droiture et de sa perspicacité.

Alors..., alors, il devenait le promoteur d'une des plus importantes tractations de cette guerre. Lui, Arvers, l'agent secret traqué par plusieurs polices, à qui ses chefs ne fournissaient pas des moyens dignes de lui, il réussissait le tour de force d'amener l'ennemi à croire en sa défaite et à rendre les armes. Peu de personnages dans l'histoire avaient manœuvré avec une habileté aussi géniale. Parmi les princes de l'intrigue dont les noms lui venaient à l'esprit, aucun n'avait résolu de problème comparable à celui-là dans des conditions aussi difficiles. Et c'était dans son apparente soumission à Gleicher que sa subtilité se manifestait avec le plus vif éclat. En fait, c'était lui qui inspirait chacune de ses démarches et qui le dirigeait à son insu.

EXERCISE

PRACTICE IN DETERMINING THE SUBJECT AND OBJECT OF THE EMBEDDED INFINITIVE AFTER *FAIRE*-TYPE VERBS

In the following sentences replace the subject and object nouns (phrases) of the embedded infinitives by the appropriate pronouns. Rewrite the entire sentence in each case.

Examples: Laissez lire le document à Arvers.

Laissez-le-lui lire.

J'ai fait asseoir l'agent secret.

Je l'ai fait asseoir.

Faites s'arrêter les coureurs.

Faites-les s'arrêter.

a. Il faisait taire Arvers d'un geste impérieux.

Il le faisait taire d'un geste impérieux

b. Le docteur Fog a fait apporter le magnétophone par le caporal.

Le " " le lui a fait →

c. Gleicher fit apporter l'appareil à son adjoint.

le lui

d. Nous avons envoyé chercher Arvers.

Nous l'avons envoyer chercher

e. Il a fait observer aux autres agent qu'ils se trompaient.

Il le leur a fait observer

f. Je ferai réciter la traîtrise de sa conduite à Arvers.

Je la lui ferai réciter

g. Il essayait de faire battre ensemble les hommes de la Gestapo et de l'Abwehr.

(se) fight each other.

Il essayait de les faire battre

h. On lui a conseillé d'envoyer promener Gleicher et Otto.

de les envoyer promener

i. La sonnerie du téléphone a fait retourner Arvers.

l'a fait retourner

j. Un réflexe acquis depuis quelques semaines fit Arvers se précipiter vers l'appareil.

l'y fit se précipiter

le fit s'y précipiter

[No translation is supplied.]

Je l'ai fait (se) battre

Never lui because of the

reflexive (se)

En général, il ne poussait pas la composition romanesque au-delà de cette étape : la soumission de l'Abwehr, provoquée par ses combinaisons et par la domination qu'il exerçait dans l'ombre sur Gleicher. Il trouvait un apaisement convenable en prolongeant la contemplation de ce simple résultat, et semblait éprouver, depuis les événements récents, une sorte de timidité à s'aventurer vers les plus hautes considérations.

Aujourd'hui, pourtant, il s'enhardit à laisser l'hallucination croître en beauté et en puissance, suivre librement sa voie naturelle, se développer peu à peu dans les régions interdites à l'humanité vulgaire, et finalement envahir le royaume glorieux de ses anciennes chimères, ranimant en lui les exaltations d'autrefois :

Le coup porté à l'ennemi devait être exploité sur-le-champ. Il agissait avec la rapidité de l'éclair. L'amiral Canaris s'étant mis au service des Alliés, il exigeait de lui — il ne traitait plus qu'avec l'autorité supérieure; Gleicher était réduit à un rôle d'agent de liaison —, il exigeait de lui qu'il s'emparât du Führer, comme preuve de sa fidélité. Il n'admettait aucune échappa-

toire, aucun délai, aucune excuse. Le complot monté à son instigation réussissait au-delà de toute espérance. Hitler et tout l'état-major nazi étaient capturés. Ils lui étaient livrés une nuit, pieds et poings liés, et il les amenait lui-même en Angleterre après mille péripéties. C'était sa dernière mission. La nouvelle de cette capture éclatait brusquement dans le monde, entraînant la cessation immédiate des hostilités. La rumeur publique commençait à murmurer que cet exploit était le fait d'un seul homme, un héros obscur, à qui il était seulement permis maintenant de se montrer au grand jour. Ces bruits ne tardaient pas à être confirmés par les voies officielles.

The sudden revelation of his valor marked the culminating point of his dream, the well-nigh inaccessible summit toward which all his efforts were directed and beyond which it was impossible to progress any further. Even to maintain a footing there made a considerable demand on his intellectual resources and, as usual, involved a number of precise material details to bolster his enthusiasm. He promptly applied himself to this task, exploring the various means of communication by which the news would, to use the expression he kept turning over in his mind, "burst upon the world"— the press, the radio . . . The idea of the radio was especially attractive. He paused for a moment at the vision of a typical family group gathered around their radio, listening to the startling announcement and repeating his name to one another with deference and admiration.

La soudaine révélation de sa valeur marquait le point culminant de son rêve, le sommet difficilement accessible vers lequel tendaient ses efforts, et qui ne pouvait être dépassé. S'y maintenir exigeait déjà la concentration de toutes ses ressources intellectuelles; et cela impliquait comme toujours la découverte de détails matériels précis servant de support à l'enthousiasme. Il se mit à les chercher avec fièvre, passant en revue les divers moyens de diffusion par lesquels la nouvelle *éclaterait* dans le monde, suivant l'expression que son esprit caressait sans cesse : la presse, la radio..., la radio était d'une évocation particulièrement agréable. Il s'attarda devant le tableau d'une famille modeste groupée autour d'un poste, écoutant le communiqué prodigieux et s'essayant avec vénération à prononcer son nom.

The telephone rang. A deathly chill gripped his body and mind, destroying the fruits of his heroic labor. At once he was plunged into the misery of reality all over again. A recently acquired reflex sent him rushing over to the instrument to lift the receiver before the initial ring had ceased. He knew what to expect. This was not the first time that Gleicher or Otto, eager to maintain their ascendency, reminded him of their presence in this way. He no longer dared to move from the living room for fear Claire might answer the phone.

La sonnerie du téléphone retentit. Un froid mortel envahit son corps et son âme, anéantissant les fruits de son héroïque labeur. Il fut replongé sans transition dans les tourments de la réalité. Un réflexe acquis depuis quelques semaines le fit se précipiter vers l'appareil et décrocher le récepteur avant que le premier tintement se fût éteint. Il savait de quoi il s'agissait. Ce n'était pas la première fois que Gleicher ou Otto, désireux de conserver leur emprise, se rappelaient à lui de cette façon. Il n'osait plus quitter le living-room, de crainte que Claire ne répondît à sa place.

It was Gleicher's voice, and in the background he could hear a faint buzzing sound.

[No translation is supplied.]

C'était Gleicher. Sa voix lui parvint par-dessus un bourdonnement lointain.

— Ecoutez, Herr Arvers.

Il connaissait le rite de ces communications. L'Allemand rapprochait le magnétophone de l'appareil. Le récepteur collé à l'oreille, il attendit les phrases qu'il savait par cœur et qui devenaient un peu plus odieuses à chaque nou-

velle audition. Comme d'habitude, la bande avait été insérée avant l'appel, de sorte qu'elle égrenait déjà un passage essentiel : « *Je dirai tout, tout; je ferai ce que vous voudrez...* » L'instrument fut ensuite éloigné du téléphone, et la voix impérieuse de Gleicher reprit :

— Vous entendez, Herr Arvers ? Vous entendez bien ? Pourquoi ne répondez-vous pas ?

— J'entends, murmura Arvers dans un souffle.

— Je trouve que vos amis de Londres ne sont pas pressés... Vous n'y pouvez rien ? Je crois que si, tout de même. Vous avez leur confiance; il s'agit de les décider. Vous devez savoir mieux que moi comment il convient de leur parler pour les convaincre. N'oubliez pas que je vous tiendrai responsable d'un échec.

Il se tut un instant. Le bourdonnement assourdi parvenait encore aux oreilles d'Arvers. Il ne distinguait plus les mots, mais s'évertuait à déterminer le passage d'après l'intonation. Gleicher reprit :

— Peut-être vous imaginez-vous que je n'ai pas les moyens de mettre ma menace à exécution ? Ne croyez pas cela, Herr Arvers. Justement, aujourd'hui, j'ai beaucoup réfléchi aux différents procédés possibles. Il y en a plusieurs, mais l'un d'eux me séduit par sa simplicité, et aussi par son originalité, je l'avoue. Que pensez-vous de cette idée ? Insérer notre bande dans une émission radiophonique publique. Hein ? Vous n'ignorez pas que tous vos services secrets écoutent religieusement Radio-Paris..., sans compter au moins vingt millions de Français... Ainsi, nous nous comprenons bien, Herr Arvers. Je tenais seulement à m'assurer que vous ne cherchiez pas à ruer dans les brancards, comme on dit chez vous.

Il avait fini de parler, mais Arvers l'entendait rapprocher encore le magnétophone pour qu'il pût percevoir distinctement les dernières phrases. Il y eut enfin un déclic sur la ligne. Il retomba inerte dans son fauteuil. Le cauchemar planait déjà au-dessus de sa tête, prêt à fondre sur lui, et il n'était plus question de rappeler à son secours les phantasmes sauveurs. L'allusion de Gleicher à la diffusion radiophonique lui faisait l'effet d'une douche glacée et infecte, souillant éternellement l'apothéose de son rêve et rendant dérisoires les farouches combats de son esprit.

C'est ainsi que le colonel comte von Gleicher se rappelait à Arvers, de temps en temps, à intervalles irréguliers et à des heures très diverses. Il avait une âme de seigneur et non de

In this way Colonel Count von Gleicher occasionally reminded Arvers of his presence, at irregular intervals and at various times of day. He had the mind of a gentleman and not a

policeman, as he never ceased to proclaim. His sense of honor bristled at the thought of resorting to physical pressure to break down a human being's resistance. The noble and infinitely more effective weapon he had decided to use in this special form of warfare (he had impressed this on Otto, who had at last understood) was *psychology*.

policier, comme il aimait le répéter. Son honneur se hérissait à la pensée que l'on pût employer la contrainte physique pour abattre la résistance d'un être humain. L'arme noble et efficace qu'il avait décidé d'utiliser dans cette guerre spéciale (il l'avait déclaré à Otto, qui l'avait enfin compris) c'était la *psychologie*.

26

GRAMMATICAL POINTS

An embedded construction that modifies an **antecedent** (ANT) in the next higher clause is a **relative clause**. The pronoun that refers to the antecedent is a **relative pronoun** (RP) and functions as the subject, direct object, or nondirect object of the relative clause.

RELATIVE PRONOUN AS SUBJECT

                                   ANT   RP

1. *Gleicher pénétra dans une des deux pièces* **qui** *composaient le bureau.*
   Gleicher entered one of the two rooms that made up the office.

RELATIVE PRONOUN AS DIRECT OBJECT

                    ANT RP

2. *Il s'est assis à la place* **qu'***Otto lui a cédée.*
   He sat down in the seat that Otto surrendered to him.

RELATIVE PRONOUN AS NONDIRECT OBJECT

                          ANT   RP

3. *Il examinait soigneusement les vins français* **pour lesquels** *il éprouvait une faiblesse.*
   He carefully examined the French wines for which he experienced a weakness.

Qui is used as subject of the verb of the relative clause (sentence 1) whether the antecedent is a person or a thing. Similarly, *que* is used as the direct object of the verb of the relative clause (sentence 2) whether the antecedent is a person or a thing.

A form of *lequel*, agreeing in gender and number with the antecedent, is used as object of a preposition (nondirect object of the verb) in the relative clause (sentence 3) whether the antecedent is a person or a thing. The prepositions *à* and *de*, combining with forms of *lequel*, give: *auquel, auxquels, à laquelle, auxquelles; duquel, desquels, de laquelle,* and *desquelles.*

"I heard him. I remember the words exactly. He shouted: 'I'll tell you everything, I'll do whatever you wish.' And again, later on: 'I can be extremely useful to you; I have the confidence of my superiors.' What more do you want as proof of his treachery?"

— Je l'ai entendu. Il a crié, j'ai bien retenu ses paroles : « Je dirai tout, tout; je ferai ce que vous voudrez. » Et encore, un peu après : « Je peux vous être très utile; j'ai la confiance de mes chefs. » Que vous faut-il de plus comme preuve de sa trahison ?

Deeply moved by Claire's agitation, Austin gently increased the pressure of his arm around her shoulder to try to calm her down.

[See Appendix 1 for English translation.]

Austin, ému par le bouleversement de Claire, resserra un peu l'étreinte de son bras pour tenter de la calmer.

Arrivé en France quelques jours auparavant, il n'avait pas encore révélé sa présence à Arvers. Il voulait s'entretenir auparavant avec la jeune fille. Il lui envoya un message chez sa mère, fixant un rendez-vous à l'entrée d'un cinéma de Rennes, comme il le faisait autrefois. Ils n'avaient échangé que des mots insignifiants avant d'être assis côte à côte dans l'obscurité d'une salle à moitié vide. Austin se pencha vers elle, passa son bras autour de ses épaules, rapprocha son visage du sien, et commença à l'interroger à voix basse. Il s'était déjà aperçu de sa surexcitation. Elle était visiblement à bout de nerfs et son état inspirait de l'inquiétude à la fois au médecin et au responsable de la mission. En même temps, il ne pouvait se défendre d'un sentiment de pitié, accentué par la position qu'il avait prise qui le faisait participer directement aux frémissements de son corps.

Ses premières paroles ne le rassuraient pas sur son équilibre mental. Elle avait projeté de lui raconter avec méthode comment ses soupçons étaient nés, puis s'étaient confirmés lors d'une visite nocturne de Gleicher; mais elle déraillait dès qu'elle parlait d'Arvers. Sa rage se traduisait en brusques éclats de voix et il dut la rappeler plusieurs fois à la prudence.

— Mon frère n'a jamais trahi. C'est lui, toujours lui.

« Tous les symptômes de l'idée fixe », songea Austin en soupirant. Depuis des mois, elle vit avec la hantise de justifier son frère en prouvant l'indignité de l'autre, et cela commence à se traduire par des hallucinations. Le premier résultat du machiavélisme de mon patron a-t-il été de lui déranger la cervelle ? »

He went on questioning her with infinite patience, concealing his skepticism.

"You say you heard him?"

"Utterly despicable, it sounded. One would have sworn he was groveling at the German's feet."

He asked her to try to put things in their proper order. She made a great effort to pull herself together and started on her story from the beginning.

Puzzled by the change in Gleicher's attitude that night, she had followed behind when he and Arvers went out of the house and had watched them go into the villa next door. There

Il continua à l'interroger avec patience, dissimulant son scepticisme.

— Vous dites que vous l'avez entendu ?

— Une voix lamentable. On aurait juré qu'il se traînait aux pieds de l'Allemand.

Il la pria de mettre un peu d'ordre dans son récit. Elle fit un grand effort pour se calmer et reprit son histoire par le début.

Intriguée, cette nuit-là, par le changement de ton de Gleicher, elle les avait suivis de loin quand ils sortirent, lui et Arvers, et les vit pénétrer dans la villa voisine. Là, elle hésita un long

she had paused for some time. She was furious with herself for having hesitated so long, and her mother had since reproached her in the strongest terms. With a little more presence of mind, she could have heard the beginning of the conversation. She had eventually decided to slip into the garden and had crept up to one of the windows. With her ear glued to the shutters, she had heard the sound of a man's voice and could distinguish a word here and there. It was Arvers' voice, she was absolutely certain. He seemed to be gasping for breath and in the grip of a mortal terror. She had remembered one phrase of his, word for word: "I'll tell you everything, everything! I'll do whatever you wish"; then, a little later on: "I can be extremely useful to you; I have the confidence of my superiors." As though begging for mercy. At first she thought they were torturing him, but she had examined him closely and he showed no signs of ill-treatment on his return. No doubt Gleicher had merely threatened him, and that had been all that was needed.

moment. — Elle se maudissait d'avoir tant tergiversé, et sa mère le lui avait reproché en termes très durs. Avec un peu plus de présence d'esprit, elle aurait entendu le début de leur conversation. — Elle s'était enfin décidée à pénétrer dans le jardin et à s'approcher d'une fenêtre. L'oreille collée au volet, elle avait entendu une voix et distingué quelques paroles; la voix d'Arvers, elle en était sûre. Il paraissait haletant, en proie à une terreur mortelle. Elle avait retenu la phrase : « Je dirai tout, tout; je ferai ce que vous voudrez », et un peu plus tard : « Je peux vous être très utile. J'ai la confiance de mes chefs. » Un ton de supplication. Elle pensa d'abord qu'on l'avait torturé, mais il ne présentait aucune trace de violence à son retour; elle l'avait observé avec attention. Gleicher s'était contenté probablement de le menacer, et cela suffisait avec lui.

EXERCISE

PRACTICE IN DETERMINING THE FUNCTION OF *QUI, QUE,* AND FORMS OF *LEQUEL*

In the following sentences isolate the antecedent (ANT) from the higher clause and the relative pronoun (RP) from the relative clause and write them in the space following each sentence. Indicate the function of the RP (S, DO or NO).

Examples: C'était *lui qui* avait trahi.

ANT RP
lui, qui (S)

Il ne négligeait pas les *plaisirs qu*'ils pouvaient se procurer à bon compte.

ANT   RP
plaisirs, qu'(DO)

Sa fonction officielle était inscrite sur la *porte devant laquelle* il arrivait en soufflant un peu.

ANT   RP
porte, devant laquelle (NO)

a. C'est toujours lui qui se dérange.

lui   qui   S

b. La physionomie de Gleicher exprimait maintenant une autorité qui n'aparaissait pas dans la rue.

autorité qui s.

c. Il prenait une pile de documents que lui présentait son assistant.

une pile que   D.O.

d. C'est une longue histoire que notre service semble bien avoir reconstituée.

longue his que DO.

e. Mais c'est justement cette question à laquelle vous n'avez pas répondu.

quest. à laq.   NO.

f. Il est au courant du contenu de la bande auquel je m'intéresse.

contenu auq.   No

g. C'est là une conduite assez étrange, mais qui peut probablement s'expliquer.

conduite qui   S.

h. Il dépendait entièrement de Gleicher pour les renseignements qu'il fournissait.

rens   que   D.O

i. C'est cette déclaration qui lui procurait un plaisir singulier.

dect. qui s.

j. Ils ne se rendent pas compte des conditions dans lesquelles on travaille dans la clandestinité.

condit dans big NO.

[No translation is supplied.]

Ensuite ? Quelqu'un tira des rideaux épais derrière la fenêtre, étouffant le bruit. Elle n'entendit plus rien. Mais n'était-ce pas suffisant ?... Et cela s'était certainement passé ainsi à la ferme Lachaume. C'était lui qui avait trahi, et pas son frère.

Austin l'observait dans la pénombre, incertain, cherchant passionnément sur son visage les éléments d'un diagnostic. Il était possible qu'elle eût imaginé toute l'histoire à partir de quelques mots mal interprétés. Il fut cependant impressionné par la continuité de son récit et par la répétition fidèle des phrases d'Arvers. Elle était redevenue assez maîtresse d'elle-même pour lui donner d'autres détails.

— Depuis cette date, il a changé. Il se méfie de moi encore plus qu'autrefois. Il a eu d'autres entrevues avec Gleicher; mais c'est toujours lui qui se dérange et qui va chez celui-ci. Il a reçu plusieurs appels téléphoniques, au cours desquels il ne parle presque pas, se bornant à répondre d'une voix terrorisée : « Oui..., d'accord..., c'est entendu. » Après ces communications, il est livide. Il reste effondré dans son fauteuil, à demi évanoui. Il ne s'écarte pas du téléphone. Il a peur de me laisser répondre... mais je saurai ce qu'on lui dit. J'ai maintenant un moyen.

— Quel moyen ?

Elle lui avoua sans hésiter que, la veille, profitant justement d'une visite d'Arvers à Gleicher elle avait réussi à brancher un de ses écouteurs sur la ligne. De sa chambre, elle entendrait toutes les conversations.

Austin réprouvait ce procédé. Cependant, réfléchissant à l'importance d'une trahison éventuelle, il ne se sentit pas le droit de s'y opposer. D'autre part, elle était si bien persuadée de la scélératesse d'Arvers qu'aucun raisonnement ne la ferait changer d'opinion. Le mieux était de la laisser aller jusqu'au bout, profiter de sa ruse, que le résultat justifierait si elle avait raison, et lui prouver son erreur si l'écoute montrait qu'elle s'était trompée... A moins qu'elle ne fût complètement folle ? Il la

regarda encore. Elle parut deviner ses soupçons et se força à parler sur un ton posé.

— Ne croyez pas que je me fasse des idées. Je vous jure que je ne me suis pas trompée. J'ai noté ses paroles le soir même pour ne pas faire d'erreur. Voulez-vous voir mon carnet ?

Son sang-froid retrouvé influa beaucoup sur la décision d'Austin. En quelques minutes, il établit son plan de bataille. Il lui expliqua d'abord rapidement ce que contenaient les messages confidentiels de la proposition de Gleicher. Elle se doutait d'une manœuvre de ce genre et ne voulait voir là qu'un piège tendu avec la complicité d'Arvers. Il ne discuta pas et lui donna ses instructions.

— Je l'appellerai demain matin pour le prévenir de mon arrivée. Je lui dirai que l'offre intéresse les Alliés, et que je suis venu pour y répondre, ce qui est vrai d'ailleurs. Je lui demanderai de me préparer une entrevue avec Gleicher et Otto. Il téléphonera certainement. Alors...

Il eut un dernier scrupule, qui fut balayé par le souvenir des dernières recommandations du docteur Fog.

— Alors, écoutez soigneusement tout ce qu'ils se diront et prenez-en note. Nous verrons d'après cela si je dois aller au rendez-vous, et quelles mesures de sécurité je dois prendre. Surtout, ne laissez percer aucun soupçon.

Elle promit de lui obéir en tout point. Ils sortirent de la salle sans avoir été remarqués et se séparèrent devant le cinéma. Il resta longtemps perplexe, regardant sa silhouette se perdre parmi les passants.

27

GRAMMATICAL POINTS

When the nondirect object of the verb in a relative clause refers to persons, the preposition plus *qui* form is frequently used (*à qui, de qui, pour qui,* etc.) instead of the preposition plus *lequel* form.*

RELATIVE PRONOUN AS OBJECT OF PREPOSITION (EXCLUSIVELY PERSONS)

ANT   RP

1. *Otto connaissait bien* **Gleicher à qui** *la Gestapo était odieuse pour de multiples raisons.*

   Otto was well acquainted with Gleicher who hated the Gestapo (to whom the Gestapo was hateful) for many reasons.

The relative pronoun *dont* (actually *de* plus RP) refers to antecedents in a higher clause without regard to gender or number.

RELATIVE PRONOUN AS OBJECT OF PREPOSITION (DONT)

ANT   RP

2. *Ils ont effectué des* **arrestations** *spectaculaires* **dont** *nous avions peu besoin.*

   They made some spectacular arrests which we hardly needed.

ANT   RP

3. *Gleicher demandait des explications à son* **adjoint dont** *les réponses lui paraissaient insuffisantes.*

   Gleicher asked for explanations from his aid whose answers didn't seem to satisfy him (the answers to which appeared insufficient to him).

ANT   RP

4. *Le vieux* **Lachaume** *dans la ferme* **duquel** *la Gestapo fit irruption fut tué.*

   Old Lachaume whose farm was invaded by the Gestapo (the farm of whom the Gestapo burst into) was killed.

The invariable form *dont* normally replaces *de* plus a form of *lequel* (i.e., *dont* instead of *duquel, desquels, de laquelle, desquelles*). See sentence 2.

Dont is used as a prepositional modifier of a subject or object having an antecedent in a higher clause (sentence 3).

---

* *Lequel* may not be used after *en* when referring to persons, but it must be used after *parmi* and *entre* when referring to persons:

Un agent **en qui** *je crois.*

Les traîtres **parmi (entre)** *lesquels ils ont trouvé Cousin.*

Dont may not be used for *de* plus a form of *lequel* when a prepositional construction occurs between the antecedent and the modifying relative pronoun (sentence 4): *Le vieux Lachaume dans la ferme* **duquel** (or **de qui,** but never **dont**) *la Gestapo fit irruption, fut tué.*

"Is that you, Herr Arvers? What, you're surprised I recognize your voice? But it's very characteristic, you know; no one who has heard it once is likely to forget it. What can I do for you . . . ? Yes, yes, I see, very interesting. At last! Hold the line a moment, will you . . ."

Gleicher frequently assumed this bantering tone with Arvers. He seemed to delight in alternately terrifying and humiliating him. He put his hand over the mouthpiece to say softly to Otto, who was sitting opposite him writing:

"They're biting."

Otto interrupted his work and took the receiver his chief handed to him.

"Really? Someone very important, you say?"

"It's my immediate superior from London," Arvers replied. "He has already been here. He is familiar with all the French side of the business and has been detailed to arrange a meeting with someone of even greater importance."

This was exactly what Austin had told him to say. Claire, who was listening in upstairs, heaved a sigh of disappointment at hearing not a single suspect word. True, Gleicher's tone was slightly peculiar, but that was not sufficient proof for Austin.

"Where will the meeting be held? But at your place, of course, Herr Arvers. You know what confidence I have in you! Naturally there'll just be the two of you, no one else."

[See Appendix 1 for English translation.]

— C'est vous, Herr Arvers ?... Quoi, cela vous étonne que je reconnaisse votre voix ? Pourtant elle est très caractéristique; on ne peut s'y tromper quand on l'a entendue une fois. Qu'y a-t-il donc pour votre sevice ?... Ah, ah, très intéressant. Enfin !... Une seconde, voulez-vous.

Gleicher reprenait assez souvent ce ton de persiflage avec Arvers. Il semblait éprouver du plaisir à le terroriser et à l'humilier tour à tour. Il appliqua sa main sur l'appareil, pour murmurer à Otto, qui écrivait en face de lui :

— Le poisson mord.

Otto interrompit son travail et saisit l'écouteur que lui tendait son chef.

— Vraiment ? Vous dites : un personnage important ?

— C'est mon chef de Londres, répondit Arvers. Il est déjà venu ici. Il est au courant de toutes les affaires françaises et il est accrédité pour préparer une entrevue avec quelqu'un de plus important encore.

C'était exactement ce qu'Austin lui avait prescrit de dire. Claire, qui écoutait dans sa chambre, fit une grimace de désappointement en n'entendant aucune parole suspecte. Seul, le ton de Gleicher était insolite; mais ce n'était pas une preuve suffisante pour Austin.

— Où aura lieu la rencontre ? Mais chez vous, Herr Arvers. Voyons, vous connaissez la confiance que j'ai en vous ! Bien entendu, vous serez seul avec lui.

— C'est entendu, fit la voix d'Arvers.

Gleicher fixa le rendez-vous pour le surlendemain dans la nuit, puis continua sur un ton autoritaire :

— Je crois qu'il est superflu de vous recommander une dernière fois de vous en tenir strictement à mes ordres.

Claire reprit de l'espoir. Elle souligna le mot « ordres » dans le carnet où elle notait la conversation.

— J'espère que vous n'avez rien dit qui puisse éveiller la méfiance de votre chef.

— J'ai suivi nos accords à la lettre.

— Nos *accords !*

Ce terme correspondait à une timide tentative d'Arvers pour ne pas perdre la face vis-à-vis de lui-même. Il ne pouvait se considérer

The questions and answers succeeded one another at sufficiently long intervals for her to have time to grasp the general meaning and also appreciate the various fine distinctions. The more humble Arvers' tone became, the more impatient and sarcastic was Gleicher's. As a matter of fact, the word "agreement" had filled him with cold fury and he was only pretending not to understand so as to force Arvers to confess his ignominy out loud, well aware what such a confession would cost him even in the absence of witnesses. The same sort of urge had led him to make not the slightest effort to conceal his maliciousness. He refused to allow Arvers the meager satisfaction that even the mildest reassurance on that score would have brought him.

"What roll do you mean?" he repeated, after a heavy silence on Arvers' part.

[No translation is supplied.]

comme un traître; il servait d'intermédiaire pour des pourparlers délicats entre chefs ennemis, voilà tout. Loin de Gleicher, il s'était enhardi à prononcer ce mot, qui éclairait l'affaire d'une lumière rassurante.

— Nos *accords !*

Le sarcasme contenu dans l'exclamation le cingla comme une gifle. Dans la marge du carnet, Claire marquait en signes conventionnels les changements de ton. Malgré sa rage, Arvers ne se risqua pas à répliquer. Une fois encore, il craignait une réponse qui lui interdît toute illusion.

Il osa cependant demander des précisions sur un point. Il le fit avec un accent de prière, après s'être juré plusieurs fois en vingt-quatre heures qu'il prendrait une attitude ferme pour discuter le marché.

— Monsieur Gleicher, il est bien entendu que, si tout se passe bien... si vous êtes content de moi, ajouta-t-il d'une voix tremblante pour l'amadouer, vous me donnerez le rouleau ?

C'était sa seule demande du premier jour, presque une condition qu'il avait trouvé le courage de poser. Gleicher avait promis, pour s'éviter une discussion inutile.

Claire écrivit rapidement, puis marqua un temps d'arrêt, perplexe, attendant des explications.

— Le rouleau ? Quel rouleau ?

Les questions et les réponses se succédaient à un rythme assez lent pour qu'elle eût le temps d'en comprendre le sens et de réfléchir aux diverses nuances. Plus le ton d'Arvers se faisait humble, plus celui de Gleicher devenait impatient, sarcastique. En fait, le mot « accords » avait fait naître en lui une colère froide et il feignait l'ignorance pour obliger Arvers à confesser tout haut son ignominie, devinant parfaitement ce qu'un tel aveu lui coûtait, même en l'absence de témoins. Un sentiment analogue l'avait incité à ne faire aucun effort pour lui dissimuler ses desseins malveillants. Il ne voulait pas lui accorder la pauvre satisfaction que lui aurait apportée la moindre assurance à ce sujet.

— De quel rouleau voulez-vous donc parler ? répéta-t-il après un silence oppressé d'Arvers.

— Mais... vous savez bien.

— Moi ? Je vous assure que je ne vois pas.

Il se moquait de lui ouvertement. Arvers crispa les poings. La perversité de l'intention

ne lui échappait pas. La rage lui donna un accent moins pitoyable pour répliquer.

— Enfin, le disque, le ruban du magnéto-phone. Je ne sais pas comment vous appelez ça !

— Ah, vous voulez dire — le ton de remon-trance polie était plus insultant que la pire des injures —, vous voulez dire la bande ? Il faut parler fançais, Herr Arvers. J'y suis, mainte-nant. Vous voulez dire la bande qui vous rap-pelle de si fâcheux souvenirs, à propos de la ferme Lachaume ?

Claire eut un étourdissement. Son émotion était si forte qu'elle faillit lâcher son stylo. Arvers reprit, de nouveau implorant.

EXERCISE

PRACTICE IN DETERMINING FORMS FOR REPLACING *DONT*

In the space provided after each of the following sentences, write in a substitute form if the italicized preposition and relative pronoun may be replaced by some form containing an RP other than *lequel*. If not, write in the preposition plus the appropriate *lequel* form.

Examples: Il regardait les hommes *auxquels* l'officier donnait les instructions. _à qui_

L'officier à l'adjoint *duquel* il a donné la bande était content. _de qui_

La maison sur le toit *de laquelle* il était monté s'écroula. _de laquelle_

a. La personne *à laquelle* il venait de parler était Gleicher. _à qui_
b. Les agents avec le concours *desquels* il a monté cette affaire furent abattus. _desquels_
c. La patrie, *pour laquelle* chacun doit se sacrifier, exige ce nouveau sacrifice. _pour qui_
d. La maison *de laquelle* Lachaume était propriétaire fut brûlée. _dont_
e. Les serments sur la foi *desquels* il se repose ne valent rien. _desquels_
f. Ce ne fut d'abord qu'une impression confuse, *à laquelle* son esprit tentait de se raccrocher fiévreusement. _à qui_
g. Il s'agit d'un personnage de chez eux *auquel* nous ne pouvons rien refuser. _à qui_
h. Il s'agissait bien du même docteur Fog, psychiatre réputé dans les milieux médicaux avec *lequel* il avait été en correspondance un peu avant la guerre. _avec qui_
i. L'argent *avec lequel* nous avons réussi à acheter ce traître allemand avait été gaspillé. _avec lequel_

j. Il avait l'impression de tomber au milieu d'un réseau
    d'intrigues machiavéliques déjà tissé, *duquel* son chef
    tenait tous les fils.

dont
duquel

"You promised you would let me have it."

"That fascinating document in which you more than gratify the wishes of those Gestapo swine? One might almost say you even went beyond their demands, Herr Arvers. That's the one you mean, isn't it? You know, I never get tired of listening to that tape and I think I have detected some extremely interesting details that had escaped me before and that perhaps you may not have noticed yourself. Yes, toward the end there's a sort of moaning sound in the background that could not have come from you. I just wondered whether it might be the voice of your colleague—that colleague of yours who, unlike you, gave only a few inarticulate screams. That's the tape you mean, isn't it?"

Claire forced herself to write this down without giving further thought to it. If she had allowed herself a moment's pause to think about the meaning of these words, she would have been incapable of continuing.

"That's the one," Arvers said in an almost inaudible voice. "You promised . . ."

Gleicher interrupted him in biting tones:

"Well then, if I promised, that ought to satisfy you, I should think."

He had noticed a strange gleam in the eyes of his assistant, Otto. He suddenly felt ashamed of his own behavior and wanted to put an end to this conversation as quickly as possible.

"A German officer never breaks his word. I'll keep my promise if you toe the line. You can be quite sure I won't forget to bring this document with me to the rendezvous, Herr Arvers. So if anything should happen to me, your chief would find it on me. . . . See you the day after tomorrow."

"Thank you," Arvers replied in a strangled voice.

[No translation is supplied.]

— Vous m'avez promis que vous me la donneriez.

— Ce document si curieux, où vous comblez vraiment les souhaits de ces porcs de la Gestapo ? On peut dire que vous alliez au-devant de leurs désirs, Herr Arvers. C'est bien de celui-là que vous vouliez parler ? Savez-vous que je ne me lasse pas d'écouter cette bande, et que je crois y avoir décelé des détails très intéressants, qui m'avaient échappé et que vous n'avez peut-être pas remarqués vous-même. Oui, on perçoit vers la fin comme une sorte de gémissement très lointain, qui n'est pas de vous. Je me suis demandé si ce n'était pas la plainte de votre camarade, ce camarade qui n'a jamais poussé que des cris inarticulés, lui ? C'est bien cette bande ?

Claire s'astreignait à écrire sans réfléchir. Si elle s'était accordé un instant de loisir pour méditer sur le sens des mots, elle aurait été incapable de continuer.

— Celle-là même, fit la voix presque imperceptible d'Arvers. Vous m'avez promis...

Gleicher l'interrompit d'une voix tranchante.

— Eh bien, si j'ai promis, il me semble que cela doit vous suffire.

Il avait aperçu une lueur bizarre dans le regard de son adjoint, Otto. Il s'était subitement senti honteux de sa propre comédie et désirait y mettre fin au plus vite.

— Un officier allemand n'a qu'une parole. Je tiendrai ma promesse si vous marchez droit. Soyez certain même que je n'oublierai pas d'apporter le document au rendez-vous. Ainsi, s'il m'arrivait quelque chose, votre chef le trouverait sur moi... A après-demain.

— Merci, prononça Arvers avec peine.

Gleicher resta un long moment silencieux, de mauvaise humeur, se sentant observé avec curiosité par Otto.

— *Schwein !* murmura-t-il enfin.

L'injure s'adressait évidemment à Arvers, mais il n'était pas non plus très content de lui-même. Il était inquiet de s'apercevoir qu'il prenait parfois un plaisir malin à tourmenter sa

victime, sans que son devoir justifiât toujours cette attitude. Il se demanda si son nouveau métier ne développait pas en lui des instincts sadiques.

Il haussa les épaules, cherchant un autre sujet pour dissiper son malaise. Evidemment, il lui donnerait la bande, puisqu'il l'avait promis. Mais comment ce personnage abject pouvait-il être, en outre, aussi stupide ? Ne leur apprenait-on pas dans les écoles ennemies que rien n'est plus facile à copier qu'un pareil document ? Un enfant aurait soupçonné qu'il existait déjà plusieurs exemplaires de celui-ci, en lieu sûr. Ceci l'amena à méditer de nouveau sur sa propre duplicité, puis il se ressaisit et chassa définitivement ces idées importunes.

— Vous avez entendu, Otto; c'est pour après-demain, dans la nuit. Nous n'avons que le temps de nous préparer, vous et moi.

— Ne pensez-vous pas, Herr Doktor, que votre sécurité exige quelques précautions ?

— Aucune précaution. Nous irons tous les deux seuls. Il faut inspirer confiance à cet envoyé de Londres, et ce sera facile si nous jouons bien notre rôle. C'est une bataille de cerveaux et non de muscles... une question de psychologie, je vous le répète, Otto. Nous n'avons rien à craindre de cet Arvers. Il est beaucoup trop lâche pour nous nuire et nous le tenons trop bien.

— Je pensais surtout à son chef. Il me paraît difficile d'admettre qu'il ne se méfie pas.

— Il se méfie, soyez-en certain; mais notre affaire est bien montée; elle a été préparée aussi par d'autres voies. L'histoire doit paraître vraisemblable. C'est à celui qui rusera le mieux. Et puis, ne vous imaginez pas que nous allons rencontrer après-demain le chef de l'Intelligence Service. Ce ne sont tout de même pas des enfants de chœur. Ils auront envoyé un simple délégué. Je vise beaucoup plus haut. C'est pour cela qu'il faut mettre celui-ci en confiance, et nous avons assez de documents originaux à lui montrer pour atteindre ce but. C'est du gros gibier que nous chassons, Otto.

Gleicher voyait loin et mettait de la coquetterie à paraître voir plus loin encore. Son mépris de la Gestapo, qui cherchait seulement le succès facile et immédiat, le poussait à prendre le contrepied de ses méthodes. De plus, après un entretien confidentiel avec le chef suprême de l'Abwehr, il avait obtenu qu'un effort considérable fût fait par d'autres sections pour que sa proposition de pourparlers parût ingénue. Il avait de beaux atouts dans son jeu,

et s'était mis en tête de réussir un coup de maître. Il fit ses dernières recommandations à Otto, avec un soupçon de condescendance.

— Attention de bien vous mettre dans la peau de votre personnage, Otto. C'est vous qui êtes le numéro un, un officier supérieur de l'Abwehr, qui a l'oreille de l'amiral. Moi, je reste dans l'ombre; je ne suis qu'un intermédiaire vénal. Pour Arvers, cela n'a aucune importance; mais, vis-à-vis de son chef, nous devons strictement nous en tenir à la figuration établie depuis longtemps. Tout changement lui paraîtrait suspect.

Otto l'assura qui'l avait eu de nombreuses occasions, depuis longtemps, d'étudier les façons des officiers supérieurs allemands et des autorités de l'Abwehr. Il était certain de pouvoir interpréter ce rôle sans faire de faute. Il lui en donna sur-le-champ quelques exemples, devant lesquels le colonel comte von Gleicher fronça d'abord le sourcil, puis, après réflexion, eut un demi-sourire et daigna se déclarer satisfait.

28

GRAMMATICAL POINTS

The forms *quoi* and *où* may function as relative pronouns. *Quoi* has an indefinite antecedent, whereas *où* has an antecedent designating *time* or *place*.

Except in certain stock expressions, *quoi* is preceded by a preposition.

1. *Voilà* **de quoi** *il s'agit.*
   That's what it's all about.

2. *C'est* **à quoi** *ils réfléchissaient.*
   That's what they were thinking about.

3. *Il ne sait* **quoi** *faire.*
   He doesn't know what to do.

Où often replaces the prepositions *dans, sur, à, vers* plus RP and also may be preceded by the prepositions *par* and *d'*.

4. *La ferme* **où** *Lachaume demeurait fut détruite.*
   The farm in which Lachaume lived was destroyed.

5. *L'instant* **où** *il comprit fut le plus exaltant de son existence.*
   The moment when he understood was the most sublime of his whole life.

6. *Les chemins de traverse* **par où** *elle l'entraîna étaient affreux.*
   The short cuts through which she dragged him were awful.

7. *Le bois* **d'où** *ils sortirent paraissait désert.*
   The woods from which they emerged seemed deserted.

Austin arrived at Mrs. Morvan's grocery just as it was getting dark. Claire was waiting for him there. He had not gotten in touch with her earlier for fear of rousing Arvers' suspicions. Since the meeting with the Germans was to take place that evening, Arvers had asked Claire to spend the night at her mother's place so as to leave the villa free for him, as he had some confidential business to attend to there.

She showed Austin into the back parlor, where the old woman came and joined them after closing the shutters, and gave him a faithful account of the telephone conversation.

"It's all quite clear to me now," she concluded. "What I overheard in the garden was part of the tape recording referring to the Lachaume farm affair. It's conclusive proof of

Austin arriva au crépuscule à l'épicerie de la mère Morvan. Claire l'y attendait. Il n'avait pas communiqué plus tôt avec elle, de peur d'éveiller les soupçons d'Arvers. Le rendez-vous avec les Allemands étant pour cette nuit même, celui-ci avait demandé le soir à la jeune fille d'aller coucher chez sa mère et de lui laisser la libre disposition de la villa, où il devait traiter des affaires confidentielles.

Elle le fit passer dans l'arrière-boutique, où la vieille vint les rejoindre après avoir tiré les volets, et lui fit le récit fidèle de la conversation téléphonique.

— Tout est clair, conclut-elle. Ce que j'ai entendu dans le jardin est un fragment de l'enregistrement, se rapportant à l'ancienne affaire. C'est la preuve matérielle de sa trahison et de

his treachery and of my brother's innocence.
The Germans have him in their clutches and
are using him to lead you into a trap."

[See Appendix 1 for English translation.]

l'innocence de mon frère. Les Allemands le
tiennent dans leurs griffes et se servent de lui
pour vous attirer dans un piège.

Austin se sentait ébranlé par ces détails précis et par les notes de son carnet. L'histoire
était étrange, mais vraisemblable. Il était difficile de mettre cette conversation longue et précise sur le compte d'une hallucination. Il l'exa-
mina encore attentivement, puis tourna son
regard vers la mère, qui n'avait pas dit un mot.
Il connaissait son caractère autoritaire. Elle
affectait en général devant lui un air indiffé-
rent, comme si elle se désintéressait de ces
manigances. Ce soir, pourtant, il surprit chez
elle une expression anxieuse. Elle paraissait
guetter ses réactions. Il fallut ce reflet fugitif
dans ses prunelles, pour lui rappeler qu'elle
était la mère de Morvan : son attitude habituelle tendait à le lui faire oublier.

Brusquement, un soupçon le saisit. Il se
demanda si, bien loin d'être folles, les deux
femmes n'avaient pas consciemment inventé
l'histoire, pour sauver à tout prix la mémoire
du disparu. Un pareil mépris de la justice, au
service d'un amour sacré, le fit frémir; mais
devant le front buté de la vieille Bretonne et
les yeux sombres de Claire, cette monstrueuse
hypothèse ne lui parut pas impossible. Il
l'écarta avec peine, se reprochant de voir partout de la perfidie et des mensonges, depuis
qu'il était devenu l'assistant du docteur Fog.

— Ce rendez-vous est un piège, répéta Claire.
Les paroles de Gleicher prouvent qu'il nous
considère toujours comme ses ennemis mortels.

Austin relut avec attention les notes du carnet, réfléchit un moment, puis parla avec
autorité.

— Je voudrais être sur place, sans être vu.
Je tiens à me rendre compte de leur attitude
par moi-même. Est-ce possible ?

— Nous pouvons nous approcher de la villa
par le bois... et même pénétrer dans le jardin
à son insu. Il y a dans un coin une vieille tour
délabrée, d'où l'on peut surveiller les environs.
Je connais bien la cachette.

Il était évident qu'elle avait déjà utilisé ce
poste de guet. Il ne s'attarda pas à lui poser de
questions et approuva son plan. Ils décidèrent
de partir tout de suite, de façon à arriver longtemps avant l'heure du rendez-vous et éviter
un piège éventuel. La vieille leur souhaita
bonne chance, sans émotion apparente. Elle les
regarda silencieusement s'enfoncer dans la
nuit, puis referma avec soin sa boutique. Alors
seulement, elle murmura des paroles indis-

Austin followed Claire quietly. He had decided to rely on her entirely until he could form his own opinion. As soon as they were outside the village she led the way across some open fields, then through a rather heavily wooded area where the cold made him shiver. He shook off the anxieties that were preying on his mind to devote himself to the more urgent business of trying to avoid revealing their presence. She walked straight ahead without hesitation, although it was pitch dark. On two occasions, when he put his hand on her shoulder so as not lose touch with her, he noticed she was feverishly hot.

She slackened her pace, came to a halt behind a thicket, and whispered in his ear:

"This is the place."

They were almost at the front gate, which had been left half open. After listening for a moment or two, Claire gave a sign for him to follow her. They crossed a path, slipped into the garden, crept along the fence, and entered a sort of tower that must have served at one time as a pigeon loft. This was her hiding place. It had a ladder that gave access to the roof. They climbed up and made themselves as comfortable as possible so as to be able to wait for a long time without shifting their positions.

[No translation is supplied.]

tinctes, d'un air menaçant, presque sans desserrer les lèvres.

Austin suivit Claire docilement. Il avait décidé de s'en remettre à elle, jusqu'à ce qu'il pût se faire une opinion personnelle. Dès la sortie du village, elle l'entraîna à travers les terres, puis vers un bois assez épais, où la fraîcheur le fit frissonner. Il chassa les soucis qui l'agitaient pour se consacrer à la préoccupation la plus urgente : éviter de signaler leur présence. Elle marchait sans hésitation, malgré l'obscurité. A deux reprises, mettant la main sur son épaule pour ne pas la perdre, il s'aperçut qu'elle avait la fièvre.

Elle ralentit l'allure, s'arrêta derrière un fourré, et approcha sa bouche de son oreille.

— C'est ici.

Ils étaient presque devant la grille, qui était entrouverte. Après avoir écouté un moment, Claire lui fit signe de la suivre. Ils traversèrent un sentier, entrèrent furtivement dans le jardin, se faufilèrent le long de la barrière et pénétrèrent dans une sorte de tour qui avait dû servir autrefois de pigeonnier. C'était sa cachette. Une échelle permettait d'atteindre le sommet. Ils s'y installèrent le mieux possible pour pouvoir attendre longtemps sans bouger.

Un croissant de lune commençait d'éclairer le bois. Au fond du jardin, la façade blanche de la villa se détachait sur la masse des arbres. A la faveur d'un nuage, Austin aperçut une lueur filtrant à travers les volets du living-room. Il essaya d'imaginer l'attitude d'Arvers attendant les visiteurs.

Autour d'eux, le bois paraissait désert. Après avoir scruté l'ombre de chaque fourré, il ne put découvrir d'indice suspect. Claire lui montra, à une cinquantaine de mètres, la villa de Gleicher. De ce côté-là aussi, tout paraissait calme. Ils étaient arrivés bien en avance. Ils attendirent ainsi près de deux heures, alertés au moindre craquement, mais sans déceler aucun mouvement qui justifiât leur méfiance.

EXERCISE

PRACTICE IN DETERMINING THE USE OF THE FORMS *QUOI* AND *OÙ*

Wherever possible, replace the italicized forms by either *quoi, où,* a preposition plus *quoi,* or a preposition plus *où.* In sentences where this cannot be done, write nothing.

Examples: Le but *auquel* il tend est admirable. _où_

C'est *sur cela qu'il* s'appuie. _sur quoi_

La maison *de laquelle* il sort est imposante. _d'où_

C'est un homme *en qui* on peut avoir confiance.

a. C'était l'arrière-boutique *dans laquelle* la vieille vint les rejoindre. _où_

b. Le bois *par lequel* ils pouvaient s'approcher de la villa n'était pas loin. _par où_

c. Il y a dans un coin une vieille tour délabrée, *de laquelle* l'on peut surveiller les environs. _d'où_

d. A mon avis, il ne savait *que* dire. _quoi_

e. La grille *devant laquelle* ils se sont arrêtés était entrouverte. _? où_

f. Elle l'entraîna vers un bois *dans lequel* la fraîcheur le fit frissonner. _où_

g. C'est *sur ceci qu'*ils ont porté leur attention. _? sur quoi_

h. C'est le jardin *dans lequel* ils ont pénétré assez facilement. _où_

i. Le siècle *dans lequel* nous vivons ne passera pas inaperçu. _où_

j. Ils l'ont guetté, *sans cela* ils n'auraient jamais pu découvrir sa trahison. _sans quoi_

Suddenly she touched his shoulder, but he, too, had seen it—a rectangle of light in front of Gleicher's villa. Two silhouettes were visible for an instant; then the door closed behind them without a sound.

"Only two of them, as agreed," Austin whispered.

She made no reply. After a minute or two the figures reappeared on the path and passed immediately below them. Claire pointed out Gleicher: she had recognized him by his limp, although his face was partly hidden in a scarf. He had always been sensitive to cold and dreaded the damp at night.

They stopped in front of the gate, scrutinized the house and the immediate surroundings for some time, then entered the garden. Austin, who was observant by nature and whose every sense was quickened, noticed that Gleicher's companion stood aside to let him pass through. He also observed that Gleicher made a gesture of impatience and muttered something under his breath, whereupon Otto hurried in ahead of him. This little scene, on the face of it insignificant, started off a train of thought in Austin's mind; but for the moment he did not

Elle lui toucha soudain l'épaule, mais il avait vu en même temps qu'elle : chez Gleicher, un rectangle lumineux s'ouvrait dans la façade. Deux silhouettes apparurent; la porte fut repoussée sans bruit.

— Ils ne sont que deux, comme convenu, murmura Austin.

Elle ne répondit pas. Au bout d'une minute, les deux ombres redevinrent visibles sur le sentier et passèrent presque à leurs pieds. Claire désigna Gleicher à son compagnon. Elle l'avait reconnu à son allure, quoique son visage fût en partie recouvert d'un foulard. Il avait toujours été frileux et redoutait particulièrement l'humidité de la nuit.

Ils s'arrêtèrent devant la grille, jetèrent un long regard sur la maison et sur les alentours, puis pénétrèrent dans le jardin. Austin, observateur par nature, et dont tous les sens étaient en éveil, remarqua que le compagnon de Gleicher s'effaçait pour le laisser passer. Il nota aussi que celui-ci eut un geste de mécontentement et murmura à voix basse quelques mots brefs. Otto, alors, se hâta de le précéder. Cette petite scène, insignifiante en apparence, déclencha chez Austin un train d'inductions à demi conscientes; mais, sur le moment, il ne les

follow it to its logical conclusion, so eager was he not to miss a single detail of the next act.

[No translation is supplied.]

poursuivit pas jusqu'à leur conclusion logique, tant il était anxieux de ne rien perdre du tableau suivant.

Arvers devait se tenir aux aguets, car il poussa la porte avant que les Allemands eussent frappé et s'avança au-devant d'eux. Il apparut un court instant en pleine lumière. Austin fut frappé par l'altération de ses traits.

— Il n'est pas encore arrivé.

— Pourtant, nous sommes à l'heure, dit Otto, jouant maintenant son rôle avec hauteur.

— Je pense qu'il ne va pas tarder, répondit timidement Arvers.

Ils pénétrèrent tous trois dans la maison, dont la porte fut repoussée, laissant Austin déçu de n'en avoir pas entendu davantage. Claire et lui se remirent aux aguets dans l'obscurité et le silence, portant leur attention sur la villa de Gleicher, persuadés que le danger viendrait de là. Mais elle était bien visible maintenant sous la lune plus haute, et semblait endormie.

Ils attendirent encore pendant plus d'une demi-heure. Vingt fois, Austin avait été tenté de descendre de son perchoir et d'aller au rendez-vous. Il regarda enfin sa compagne qui paraissait affreusement désappointée, et dit, presque avec regret :

— Il ne semble pas y avoir de piège. Ils ne sont que deux. Je vais les rejoindre. Attendez-moi ici.

Il se leva pour sortir de sa cachette, quand une impression enregistrée peu de temps auparavant lui traversa l'esprit : le comportement des deux Allemands devant la grille; le geste instinctif d'Otto pour s'effacer, et la protestation de Gleicher, qui ressemblait à une réprimande. Il acheva le raisonnement ébauché tout à l'heure : Gleicher était le véritable chef. C'était lui qui menait l'affaire depuis le début, qui l'avait montée de toutes pièces. Pourquoi cette tromperie, sinon dans un but hostile ? Le temps qu'il passa à méditer sur ce problème l'empêcha de suivre sa première idée. Il hésitait encore quand un bruit de pas se fit entendre dans la maison. Bientôt, les trois hommes sortirent, éclairés par la lampe de l'entrée.

Ce rendez-vous manqué avait irrité Gleicher. La colère l'empêchait de se cantonner dans son rôle de comparse et il reprenait ses manières arrogantes.

— Croyez-vous, monsieur, dit-il sur un ton glacial, que je vais attendre toute la nuit le bon plaisir de votre chef ? Cela fait une heure qu'il devrait être ici.

"Just give me one more chance. I assure you I really did persuade him to agree to this meeting. I'm sure to hear from him sooner or later, and I'll arrange another appointment at once."

Gleicher hesitated, but the business was too important for him to refuse.

"All right then," he finally agreed, "one last chance—the last chance for *you*. I hope I've made myself clear, Herr Arvers?"

"He may still turn up tonight, for all I know."

"We're not prepared to wait indefinitely. Besides, Otto has to get back to Paris. No, it's off for tonight . . . Just the same," he added after a moment's reflection, "if you do hear from him, let me know. Is that clear? It's your last chance, remember, Herr Arvers."

— Je ne comprends pas, balbutia Arvers. Un empêchement imprévu, certainement. Je vous jure que j'ai fait tout ce que j'ai pu.

— Je ne m'intéresse qu'au résultat. Je vous ai prévenu que je vous rendrai responsable d'un échec.

La voix d'Arvers devint implorante.

— Laissez-moi encore une chance. Je vous assure que je l'ai décidé à avoir cet entretien. J'aurai certainement de ses nouvelles bientôt. Je préparerai une autre rencontre.

Gleicher hésita; mais l'affaire était trop importante pour qu'il pût refuser.

— Soit, une dernière chance, dit-il enfin. La dernière *pour vous*. Vous me comprenez bien, Herr Arvers ?

— Peut-être même viendra-t-il encore cette nuit.

— Nous ne sommes pas à votre disposition. D'ailleurs, Otto doit repartir immédiatement pour Paris. C'est fichu pour cette nuit; ...tout de même, ajouta-t-il après avoir réfléchi, s'il donne de ses nouvelles, faites-le-moi savoir... Vous avez bien compris? Votre dernière chance, Herr Arvers.

GRAMMATICAL POINTS

A relative clause may be embedded in a higher clause that contains a form of the **definite demonstrative pronoun** *celui* as antecedent. Forms of *celui* (*ceux, celle, celles*) may function as subject, direct object, predicate complement, or nondirect object of the verb (or verbal locution) in the higher clause.

DEFINITE DEMONSTRATIVE PRONOUN AS ANTECEDENT SUBJECT

ANT RP
1. **Ceux qui** *parlaient ainsi passaient pour fous.*
   Those who spoke thus were considered mad.

AS ANTECEDENT DIRECT OBJECT

ANT RP
2. *Je regardais* **celui** **qu'***elle regardait.*
   I looked at the one she was looking at.

AS ANTECEDENT NONDIRECT OBJECT

ANT RP
3. *Il pensait à* **celle** **qui** *le détestait.*
   He was thinking of the one who hated him.

ANT RP
4. *Son mépris n'était pas comparable à* **celui** **dont** *elle accablait Arvers.*
   Her contempt was not comparable to that with which she harassed Arvers.

AS ANTECEDENT PREDICATE COMPLEMENT

ANT RP
5. *C'est* **celle** **que** *je veux.*
   It is the one that I want.

The indefinite demonstrative pronoun *ce* as antecedent may function as subject, direct object, nondirect object, or prepositional complement of the verb (or verbal locution) in the higher clause.

INDEFINITE DEMONSTRATIVE PRONOUN CE AS ANTECEDENT SUBJECT

ANT RP
6. **Ce** **qui** *m'étonne est de voir cette source intarissable de haine.*
   What surprises me is to see this unquenchable stream of hatred.

AS ANTECEDENT DIRECT OBJECT

ANT   RP

7. *Il sait bien* **ce dont** *il s'agit.*
   He really knows what it's all about.

DO   ND

AS ANTECEDENT NONDIRECT OBJECT

ANT   RP

8. *Claire tient à* **ce** **qu'***Arvers boive.*
   Claire is anxious for Arvers to drink.

ND   ANT   RP

9. *Cela provient de* **ce** **qu'***il a peur.* De Dieu
   That arises from the fact that he is afraid.

Subord.

AS ANTECEDENT PREDICATE COMPLEMENT

ANT   RP

10. *C'est* **ce à quoi** *je pense.*
    That's what I'm thinking about.

Je ne sais quoi faire.

Austin could hear only part of this conversation, but it was enough to lend weight to Claire's accusation: Arvers really seemed to be a tool in the Germans' hands. He was about to go and ask him to account for himself when she suddenly motioned to him to sit down. A faint sound had attracted her attention. The front door opened again and a figure furtively approached the threshold. All the lights inside the house had been switched off, but the sky was sufficiently clear for them to recognize the figure as Arvers. He paused on the doorstep, half hidden behind a pillar, and remained there, motionless and silent, peering out into the darkness.

Alone in the villa after the Germans had left, Arvers had lapsed into a state of gloom.

Austin had not turned up. The reason was obvious: he was suspicious—suspicious of the Germans, of course, but also of him, Arvers. His unique sensitivity to what other people thought about him was infallible. From the tone of Austin's voice over the telephone, he had been able to tell that the Englishman's suspicions were aroused by something in his own behavior.

In spite of his dismay, he made an effort to reason with himself dispassionately. What would he himself, the craftiest agent of all, have done if he had suspected a trap? He would have pre-

Austin n'entendit qu'une partie de cette conversation, mais c'était assez pour donner du poids à l'accusation de Claire : Arvers paraissait vraiment un jouet aux mains des Allemands. Il se préparait à aller lui demander des explications, quand elle l'invita, d'un geste brusque, à se rasseoir. Un léger bruit avait attiré son attention. La porte de la maison fut de nouveau poussée. Une ombre s'avança furtivement sur le seuil. Toutes les lumières étaient maintenant éteintes, mais le ciel était assez clair pour qu'ils reconnussent Arvers. Il s'arrêta sur le perron, à demi caché par un pilier, et resta là, silencieux, immobile, épiant la nuit.

Seul dans la villa, après le départ des Allemands, Arvers avait été assailli par de mornes pensées.

Austin n'était pas venu. La raison de son absence était évidente : il se méfiait; des Allemands, certes, mais par-dessus tout de lui, Arvers. Son singulier pouvoir de divination au sujet de l'opinion que les autres se faisaient de lui ne pouvait le tromper. A travers la voix d'Austin, au téléphone, il avait senti tout ce que celui-ci trouvait de suspect dans sa propre conduite.

Il se força à raisonner froidement malgré son désarroi. Qu'eût-il fait, lui, le plus rusé des agents secrets, s'il avait redouté un piège ? Il aurait feint d'accepter le rendez-vous et sur-

tended to agree to the meeting and then dis-
creetly kept the place under close observation
without revealing his presence. That was probably how Austin had acted. Perhaps he was still
lying in wait at this very moment?

[See Appendix 1 for English translation.]

What could she have said about him? She
loathed and despised him in spite of the heroism of which he had given ample proof. To
have risked his life twenty times over, courted
danger every minute of the day, contended with
a menacing brute regardless of the consequences—all this was to no avail. He had been
prepared to liquidate Bergen. He had changed
his mind only from a sense of duty, to avoid
the inevitable reprisals and the death of dozens
of innocent people. And that idiot girl had
jumped to the conclusion that he was frightened of meeting a man face to face and killing
him! The absurdity of this idea brought a smile
to his lips. How little she knew him! He had
proved himself in this respect as well, but he
could scarcely flaunt his prowess in broad
daylight.

He shook his head to prevent the revival of
other memories that threatened to set his
thoughts on a sinister course. It was his immediate enemies that mattered tonight, particularly Claire. It was Claire's opinion that he
had to contend with. To her he would always
be a coward; nothing would make her change
her mind. Nothing, except perhaps . . .

He turned back into the house for a moment
and disappeared from view. He had no definite
purpose in mind—it was simply that he thought
he had seen a glimmer of hope in the darkness,

veillé discrètement la place, sans se montrer.
C'est probablement ainsi qu'agissait Austin.
Peut-être était-il encore à l'affût ?

C'est à ce point de ses déductions qu'il sortit, après avoir éteint les lumières. La nuit et
la solitude agirent comme des excitants sur son
esprit éprouvé par une longue période de tourments. La forêt lui parut soudain extraordinairement hostile, dissimulant dans l'ombre de
chaque buisson un être acharné à sa perte. Ses
ennemis — tous ceux qu'il se représentait par-
lant de lui en son absence —, il les imagina
réunis ce soir, associés provisoirement par leur
malveillance commune à son égard, dans ce
coin de campagne bretonne. Le docteur Fog
devait être de la partie, qui ne lui avait donné
cette mission que pour mieux l'accabler. Claire
était là, au premier rang. Elle les avait guidés
jusqu'à sa retraite. Elle devait les avoir renseignés sur lui. Austin s'était concerté avec
elle avant de lui téléphoner; chez sa mère, sans
doute, cette vieille sorcière qui le détestait
encore plus que les autres.

Qu'avait-elle bien pu raconter sur son
compte? Elle le haïssait, et le méprisait malgré
l'héroïsme dont il faisait preuve sous ses yeux.
Il ne lui servait à rien d'avoir vingt fois risqué
sa vie, recherché le danger à chaque instant,
affronté une brute menaçante sans s'inquiéter
des conséquences. Il s'était préparé à abattre
Bergen. Il s'était ravisé uniquement par devoir,
pour éviter des représailles aveugles et des
dizaines de morts parmi les innocents. Et cette
folle s'était mis dans la tête qu'il redoutait
d'affronter un homme au corps à corps, de le
tuer ! La dérision de cette idée lui arracha un
sourire amer. Comme elle le connaissait mal !
Il avait fait ses preuves à ce point de vue, également, mais il ne pouvait pas les étaler au
grand jour.

Il secoua la tête avec violence pour arrêter
le réveil d'autres souvenirs qui l'entraînaient
malgré lui sur une pente sinistre. C'étaient ses
ennemis actuels qui importaient cette nuit, en
particulier Claire. C'était l'opinion de Claire
qu'il lui fallait combattre. Pour elle, il serait
toujours un lâche. Rien ne la ferait changer
d'avis. Rien, sinon, peut-être...

Il quitta un moment le perron pour rentrer
dans la maison. Il n'avait pas d'intention raisonnée. Simplement, il avait cru apercevoir une
lueur encourageante dans les ténèbres, et son

and his subconscious had propelled him inside. He was away less than a minute. When he reappeared he was holding in his outstretched hands a small object that neither Claire nor Austin could distinguish clearly. Almost immediately he stuffed it into his pocket, keeping his fist clenched tightly around it.

[See Appendix 1 for English translation.]

inconscient le poussait à se déplacer dans cette direction. Son absence ne dura qu'une minute. Quand il revint, il tenait, entre ses deux mains tendues devant lui, un objet de petite taille que Claire ni Austin ne purent discerner. L'instant d'après, il le fourra dans une de ses poches, où il garda son poing crispé.

Un faisceau de lumière éclaira le sentier. Une voiture sortait du jardin de l'autre villa. Austin se rappela les dernières paroles de Gleicher : Otto repartait pour Paris. L'automobile disparut bientôt. De leur perchoir, ils aperçurent Gleicher qui poussait la grille avant de rentrer chez lui. Quand il se retourna dans la direction d'Arvers, Austin ne le distingua qu'au bout d'un moment, lorsqu'il sortit de l'ombre où il s'était tapi pour échapper aux phares. Alors, la lune l'éclaira en plein. Son regard semblait fixé maintenant sur un point déterminé. Son visage blême était tourné vers l'autre villa.

EXERCISE

PRACTICE IN DETERMINING THE USE OF THE FORM *CE* AND THE FORMS OF *CELUI*

In the space provided after each of the following sentences, indicate which of the italicized forms is the antecedent (ANT) and which is the relative pronoun (RP). Then indicate whether each functions as subject (S), direct object (DO), nondirect object (NO), predicate complement (PC), or subordinating conjunction (SUB C) in its own clause.

Examples: *Ce que* je dis est vrai.

(ANT:S) (RP:DO)
Ce que

Celle dont j'ai parlé est venue.

(ANT:S) (RP:NO)
Celle dont

C'est *ce qui* m'amuse.

(ANT:PC) (RP:S)
ce qui

Ce n'est pas identique à *celui auquel* j'ai songé.

(ANT:NO) (RP:NO)
celui auquel

a. C'est *ce qui* avait attiré son attention.

Ant PC:ce   RP qui (S)

b. *Ce que* l'on conçoit bien s'énonce clairement.

ANT Ce S   RP DO que.

c. La patrie récompense bien *ceux qui* l'ont servie.

ceux ANT DO   RP S

d. Je parle de *celui qui* est mort avant lui.

celui ANT NO   qui S

e. *Ce à quoi* je pense ne saurait vous concerner.

Ce ANT S   à quoi RP NO.

f. Cette affaire n'est pas *ce à quoi* je donne mes soins.

Ce ANT P.C.   à quoi RP. NO.

g. Cette douleur est comparable à *celle qu*'a soufferte Morvan.

celle ANT NO.   RP que DO.

h. Ces affaires ne sont pas *celles dont* vous vous occupez. celles ANT P.C DONT PP ND

i. Claire songe à *ce qu'*Arvers devrait être avec Gleicher. (ce ANT ND) que Subordinator (introducer

j. Je doute de *ce qu'*il soit capable de trahir. ce ANT ND que introducer

---

What had Claire reported? How much did she know, exactly? In spite of all his precautions, had he given himself away at any time during the months they had been living together, especially during the last few weeks? He could not be perpetually on guard; perhaps he might have said something in his sleep? Had she followed him to Gleicher's without his knowing it? She was capable of anything. And if she had, she might have . . .

He uttered an obscene oath. That must be it—she had heard the recording. It made such a noise, such an infernal din; even on the telephone it made his ears ring. . . . And she had faithfully sent every word of it back to London, by means of a special code. All his enemies, both in England and in France, were now aware of the existence of the tape. To get hold of it was the sole purpose of their maneuvers, for Claire's tittle-tattle was not enough; they had to have the material evidence in their hands. That was why Austin had come back to France, and his absence this evening assumed a deeper significance. Since Dr. Fog had ordered him to get hold of the tape at any price, naturally he had to get in touch with Gleicher, but without Arvers' being there.

[No translation is supplied.]

—...Qu'avait rapporté Claire ? Que savait-elle, au juste ? S'était-il trahi devant elle, malgré ses précautions, au cours de ces mois de vie en commun, et surtout pendant les dernières semaines ? Il ne pouvait pas être toujours en état d'alerte. Quelques mots lui auraient échappé, dans son sommeil, peut-être. L'avait-elle suivi jusque chez Gleicher, sans qu'il s'en doutât ? Elle était capable de tout... Et là, elle aurait pu...

Il proféra un juron obscène. C'était bien cela : elle avait entendu l'enregistrement. Il faisait un tel bruit ! un vacarme infernal; même au téléphone, ses oreiles en bourdonnaient... Et elle avait fidèlement transmis chaque phrase à Londres, au moyen d'un code spécial. Tous ses ennemis, en Angleterre et en France, connaissaient maintenant l'existence de la bande. S'en emparer était le but unique de leurs manœuvres, car les racontars de Claire ne suffisaient pas; il leur fallait la possession du document matériel. C'est dans ce but qu'Austin était venu en France, et son absence de cette nuit prenait une autre signification. Le docteur Fog lui ayant donné l'ordre de l'obtenir à tout prix, il devait contacter Gleicher, bien sûr, mais hors de la présence d'Arvers.

L'histoire devenait un peu plus limpide à chaque nouvelle pulsation de son esprit maladif. Qu'avaient-ils besoin de lui, après tout ? Ils attendaient qu'il fût couché pour aller trouver Gleicher et lui proposer un marché. Celui-ci remettrait la bande comme preuve de son bon vouloir, trop heureux de lui jouer un mauvais tour. Il était même très probable que tout était arrangé entre eux à l'avance. Gleicher lui avait joué la comédie. Il était fou de lui avoir fait confiance. Comment faire confiance à un Allemand ? Il trouvait beaucoup plus d'avantages à traiter avec Austin qu'avec lui. Non seulement, tous le considéraient comme un lâche, mais ils le tenaient pour quantité négligeable.

La machination ne présentait plus aucun point obscur. Gleicher demeurait seul à sa villa pour conclure le marché... seul, avec la bande du magnétophone.

Ce mélange de perspicacité et de divagations fiévreuses aboutissait à une conclusion d'une logique et d'une pureté telles qu'il en éprouva une jouissance mentale oubliée depuis longtemps : la certitude d'avoir recouvré toute la puissance et toute l'acuité de son intellect.

Son destin se jouait sur ce document et sur son possesseur actuel. D'un seul coup, par un geste que son inconscient avait préparé et que son esprit commençait à analyser avec précision, il pouvait à la fois s'emparer de celui-là, et confondre ses ennemis en leur prouvant qu'il était capable d'accomplir le plus épouvantable et le plus méritoire de tous les actes. Le plan théorique était parfait. Il ne restait plus qu'à susciter l'audace du corps.

Eh bien, ils allaient voir ! La simplicité et la beauté de son raisonnement avaient allumé un brasier dans sa chair et dans ses muscles. Racheter son honneur et, en même temps, s'imposer à ses adversaires avec ses vraies dimensions de héros, au moment où ils croyaient tenir la victoire, c'était une perspective d'une volupté enivrante, la seule susceptible d'un enthousiasme souverain, la seule qui pût réduire au silence les instincts de sa nature craintive.

Avant qu'il ne se décidât à faire le premier pas, le souvenir que lui avait arraché tout à l'heure un sourire supérieur de dérision se présenta de nouveau à son esprit : Claire était absolument dépourvue de perspicacité; il savait bien, lui, qu'il était capable de tuer, dans certaines circonstances ! Il n'essaya plus de chasser le fantôme. Il puisa, au contraire, une excitation supplémentaire dans sa contemplation et, la main toujours crispée dans sa poche, descendit d'un pas ferme les marches du perron.

30

GRAMMATICAL POINTS

Depending on the meaning of the verb, grammatical relations other than agent may assume the subject relation in a sentence.

DIRECT OBJECT REPLACES SUBJECT

      S   DO   S

1. *Elle ouvre* **le magasin** *à cinq heures.*
   She opens the store at five o'clock.

2. **Le magasin** *ouvre à cinq heures.*
   The store opens at five o'clock.

INSTRUMENTAL ADVERBIAL REPLACES SUBJECT

      S   ADV   ADV

3. *Elle ouvre la porte* **avec cette clef.**
   She opens the door with this key.

4. **Cette clef** *ouvre la porte.*
   This key opens the door.

    The subject may function as source (SO), goal (GO), equatant (EQ), actant (AC), or agent (AG). Agent is always animate and implies deliberate intervention ("will" or "volition"). Acant undergoes the action. Equatant implies a predicate complement. The subject may exercise more than one function at the same time.

SUBJECT AS AGENT/SOURCE

      AG/SO

5. **Le psychiatre** *a envoyé un message à Arvers.*
   The psychiatrist sent a message to Arvers.

SUBJECT AS AGENT/GOAL

      AG/GO

6. **Arvers** *a reçu un message du psychiatre.*
   Arvers received a message from the psychiatrist.

SUBJECT AS ACTANT

      AC

7. **Le message** *a été reçu par Arvers.*
   The message was received by Arvers.

SUBJECT AS ACTANT/SOURCE

      AC/SO

8. **Le message** *parviendra à ses oreilles.*
   The message will reach his ears.

SUBJECT AS EQUATANT

EQ

9. **Arvers** *n'en est pas content.*
   Arvers isn't happy about it.

"What on earth is he up to now?" Claire muttered in a voice that betrayed her nervous tension.

Arvers was creeping along the path toward Gleicher's villa as silently as a ghost. He paused for a moment at the front gate, then slipped into the garden. Austin had a feeling that the final act was yet to be played and motioned to his companion. They climbed down from the pigeon loft and in their turn crept up toward the villa, keeping in the shadow of the trees. Hiding behind some bushes, they heard a muffled sound of music: Gleicher was indulging in his favorite diversion. Cautiously parting the branches, they caught sight of Arvers twenty yards away in front of the door and on the point of knocking. He had been standing there all the time they were approaching.

The phonograph record must have drowned the sound, for there was no answer. Arvers waited a minute, then knocked again, more loudly and repeatedly. The music continued, but Austin presently heard Gleicher's voice.

"Who's that?"

"It's me," said Arvers. "I thought you wouldn't have gone to bed yet. I just wanted to let you know that my chief from London has turned up."

The door was held ajar, then flung wide open. The light from the hall blazed out into the garden. Gleicher glanced out and gave a scornful titter as he saw Arvers standing there alone.

[See Appendix 1 for English translation.]

— Qu'est-ce qu'il manigance ? murmura Claire d'une voix qui trahissait son énervement.

Arvers s'avançait sur le sentier, vers la villa de Gleicher, sans faire plus de bruit qu'une ombre. Il eut une courte hésitation en arrivant devant la grille, puis pénétra dans le jardin. Austin eut l'intuition que le dernier acte n'était pas encore joué et fit un signe à sa compagne. Ils descendirent du pigeonnier et s'approchèrent à leur tour de la villa, en restant dans l'ombre des arbres. Cachés dans les buissons, ils entendirent une musique assourdie. Gleicher se livrait à sa distraction favorite. Ils écartèrent les branches avec précaution et aperçurent Arvers à vingt mètres d'eux, devant la porte de la maison, au moment même où il se décidait à frapper. Il était resté là, sur le seuil, pendant qu'ils s'avançaient.

Le disque devait avoir couvert le bruit, car aucune réponse ne fut faite. Il attendit un instant, puis frappa de nouveau, plus fort et plusieurs fois. La musique continua, mais Austin entendit bientôt la voix de Gleicher.

— Qui est là ?

— Moi, dit Arvers. J'ai pensé que vous n'étiez pas encore couché. Je voulais vous prévenir que mon chef de Londres est arrivé.

La porte fut entrebâillée, puis poussée complètement. La lumière du vestibule éclaira une partie de jardin. Gleicher jeta un coup d'œil au dehors et laissa échapper un ricanement dédaigneux en voyant qu'Arvers était seul.

— Vous avez failli me faire peur, Herr Arvers. Je ne me doutais pas que c'était vous; seulement vous.

Austin crut voir Arvers se contracter sous l'insulte; mais sa réponse n'exprima que des regrets pour le contretemps.

— Ce n'est pas sa faute, dit-il. Il a eu une panne de voiture et a dû emprunter une bicyclette. Il s'excuse beaucoup pour ce retard, mais il serait très désireux de vous rencontrer maintenant, si vous voulez bien venir chez moi.

— Otto vient de partir, dit Gleicher avec humeur. Tout de même, je veux bien avoir une entrevue préliminaire avec lui. J'ai hâte

Arvers assumed a still more obsequious tone.

"I don't quite know what to say. I think he's a bit suspicious, in spite of all I've told him. That's only natural; he doesn't know you. Besides, he thinks you're only an intermediary. I've told him you're prepared to be of service to him. Those were your own instructions."

Gleicher peered at him intently. He hesitated for some time, remembering the conversation he had had with Otto just before the latter left for Paris. Otto had said he didn't like the idea of leaving him there all alone, next door to a man who had every reason to hate him.

"Nonsense, Otto, I have nothing to fear from him. He hasn't the guts to do me any harm. When the Gestapo arrested him, he didn't lift a finger to resist them."

"Sudden violence paralyzes him," Otto had replied. "It may not be the same when he's given time to think."

This remark was sufficiently shrewd to have made Gleicher pause to consider it for a moment. He realized that his assistant was making some progress in the particular field to which he himself attached so much importance, namely psychology. But he could not accept the views of a subordinate on this subject.

"Not on your life," he retorted scornfully. "He's one of those people who are physically incapable of shedding blood, even to save their own lives."

"Yes, I agree, Herr Doktor, but there could be an even more powerful motive. . . . And talking about that Gestapo business, there's one point I still don't understand."

It seemed so very strange of Otto to pursue this argument, at the risk of incurring his chief's displeasure, that Gleicher asked him to explain himself.

de savoir quelle est son allure... Mais pense-t-il donc que je suis à ses ordres ! Je me suis déjà dérangé une fois.

Arvers prit un ton encore plus humble.

— Je ne sais pas trop comment vous expliquer. Je crois qu'il se méfie un peu, malgré tous mes efforts. C'est naturel; il ne vous connaît pas. D'autre part, il vous considère comme un simple intermédiare. Je lui ai dit que vous étiez tout disposé à lui rendre service. C'étaient là vos propres instructions.

Gleicher le regarda avec attention. Il hésita pendant un assez long moment, se rappelant la conversation qu'il avait eue avec Otto, avant son départ. Celui-ci exprimait son inquiétude de le laisser seul, à proximité d'un homme qui avait plusieurs raisons de le haïr.

— Allons donc, Otto, je n'ai rien à craindre de lui. Il est bien trop couard pour oser m'attaquer. Lors de son arrestation par la Gestapo, il n'a pas esquissé un geste de défense.

— La violence soudaine le paralyse, dit Otto; mais peut-être est-ce différent quand on lui donne le temps de réfléchir.

Cette remarque parut à Gleicher assez subtile pour qu'il s'y attardât un instant. Il remarqua que son adjoint faisait des progrès dans le domaine dont il lui avait souligné l'importance : la psychologie. Mais il ne pouvait accepter les leçons d'un subalterne en cette matière.

— Jamais de la vie, affirma-t-il avec dédain. Il fait partie de cette race d'individus qui sont incapables de verser le sang, même pour sauver leur existence.

— Leur existence, je ne dis pas, Herr Doktor; mais il peut y avoir un motif plus puissant... A propos de cette vieille affaire, justement, il y a un point qui me tracasse.

Insister ainsi, au risque de mécontenter son chef, parut bizarre à Gleicher, qui le pria de s'expliquer.

EXERCISE

PRACTICE IN DETERMINING SEMANTIC FUNCTION

In the space provided after each of the following sentences, indicate the function(s) of the italicized form used as subject (SO, GO, EQ, AC, AG).

Examples: *Arvers* pénétra dans le jardin. _____AG_____

Le bruit devait avoir été couvert par le disque. _____AC_____

Austin écoutait la voix de Gleicher. _____AG/GO_____

Arvers restait muet. _____EQ_____

a. *Arvers* prit un ton encore plus humble.   *Ag So.*
b. *C'était* là vos propres instructions.   *Eq.*
c. *On* lui donne le temps de réfléchir.   *Act So.*
d. *Gleicher* a vendu ces renseignements à Arvers.   *Ag So*
e. *Arvers* a acheté ces renseignements à Gleicher.   *Ag go.*
f. *Le magasin* ferme à six heures du soir.   *Act*
g. *Il* lui ferma la porte au nez.   *Ag So.*
h. *La porte* fut poussée sans difficulté.   *Act.*
i. *Ses mouvements* étaient ceux d'un automate.   *Eq.*
j. *Ses muscles* obéissaient aux impérieuses sollicitations de l'esprit.   *Act go.*

[See Appendix 1 for English translation.]

The memory of that conversation made him feel slightly uneasy, but his pride would not allow him to heed the implicit warning.

"Very well, then," he said. "Since your chief's frightened, I'll come over to your place."
He glanced at the forest and shivered.
"Hang on a moment. I'm just going to get a coat."
He shut the door in Arvers' face and went back into the living room. Colonel von Gleicher's rheumatism did not take kindly to nocturnal walks in the country. He had lit a big log fire, in front of which he had planned to spend the rest of the evening listening to his favorite records, and he sighed at the prospect of leaving this warmth. He bundled himself up and reluctantly dragged himself away from the hearth. Before leaving the room he paused, retraced his steps, and, with a gesture of irritation, slipped a revolver into his pocket.

No sooner had Gleicher disappeared inside

—C'est un détail qui m'a toujours paru étrange, et j'y ai beaucoup réfléchi ces temps-ci. Comment est mort son compagnon, Morvan ? Nous avions toujours pensé que les policiers l'avaient abattu. Or, j'ai revu mon informateur, qui a interrogé de nouveau les survivants, et ceux-ci paraissent sincères.
— Alors ?
— Ils affirment que Morvan était déjà mort lorsqu'ils sont revenus à la ferme.
— Des suites de la torture ?
— Certainement pas, Herr Doktor; plusieurs balles dans le cœur.
Otto n'avait rien ajouté. Gleicher était resté songeur, puis il haussa les épaules et congédia son adjoint, sans rien vouloir changer à son plan.
Le souvenir de cette conversation lui causa un léger malaise, mais son orgueil l'empêcha encore de tenir compte de cet avertissement implicite.
— C'est bon, dit-il; puisque votre chef a peur, je vais aller chez vous.
Il regarda le bois et frissonna.
— Attendez-moi là. Je vais chercher un vêtement.
Il lui ferma la porte au nez et retourna dans son living-room. Les rhumatismes du colonel von Gleicher s'accommodaient mal des promenades nocturnes dans la forêt. Il avait allumé chez lui un grand feu de bois, auprès duquel il s'apprêtait à passer le reste de la nuit en écoutant ses disques préférés, et soupira à la pensée de quitter cette tiédeur. Il s'enveloppa frileusement dans son manteau et s'éloigna du foyer comme à regret. Avant de sortir de la pièce, il hésita, revint sur ses pas et, avec un geste d'humeur, glissa un revolver dans sa poche.
A peine Gleicher avait-il disparu qu'Arvers

than Arvers grasped the handle of the door. He opened it without making a sound and slipped into the house close on the German's heels.

[See Appendix 1 for English translation.]

This was not the first time he had let himself be guided by a sovereign power that overcame all his inner resistance. He concentrated on the vision that had obtruded on his mind's eye a moment before and that revealed itself as a source of inexhaustible energy. He savored it in every detail and once again exultantly relived the scene of that heroic precedent.

When the Gestapo men had brought him back to the room where Morvan was lying and left him under the guard of two of their colleagues. Cousin had spent what were undoubtedly the worst hours of his life. He had said as much to Dr. Fog and, like many of his statements, this one was perfectly true.

Sprawled in an armchair, he forced himself to keep absolutely still and to make his mind a complete blank. He made a desperate effort to divorce himself from reality by assuming the immobility and rigidity of a corpse. The only hope he allowed himself to cherish was an indefinite prolongation of this semiconscious state into which he had managed to submerge himself, thanks to the respite his executioners had granted him. He was afraid of the most commonplace manifestation of external activity that threatened to snatch him from this blessed and relatively painless inertia. The sound of a cockcrow in the middle of the night caused him an almost unbearable twinge.

He shut his eyes so as not to see Morvan, who was stretched out on the bed. The Gestapo men had bandaged him up casually, after treating his wounds with oil and actually uttering a few words of sympathy. Their task accomplished, there was no reason for them not to

avança la main vers le loquet de la porte. Il la poussa sans difficulté et se glissa silencieusement dans la maison sur les pas de l'Allemand.

Son aspect physique s'était modifié, comme cela se produisait chaque fois qu'il violentait sa nature. Le sang s'était retiré de son visage. Ses mouvements étaient ceux d'un automate, commandé par une volonté extérieure qui lui semblait hors de proportion avec la sienne et à laquelle il trouvait une sorte d'apaisement à s'abandonner. Malgré son épouvante, il éprouvait de l'orgueil à constater que ses muscles obéissaient aux impérieuses sollicitations de l'esprit et qu'il était en train de se comporter comme un être d'une audace exceptionnelle. Il savait que rien ne l'arrêterait et sentait déjà dans le passé l'acte qu'il allait accomplir.

Ce n'était pas la première fois qu'il se laissait guider ainsi par une puissance souveraine triomphant de toutes ses résistances internes. Il conservait devant les yeux l'image qui s'était imposée à lui, un moment auparavant, et révélée comme une source inépuisable d'énergie. Il en revit les moindres détails et vécut de nouveau avec exaltation la scène de cet héroïque précédent.

Lorsque les hommes de la Gestapo l'eurent ramené dans la chambre où gisait Morvan, et laissé sous la garde de deux policiers, Cousin avait assurément passé là les heures les plus atroces de son existence. Il l'avait affirmé au docteur Fog et, comme beaucoup de ses déclarations, celle-ci était exacte.

Prostré dans un fauteuil, il se contraignait à une immobilité absolue et se défendait farouchement contre toute pensée. Il cherchait désespérément à s'abstraire du monde en adoptant la passivité et la rigidité d'un cadavre. Le seul espoir qu'il se permettait de formuler était la continuation éternelle de l'état d'hébétement où il avait réussi à se plonger, grâce à la trêve que lui accordaient ses bourreaux. Il redoutait la plus banale manifestation d'activité extérieure, qui risquait de l'arracher à cette torpeur bénie, relativement indolore, du corps et de l'âme. Le chant d'un coq, au milieu de la nuit, provoqua en lui un élancement insupportable.

Il fermait les yeux avec obstination pour ne pas voir Morvan. Celui-ci était étendu sur le lit. Les policiers l'avaient pansé sommairement, après avoir enduit ses plaies d'huile, prononçant même quelques paroles de commisération. Leur travail accompli, aucune raison ne leur

show a certain amount of pity. Reckoning there was nothing more to fear from him, they unloosened his fetters. Then, after testing Cousin's handcuffs and turning the key in the door, they sat down to a game of cards and opened the brandy they had come across while searching the house.

[See Appendix 1 for English translation.]

A reflex, however, compelled him to open his eyes from time to time. Morvan had stopped groaning; he, too, lay quite still, his eyes shut tight. Yet they had been wide open when Cousin had come in and, though glazed with pain, had stared at him fixedly. Cousin had even succeeded, by means of a heroic effort, in dropping his servile manner; he straightened his back and held his head high. But a terrifying thought flashed through his mind at the very moment he adopted this pose—Morvan knew. The doors of both rooms had been left open and he himself had heard every scream. Morvan, therefore, was fully aware of his treachery; he had not lost consciousness in spite of his suffering. This was clear from the glint in his eyes; Cousin merely had to glance at them to recognize their piercing look of contempt, that manifestation of hostility that he dreaded more than anything. He detected yet another sentiment, equally odious to him— pride triumphant. The combination of these two expressions caused him intense pain, which became almost unbearable when Morvan added to it by smiling faintly—the same hateful token of derision he was to see later on Claire's lips.

Now at last Morvan had closed his eyes on his triumph and his contempt. They waited together like this for several hours, apparently forgotten by an enemy who had better things to attend to than them. Grateful for this unexpected period of leisure, their guards felt there was no immediate danger and gradually relaxed their vigilance.

[No translation is supplied.]

interdisait de se montrer pitoyables. L'estimant inoffensif, ils le débarrassèrent de ses liens. Ensuite, après avoir vérifié les menottes de Cousin et donné un tour de clé à la porte, ils se mirent à jouer aux cartes, en buvant l'alcool trouvé au cours de leur fouille.

Dans les moments d'angoisse où il ne pouvait s'empêcher de réfléchir, Cousin calculait qu'on leur enverrait une voiture, au matin, pour les conduire en prison. Il redoutait cet événement, non par crainte de la séquestration — il aspirait, au contraire, à se retrouver seul dans une cellule — mais par horreur des gestes qu'il aurait à faire pour reprendre contact avec l'univers matériel.

Un réflexe l'obligeait cependant à entrouvrir parfois les paupières. Morvan ne gémissait plus; il restait immobile, les yeux clos, lui aussi. Il les avait grands ouverts, pourtant, lorsque Cousin était entré. Son regard, d'abord voilé par la souffrance, s'était fixé sur lui. Il réussit alors, au prix d'un effort héroïque, à abandonner son allure de chien servile, se raidit et redressa la tête. Mais une pensée terrifiante traversa son esprit, au moment même où il affectait cette attitude : Morvan savait. Les deux chambres étaient restées ouvertes. Il n'avait pas perdu un seul de ses cris, lui. Morvan n'ignorait rien de sa trahison. Le supplice ne l'avait pas privé de conscience. Cela était visible dans son regard; Cousin n'eut pas à l'interroger longtemps pour y découvrir avec épouvante la grisaille accablante du mépris, cette manifestation d'une humanité hostile qu'il redoutait par-dessus tout. Un autre sentiment, également haïssable par lui-même, se lisait dans sa prunelle : l'orgueil victorieux. Ces deux expressions conjuguées lui causaient une douleur aiguë, qui devint intolérable quand Morvan y ajouta l'esquisse d'un sourire, une grimace dont il devait retrouver plus tard l'ombre répugnante sur les lèvres de Claire.

Maintenant, Morvan avait refermé les yeux sur son triomphe et sur son dédain. Ils attendaient ainsi depuis plusieurs heures, oubliés semblait-il par un ennemi qui avait mieux à faire qu'à s'occuper d'eux. Heureux de ce repos inespéré, leurs gardiens se sentaient en sécurité et leur surveillance se relâchait de plus en plus.

Cousin conservait avec obstination la même rigidité, s'acharnant à espérer follement que ce répit serait éternel. Soudain, dans un de ces réflexes invincibles qui le forçait à observer

Nothing held him back. He merely had to open the door and he would be free. Free? Free to go back among friends, to answer all their questions and tell them the whole story? It was at this precise point that something was set in motion in his mind and he understood for the first time the imperious commands of that sovereign power which, mindful of his interests, was now calling upon him to take action. At the same time he felt that the chains that had seemed to bind him tightly were loosening.

Morvan, il s'aperçut d'un changement dans son attitude : il s'était légèrement tourné sur le côté, face aux Allemands. Ceux-ci avaient interrompu leur partie et étaient affalés sur leur siège, à demi assoupis. Cousin remarqua que le regard de son compagnon s'était posé sur la mitraillette que l'un d'eux avait posée à côté de lui. Par des gestes lents et imperceptibles, il écartait peu à peu sa couverture, tandis que son œil évaluait la distance qui le séparait de l'arme.

Il était évident qu'il se préparait à accomplir un acte désespéré. Il essayait la détente de ses bras pour suppléer à l'élan de ses jambes défaillantes. Cousin le détesta encore davantage pour cette tentative. Tout ce qui risquait de le tirer de sa catalepsie volontaire lui paraissait un sacrilège. La rage le saisit à l'idée d'être arraché au seul état qu'il pouvait endurer; et cela par ce Morvan, qui voulait l'humilier encore par un geste d'absurde témérité.

S'il ne cria pas pour avertir les policiers, c'est parce qu'il était de nouveau paralysé. L'imminence de la violence lui interdisait l'usage de la parole. Il assista muet, glacé, aux préparatifs de Morvan. Il ne fit pas un geste lorsque celui-ci, repoussant la couverture, s'élança en prenant appui sur ses mains, saisit la mitraillette et abattit les gardiens en deux rafales, avant de s'effondrer lui-même, vaincu par la douleur.

Une longue durée s'écoula, silencieuse, après cette exécution. Les Allemands, tués sur le coup, gisaient sur le sol. Etendu en travers de son lit, Morvan ne faisait pas un mouvement. Cousin ne bougeait pas davantage : il attendait que sa paralysie se dissipât.

Cela commença par la libération de l'esprit, qui retrouvait graduellement son agilité. Bientôt, il prit conscience de la réalité et redevint capable de réfléchir. Il s'aperçut alors que celle-ci était encore plus atroce depuis qu'ils n'étaient plus aux mains de l'ennemi.

Personne ne les retenait. Ils n'avaient qu'à passer la porte et à s'enfuir. S'enfuir ? Revenir dans le camp des amis; répondre à leurs questions; leur raconter le drame !... C'est à ce point précis de ses pensées qu'il se produisit comme un déclenchement dans son cerveau et qu'il perçut pour la première fois les ordres impérieux de cette puissance souveraine, soucieuse de ses intérêts, qui le contraignait à agir. En même temps, il sentit se briser les chaînes qui semblaient entraver son corps.

The voice commanded that he should first get out of his handcuffs. He applied himself to this task without hurrying, with the cool deliberation inspired by his urge to obey. It was not very difficult; in a short time he succeeded in setting himself free, without ceasing to watch Morvan out of the corner of his eye, without making a sound that might have alerted him. At that moment he was imbued with the resolution and calm courage of the hero who inhabited his dreams, and he rejoiced at the thought.

[See Appendix 1 for English translation.]

La voix ordonnait qu'il se débarrassât d'abord de ses menottes. Il s'y employa sans précipitation, avec le sang-froid nouveau que lui inspirait son désir d'obéissance. Ce n'était pas très difficile; en peu de temps, il parvint à se dégager, sans cesser de surveiller Morvan du coin de l'œil, sans geste trop brusque qui pût l'alerter. Il retrouvait en cet instant la résolution et le calme courage du héros qui hantait ses rêves, et s'en félicitait.

Morvan ouvrit les yeux et le vit libre. Il parut pressentir son intention et tendit le bras vers la mitraillette, tombée au pied du lit. Cousin fut plus rapide que lui : rien ne s'opposait plus au jeu de ses muscles et l'instinct vital trouvait en son être matériel une mécanique parfaite. Il bondit et s'empara de l'arme au moment où l'autre allait la saisir. Il salua ce succès comme une première victoire.

But the elimination of a troublesome witness was not the essential part of his act. The mind makes many other demands! It demands belief in its own virtue. His own mind now demanded that Morvan be the traitor and he, Cousin, a judge created by a divine Providence. It was no effort for him to perform this sublime intellectual feat. He even raised himself to such heights of credulity that he felt the need to express himself out loud, to shout so as to convince Morvan even more of his utter ignominy.

"Swine! Traitor! Think of your comrades who are even now paying for your foul crime with their own precious blood!"

He raged at Morvan for the best part of a minute, in the grip of a fury it was only natural for the hero of his dreams to feel in these circumstances. He spat in his face and clouted him over the head before emptying the rest of the magazine into his breast.

[See Appendix 1 for English translation.]

Mais la suppression d'un témoin gênant ne constituait pas l'essence de son acte. L'esprit a bien d'autres exigences ! L'esprit demande à croire en sa propre vertu. L'esprit ordonnait que Morvan fût un traître et lui, Cousin, un justicier suscité par la Providence. Il accomplit ce pas sublime sans effort. Il se haussa même à un tel degré de conviction qu'il éprouva le besoin de l'exprimer à haute voix et de hurler pour mieux persuader Morvan de son ignominie.

— Canaille ! Traître ! Songe, songe aux camarades qui sont en train de payer ton crime de leur sang !

Il l'insulta pendant une minute entière, en proie à la fureur que devait tout naturellement éprouver en cette circonstance le héros de ses rêves. Il lui cracha au visage et le souffleta, avant de lui trouer la poitrine, d'une rafale qui dura jusqu'à la fin du chargeur.

L'écho de ses paroles avait encore avivé son indignation ingénue. L'évocation des camarades morts, sacrifiés par la lâcheté, accrut sa rage au-delà de toute limite. Et tel était le miracle de son imagination que lorsqu'il se trouva seul vivant dans la pièce, lorsqu'il se fut assuré que Morvan était bien mort, qu'aucun son ne pouvait frapper aucune oreille étrangère, il continua sur le même ton.

Alone among the dead, for his ear alone, he uttered the words that put his sacred mission in its true perspective and made him appear as the glorious avenging angel:

"This is the just reward for all traitors."

Seul au milieu des cadavres, pour lui seul, il proféra ces paroles qui mettaient en lumière sa mission sacrée et le faisaient apparaître comme l'ange glorieux de la vengeance :

— Ainsi doivent être châtiés tous les traîtres, dit-il.

[No translation is supplied.]

Il avait retrouvé cet état de grâce en pénétrant dans la villa, sur les pas de Gleicher, et répéta à voix basse les paroles romanesques qui traduisaient sa radieuse métamorphose.

— Ainsi doivent être châtiés tous les traîtres.

Et en cet instant, comme lorsqu'il avait abattu Morvan, la déformation artistique professionnelle venant au secours de sa nature, un patriotisme farouche et intransigeant animait son bras.

Il connaissait bien la villa, bâtie sur le même plan que la sienne. Le living-room, qui donnait sur un long vestibule, était la seule pièce qu'occupait Gleicher. Il y dormait sur un divan, après avoir passé et repassé ses disques favoris. Arvers connaissait ses habitudes. Au milieu de la nuit, il savait qu'il allait le trouver ainsi, devant un grand feu de bois, prêt à écouter de la musique jusqu'au petit jour. Il n'ignorait pas non plus qu'il ne sortirait pas sans son manteau. Il avait répété tous les gestes nécessaires et les exécutait avec la précision d'un mouvement d'horlogerie.

Il dépassa sans être vu la porte du living-room et se dissimula derrière une armoire. Il avait tiré de sa poche l'objet qu'Austin et Claire avaient entrevu. C'était la corde à violon qu'il n'avait pas pu utiliser contre Bergen. Il enroula les deux extrémités à ses poignets pour obtenir une prise plus solide, et éprouva la tension de ses muscles. Déjà Gleicher revenait, boutonnant son pardessus, sans avoir pris la peine d'arrêter le tourne-disques. Il sortit de la pièce et fit un pas vers la porte d'entrée. Arvers se rua sur lui à cet instant.

[See Appendix 1.]

Plusieurs minutes s'étaient écoulées depuis sa disparition, et Austin s'interrogeait encore sur son étrange conduite. Il écoutait en vain; le concert couvrait tous les bruits.

La musique s'arrêta enfin. La maison redevint silencieuse. A côté de lui, Claire, les sourcils froncés, semblait chercher la solution d'un problème. Elle se frappa soudain le front et s'écria avec une intonation désespérée :

— La bande, la bande du magnétophone ! C'est cela qu'il est venu chercher; il est capable de tout pour s'en emparer.

Sa voix résonna dans le silence. Il lui saisit le bras pour la faire taire, mais elle se dégagea avec violence et cria de nouveau :

— Il va la détruire. Nous arriverons trop tard.

Elle se mit à courir vers la villa, sans prendre aucune précaution, faisant claquer la grille du jardin avec un fracas qui affecta douloureusement les nerfs d'Austin. Il la suivit, pensant

[No translation is supplied.]

[See Appendix 1.]

[No translation is supplied.]

[See Appendix 1.]

qu'il était inutile de se cacher, puisqu'elle avait, sans aucun doute, révélé leur présence.

Il la rejoignit au bas du perron; il la rattrapa parce que, là, elle s'était arrêtée, comme il le fit lui-même devant la réapparition subite d'Arvers sur le seuil. Un sourire triomphant se dessinait sur ses lèvres. Derrière lui, ils distinguèrent un corps inerte allongé dans le vestibule. Il poussa la porte d'un geste large, presque spectaculaire, et s'effaça pour mieux leur laisser contempler son œuvre.

Il ne montrait aucune surprise et semblait les attendre. Il ne les redoutait plus; bien au contraire. Il se félicitait à la fois de leur présence et de sa perspicacité qui la lui avait fait prévoir. Ils apparaissaient comme les témoins providentiels de sa valeur, au moment même où il l'avait souhaité.

Après avoir joui en silence de leur effarement, il parla le premier, sur un ton de détachement souverain.

— Je l'ai liquidé, dit-il.

— Comment ?

Austin, à son tour, n'avait pu se retenir de crier. Ses nerfs étaient tendus par la longue attente nocturne et surtout par la sensation odieuse d'être entouré de déments qui cherchaient à se donner l'apparence de la raison.

— Gleicher; je l'ai liquidé, répéta posément Arvers. C'était un traître. Je m'en doutais depuis quelque temps, mais j'en ai eu la preuve cette nuit... Je l'ai étranglé.

Il lui semblait vivre une aurore glorieuse après un effroyable cauchemar. Il n'avait pas à se forcer beaucoup pour affecter l'air négligent qui convenait à la trempe de son âme.

— Je l'ai étranglé avec une corde à violon. C'est le moyen le plus silencieux et le plus sûr.

Cependant, revenue de sa surprise, Claire le bousculait et, enjambant le cadavre sans lui accorder un regard, se précipitait dans le living-room. Elle courut tout droit vers la cheminée et s'arrêta là en se tordant les mains. Le foyer était ardent. Les bûches pétillaient. Un tisonnier à demi enfoncé dans un monceau de braises suggérait qu'on venait d'activer le feu. Elle fourragea dans les cendres incandescentes, mais il ne restait aucun débris identifiable. Ses yeux égarés aperçurent alors sur une table un cylindre plat en cuir. Il était vide. Elle s'en empara avec fureur et revint vers l'entrée. Arvers était en train d'expliquer toute l'affaire à Austin.

— J'avais des soupçons sur sa loyauté, mais c'est ce soir seulement, quand il est venu au

rendez-vous, que j'ai eu une certitude : il n'avait d'autre but que de vous attirer dans un guet apens... Comment je le sais ? J'ai surpris une conversation entre lui et son acolyte.

Il composait l'histoire à mesure qu'il la racontait, tel un écrivain expert qui, lorsqu'il prend la plume, ne connaît pas encore tous les développements de son récit, mais dont l'inspiration est orientée à chaque nouveau chapitre par l'idée générale de l'œuvre, phare puissant lui servant de guide et de soutien, faisant continuellement jaillir du néant l'enchaînement des événements nécessaires. Il avait recouvré toutes ses facultés intellectuelles et la confiance en sa propre maîtrise.

— Oui; comme vous tardiez à venir, j'ai feint de monter au premier étage et de les laisser seuls. En fait, j'écoutais près de la porte. C'est alors que j'ai entendu cette conversation, qui ne pouvait me laisser aucun doute sur leurs desseins... Tout d'abord, j'ai compris que Gleicher était le personnage important, un officier supérieur de l'Abwehr... Otto ? un simple sous-ordre. Ils nous abusaient depuis les premiers contacts. J'ai appris aussi que tous les renseignements livrés étaient fabriqués par l'Abwehr : un vaste plan d'intoxication.

Ne sachant pas exactement ce que connaissait son chef, il prenait grand soin de ne pas altérer la vérité fondamentale. Ce qu'il disait cadrait si bien avec certaines observations d'Austin que celui-ci était déconcerté et commençait presque à se reprocher de l'avoir considéré comme un traître.

— Ensuite, les intentions de Gleicher sont apparues clairement. Il n'était pas question de chercher un contact loyal avec les Alliés... Ils ricanaient tous deux en évoquant cette ruse et notre folle crédulité... Il voulait attirer un ou plusieurs chefs du Service dans ses griffes, et porter ainsi un coup fatal à notre organisation de la guerre secrète. Le piège n'était pas pour cette nuit, mais pour un prochain rendez-vous, qu'il n'aurait pas manqué de vous donner. Il y avait déjà un grand risque à ce qu'il vous rencontrât et pût vous identifier.

« J'étais atterré. Il est heureux que vous ne soyez pas venu. Je n'ai commencé à respirer que lorsqu'ils sont partis. Alors, je les ai guettés dans l'ombre. J'ai entendu la voiture. C'était Otto. Je savais que Gleicher passerait la nuit là.

L'aventure se tissait d'elle-même, à partir de faits rigoureusement authentiques. Même si l'on avait épié chacun de ses gestes au cours

[No translation is supplied.]

[See Appendix 1.]

[No translation is supplied.]

[See Appendix 1.]

[No translation is supplied.]

de la nuit, on ne pouvait contester aucun élément de sa narration.

Austin souhaita en cet instant être en mesure de lui ouvrir la boîte crânienne et de lire dans les replis tortueux de son cerveau, pensant follement que c'était le seul moyen sûr de parvenir à la vérité, en présence d'un tel être. Mais Austin se trompait : s'il avait eu le pouvoir d'effectuer cette opération et ce déchiffrement de la matière grise, là même, dans les méandres es plus intimes, il n'eût découvert que la confirmation des intentions chevaleresques qui perçaient à travers le récit.

Les nuances subjectives dont il parait les événements étaient à la fois si naturelles et si grisantes qu'elles entraînaient sa propre conviction. Il taillait au fil du langage une réalité régénérée, vierge, si bien à la mesure de son ambition que son esprit ne pouvait la mettre en doute. Sculpter, ordonner la matière première des faits de façon à en dégager une signification satisfaisante, c'était ce qu'il avait fait toute sa vie. Le métier dans lequel il était passé maître réapparaissait en cet instant dans sa glorieuse majesté. Le sentiment exaltant de sa propre vertu faillit lui arracher des larmes d'enthousiasme, tandis qu'il donnait la dernière touche à son personnage par la magie savante des mots.

— Il était seul; je le savais. Il n'avait aucune méfiance. Il me croyait sa dupe. Je ne pouvais hésiter; l'occasion était trop belle. Je suis venu frapper à sa porte. Je lui ai dit que vous veniez d'arriver et que vous désiriez le voir. Il est rentré à la villa pour chercher un vêtement. Je l'ai suivi. Je l'ai étranglé avec cette corde. Il n'a pas poussé un cri.

Sa voix avait l'accent même de la vérité, et la preuve de ce qu'il avançait était là dans le vestibule. Austin était sous le charme. Il se reprenait à soupçonner Claire d'être folle, ou d'avoir inventé une fable pour le perdre.

Elle ne serait jamais convaincue de sa bonne foi, elle, songea Arvers. Qu'importait Claire, après tout ? Il lui avait arraché ses griffes. Toute son attitude témoignait qu'elle était consciente de sa défaite. Elle se tenait là, devant lui, le cœur plein de rage, certes, mais impuissante. Elle avait beau serrer entre ses mains tremblantes l'étui qu'il n'avait pas eu le temps de détruire, elle se rendait compte qu'il ne lui servait à rien contre lui. La preuve, c'est qu'elle n'en parlait même pas. Que pesait cet accessoire insignifiant devant le cadavre massif étendu à leurs pieds ?

[See Appendix 1.]

Austin fut rappelé à la réalité par les pre-mières lueurs du jour. Il lui vint brusquement à l'esprit qu'il avait de lourdes responsabilités et que ce n'était pas l'heure de se laisser aller, comme il fe faisait depuis un long moment, à des considérations théoriques sur les symptômes divers de la démence. Il avait des actes plus urgents à accomplir que l'établissement d'un diagnostic. Ils devaient fuir. Le secteur était devenu trop dangereux. Dès que le meurtre de Gleicher serait connu, l'Abwehr aurait des réactions brutales. Incapable de décider lequel de ses collaborateurs était digne de confiance, il leur donna ses ordres à tous deux, d'une voix sèche et autoritaire.

— Il faut d'abord cacher le cadavre; cela nous fera gagner du temps. Il est trop tard pour le transporter au dehors. Y a-t-il un coin dans la villa où l'on puisse le dissimuler ?

La cave, à moitié remplie par un amoncelle-ment de bûches, lui parut un endroit conve-nable.

— Vous allez le descendre et l'enfouir là-dessous, dit-il à Arvers. Claire vous aidera. Moi, je vais prévenir sa mère, pour qu'elle prenne le large, après avoir fait disparaître toutes vos traces. Il me faut aussi alerter di-verses personnes. Je reviendrai vous chercher avec ma voiture, qui est cachée assez loin du village. Nous gagnerons Paris, probablement.

Arvers ne fit aucun commentaire et ôta sa veste pour se mettre au travail. Il se sentait léger, presque joyeux. Claire ouvrit la bouche, comme pour protester, mais un geste impérieux d'Austin l'arrêta. Elle baissa la tête, parut se résigner, et se disposa à aider Arvers. Austin lui jeta un dernier coup d'œil perplexe, puis haussa les épaules, sortit de la maison et se dirigea rapidement vers le village.

[No translation is supplied.]

Ils travaillèrent longtemps à la cave, s'obser-vant parfois à la dérobée, mais sans s'adresser la parole. Il dégageait les grosses pièces de bois. Elle l'aidait à les déplacer.

— Cela suffit, dit-il enfin. Le trou est assez profond. Allons chercher le corps.

Elle le suivit au rez-de-chaussée. Epuisés par l'effort, haletants, ils s'assirent quelques instants dans le living-room, loin de la che-minée, où les braises étaient encore ardentes. Au dehors, le soleil commençait à éclairer le jardin.

— Assez, dit-il au bout d'une minute. Nous n'avons pas de temps à perdre. Austin va bien-tôt revenir, et il faut que tout soit prêt.

Il avait repris avec délices son ton de chef

[See Appendix 1.]

[No translation is supplied.]

autoritaire. Elle se leva et ils passèrent dans le vestibule.

— Prenez les pieds, ordonna-t-il.

Elle obéit encore avec docilité. Il s'accroupit, passa ses bras sous les aisselles du cadavre et s'apprêta à le soulever. Il tournait le dos à la porte d'entrée.

Claire, qui avait saisi les jambes de Gleicher, les lâcha soudain. Il releva la tête, surpris. Elle avait le regard fixé sur un point derrière lui. La mère était là, sur le seuil. Elle était entrée sans bruit et dirigeait vers lui un des gros revolvers qu'ils avaient cachés chez elle.

— C'est lorsque je suis retourné chez la mère que j'ai commencé à me sentir mal à l'aise, Sir, dit Austin. J'étais passé chez elle une première fois pour l'avertir du danger et la prier de rassembler le matériel caché chez elle, que je voulais emporter. Elle avait écouté le bref récit des événements sans paraître surprise et sans faire une seule remarque. Je la quittai pour aller téléphoner et chercher ma voiture. Quand je revins, je trouvai la maison vide.

« Je lui avais pourtant recommandé de m'attendre. Je pénétrai dans l'arrière-boutique. Rien de ce que je lui avais demandé n'était fait. Elle devait être sortie tout de suite après ma visite. C'est alors que j'ai eu un pressentiment.

« J'ai voulu me précipiter vers la villa. J'ai encore perdu du temps avec ma voiture. Ces sacrés gazogènes, Sir...

Austin racontait la fin de sa mission. Son départ de France ayant été retardé par le mauvais temps, deux mois s'étaient écoulés depuis ces aventures, mais il était évident, à la véhémence de son récit, que chacune avait laissé une empreinte colorée dans sa mémoire et qu'il n'était pas près de les oublier. Le docteur Fog l'écoutait sans l'interrompre. Au cours de sa carrière doublement fertile en bizarreries, il avait connu pas mal d'êtres et de situations insolites. L'anomalie était son domaine et, comme il se laissait aller à l'avouer parfois, il éprouvait pour elle un penchant secret. Il était intéressé par le dernier épisode de l'affaire Arvers, mais ne voyait pas la nécessité de s'émouvoir outre mesure. Son calme, qui lui paraissait presque de l'incompréhension, agaçait Austin, dont la surexcitation était ranimée à mesure qu'il passait en revue les différentes étapes du drame. Il s'énervait à vouloir ressusciter pour son chef l'atmosphère de cette matinée et s'égarait parfois dans des détails triviaux, qui lui avaient paru, à ce moment-là, d'une importance capitale.

[See Appendix 1.]

[No translation is supplied.]

— Le gazogène était éteint !... Ces sacrées machines, dont ils se servent en France, Sir ! Et moi, comme un imbécile, j'ai encore perdu au moins un quart d'heure à essayer de le rallumer. Sans cela, je serais peut-être arrivé à temps. Ce n'est qu'après m'être exténué en vains efforts que j'ai eu l'idée d'y aller à pied. Comprenez-vous, Sir ?

— Je comprends, fit le docteur Fog sur un ton encourageant. Enfin, vous y êtes allé à pied ?

— Ce n'était pas loin. Vingt minutes de marche... moins longtemps même, car je me suis mis à courir dès que j'ai été hors du village. J'étais de plus en plus inquiet... un pressentiment, une intuition, je vous dis, Sir, et mon oppression s'est accrue pendant le trajet. C'était l'attitude de la mère qui me trottait dans la cervelle; cette placidité, cette indifférence, cette absence apparente d'émotion... Pourtant, tout ce qui le concernait devait la passionner, au moins autant que sa fille.

— Certains êtres sont capables d'une dissimulation peu commune, remarqua sentencieusement le docteur Fog. En général, c'est un signe de volonté.

— Dès que la villa m'apparut, au-dessus des arbres, un élément de sa silhouette me choqua... oui, c'est le mot, me choqua, presque comme une incongruité, un détail insignifiant, banal — pourquoi cela m'affecta-t-il ainsi ? Je ne peux pas l'expliquer; j'avais les nerfs à fleur de peau, Sir —. C'était une fumée abondante, qui sortait de la cheminée. Le feu avait dû être alimenté et attisé; sans cela, il aurait été éteint. Il y avait cent raisons pour expliquer ce fait. Ils pouvaient brûler des papiers, des traces compromettantes; et pourtant, à cette vue, je fus saisi d'une véritable angoisse. J'avais ralenti l'allure, parce que j'étais hors d'haleine; je me suis remis à courir. A quoi bon, je me le demande ?

— A quoi bon, en effet, murmura le docteur Fog.

— J'arrivai dans le jardin. Les deux femmes étaient là, Claire et sa mère, la tête entre les mains, assises sur les marches du peron. Claire bougea un peu à mon approche. J'allais l'interroger, mais je n'ai pas pu : la vue de son visage m'a glacé. Méconnaissable; impossible à décrire, Sir. Jamais une telle expression d'horreur n'a été gravée sur une face humaine.

« Je m'arrêtai, saisi, puis je fis un pas vers elle. C'est alors que j'ai senti l'odeur et que je fus de nouveau paralysé... Vous ai-je dit que la

porte d'entrée et celle du living-room étaient ouvertes ? L'odeur venait de là. Il n'y avait pas de vent, pas un souffle d'air... Sir, si l'enfer existe, il doit s'en dégager des vapeurs empestées comme celle que j'ai sentie lorsque j'arrivai devant cette maison !

Quand il vit la mère se dresser devant lui, Arvers comprit que son triomphe n'était pas complet et qu'il allait devoir affronter une dernière épreuve. Cela ne le surprit pas. Il *savait* depuis longtemps qu'il lui faudrait un jour se mesurer avec la vieille femme. Son apparition lui semblait étrangement familière. Son aspect menaçant ne l'impressionnait pas. Il l'avait imaginée ainsi.

— Tes mains derrière le dos, dit-elle.

Il obéit sans poser une question, mais ce n'était pas le fait de la peur. Il s'interrogea objectivement à ce sujet, et conclut avec ivresse que ce sentiment lui était devenu étranger.

Il ne fit pas un mouvement quand Claire lui lia les poignets. Il n'avait qu'à attendre avec patience le moment de jouer son rôle, dans le scénario que les deux femmes avaient de toute évidence préparé depuis longtemps avec minutie, pour le cas où elles n'auraient pas d'autre moyen de parvenir à leur but. Elles n'échangeaient aucune parole, mais Claire n'hésitait pas. La mère lui avait lancé un rouleau de cordelette. Elle avait pensé à tous les détails; mais elle n'avait pas... Il jubila intérieurement en songeant qu'elle n'avait pas, qu'elle ne pouvait pas avoir *tout* prévu.

Quand il eut les poignets immobilisés, la vieille s'adressa enfin à sa fille.

— Fais-le allonger sur le divan.

Il se prépara à exécuter l'ordre avant même que Claire ne l'eût répété. Quand il fut près du divan, elle le fit basculer d'une poussée et commença à lui lier les chevilles, les jambes et le reste du corps. Etendu sur le dos, la tête reposant sur un coussin, il fixa son regard sur la mère, qui s'était rapprochée du foyer, et ne l'en détourna plus.

— Détache-lui une main.

Elle commandait la manœuvre comme un metteur en scène expérimenté, sans oublier pour cela le rôle essentiel qu'elle s'était réservé. Elle s'occupait de raviver le feu. Elle rapprocha les bûches, en ajouta de nouvelles et souffla sur les braises. Bientôt, de longues flammes léchèrent le sommet de la cheminée. Pendant ce temps, Claire avait délié les poignets d'Arvers. Elle travailla un long moment pour lui attacher le bras gauche au cadre du divan, laissant l'autre libre.

[See Appendix 1.]

[No translation is supplied.]

[See Appendix 1.]

Il se laissait faire comme un enfant, sans quitter des yeux la vieille femme. On eût dit qu'elle accomplissait une besogne domestique, mais il ne se faisait aucune illusion sur son dessein.

— Ote-lui ses souliers.

Il n'eut pas un frisson. Il connaissait la nature de l'épreuve qui l'attendait. Il avait passé des nuits interminables à la contempler en rêve, à s'y préparer, à en disséquer toutes les étapes, à en éliminer avec patience tout caractère d'imprévu. Fortifié par cette longue éducation, l'esprit avait réussi le miracle de la métamorphoser en une formalité obligatoire et de la dépouiller de son horreur.

La mère fourragea une dernière fois dans le foyer, puis, laissant le tisonnier planté dans les braises, se retourna et marcha vers lui.

— Ne perdons pas de temps, dit-elle. Lis-lui la confession.

Claire sortit un papier de sa poche, et lut. C'était un long document relatant l'affaire de la ferme Lachaume, reconstituée d'après la bande du magnétophone et les bribes de conversation qu'elle avait entendues. C'était aussi un aveu complet de Cousin, reconnaissant sa trahison et faisant ressortir la conduite héroïque de Morvan.

— C'est bien ainsi que cela s'est passé, n'est-ce pas ? demanda la mère quand Claire eut terminé.

Arvers parla alors, pour la première fois depuis l'arrivée de la vieille femme. Sa voix était extraordinairement calme.

— Pas du tout, dit-il. C'est Morvan, c'est ton fils qui a trahi.

— Menteur, hurla Claire ! Misérable lâche ! J'ai entendu ta voix; j'ai entendu tes supplications; je connais par cœur toutes les phrases de la trahison.

Il répondit par un sourire dédaigneux. Elle se précipita vers lui les mains tendues et lui cracha au visage; mais la mère, qui avait conservé tout son sang-froid, l'arrêta.

— Ne perdons pas de temps, répéta-t-elle. Tu refuses de signer ?

— Je refuse. C'est ton fils qui a trahi. Ce n'est pas moi. Je n'y peux rien.

— Nous allons voir, dit la vieille.

Elle marcha vers le foyer et saisit le tisonnier.

— Maman !

— Laisse-moi tranquille.

Pendant l'instant très court où la mère lui tournait le dos et où Claire détournait les yeux, horrifiée par chacun de ses gestes, il exécuta

[No translation is supplied.]

[See Appendix 1.]

furtivement la première partie de l'acte auquel il s'était préparé pendant des mois. Il cherchait une occasion favorable depuis que Claire lui avait délié les poignets, et l'incertitude de la réussite lui causait une sourde inquiétude : la seule faille que la peur trouvait encore en lui. De sa main libre, il saisit la petite ampoule de poison, dissimulée dans une poche secrète sous un revers de son veston, et la mit dans sa bouche. Cela lui prit à peine une seconde. Le succès de l'opération dissipa sa dernière angoisse en ce monde.

La mère se retourna et marcha vers lui, le tisonnier à la main. Il garda les yeux grands ouverts et mesura la qualité de sa propre détermination au fait qu'il put détailler l'instrument de torture avec une incroyable précision. L'extrémité ardente émettait des rayons blancs sur une longueur de cinq ou six centimètres. La tige passait ensuite par diverses nuances de rouge, puis au gris sombre, jusqu'au jaune de la poignée en cuivre, presque aussi lumineux que la pointe. Il éprouva une satisfaction puérile en constatant qu'il ne s'agissait pas d'un simple morceau de fer recourbé, comme celui de la ferme Lachaume, mais d'un outil perfectionné, formé et enjolivé par un artisan habile pour figurer dans un foyer bourgeois. C'était presque un tisonnier de luxe et son orgueil en remercia la Providence, comme si elle avait voulu reconnaître par ce choix la qualité de son essence.

— Tu vas signer ?

Il secoua la tête avec une expression qui ressemblait à de l'agacement. Elle *l'ennuyait* avec ses questions. Certes, il surmonterait l'épreuve, mais il lui fallait pour cela concentrer toutes ses ressources psychiques et se défendre contre les *distractions*. Le contact de l'ampoule contre sa langue suffit à dissiper cette contrariété et à lui redonner le calme nécessaire aux grandes entreprises. Son apaisement se traduisit par un sourire.

Son sourire se figea. Les traits de sa face se creusèrent. Chaque fibre de son corps se contracta. Pendant un instant, la douleur lui interdit toute pensée. La mère avait appliqué le fer sur son pied droit. Elle le retira presque immédiatement, et arrêta d'un geste sa fille qui avait fait un pas vers elle, avec une sourde exclamation, comme pour s'opposer à son acte.

— Tu vas signer ?

Quelques secondes s'écoulèrent avant qu'il pût secouer la tête; le temps nécessaire à l'esprit, un instant désemparé, pour reprendre

[No translation is supplied.]

sa suprématie, lui démontrer que cette douleur était un élément essentiel de son apothéose et insensibiliser sa chair par l'enivrement de la revanche.

Il moula sa langue sur l'ampoule. Il n'avait qu'un petit geste à faire pour rendre cette revanche éclatante et définitive. Il le ferait à son gré. Il était le maître de la situation. Il avait gagné. Il ne cédait jamais à la violence, lui; il n'était pas de la même étoffe que ce Morvan ! La mère, son ennemie la plus acharnée, était vaincue. Claire avait déjà renoncé au combat. Elle tenait sa tête enfouie dans ses bras. En ébauchant un nouveau sourire narquois, il regretta qu'elle ne pût le voir.

Il fut encore surpris par la deuxième application de la torture. Son âme, fortifiée au cours d'interminables séances d'entraînement théorique, fut décontenancée par l'imprévu : il attendait la brûlure sur le même pied, et elle mordit son pied gauche. Le saisissement lui fit tordre ses membres, malgré ses liens. La mère laissa le fer sur la peau une seconde entière. Avant même qu'elle l'eût retiré, l'esprit imposait de nouveau sa loi.

— C'est toi qui as trahi. Tu avoues ?

Il secoua la tête du même geste lent et monotone. Il regrettait maintenant de ne pouvoir parler. Il aurait aimé écouter le son de sa voix; mais il craignait de laisser échapper l'ampoule.

Le troisième épisode du supplice aboutit au même résultat. La vieille blasphéma entre ses dents et s'éloigna pour replonger le tisonnier dans la braise. Pendant le répit, il s'employa à aiguiser encore toutes ses ressources spirituelles et à les rassembler au service d'une suprême volonté. Il lui fallait triompher d'un dernier ennemi : Morvan. Combien de fois Morvan avait-il enduré la torture ? six fois; il se le rappelait; il avait compté avec soin les accès de hurlements.

Les hurlements... La comparaison qui s'imposa à lui à ce souvenir lui fut d'une aide puissante pour gravir les derniers degrés du glorieux calvaire... Il ne *hurlait* pas, lui ! il *calculait*. La pleine perception de cette supériorité intellectuelle l'inonda de bonheur et, tandis que la mère, perdant son sang-froid, précipitait ses assauts, des éléments de littérature confus se mirent à flotter dans la brume qui commençait à s'étendre devant ses yeux.

Il pensa : *aucune bête n'aurait fait cela*. Et, tandis que le brouillard s'épaississait, il voyait les ombres des *bêtes* s'agiter autour de lui, les

[See Appendix 1.]

[No translation is supplied.]

bêtes sans génie, les bêtes au cerveau inculte, sans véritable conscience, les bêtes qui prenaient tour à tour la forme d'une vieille sorcière aux yeux rouges, s'épuisant stupidement en mouvements irréfléchis, d'une petite imbécile se cachant la tête comme une autruche, incapable de supporter jusqu'au bout les conséquences d'une idée, et d'une brute parfaite, dont les hurlements étaient la seule réaction devant la souffrance.

Il supporta huit fois la torture. Plus rien ne pouvait être ajouté à son triomphe. Il craignit de s'évanouir en subissant plus longtemps l'envoûtement où le plongeait ce mélange accablant de douleur physique et de voluptueuse exaltation. Il saisit l'ampoule entre ses dents. Comme la mère levait encore le tisonnier, le visage défiguré par la rage, il la regarda dans les yeux, brisa l'étui et avala d'un coup le liquide avec les morceaux de verre. Il ressentit immédiatement le choc du poison et perdit conscience en regrettant de ne pouvoir prolonger à l'infini la contemplation de sa victoire.

Je l'ai aperçu sur le divan quand je me suis enfin décidé à pénétrer dans la pièce. Mais je n'y suis pas resté longtemps. L'odeur et la fumée..., vraiment, l'atmosphère de l'enfer, Sir. Je n'ai même pas pu m'approcher de lui. Un coup d'œil rapide..., j'ai vu qu'il était bien mort. J'ai ouvert la fenêtre et je suis ressorti. C'est Claire qui m'a raconté l'histoire, peu à peu. — Rien à tirer de la mère, bien sûr. — Elle, il a fallu que je la brutalise pour qu'elle se décide à parler, entre deux crises de nerfs.

« Je ne voulais pas, je ne voulais pas, répétait-elle sans cesse. C'était de la mise en scène; maman me l'avait promis. Nous devions seulement faire semblant. C'était un lâche; j'étais persuadée que la simple menace suffirait. Je ne voulais pas aller plus loin. Il devait céder; j'étais sûre qu'il signerait à la vue du fer rouge. »

— Un raisonnement extrêmement logique pour une jeune fille, remarqua le docteur Fog. Seulement, cette fois, il n'a pas cédé.

— Il n'a pas cédé, Sir ! Et s'il a résisté ainsi...

Le calme du docteur paraissait accroître l'agitation d'Austin.

— S'il a résisté ainsi, c'est bien la preuve qu'il n'avait pas parlé la première fois. Le traître était Morvan. Nous avons été criminels de le livrer ainsi à la folie de ces deux femmes, Sir.

— Croyez-vous ? demanda doucement le docteur Fog. A propos, qu'avez-vous donc fait de son cadavre ?

[See Appendix 1.]

[No translation is supplied.]

Austin haussa les épaules. Ce détail lui paraissait de peu d'importance devant le problème qui le préoccupait. Il répondit d'abord d'un air absent, puis trouva dans ce sujet une nouvelle occasion d'exprimer son indignation.

— Nous l'avons enterré dans la forêt... Figurez-vous, Sir, que je n'ai pas jugé convenable d'abandonner là le corps d'un patriote, ou de le fourrer dans la cave, comme l'autre. J'ai estimé que nous lui devions au moins une sépulture décente. J'ai pris le risque de le transporter en plein jour. J'aurais pris bien d'autres risques ! La vieille avait disparu — je ne sais ce qu'elle est devenue, d'ailleurs —; mais j'ai forcé Claire à m'aider, avec des injures et des menaces. Je l'ai contrainte à travailler jusqu'à épuisement. J'étais prêt à la battre, à la torturer elle-même si elle avait regimbé; mais elle m'a obéi docilement. Nous l'avons porté le plus loin possible de la villa et enterré dans un trou profond. Je l'ai obligée à s'agenouiller sur sa tombe. J'étais un peu énervé, Sir.

— Je comprends, je comprends, murmura le docteur sur un ton apaisant.

— Malgré ces précautions, j'ai bien peur que les Allemands ne le trouvent.

— Ils ne l'ont pas trouvé.

Austin, surpris, releva la tête. Le docteur marcha vers un coin de la pièce.

— Ils ne l'ont pas trouvé, répéta-t-il. Sans quoi, ils n'auraient pas pris la peine de m'envoyer ceci. Ecoutez.

C'était l'enregistrement. Austin entendit la voix de Cousin, d'abord avec stupeur, puis avec une émotion croissante. Quand ce fut terminé, sous le regard pénétrant du docteur Fog, il resta longtemps silencieux, interloqué, en proie à un complexe de sentiments qu'il ne parvenait pas à expliquer. Il finit par dire stupidement :

— C'était donc vrai ?

Le docteur approuva de la tête.

— Et ils vous ont envoyé la bande ?

— Avec leurs compliments..., assez bien tournés, ma foi. Otto, je le suppose, a découvert le corps de Gleicher. Il a dû conclure qu'ils avaient été joués par Arvers, et que celui-ci s'était échappé. Il s'est empressé de mettre la menace à exécution. Vous pensez bien qu'il existait de nombreuses copies de ce document... Mais ce n'est pas tout, Austin. Dans le paquet qui nous a été transmis par une voie mystérieuse, il y avait aussi une longue lettre donnant des détails très précis sur l'affaire de la ferme Lachaume. Otto a repris l'enquête, et semble avoir fait de grands efforts pour l'éclairer complètement. — Un être vindicatif, je pense, cet

[See Appendix 1.]

[No translation is supplied.]

[See Appendix 1.]

[No translation is supplied.]

Otto, et furieux d'avoir été roulé. — Bref, il apparaît avec évidence que Morvan ne peut avoir été tué par les policiers. Comprenez-vous ce que cela signifie ?

— Vous voulez dire que c'est lui...

— Mettez-vous donc à sa place. Il ne pouvait pas laisser vivre un pareil témoin.

Austin frissonna. Le docteur Fog haussa les épaules.

— Je m'en étais toujours douté, d'ailleurs, remarqua-t-il négligemment.

Austin, qui commençait à éprouver une sorte de soulagement devant la preuve que Cousin était un criminel, se sentit révolté par cet aveu.

— Et sachant cela, Sir, vous l'avez renvoyé là-bas, avec la sœur de Morvan !

— Il pouvait être encore utile, dit le docteur; et, pour cela, la famille Morvan était nécessaire. Les événements ont prouvé que j'avais vu juste... Oh ! ne croyez pas que j'avais **tout prévu**; mais enfin, il a supprimé Gleicher, un ennemi dangereux... quoique un peu naïf, comme beaucoup d'amateurs, dans ce métier.

— En somme, Sir, en somme, vous trouvez que vos combinaisons ont abouti à un **succès** éclatant ! s'écria Austin qui ne parvenait pas à retrouver son sang-froid.

— Un demi-succès, fit le docteur avec modestie.

— Un demi-succès ?

— Oui. J'avais espéré qu'il nous débarrasserait aussi de Bergen; mais il n'était pas encore mûr.

Austin ne trouva rien à répliquer et se mit à le regarder avec une sorte de terreur. Sa méthode rationnelle d'utiliser les passions lui donnait envie de l'injurier. En même temps, il ne pouvait réprimer un sentiment d'admiration devant sa science des réactions humaines. Son esprit de curiosité l'emporta, et ce fut sur le ton humble d'un étudiant interrogeant son patron qu'il sollicita d'autres explications.

— Comment a-t-il pu se montrer si héroïque sous la torture, après avoir été abject dans un cas analogue ?

— Je suis sûr que mes confrères psychiatres trouveraient une bonne douzaine de motifs, tous en partie exacts. Ils vous diraient que le délire paranoïaque entraîne souvent de telles absurdités. Ils vous citeraient en exemple le lâche qui se suicide par peur de la mort. La vérité, Austin...

Il avait encore parlé sur un ton professionnel. Son attitude se modifia soudain, comme cela lui arrivait souvent. Il se pencha en avant

[See Appendix 1.]

vers Austin, le regard brillant, le visage comme éclairé par une flamme intérieure : des signes, pensa le jeune homme, qui, pour d'autres, eussent signifié de l'enthousiasme, une passion violente, et qui trahissaient chez lui la résolution totale d'un problème difficile.

— La vérité, Austin, c'est que, la première fois, saisissez-vous, la première fois, il ne s'agissait que d'une cinquantaine d'existences; cinquante vies humaines, ce n'était pas un symbole du devoir assez évident, assez violent pour lui faire surmonter ses instincts. Tandis que la deuxième fois...

Austin l'interrompit machinalement.

— La deuxième fois, c'était lui l'enjeu.

— Lui, lui seul, clama le docteur Fog; lui, avec son univers de rêves; lui-même, cette création idéale de son âme! Il aurait bien accepté la destruction de la terre entière, Austin, mais pas celle de cet être fabuleux. Pour lui, pour lui seulement, il s'est montré capable d'héroïsme.

Austin sombra dans une pénible méditation, l'esprit incertain, sollicité sans cesse par des ombres mouvantes dont il devinait la convergence vers un point mystérieux, et constamment déçu par des interférences qui s'opposaient à la perception nette de ce pôle. Après un long moment de cette gymnastique décourageante, il éprouva le besoin de se raccrocher à des éléments matériels consistants.

— Il y a certaines mesures à prendre, Sir. Morvan doit être réhabilité. Quant à Claire, que j'ai ramenée à Londres et mise en quelque sorte aux arrêts dans sa chambre...

Le docteur eut un geste las, comme pour balayer des considérations peu importantes.

— Rassurez-vous. Morvan sera couvert d'honneurs... Les récompenses posthumes les plus importantes. J'ai déjà fait le nécessaire. Quant à lui...

A son tour, il paraissait hésitant et rêveur. Il reprit après un silence :

[No translation is supplied.]

— Les témoignages décernés à Morvan seront assez glorieux pour que sa famille renonce à poursuivre sa vengeance sur une ombre. Lui ? Son histoire n'est connue avec exactitude que de nous deux. Vous estimez nécessaire de l'ébruiter, vous, Austin ?

Austin ne répondit pas. Avec des gestes lents, le docteur Fog prit une paire de ciseaux, détacha la bande du magnétophone et se mit à la découper en fragments, qu'il laissa tomber dans le récipient en fer où il brûlait les documents extrêmement secrets. Il continuait de parler,

[See Appendix 1.]

[No translation is supplied.]

tout en agissant ainsi avec méthode. Sa voix avait par moments de curieuses intonations, qu'il semblait regretter et chercher à corriger l'instant d'après.

— Un intellectuel, Austin, je l'avais bien jugé, ...remarquez que les intellectuels se rencontrent aussi fréquemment parmi les maçons et les militaires que parmi les hommes de lettres et les artistes. En cherchant bien, on en découvrirait même chez les professionnels des services secrets. Vous ne croyez pas ?

Austin eut un faible sourire. Le docteur ajouta des morceaux de papiers dans le récipient, y mit le feu et surveilla la combustion d'un œil attentif.

— Je pense qu'il a payé le prix... Quand on paye le prix, on doit avoir le droit de reposer en paix... Vous avez parlé de l'enfer, tout à l'heure, Austin ?... En fait, je crois qu'il y a d'assez grandes chances pour qu'il repose en paix. Ce n'est pas votre avis ?

Il y avait une nuance de réelle inquiétude dans sa question, posée sur un ton négligent. Au lieu de répondre directement, Austin évoqua un dernier souvenir.

— Quand j'ai pénétré de nouveau dans la pièce, Sir, quand je me suis forcé à le regarder de près, j'ai été frappé pas sa physionomie. Son corps était affreusement contracté, bien sûr; ses membres, tordus; mais son visage était détendu, presque béat... Incroyable ! Sa face, Sir, était empreinte d'une merveilleuse sérénité et conservait un sourire extatique.

— Un rayon de sa dernière pensée, dit le docteur Fog. Je m'en doutais aussi. Et vous qui m'accusiez de cruauté mentale ! Croyez-moi, je n'ai pas failli à mon devoir de médecin... J'ai fait beaucoup plus pour lui que ne le demandait la simple humanité.

Il se laissait aller à des considérations qui n'étaient guère celles d'un homme de science. Il semblait disposé à discuter sans fin du cas Arvers. Austin eût juré qu'il éprouvait de la répugnance à le chasser de son esprit. Chaque phrase qu'il prononçait semblait lui faire découvrir un horizon nouveau.

— Il m'est arrivé assez souvent de songer à lui, ces derniers temps, dit-il à voix basse; ici même, dans cette pièce où il n'a fait qu'une brève apparition — vous rappelez-vous ? —, mais où ce dossier contient l'essence de sa personnalité inquiète. Ses rapports constituent une création peu ordinaire, sans commune mesure avec ses ouvrages d'écrivain; une cathédrale, Austin, une cathédrale édifiée d'après l'archi-

[See Appendix 1.]

[No translation is supplied.]

tecture baroque de son idéal, aux murs imprégnés d'angoisse, aux pierres cimentées par les farouches efforts de son désespoir, la flèche dardée vers un astre inaccessible.

— Romanesque, Sir ? dit Austin en le regardant curieusement.

— Allons donc !... Et qui sait, après tout ? J'ai envie de vous demander une consultation. Considérez-vous une hallucination comme un symptôme probant ?

Austin ne put s'empêcher de s'exclamer :

— Une hallucination ? *Vous,* Sir !

—Je l'ai vu come je vous vois en ce moment. J'étais en train de relire ses rapports, justement. Et est-ce surprenant qu'il se soit ainsi incarné dans ces pages ? Je vous dis que l'essentiel de lui-même est là. L'ombre qui m'est apparue était infiniment plus consistante que son être matériel.

« Je vais tout vous avouer. Quand il s'est dressé devant moi, j'ai eu un instant de terreur. Personne n'aime les fantômes dans ce pays, depuis Shakespeare, pas même les spécialistes des maladies mentales, et j'étais bouleversé, angoissé à la pensée d'avoir à lui rendre des comptes.

Austin nota avec une stupéfaction accrue que sa voix, comme il prononçait ces dernières phrases, trahissait un sentiment ressemblant presque à de l'émotion.

Il retint son souffle, persuadé qu'il allait entendre des confidences rares, mais le docteur Fog luttait pour retrouver sa sérénité, en même temps que sa précision de langage.

— Mes craintes étaient sans fondement rationnel; mon angoisse, puérile. L'ombre m'a seulement dit : merci. Je ne crois pas avoir jamais éprouvé de satisfaction professionnelle aussi intense; de soulagement aussi... Austin, Austin, je n'aurais pas pu survivre à une erreur de diagnostic !

Appendix 1

TRANSLATIONS OF READING PASSAGES
OMITTED FROM THE TEXT

CHAPTER 1

At the age of thirty he had already distinguished himself in most of the fields open to a man of his calling. He had started by writing novels. In these he revealed the supreme qualities of a writer in the most brilliant manner; that is to say, he succeeded with equal felicity in enhancing reality in such a way as to endow it with the glorious hues of artistic fiction and in polishing and martialing the products of his fantasy in such a rational manner that they eventually assumed every appearance of reality.

(p. 2)

CHAPTER 2

"Sir!" said Morvan.

"Yes?"

He reported in correctly : Corporal Morvan, of a Signal Corps unit. Cousin asked him sternly what he was doing there. Morvan told him what had happened, somewhat diffidently, but to the best of his ability in his evident anxiety to make himself quite clear. He and his unit had been overrun and taken prisoner when they thought they were miles away from the front. But since the Germans who had captured them—a motorized unit thrusting inland—had no time to deal with them, they had simply seized their weapons and destroyed their vehicles; then they had driven on, announcing that the war would soon be over and ordering them to remain where they were.

(p. 11)

CHAPTER 3

Her completely natural tone and absence of unnecessary remarks elicited in Cousin a mixture of envy and irritation. Her attitude seemed to belittle the heroism of his own conduct. She repeated calmly, "I'm coming with you," and her mother raised no objection. "Just in case," as she put it, everything had been made ready, and there was no use turning back now. Once

(p. 20)

again he felt that his role demanded a little overacting.

"Let's be off at once," he said, rising to his feet. "We've wasted enough time as it is."

Claire quietly told him that the boat was only an hour away and that they would have to wait a little longer for a favorable tide.

CHAPTER 4

He did not forget to mention Claire in this document, which he wished to make as complete as possible. After reflecting on her character at great length, he summed up her conduct in a single sentence, in much the same manner he had once used to round off an essay on a particularly difficult subject. He declared that ". . . she must certainly be an extremely plucky girl to have undertaken an expedition that would have daunted many men." Here, too, one must admit, his report adhered strictly to the truth; no one in the world could deny that Claire was a plucky girl. He read this passage over several times and found it met with his entire satisfaction.

(p. 25)

CHAPTER 5

"Cyanide. For use in special services, it exists in different forms—pills or capsules. I recommend these tiny glass capsules. If you manage to slip one into your mouth without being noticed, you can keep it under your tongue until you feel the point has come when you can't stand the pain any longer. I know it's singularly difficult to tell exactly when this crucial moment has been reached," Dr. Fog observed parenthetically, "but if you are very tough and don't lose your head, you still have a chance right up to the very end. If you feel you're coming to the end of your strength and are about to talk, to betray, then a simple snap of the teeth, and it's all over. . . . I hope you will have no occasion to use it, but it's an eventuality for which all good agents must be prepared."

(p. 33)

CHAPTER 6

"You'll have to make do with him. We're short of French specialists, and he's a first-class radio operator."

Cousin had acquiesced, with certain reservations. In his dealings with Morvan, while the

(p. 38)

preparations for their departure were being made, he occasionally felt a violent urge to humiliate him by revealing his contempt. He assumed a haughty, biting tone of voice. He discouraged the friendly relationship that, in special services, was more customary than a hidebound insistence on discipline. With a heavily patronizing air, he would say something of this sort:

"I don't know if they've told you, Morvan, but the smallest detail of this mission is of paramount importance and must be treated as top secret."

Cousin had not seen fit to conceal his satisfaction. Little by little he had abandoned his stand-offish attitude. He had even gone so far as to acquaint Morvan with a number of the network's secrets and the names of several important agents. Morvan therefore knew all about the operation that had been planned for that night.

(p. 43)

CHAPTER 7

He found himself listening to his colleague's groans with a passionate interest and mental anguish of a completely different kind. But Morvan had already been branded five times; presently, no doubt, the butchers would get tired of this and turn their attentions to him. The poker that had been earmarked for him was probably red-hot by now.

(p. 49)

It was too unfair! Morvan was bound to give in. The Gestapo men must have thought so too, since they had selected him as their first victim. Cousin felt an absurd surge of pride at the thought that they were such expert physiognomists, such astute psychologists. Morvan was the one who was bound to talk, not he. Morvan's lack of moral fiber showed in his uncompromising features. . . . Moreover, hadn't he already indulged in careless talk, and more than once? Wasn't he alone responsible for this disaster? How he, Cousin, regretted having taken the man into his confidence! A leader of his caliber should keep his secrets to himself. For he was a real leader—London had congratulated him on his resourcefulness and courage. Always volunteered for the most dangerous jobs . . . whereas this fellow Morvan, who was about to betray them, who was probably giving everything away at this very moment . . .

(p. 50)

CHAPTER 8

"Quite sure, sir," Austin replied. He realized he was dealing with a very important person and had never for a moment dreamed of questioning his proposal.

"In that case I want you to have a complete picture of my service. Don't hesitate to ask if there's anything you don't understand. To begin with, as you no doubt realize, I hold a fairly important and very special position in a secret organization."

At such an ingenous statement, Austin, who had a feeling that his new chief was not so trusting as he led one to believe, found it difficult to suppress a smile. Dr. Fog, whom nothing escaped, changed his tone.

"Yes, I see . . . I was forgetting you were one of us, or almost. You're thinking, 'He's treating me like one of his patients. First rule with mental cases—put them at their ease. All this is part of the bedside manner.' Isn't that true?"

(p. 56)

CHAPTER 9

"Let's begin with the essentials. First and foremost, the man in question is an agent. Here's his file. You'll have to go through it with great care. It's a rather tricky case, I think, but I'm relying on your judgment. Tell me what you think of it."

He had lowered his voice and assumed a somewhat solemn tone. Austin sensed there was something mysterious afoot and waited with growing impatience for the rest of the story.

"He's a Frenchman," Dr. Fog continued. "I examined him some time ago. Since then I've been given a great deal more information about him."

He started thumbing through the file, picking out a phrase here and there for Austin's benefit.

(p. 64)

CHAPTER 10

"So you know all that as well, sir?" Austin asked quietly.

"I'm interested in the fellow. It's only natural I should follow his career. . . . Well, anyway, he had dropped out of the picture completely when one fine day he wrote at great length to the authorities, asking them to entrust him with another mission in France. Since then he has repeated his application and persisted in his request."

(p. 69)

"I bet it was after a night out that he thought of it, sir! At any rate, after his previous experience, it shows exceptional strength of character."

"No doubt, no doubt," Dr. Fog murmured dryly. "It actually *is* rather unusual. Blusterers who are courageous at a distance—which is already saying something; quite a lot of people aren't courageous even at a distance, let alone at close quarters—usually volunteer once. But once they've had their fingers—or their feet —burned, they're not particularly anxious to have the treatment repeated."

CHAPTER 11

He told Cousin that he was fully aware of his splendid record. He could easily understand a man like him being bored to tears in an office. He knew that he had done all he could to get reassigned to active service, and thought perhaps he might be able to employ him.

(p. 79)

"That's all I ask, sir," Cousin solemnly replied. "I'm not made for kicking my heels back here in London."

"I am well aware," the doctor went on, "of the outcome of your last mission. It's the sort of thing that could happen to any of us, and I realize you're in no way to blame. I'd like you to tell me the whole story in your own words, however. Nothing like getting to know a man thoroughly when one has to work with him," he added in a wheedling tone that made his young assistant describe him mentally as a monstrous old hypocrite.

CHAPTER 12

"Good," said the doctor; "go on. A man's reactions at the prospect of a parachute jump are most important. It's usually an extremely instructive experience and makes a deep impression on certain temperaments. I've known perfectly brave men who were incapable of launching themselves out of an aircraft. I remember putting a certain captain through this test—a real tough fellow, I assure you. He had proved his courage countless times. Well . . ."

(p. 91)

He spoke of these tests and trials as though they were simple laboratory experiments. Austin could not help smiling now at this old familiar manner of his, which once had made him feel so uneasy.

"Well," the doctor continued, "it was utterly

pitiful, a dreadful exhibition. The whole team was ashamed of him. When he was given the order to jump, he clung to the nearest man, the nearest object, anything he could get hold of. He was clawing at the fuselage with his nails. When he saw they were going to heave him out by force, he implored them—yes, he actually implored them with tears in his eyes—to let him off. He was reduced to an absolute jelly, Austin, and yet, as I said before, the fellow was a hero."

CHAPTER 13

"I didn't bring up the question. All that matters is their outward behavior, and they're both so conscientious about this that no one could ever suspect their true feelings. Their attitudes would deceive anyone who saw them. The sort of passionate interest she shows in him and which she betrays by endless furtive or piercing glances; the uneasy manner in which he, for his part, responds to this constant surveillance—all this had suddenly struck me, as I said before. It could easily be interpreted as a sign of being deeply in love. I think I've made the best use of their natural reactions, sir, as you advised me to do."

(p. 97)

"I'm beginning to wonder if you're not even craftier than I am, young man," Dr. Fog said pensively. "I foresee a brilliant career for you."

"A strange couple, sir," said Austin, who was still deeply moved by certain recollections. "I can imagine them now, alone together in the intimacy of that villa tucked away in the woods, both of them submerged in their own thoughts. . . ."

(p. 98)

"Not so fast, not so fast!" Dr. Fog protested. "What about the training jumps?"

"Those all went off perfectly well. . . . I'll go straight on now to the actual drop into France, sir, if you don't mind. It was no different from the training jumps. It's a curious fact—and the professionals all confirm this—but you never get used to the horror of it."

"The horror? Really?" Dr. Fog remarked in a completely detached tone of voice.

"Unadulterated horror, sir. The fifth is just as bad as the first, and the hundredth as bad as the fiftieth, so they say. Whether you jump at three thousand feet or at ten thousand, over a flat plain or over a range of mountains, whether you're greeted on landing with a cup

of tea or with a burst from a machine gun, the agony's always the same. But to come back to him . . . He was as white as a sheet, in England as well as over enemy territory, but he jumped all right."

"What about her?"

CHAPTER 14

"I haven't much to tell you, sir. But I happened by chance to witness a rather telling scene. I mean the incident with the drunken German soldier; it might have turned out badly. It has nothing to do with our mission and is of no interest except from the psychological point of view."

"You know that anything to do with the psychological aspect is meat and drink to me," Dr. Fog said gruffly. "Come on, let's hear about your drunken German soldier."

Austin embarked on his story without further ado.

"It was shortly after they moved in. I had to get in touch with them one day and had arranged to meet them at Rennes, outside the big movie house there. What we usually did was to buy our tickets together so as to have adjoining seats. I turned up well ahead of time and decided to wait in the café next door. I had just sat down in the far corner when they came into the place together. They had also arrived early and had had the same idea. I didn't announce my presence. I was hidden from them by a partition, but by leaning forward a little, I could see them without being seen myself."

(p. 102)

CHAPTER 15

After finishing his drink, he stood motionless for a moment, waiting for the comforting fumes to rise to his head. Then he put the bottle back with the same care, but with a steadier hand, and went back to bed again. The alcohol was not sufficient in itself to dispel the unbearable sensation that her distrust caused him, but it acted as a catalyst on his mind— that mind which alone had the power to concoct the antidotes against the poison that was consuming him.

He managed to summon enough strength to revive his favorite fantasies and re-create the image of his ideal hero. Every morning he forced himself to make this mental effort, which for him took the place of prayer and from which he derived fresh strength to continue the daily struggle.

(p. 112)

CHAPTER 16

As he left the restaurant in the Champs Elysées where he had treated himself to a delicious meal including five French wines, for which he had a weakness, Gleicher saw that he still had several hours before catching the train for Rennes. A car would be waiting for him there, and it would be dark by the time he reached the villa where he spent an occasional week end. He had finished all his other business in Paris. All that remained was to prepare for his meeting with Arvers, which he always did with particular care.

(p. 116)

"Yes, Herr Doktor. Our special branch let me have it this morning."

(p. 118)

The "Herr Doktor" was odious to the ears of Colonel Count von Gleicher, ex-officer of the Wehrmacht, who had been persuaded to transfer to the *Abwehr* as a result of a nasty wound and the friendship of Admiral Canaris. If this form of address was necessary in front of others, Otto, he felt, might at least address him by his military rank when they were alone together. He had often felt like mentioning this but had demurred for fear of being thought ridiculous. Otto, however, seemed to stress the "Herr Doktor" intentionally, as though his purpose was to make an amateur aware of the rigors of the job at which he himself was a seasoned professional.

"Is it all right?" he asked, taking a pile of documents his assistant handed to him.

Otto pursed his lips and remarked pompously:

"It's not too bad, I suppose. As usual, all the information is plausible and quite a lot of it— what we know to be already in the hands of the enemy—is accurate. Just the same, Herr Doktor, if this business develops as we hope, our technicians will have to make a greater effort."

CHAPTER 17

"Those Gestapo swine sabotaged my work completely. If we'd waited another fortnight we should have had the whole lot in the bag, whereas all they got was the small fry."

"They're always in too much of a hurry," Otto agreed.

Otto unreservedly shared his chief's feelings on this point. The spirit of hostile rivalry between the *Abwehr* and the Gestapo was ap-

(p. 123)

parent to every member of both organizations and sometimes resulted in their jeopardizing the efficacy of the common struggle against Allied spies.

"And yet," he went on, pursing his lips, "they got some results on that occasion."

"What results?" Gleicher protested. "A few subordinates arrested; some poor bloody fools wiped out who wanted to destroy three old locomotives and that's all."

"Not very important people, it's true," Otto conceded. "Nevertheless, about fifty of the enemy liquidated. . . ."

"And the means employed to attain this brilliant success?" Gleicher demanded. To him the men of the Gestapo were odious for a number of reasons. He had espoused the cause of the rival organizations; he hated the secret police instinctively; and he had been reprimanded at a high level for letting them steal a march on him. "The means? Torture. That's all they know. Take away their blackjacks, their electric-shock machines, and the rest of their repulsive contraptions, and they're incapable of obtaining the slightest information. I, on the other hand, as I've said before, Otto, would have nabbed the whole lot, and without grilling the soles of anyone's feet, as they did, apparently."

CHAPTER 18

In the living room of the villa, Arvers was moodily contemplating a message that had just come in from London. Claire was reading in a corner of the room—or was she only pretending to be reading? Her most commonplace occupations struck him as being pretexts for spying on him, and he controlled the muscles of his face so as not to reveal a clue to his feelings.

The message was fairly long and contained nothing of particular interest, but he was irritated to detect throughout its contents a certain lack of appreciation of his work—no specific complaint, but a sort of unexpressed regret that his activity was not more fruitful. The message acknowledged receipt of the documents that had arrived by the previous mails and especially the information sent a few days earlier by Claire, after Gleicher's last visit. Not only did it not contain a single word of encouragement, such as: "Continue with the good work," as often used to happen, but it was scattered with remarks of this sort: "Could be useful at

(p. 129)

a pinch," and "This has been known to us for some time," and even "Much more urgent to give details on such-and-such a point, the importance of which seems to escape you. More difficult, certainly, but it should be possible if reasonable risks are taken."

CHAPTER 19

"We risk being censured by London."

"Almost certainly," he said in a tone of calm defiance. "That's just another risk we'll have to take. But there's one thing that takes precedence over everything else, darling. I've thought about it very seriously—the existence of this fellow Bergen is a menace to thousands, possibly millions, of human lives. There's no getting away from that. In a case like this, the ends justify a divergence from our principles. I'll take all the responsibility . . . But, of course, if you don't like the idea, I can't force you to cooperate."

He was allowing himself the supreme satisfaction of showing that he now suspected her of lack of courage. She merely shrugged her shoulders.

"I'll show you how to get there. If we leave tonight we'll be there before daybreak."

"Tonight!"

His voice betrayed the terror he suddenly felt. He had not thought of acting so soon. In his own mind he had vaguely decided on the day after tomorrow, and this forty-eight hours' deferment had helped to soften the harsh reality.

"Tonight."

(p. 138)

CHAPTER 20

"What was Arvers' behavior like at that stage?"

"It struck me as rather strange. Whereas he was almost fainting five minutes before, he now seemed quite calm and almost determined. He took the wire out of his pocket and stretched it in his hands as though to test its strength. But I'm sure—in fact, I realized later —that he had already made up his mind not to go through with it. This show of determination was sheer pretense. All he was thinking of was the excuse he would have to give me."

"I'm sure you're right."

"But at that moment he looked like a new

(p. 146)

man, and I wondered if he might not really see the thing through."

"No chance of that!" her mother muttered. "I can see it all as clearly as though I had been there myself."

"It was only when I heard Bergen's footsteps approaching that I saw through his little game. At this point his expression changed and he tapped his forehead as though a sudden thought had just flashed through his mind. All this was only designed to cloak his insufficiency.

"When he saw Bergen fifty yards off, he seized me by the arm. I tried to slip away, but he got a firmer grip on me, knocked me over, lay down on top of me so as to pin me to the ground, and whispered in my ear: 'Whatever you do, don't move. It has only just struck me. We mustn't. It's impossible.'

CHAPTER 21

The German knocked gently on the door at the appointed hour and appeared in the guise in which Arvers knew him, interweaving into his bourgeois manner a variety of facial contortions designed to express servility, greed, and fear. Arvers did not even invite him to sit down. With his hands in his pockets and a forbidding expression on his face that, to his intense delight, forced his victim to bow his head, he harshly listed his complaints. Claire was on the other side of the room, separated from them by a half-open movable partition. He spoke fairly loudly so that she should not miss a single word of his tirade.

(p. 149)

"I may as well tell you, my good man, that I'm far from satisfied with your work. The last batch of information I bought from you was utterly worthless. I thought so at the time, and my service has since confirmed it. At the rate I pay you, I think I can expect something better than that sort of trash."

He shifted his position slightly to see what Claire was doing. She was busy writing and looked as though she had not heard a word. He was vexed by this but derived some consolation from the manifest discomfiture of Gleicher, who was timidly mumbling some lame excuse. Arvers interrupted with a withering gesture to show he had not yet finished with him.

"I'd like to point out that up to now I've been scrupulously fair in my dealings with you. If you can't be a little more conscientious yourself, I'll have to make other arrangements."

CHAPTER 22

A dismal swarm of gruesome memories, which the miraculous will of a mind bent on self-preservation had warded off for several months, now started circling around him, approaching more closely at each successive revolution, spinning faster and faster, drawing nearer and nearer to a certain central image, the axis of their rotation—a human shape none other than himself, bound hand and foot, lying powerless on a heap of straw in a room in a tumble-down farmhouse.

Faster and faster, in time with the accelerated rhythm of his heart, the demons of reality, released from the dark cage in which he had kept them imprisoned, started to smother him under their loathsome wings, whispering in his ear in a conspiratorial tone, murmuring one after another their scraps of partial evidence, then raising the pitch and hastening the pace of their monstrous accusations until their yelps dissolved into a single prolonged shriek. This clamor brought to life a former state of being that, in spite of the sublime crusade of oblivion waged by his mind, had existed at some point in the past, leaving its mark in the indelible archives of time and space. Bit by bit this state emerged from the mists in which he had hidden it away, his ignominy intensifying at each revolution of the tape. The words now came back to him like long-lost friends. They were so familiar that he moved his lips and involuntarily uttered them at the same time as the machine—sometimes even a split second before—unconsciously allowing his present voice to serve as an accompaniment to this sinister echo from the past.

CHAPTER 23

"I supppose you've answered it already?"

"At once, sir, in the following terms: 'If you consider offer genuine, establish contact with Otto yourself. Obtain details and guarantees.' "

This message met with the doctor's approval.

"I felt this was the best course to follow, sir. Isolated as he is, there seems nothing against his meeting an enemy agent who in any case knows all about him already. Furthermore . . ."

"Furthermore, when a trap has been set, we must always pretend to fall into it. It's an excellent principle when dealing with mental cases and enemy secret services. . . . But perhaps this isn't a trap."

(p. 156)

(p. 161)

"Perhaps it isn't, sir," Austin echoed without much conviction.

"We mustn't automatically discourage an approach of this kind, however strange it may seem. You realize, of course, who the head of the *Abwehr* is?"

"Admiral Canaris."

"That's right. Now, this may surprise you, but there have already been several rumors that he's trying to get in touch with us. I mean, with someone of importance in the service," Dr. Fog corrected himself with a hypocritical smile.

"Really?"

"Furthermore, some people are convinced that he's only waiting for a sign from us to come over to our side—which seems a little far-fetched, to say the least. . . . Did Arvers answer your message?"

"Yes, sir, like this: 'Have met Otto. Evidently important person and seems genuine. Guarantees: firstly, has shown he knows all about Gleicher's treachery, information provided, my own activities, links with London, radio wave lengths. Enough to have us all shot, yet has always left us undisturbed. Secondly, has himself provided me with documents I believe to be of great importance on which urgent action needed. Anxious establish contact with responsible authorities.' "

CHAPTER 24

He was also a man of absolute rectitude and imbued with a sense of military honor. And so, as he listened for the first time to Arvers' confession, if his immediate action was mental nausea and his only remark, *"Schwein!"*, he did not for a moment think of making an exception in this case to the rule he had set himself in his dealings with enemy agents. This was made manifestly clear when his assistant, Otto, stressed the importance of the tape recording in a manner he did not care for at all.

"We know he's a coward, Herr Doktor. We'll have no difficulty in getting whatever we want out of him."

"We'll have no difficulty," Gleicher agreed, looking at him directly, "but remember what I've told you. We are not the Gestapo and I did not take on this job to soil my hands."

"I know your views on that subject, Herr Doktor, and I have nothing but respect for

(p. 166)

them. But physical pressure was not what I had in mind. Seeing what a coward he is, I think the mere threat . . ."

Gleicher interrupted him sternly.

"There's no question of that, either. I will not countenance the specter of torture—or physical pressure, as you put it—in this service. I should not be able to sleep at night if I ever debased myself by methods like that. No, Otto, *psychological* means are what we shall use," he added in a gentler tone, "and in this particular case, to which I've given a great deal of thought, I'm certain the weapon we possess is infinitely more efficacious than violence."

"Perhaps," said Otto without much conviction.

"Have you really any doubt about it? Do you mean to say you still can't see what his position is with regard to his superiors? Don't you realize he has accused the other fellow of treachery and passed himself off as a hero? Nothing else can account for his having been entrusted with another mission. That being so, don't you think this man will do absolutely anything for us to keep his secret?"

Otto looked at his chief with surprise, then with admiration. He would never have believed him capable of such ingenuity. For a moment, but no more than a moment, he had a vague suspicion that this plan might involve him in a procedure even more cruel than the methods of the Gestapo, but the evidence of its efficacy prevented these qualms from assuming definite shape and he merely replied:

"You're right, Colonel"—this was the first time he had addressed Gleicher by his military rank—"he is *obliged* to obey us. It's unpardonable of me not to have realized that before. I'm grateful to you for opening my eyes to the immorality and the uselessness of torture."

"*Ein Herrendienst,* Otto," Gleicher concluded, grinning with delight at this tribute.

CHAPTER 25

That day, as on every previous day, he racked his brains to conjure up the wretched arguments he considered fit to support this thesis, to furbish them with infinite patience and endow them with the quality needed to create his supreme illusion.

After all, though Gleicher did not attempt to persuade him of the purity of his intentions, the German had not actually said this was a case

(p. 172)

of deception. There was nothing to prove he
was not genuinely seeking a means of collaboration. Admittedly, Arvers had been careful not
to question him on this subject, for fear of receiving a forthright answer that would deprive
him of all hope. This was a tenuous starting
point, but enough for his dream to begin to take
shape and eventually to illuminate the evidence
of his integrity and perspicacity.

Then . . . then, in his mind's eye, he
emerged as the promoter of one of the most
important negotiations of the war. He, Arvers,
the secret agent hunted by several police forces,
whom his superiors did not provide with means
worthy of him, accomplished the feat of leading the enemy to believe in their defeat and to
surrender. Few characters in history had
maneuvered with such Machiavellian cunning.
Of all the masters of intrigue whose names he
recalled, none had solved a problem comparable to this, or under such difficult conditions.
And it was in his apparent submission to Gleicher that his ingenuity showed itself most
strikingly. In fact, it was he who inspired every
step the German took and directed every move
he made, without his realizing it.

CHAPTER 26

He had returned to France a few days earlier
but had not yet notified Arvers of his arrival.
He wanted to have a word with his companion
first. He had sent her a message at her mother's,
fixing a rendezvous in front of the movie house
at Rennes, where they used to meet. They had
exchanged no more than a word or two before
taking their seats side by side in the darkness
of the half-empty auditorium. Austin leaned
toward her, put his arm around her shoulders,
brought his face up close to hers, and started
questioning her under his breath. He had already noticed what a nervous state she was in.
She was clearly at the end of her tether, and
her condition was a source of anxiety to him,
both as a doctor and as head of the mission.
At the same time he could not suppress a feeling of pity, intensified by the position he had
adopted, which made him acutely aware of the
trembling of her body.

Her opening words did nothing to reassure
him as to her mental balance. She had meant
to give him a methodical account of how her
suspicions had developed and had then been

(p. 178)

confirmed during one of Gleicher's nocturnal visits, but she lost control of herself as soon as she mentioned Arvers' name. Her fury was manifested in sudden violent outbursts, and he had to caution her several times to lower her voice.

"My brother wasn't a traitor. It was Arvers, only Arvers, all the time."

All the symptoms of an obsession, Austin thought to himself with a sigh. For the last few months her only purpose in living has been to justify her brother by proving the other man's guilt, and now it's beginning to take the form of hallucinations. Has the first result of my boss's diabolical policy been to derange her mind?

CHAPTER 27

"Naturally," Arvers replied.   (p. 183)

Gleicher fixed the meeting for the evening two days ahead, then continued in a tone of authority:

"I don't think I need remind you again to stick to my instructions."

Claire's hopes soared. She underlined the word "instructions" in the notebook in which she was taking down the conversation.

"I hope you haven't said anything that could rouse your chief's suspicions?"

"I've adhered to our agreement to the letter."

"Our *agreement!*"

Arvers' use of this term was a halfhearted endeavor not to lose face in his own eyes. He could not regard himself as a traitor: he was merely acting as an intermediary in some tricky negotiations between enemy leaders, that was all. Away from Gleicher, he had plucked up enough courage to use this word, which cast a reassuring light on the transaction.

"Our *agreement!*"

The sarcasm contained in the exclamation cut him to the quick. In the margin of her notebook, Claire recorded these changes in tone by a system of conventional signs. For all his anger, Arvers did not dare answer back. Once again he was frightened of receiving a reply that would shatter all his illusions.

He ventured, however, to ask for further details on one particular point. He did so with a note of entreaty in his voice, after having sworn to himself several times in the past

twenty-four hours that he would take a firm line when discussing the deal.

"You did say, didn't you, Mr. Gleicher, that if all goes well . . . that if you're satisfied with my services," he added in a wheedling tone, "you would give me the roll?"

This—the only demand he had made from the very beginning—was almost in the nature of a condition he had steeled himself to impose. Gleicher had agreed to it, to save himself a fruitless argument.

Claire scribbled this down, then paused in bewilderment, waiting for a further explanation.

"The roll? What roll?"

CHAPTER 28

Austin was overwhelmed by this precise report and by the details in her notebook. It was a strange story, but probably true. It was difficult to attribute this long and graphic conversation to an hallucination. He questioned her closely again, then turned toward her mother, who had not yet said a word. He knew she had a domineering personality. With him, she generally assumed an air of indifference, as though all this business meant nothing to her. This evening, however, he detected a trace of anxiety in her expression; she seemed to be studying his reactions. And he needed only this fleeting glint in her eyes to remind him that she was Morvan's mother; her usual attitude tended to make him forget it.

He began to wonder if the two women, far from being slightly unbalanced, had not deliberately invented the whole story to redeem the memory of the deceased, no matter what the consequences. Such a disregard for justice in the cause of a deep devotion made him shudder, but considering the old woman's obdurate expression and Claire's blazing eyes, this monstrous supposition did not seem entirely impossible. He eventually dismissed it from his mind, reproaching himself for seeing nothing but treachery and lies ever since he had become Dr. Fog's assistant.

"This meeting is a trap," Claire insisted. "What Gleicher said proves that he still regards us as mortal enemies."

Austin read through her notes again, paused for a moment to think, then said with authority:

(p. 190)

"I'd like to watch them without their knowing it. I've got to see for myself what sort of attitude they adopt. Can that be arranged?"

"We could get right up to the villa if we approached it through the wood . . . and even slip into the garden without anybody noticing. There's an old ruined tower in one corner, from which you can keep a lookout in all directions. It's a perfect hiding place."

It was clear she had already used this observation post. He wasted no time on further questions and fell in with her plan. They decided to leave at once so as to arrive well before the meeting and thus avoid any possible trap. Without a trace of emotion, the old woman wished them good luck and watched them in silence as they vanished into the dark. It was not until she had carefully locked up for the night that she mumbled a few indistinct words in a menacing tone, almost without unclenching her teeth.

CHAPTER 29

It was at this stage of Arvers' deductions that he left the house, after turning out all the lights. The darkness and the silence excited him; his nerves were already strained beyond endurance by the ordeals of the last few months. Suddenly the forest seemed extraordinarily hostile, concealing in the shadow of every bush someone bent on his destruction. His enemies—by whom he meant anyone who discussed him behind his back—he imagined those enemies gathered together this evening in this secluded corner of Brittany, temporarily united in their common feeling of ill-will toward him. Dr. Fog, who had entrusted him with this mission only in order to bring about his ruin, was undoubtedly one of them. Claire was also there, in the forefront. She must have told them about him and guided them to his hide-out. Austin had talked it over with her before telephoning him—probably at her mother's, that old witch who hated him even more than did the others.

(p. 197)

A sudden beam of light illuminated the path as a car drove out of the garden of the villa beyond. Austin remembered what Gleicher had said: this was Otto leaving for Paris. The car soon vanished into the distance. From their observation post they could see Gleicher as he closed the gate before going inside. When Austin returned back in Arvers' direction, he

(p. 198)

could not see him anywhere until presently he
emerged from the shadows where he had been
crouching to avoid the headlights. At that instant he was clearly visible in the moonlight,
and his gaze seemed to be fixed on one specific
spot. His haggard face was turned in the direction of the other villa.

CHAPTER 30

"You almost frightened me, Herr Arvers. I
wasn't expecting you, and all by yourself, too."

Austin saw Arvers wince at the insult, but his
only reply was to apologize for the misunder-
standing.

"It's not my fault," he said. "His car broke
down and he had to borrow a bicycle. He's
sorry he's so late, but he would very much like
to meet you now if you would be kind enough
to step over to my place."

"Otto has just left," Gleicher grumbled.
"Nevertheless, there's no harm in having a pre-
liminary talk. I'd like to know what he's like.
. . . But does he think I'm at his beck and call?
I've already inconvenienced myself once to-
night."

"It's a detail that has always puzzled me and
I've been thinking about it a great deal these
last few days. How did his operator, Morvan,
die? We've always assumed the Gestapo killed
him. Well, now, I got in touch again with my
agent, who interrogated the survivors all over
again, and they still seem quite convinced about
it."

"About what?"

"They swear that Morvan was already dead
when they got back to the farm."

"As a result of the torture?"

"Not at all, Herr Doktor—as a result of
several bullets in his heart."

Otto had made no further comment. Gleicher
had given some thought to the matter, then
shrugged his shoulders and dismissed his assistant, having made up his mind not to alter
his plan.

His physical appearance had undergone a
change, as always happened when he did violence to his nature. The blood had drained
away from his face. His movements were those
of an automaton controlled by an alien will that
seemed out of proportion to his own and to
which he surrendered himself with a sense of
pleasant abandon. In spite of his fear, he was

(p. 202)

(p. 204)

(p. 205)

delighted to see that his muscles obeyed the imperative commands of his mind and that he was behaving like a man of exceptional courage. He knew that nothing would stop him now, and already regarded the act he was about to perform as over and done with.

During the spells of anguish, when he could not prevent himself from thinking, Cousin presumed they would send a car in the morning and take him and Morvan off to prison. He dreaded the idea, not for fear of solitary confinement—on the contrary, he hoped he would have a cell to himself—but because of the ordeal to which he would be subjected in resuming contact with the material world.

(p. 206)

Morvan opened his eyes and saw that Cousin was free. He seemed to divine his intention and reached down for the submachine gun, which had fallen by the side of his bed. Cousin forestalled him. Nothing hindered the play of his muscles any longer, and his instinct of self-preservation was matched on the physical plane by perfect coordination. He leaped forward and snatched up the weapon just as Morvan was about to lay hands on it. He counted this success as his first victory.

(p. 208)

The sound of his words had intensified his righteous indignation. At the thought of those dead comrades, sacrificed through cowardice, his anger knew no bounds. And such was the miracle of his imagination that when he found himself the sole survivor in the room, when he saw that Morvan was dead beyond all doubt and that his own voice could not be heard by any ear but his own, he still went on in the same tone.

(p. 208)

Several minutes had passed since Arvers had disappeared inside, and Austin was still pondering over his strange behavior. He listened in vain: the phonograph drowned every other sound.

The music finally stopped and the house fell silent. Standing beside him, her brow wrinkled, Claire seemed to be working out a problem in her head. Suddenly she put a hand to her forehead and cried out in a tone of despair:

"The tape, the tape recording! That's what he's after; he'd do anything to get his hands on it."

Her voice rang out in the silence. Austin

(p. 209)

seized her by the arm to keep her quiet, but she shook him off and again cried out:

"He's going to destroy it. We'll be too late."

She started running toward the villa, throwing caution to the winds, and pushed open the front gate with a metallic clang that made Austin wince. He followed her, realizing there was no point in hiding since she had almost certainly revealed their presence.

He showed no sign of surprise; in fact, he seemed to be expecting them. He was no longer frightened of them—rather the reverse. He rejoiced in their presence here and also in his own perspicacity that had led him to foresee it. They had turned up at the very moment he had hoped—as providential witnesses to his valor.

Having derived sufficient pleasure from their bewilderment, he broke the silence in a tone of supreme detachment.

"I've liquidated him," he said.

"What!"

Austin, in turn, had been unable to suppress a cry of amazement. His nerves were strained by the long nocturnal vigil and, above all, by the ghastly sensation of being surrounded on all sides by lunatics who were trying to pass themselves off as sane.

Claire, having recovered from her surprise, pushed him aside and, stepping over the body without so much as glancing at it, rushed into the living room. She made straight for the fireplace, then stood there wringing her hands. The grate was red-hot, the logs crackling. A poker half embedded in the embers suggested that the fire had been rekindled recently. She rummaged among the glowing ashes but could find no identifiable remains. Then she suddenly noticed a flat leather cylinder case lying on the table. In a towering rage she snatched it up and hurried back to the front door. Arvers was in the process of telling Austin the whole story.

"I had my suspicions about his loyalty, but it was only tonight, when he turned up for the meeting, that I knew for sure—all he had in mind was to lead you into a trap. How do I know? I overheard a conversation between him and his assistant."

He was making up the story as he went along, like an expert novelist who, on taking up his pen, has not yet worked out his plot in detail but whose inspiration is directed at each fresh chapter by the general idea of his book: a beacon serving both as guide and support in

(p. 210)

(p. 210)

his efforts to produce out of the void the necessary chain of events. He had recovered all his
intellectual faculties and confidence in his own
mastery.

Not knowing exactly how much his chief
had found out, he took great pains not to di-
verge too far from the actual facts. What he
said tallied so closely with what Austin had
seen for himself that the latter was disconcerted and began almost to reproach himself
for having thought of Arvers as a traitor.

"After that it was only too clear what
Gleicher's intentions were. There was no question of establishing contact with the Allies.
They were both sniggering at the thought of
this trick and at our gullibility. All they were
after was to get one or several members of our
service into their clutches and thus deliver a
fatal blow to our clandestine organization. The
trap wasn't set for tonight, but for another
meeting he was going to arrange later. There
was already considerable danger in his meeting
you and being able to identify you.

"I was appalled. It was lucky you didn't
show up. I only began to breathe freely again
after they left. Then I followed them in the
dark. I heard the car. It was Otto, and I knew
that Gleicher would be spending the night
here."

Based as it was on facts that were strictly
true, the story was taking shape of its own
accord. Even if they had spied every gesture
he had made in the course of the evening, they
could not question a single point in his tale.

"He was alone, I knew. He didn't suspect a
thing—he thought I had been completely taken
in. I couldn't wait any longer; the opportunity
was too good to miss. I came and knocked at
the door and told him you had just arrived and
wanted to see him. He went back to get his
coat. I followed him inside and then I strangled
him with this wire. He didn't utter a sound."

His voice had the very ring of truth, and the
proof of what he asserted was there in the
passage. Austin was under his spell; once again
he began to suspect that Claire was out of her
mind or had invented the whole story to bring
about Arvers' downfall.

Austin was brought back to reality by the
first rays of dawn. It suddenly occurred to him
that he had heavy responsibilities and that this
was no time to indulge—as he had been doing

(p. 211)

(p. 212)

(p. 213)

for the last few minutes—in theoretical inquiries into the various symptoms of insanity. There were more urgent things to attend to than forming a diagnosis. They would have to move away from here; the area had become too dangerous. As soon as the murder of Gleicher was discovered, the *Abwehr* would institute brutal reprisals. Unable to decide which of his colleagues could be trusted, he gave his instructions to both of them, in a cold, authoritative voice.

"The first thing is to get rid of the body; that will give us a breathing space. It's too late to move it outside. Is there anywhere in the villa we could hide it?"

The cellar, which was half filled with stacked-up logs, seemed to be the most suitable place.

"You take him down there and stow him away," he told Arvers. "Claire will give you a hand. I'll go and warn her mother to dispose of all traces of you and then clear out herself. I'll also have to tip off various other people. I'll come back and get you in the car, which I've left outside the village. I think we'd better make for Paris."

Arvers made no comment; he took off his coat and set to work. He felt lighthearted, almost jubilant. Claire opened her mouth as though to protest, but Austin silenced her with a commanding gesture. She looked abashed, appeared to acquiesce, and went off to help Arvers. Austin cast a final puzzled glance in her direction, then shrugged his shoulders, left the house, and hurried off toward the village.

"You take the feet," he told her.

She obeyed without protest. He bent down, slipped his arms under those of the corpse, and started lifting it off the floor. His back was turned to the front door.

Claire, who had taken hold of Gleicher's legs, suddenly let them drop. He looked up in surprise. She had her eyes fixed on a point directly behind him. Her mother was standing there on the threshold. She had come in without a sound, and in her hand she held one of the big revolvers they had left with her for safekeeping.

"It was when I went back to her mother's place that I began to feel slightly uneasy, sir," said Austin. "I'd already looked in there to warn her of the danger and ask her to assemble all the equipment hidden in the house so that I could take it away. She had listened

(p. 214)

to my brief account of what had happened without showing the slightest surprise and without making a single remark. I went off to make some telephone calls and collect my car. When I got back I found the house empty.

"Yet I had told her to be sure to wait for me. I went through into the back parlor. She hadn't done a thing I had asked. She must have gone out immediately after I left. It was then I felt there was something strange afoot.

"I wanted to dash back to the villa at once, but I had some trouble with the car. Those damn charcoal-gas engines . . ."

"I understand," Dr. Fog replied in an encouraging tone. "So you set off on foot?"

(p. 215)

"It wasn't very far. Twenty minutes' walk—not even that in my case, as I started to run as soon as I was outside the village. I was getting more and more apprehensive. . . . A sort of intuition, as I said, and the feeling grew stronger as I went along. It was the old woman's attitude I could not get out of my mind: that placidity of hers, that indifference, that apparent lack of all emotion . . . Yet anything to do with him must have concerned her at least as deeply as it did her daughter."

"Some people have a special gift for hiding their feelings," Dr. Fog observed sententiously. "Generally speaking, it's a sign of character."

"As soon as the villa came in sight above the trees, there was something about it that alarmed me—yes, that's the only word for it: alarmed me—something incongruous. A mere detail, insignificant in itself, but why did it have such an effect on me? I can't explain, but I was all on edge. It was the thick smoke rising from the chimney. The fire must have been rekindled, otherwise it would have gone out. There were dozens of reasons to account for this. They might have been burning some papers or other incriminating documents; and yet at the sight of it I was filled with foreboding. I had slackened my pace because I was out of breath; now I broke into a run again. What for, I wonder?"

When he saw the girl's mother standing before him, Arvers realized his triumph was not complete and that he would have to face one last ordeal. This did not surprise him. He had *known* for a long time that he would have to contend with the old woman someday. Her appearance at the scene seemed strangely familiar to him. Her menacing attitude did not

(p. 216)

impress him in the least—this was just how he
had imagined it would be.

"Put your hands behind your back," she said.

He obeyed quietly, but not because of fear.
He questioned himself objectively on this score
and discovered with delight that this emotion
had become alien to him.

He did not move when Claire tied his wrists
together. He only had to bide his time and wait
for the proper moment to play his part in the
scenario that the two women had evidently
worked out in detail long before, in case all
other means of attaining their aim should fail.
They did not exchange a word, yet Claire
needed no prompting. Her mother had thrown
her a length of rope. She had thought of every
detail, but she hadn't . . . He inwardly rejoiced at the thought that she hadn't, that she
couldn't have, foreseen *everything*.

She directed the whole scene like an experienced producer, not forgetting the major
role she had selected for herself. She was busy
stoking up the fire. She piled the logs together,
threw on some new ones, and fanned the embers into life. In a short while the flames began
licking up the chimney. Meanwhile Claire had
unbound Arvers' wrists. Then she carefully tied
his left arm to the frame of the sofa, leaving
the other one free.

He let her deal with him like a child, without
taking his eyes off the old woman. One would
have thought she was performing some house-
hold duty, but he had no illusions as to her
intentions.

"Take his shoes off."

He did not even shudder. He knew the ordeal
that awaited him. He had spent night after
night contemplating it in his dreams, preparing
for it, analyzing each of its successive stages,
patiently eliminating any unforeseen aspect of
it. Fortified by his extensive research, his mind
had performed the miracle of transforming it
into a compulsory formality and depriving it
of all its horror.

The old woman gave the fire a final push;
then, leaving the poker embedded in the embers, she turned and came toward him.

"Let's not waste any time," she repeated. "So
you refuse to sign, do you?"

"Absolutely. It was your son who talked, not
I. I can't do anything about it."

"We'll soon see about that," the old woman
said.

(p. 216)

(p. 217)

She walked over to the fireplace and withdrew the poker.

"Mother!"

"Let me alone."

In the short time the mother's back was
turned, while Claire was watching her with horror, he furtively accomplished the first part of
the act for which he had been preparing for
months. He had been looking for a favorable
opportunity ever since Claire had untied his
wrists, and the uncertainty of being successful
had preyed on his mind—the only chink in his
armor that fear had been able to find. With his
free hand he seized the little capsule of poison
tucked away in a secret pocket under the lapel
of his coat and slipped it into his mouth. It took
him no more than a second. The success of this
maneuver dispelled the last anxiety he had in
this world.

The old woman turned around and came
toward him with the poker in her hand. He kept
his eyes wide open and assessed the quality of
his own determination from the fact that he
was able to grasp with incredible precision
every detail of the instrument of torture. The
tip gave off a white glow over a length of two
or three inches. The rest of the shaft was various shades of red, fading lower down into a
dark gray and culminating in the yellow of the
brass handle, almost as luminous as the opposite end. He felt a childish pleasure in seeing
it was not merely a piece of twisted iron, like
the one at the Lachaume farm, but a properly
finished article constructed and embellished by
a fine craftsman to hold pride of place in a
well-to-do home. It was almost a luxury poker,
and he was deeply grateful for this, as though
the choice of such an instrument was Providence's way of recognizing his personal qualities.

"Are you going to sign?"

He shook his head with an expression that
looked very much like irritation. She was *bor-
ing* him with these questions. Of course he
would surmount the ordeal, but for that he had
to muster all his physical resources and protect
himself against *distractions*. The contact of the
capsule against his tongue was enough to dispel
his vexation and restore the composure essential for great feats. His sense of relief expressed
itself in a smile.

The smile froze on his lips, and his features
became contorted. Every fiber of his body was
convulsed. For a moment the pain precluded
all thought. The old woman had applied the

iron to his right foot. She withdrew it almost at
once and with an angry gesture restrained her
daughter, who had taken a step toward her with
a gasp of horror, as though to stop her.

"Are you going to sign?"

He was again taken unawares by the second
application of the torture. Fortified in the
course of endless sessions of theoretical training, his mind was taken off guard by the unforeseen: he had been expecting the burn on
the same foot, and it was his left foot that received it. The spasm made him writhe in every
muscle, in spite of his bonds. The mother left
the iron on the flesh for a full second. Even
before she had withdrawn it, his mind was in
control again.

"You're the one who talked. Will you admit
it?"

He shook his head in the same slow, dis-
interested manner. He was sorry now that he
was unable to speak. He would have liked to
hear the sound of his own voice, but he was
frightened of letting the capsule slip out of his
mouth.

The third stage of the treatment had the same
result. The old woman muttered an oath
through clenched teeth and went off to plunge
the poker into the embers again. During this
respite he applied himself to sharpening his
mental faculties still further and gathering them
together for a supreme effort of will. He had to
triumph over his last enemy—Morvan. How
many times had Morvan endured the torture?
Six, he recalled—he had carefully counted each
piercing scream.

He endured the torture no less than eight
times. Nothing more could be added to his
triumph. He was frightened he might faint if
he submitted any longer to the mystic state into
which he had been plunged by this overwhelm-
ing mixture of physical pain and mental exaltation. He placed the capsule between his
teeth. As the mother lifted the poker yet again,
her features contorted with fury, he looked her
straight in the eyes, brought his jaws together,
and in one gulp swallowed the liquid along with
the bits of broken glass. He felt the jolt of the
poison instantly and lost consciousness, regret-
ting he was unable to prolong the enjoyment of
his victory forever.

"I saw him on the sofa when I finally steeled
myself to enter the room. But I didn't stay there
long. The smell and the smoke . . . It was

(p. 219)

(p. 220)

really hellish, sir. I couldn't even bring myself to examine him properly. A rapid glance . . . I saw he was dead, all right. I opened the window and hurried out. It was Claire who told me the story, bit by bit—not a word from the mother, of course—and even then I had to bully her before she would talk, between one fit of hysterics and the next.

"I didn't mean it, I didn't mean it," she kept saying over and over again. "It was all make-believe, Mother had promised. We were only going to frighten him. He was a coward; I was convinced the mere threat would be enough. I didn't mean it to go any further. I expected him to give in; I was sure he would sign when he saw the red-hot iron."

"We buried him in the forest. As you can imagine, I didn't think it was right or proper to leave the body of a patriot lying there like that or to stuff it away in the cellar, like the other one. I felt the least we owed him was a decent burial. I took the risk of moving him in broad daylight. The old woman had disappeared —I don't know what has become of her since, incidentally—but I forced Claire to help me. I kept her at it until she was ready to drop. I was prepared to beat her, torture her even, if she made any fuss; but she obeyed without any protest. We carried him as far as we could and buried him in a deep hole. I made her kneel by the side of the grave. I was a bit on edge, sir."

"I can well believe it," the doctor said sympathetically.

"In spite of all my precautions, I'm still afraid the Germans may find him."

"They haven't found him."

Austin looked up in surprise as the doctor walked across to the far end of the room.

"They haven't found him," he repeated. "If they had, they wouldn't have taken the trouble to send me this. Listen."

It was the tape recording. Austin heard Cousin's voice, at first with amazement, then with mounting excitement. When it came to an end he fell silent for a long time, dumfounded, a prey to a mixture of emotions he was unable to explain. Eventually, under the piercing gaze of Dr. Fog, he said stupidly:

"So it was true?"

The doctor nodded.

"And they sent you the tape?"

(p. 221)

Austin, who was beginning to derive some consolation from the proof that Cousin was a criminal, was revolted by this admission.

"And knowing that all the time, sir, you sent him back there with Morvan's sister!"

"He was still of potential value to us," said the doctor, "but only in conjunction with the Morvan family. Events have proved I was right. Mind you, I couldn't have foreseen everything, but at least he eliminated Gleicher as a dangerous enemy—albeit a somewhat ingenuous one, like most amateurs in this business."

"So on the whole you find that your stratagems have culminated in a brilliant success!" Austin exclaimed, unable to contain himself.

"A partial success," the doctor corrected him modestly.

"A partial success?"

"Yes. I had hoped he would also wipe out Bergen for us, but he wasn't ripe for that yet."

Austin could think of nothing to say in reply and gazed at him in a sort of daze. This rational method of exploiting human passions filled Austin with indignation, yet at the same time he could not help feeling a certain admiration for the psychological approach. His curiosity got the better of him, and it was in the humble tone of a student questioning his master that he asked for further explanations.

"The truth is that on the first occasion, you realize, it was only a question of the lives of some fifty people. Fifty human lives—that wasn't a sufficiently clear or striking symbol of duty to enable him to overcome his instincts. Whereas the second time . . ."

Austin automatically broke in.

"The second time, he himself was at stake."

"He and he alone," Dr. Fog agreed. "He, with that dream world of his—he, the ideal creature of his own imagination! He would have accepted the destruction of everyone on earth, Austin, but not of that fabulous being. For himself, for himself alone, he was capable of showing heroism."

Austin lapsed into a painful meditation, confused, constantly haunted by fleeting shadows that he felt were converging toward some mysterious point, and constantly disappointed by interferences that hindered the clear perception of this pole. After several minutes of these discouraging mental gymnastics, he felt the need to seize on some more tangible elements.

"There are certain steps to be taken, sir.

(p. 222)

(p. 223)

Morvan must be vindicated. As for Claire, whom I've brought back to London and who is more or less under house arrest . . ."

The doctor made a listless gesture, as though to dismiss these unimportant details.

"You can set your mind at rest. Morvan will be showered with honors—the highest posthumous awards. I've already seen to that. As for him . . ."

It was now his turn to appear uncertain and distracted. After a pause he went on:

"An intellectual, Austin—I summed him up correctly. Mind you, intellectuals are to be found just as frequently among stonemasons and professional soldiers as among artists and men of letters. If you look hard enough, you will even unearth one or two among members of the secret service. Don't you agree?"

Austin gave a faint smile. The doctor dropped some pieces of paper into the bucket, set fire to them, and watched with close attention as they burned.

"I think he has paid the price. When a man has paid the price he ought to be allowed to rest in peace. . . . You spoke about hell just now, Austin? As a matter of fact, I think there's quite a chance he'll rest in peace. What do you think?"

There was a suggestion of real anxiety in the question, in spite of the casual manner in which it was put. Instead of giving a direct reply, Austin described something else he had remembered.

"When I went back into the room, sir, when I forced myself to look at him closely, I was struck by the expression on his face. His body was hideously contorted, of course, and his limbs all twisted, but his features were relaxed, almost serene. It was incredible. His face bore the mark of a wonderful beatitude and an ecstatic smile still lingered on his lips."

"A reflection of his dying thoughts," said Dr. Fog. "I'm not surprised. Yet you accused me just now of mental cruelty! Believe me, I haven't failed in my duties as a doctor . . . I did much more for him than simple humanity required."

"Romanesque, sir?" said Austin, peering at him intently.

"What an idea . . . And yet, who knows? I'd like to have your opinion about this: Do you regard an hallucination as a conclusive symptom?"

(p. 224)

(p. 225)

Austin could not suppress an exclamation.

"An hallucination? *You,* sir!"

"I saw it as clearly as I can see you now. I happened to be reading through his reports at the time. And is it surprising that he should be thus incarnated in these pages? I tell you, his essentials are all there. The phantom that appeared to me was infinitely more consistent than his material self.

Appendix 2

CONVERSATIONAL TENSES

The following is a list of the typical forms of *-er, -ir,* and *-re* verbs in the five simple tenses using the third person plural of *sauter* (to jump), *choisir* (to choose), and *entendre* (to hear) as the base form.

	-er	*-ir*	*-re*

PRESENT INDICATIVE

Base form
They jump,
are jumping,
do jump,
etc.

	-er	*-ir*	*-re*
6.	saut/ent	6. choisiss/ent	6. entend/ent
5.	saut/ez	5. choisiss/ez	5. entend/ez
4.	saut/ons	4. choisiss/ons	4. entend/ons
3.	saut/e	3. choisi/t	3. entend/
2.	saut/es	2. choisi/s	2. entend/s
1.	saut/e	1. choisi/s	1. entend/s

IMPERFECT INDICATIVE

Base form
They jumped,
were jumping,
used to (would)
jump, etc.

	-er	*-ir*	*-re*
6.	saut/aient	6. choisiss/aient	6. entend/aient
5.	saut/iez	5. choisiss/iez	5. entend/iez
4.	saut/ions	4. choisiss/ions	4. entend/ions
3.	saut/ait	3. choisiss/ait	3. entend/ait
2.	saut/ais	2. choisiss/ais	2. entend/ais
1.	saut/ais	1. choisiss/ais	1. entend/ais

PRESENT SUBJUNCTIVE

Base form
They may
jump, etc.

	-er	*-ir*	*-re*
6.	saut/ent	6. choisiss/ent	6. entend/ent
5.	saut/iez	5. choisiss/iez	5. entend/iez
4.	saut/ions	4. choisiss/ions	4. entend/ions
3.	saut/e	3. choisiss/e	3. entend/e
2.	saut/es	2. choisiss/es	2. entend/es
1.	saut/e	1. choisiss/e	1. entend/e

FUTURE

Base form
They will
jump, etc.

	-er	*-ir*	*-re*
6.	sauter/ont	6. choisir/ont	6. entendr/ont
5.	sauter/ez	5. choisir/ez	5. entendr/ez
4.	sauter/ons	4. choisir/ons	4. entendr/ons
3.	sauter/a	3. choisir/a	3. entendr/a
2.	sauter/as	2. choisir/as	2. entendr/as
1.	sauter/ai	1. choisir/ai	1. entendr/ai

CONDITIONAL

Base form	6. sauter/aient	6. choisir/aient	6. entendr/aient
They would	5. sauter/iez	5. choisir/iez	5. entendr/iez
jump, etc.	4. sauter/ions	4. choisir/ions	4. entendr/ions
	3. sauter/ait	3. choisir/ait	3. entendr/ait
	2. sauter/ais	2. choisir/ais	2. entendr/ais
	1. sauter/ais	1. choisir/ais	1. entendr/ais

The simple tenses of *avoir* and *être* are combined with the past participles of verbs to form the compound tenses. The past participles of *sauter, choisir,* and *entendre* are used below with *avoir* as an auxiliary to illustrate the conjugations of these tenses.

PRESENT PERFECT

They jumped,	6. ils ont	
have jumped,	5. vous avez	
etc.	4. nous avons	sauté, choisi, entendu
	3. il a	
	2. tu as	
	1. j'ai	

PLUPERFECT

They had	6. ils avaient	
jumped, etc.	5. vous aviez	
	4. nous avions	sauté, choisi, entendu
	3. il avait	
	2. tu avais	
	1. j'avais	

PRESENT PERFECT SUBJUNCTIVE

They may have	6. ils aient	
jumped, etc.	5. vous ayez	
	4. nous ayons	sauté, choisi, entendu
	3. il ait	
	2. tu aies	
	1. j'aie	

FUTURE PERFECT

They will	6. ils auront	
have jumped,	5. vous aurez	
etc.	4. nous aurons	sauté, choisi, entendu
	3. il aura	
	2. tu auras	
	1. j'aurai	

CONDITIONAL PERFECT

They would
have jumped,
etc.

6. ils auraient
5. vous auriez
4. nous aurions   } sauté, choisi, entendu
3. il aurait
2. tu aurais
1. j'aurais

The past participles of *rester, sortir,* and *descendre* are used below with *être* as an auxiliary to illustrate the conjugations of the compound tenses.

PRESENT PERFECT

They remained,
have remained,
etc.

6. ils sont
5. vous êtes
4. nous sommes   } resté(es), sorti(es), descendu(es)
3. il est
2. tu es
1. je suis

PLUPERFECT

They had
remained, etc.

6. ils étaient
5. vous étiez
4. nous étions   } resté(es), sorti(es), descendu(es)
3. il était
2. tu étais
1. j'étais

PRESENT PERFECT SUBJUNCTIVE

They may
have remained,
etc.

6. ils soient
5. vous soyez
4. nous soyons   } resté(es), sorti(es), descendu(es)
3. il soit
2. tu sois
1. je sois

FUTURE PERFECT

They will
have remained,
etc.

6. ils seront
5. vous serez
4. nous serons   } resté(es), sorti(es), descendu(es)
3. il sera
2. tu seras
1. je serai

CONDITIONAL PERFECT

| They would have remained, etc. | 6. ils seraient
5. vous seriez
4. nous serions
3. il serait
2. tu serais
1. je serais | } resté(es), sorti(es), descendu(es) |

The tenses reviewed thus far are used in the spoken language and are known as the *conversational tenses*. In this book, both spoken and literary tenses are used. There are four literary tenses in French. Two of them are simple tenses and two are compound tenses. Two of the literary tenses (one simple, one compound) are in the indicative mode, and the other two literary tenses (one simple, one compound) are in the subjunctive mode.

LITERARY TENSES

INDICATIVE MODE

PAST DEFINITE

| They jumped, etc. | 6. ils sautèrent
5. vous sautâtes
4. nous sautâmes
3. il sauta
2. tu sautas
1. je sautai | 6. ils choisirent
5. vous choisîtes
4. nous choisîmes
3. il choisit
2. tu choisis
1. je choisis | 6. ils entendirent
5. vous entendîtes
4. nous entendîmes
3. il entendit
2. tu entendis
1. j'entendis |

PAST ANTERIOR

| They had jumped, etc. | 6. ils eurent
5. vous eûtes
4. nous eûmes
3. il eut
2. tu eus
1. j'eus | } sauté, choisi, entendu |

| They had remained, etc. | 6. ils furent
5. vous fûtes
4. nous fûmes
3. il fut
2. tu fus
1. je fus | } resté(es), sorti(es), descendu(es) |

SUBJUNCTIVE MODE

IMPERFECT

| They might jump, etc. | 6. ils sautassent
5. vous sautassiez
4. nous sautassions
3. il sautât
2. tu sautasses
1. je sautasse | 6. ils choisissent
5. vous choisissiez
4. nous choisissions
3. il choisît
2. tu choisisses
1. je choisisse | 6. il entendissent
5. vous entendissiez
4. nous entendissions
3. il entendît
2. tu entendisses
1. j'entendisse |

PLUPERFECT

They might have jumped, etc.	6. ils eussent 5. vous eussiez 4. nous eussions 3. il eût 2. tu eusses 1. j'eusse	} sauté, choisi, entendu
They might have remained, etc.	6. ils fussent 5. vous fussiez 4. nous fussions 3. il fût 2. tu fusses 1. je fusse	} resté(es), sorti(es), descendu(es)

In most instances, the forms of the imperative are the same as the corresponding present indicative 2nd person singular, 2nd person plural, and 3rd person plural verb forms with the subject pronouns deleted. In the case of the 2nd person singular forms ending in -es (also vas), the imperative drops final -s (donne, offre, va, etc.) except when followed by the pronouns y, en when they do not function as object of an infinitive (e.g., donnes-en, offres-en, vas-y, etc., but Ose en dire autant, laisse v porter remède, va y mettre ordre, etc.).

There are a few irregular imperative forms (given below) that are based on the present subjunctive stem.

	avoir	être	savoir	vouloir
2.	aie	sois	sache	veuille
4.	ayons	soyons	sachons	————
5.	ayez	soyez	sachez	veuillez

Vocabulary

This vocabulary section contains certain words and expressions occurring in the text whose literal meanings are not always decipherable from the English translation. The vocabulary entries are listed, for the most part, with their figurative meaning first, followed by a more literal translation.

abattirent   mowed down;   *abattre:* to mow down, slay

abattre   to lessen, demolish

abois   *aux abois:* at bay, cornered

abord   *dès l'abord:* from the very beginning

aborder   accost, approach

abri m.   shelter

accélérer le pas   to lengthen one's stride, to accelerate one's pace

accès m.   attack, fit

s'accomoder de   to get along as well as possible with

s'accroupit   bent down;   *s'accroupir:* to squat down

accru(e)   *s'est accrue:* grew stronger;   *s'accroître:* to increase, augment in intensity;   *s'accrut:* increased in volume

accusait réception   acknowledged;   *accuser réception:* to acknowledge receipt (bus.)

s'acharnait à   persisted in, struggled;   *s'acharner à:* to persist in (fig.)

affaire   *ai eu affaire à:* had dealings with;   *avoir affaire à:* to have dealings with

affecté   assigned;   *affecter:* to assign, detail (milit.)

s'agissait de   (it) was a question of, concerned (impers. verb);   *s'agir de:* to be a question of

aguets   *aux aguets:* on the lookout, on the watch

ahanait   toiled along;   *ahaner:* to pant, toil

aiguillé   steered, pointed to;   *aiguiller:* to point to, divert

aise   *d'aise:* with pleasure

algarade f.   tirade, fuss

amadouer   to coax, soften

amalgamé à   become attached to;   *amalgamer à:* to merge with

amas m.   mass, heap

ambiance f.   atmosphere

âme f.   soul

amertume f.   bitterness

anéanti   wiped out;   *anéantir:* to annihilate

anicroche f.   snag, hitch

anodin   harmless

apaisé   relieved;   *apaiser:* to appease, pacify

apercevez   *vous vous en apercevez:* you realize;   *s'apercevoir:* to notice, realize (fig.)

s'aplatissait   cringing;   *s'aplatir:* to flatten oneself, to cringe (fig.)

appareil m.   set

appel   *fit appel à lui:* summoned him;   *faire appel à:* to appeal to, to call upon (someone)

s'appliquant   trying hard;   *s'appliquer:* to try hard, to apply oneself

apprécia   summed up;   *apprécier:* to sum (fig.), appreciate

m'apprêtais à   was about to;   *s'apprêter à:* to prepare to

appuyer sur   to lean on, emphasize (fig.)

aria m.   trouble, fuss (fam.)
arrêts m. pl.   arrest;   *prendre les arrêts:* to be confined to quarters, to the post
assister à   to witness, attend
s'assoupirent   passed out;   *s'assoupir:* to doze off
astreint   *s'était astreint à:* had forced himself to;   *s'astreindre à:* to constrain oneself to
atout m.   trump
s'attablait   sat down at the table;   *s'attabler:* to sit down at the table
atteignît   reached;   *atteindre:* to reach, attain
s'attela à   embarked on;   *s'atteler à:* to hitch onto
s'attendrir   to become emotional
atténuerait   would diminish;   *atténuer:* to diminish, lessen
audition f.   listening session
aveugle   scattered (fig.), blind
axe m.   axis

bâillonait   was clamped over my mouth;   *bâillonner:* to gag
balivernes f.   trash, nonsense
basculer   *fit basculer:* knocked off;   *basculer:* to swing, sway
baudruche f.   windbag
beau   *avait beau serrer:* was squeezing in vain;   *avoir beau:* to do (something) in vain
bel   *bel et bien:* indeed, certainly
béni   blessed;   *bénir:* to bless
bercail m.   fold, (of sheep)
berner   to toss in a blanket, hoodwink
bidon m.   can (gas)
bienveillance f.   benevolence, kindness
bourru   *sur un ton bourru:* gruffly;   *bourru:* gruff
bousculait   pushed aside;   *bousculer:* to jostle
bout   *était à bout:* was on his last legs;   *être à bout:* to be overcome, exhausted;
   sur le bout du doigt: thoroughly (fig.)
brancard m.   stretcher, shaft (vehic.)
branché   *avait branché:* had switched on;   *brancher:* to switch on, connect
braquer   to focus, aim (milit.)
brodé   seized;   *broder:* to embellish, embroider
broutille f.   trifle
bruit   *le bruit a couru:* the rumor has spread;   *courir:* to spread (a rumor)
brûlait   was anxious to (fig.);   *brûler:* to burn
brûlure f.   burn
brusquer   to shake up, handle roughly
but m.   purpose, goal
buté   obdurate, stubborn

cachette f.   hiding place
calé   ensconced;   *caler:* to jam
capiteux, capiteuse   exciting, sensuous
cas   *les cas échéant:* should the occasion arrive;   *du cas qu'on faisait de lui:* of the
   esteem in which he was held;   *faire cas de:* to attribute importance to, to hold in great
   esteem
champ   *sur-le-champ:* on the spot, immediately
change   *donnait le change:* sidetracked;   *donner le change:* to sidetrack, to throw off
   the scent
changea   *changea de sujet:* switched the conversation;   *changer de sujet:* to change the
   subject

chargeur m.   cartridge clip

cheminaient   walked;   *cheminer:* to walk

chétif   puny

cingla   cut;   *cingler:* to lash

civil   *en civil:* as a civilian

clignant   *clignant de l'oeil:* with a wink;   *cligner de l'oeil:* to wink

cloîtré(s)   cloistered, retired (fig.)

coeur   *avait à coeur de:* was eager to;   *avoir à coeur (de):* to be eager (to), to be really interested (in)

colère f.   anger

comblez   more than gratify;   *combler:* to fulfill

comparse m.   confederate, subordinate

comportait   *se comportait bien:* functioned;   *se comporter:* to conduct oneself, to behave

comportant   involving;   *comporter:* to include

comportement m.   behavior

compte   *sans tenir compte de:* without taking into account;   *tenir compte de:* to take into account;   *sur son compte:* about, concerning him

concentrait   *se concentrait:* could fasten;   *se concentrer sur:* to concentrate on

concerté   *s'était concerté (avec):* had talked over (with);   *se concerter:* to connive, talk over (with)

congé   *a pris un congé:* went off on leave;   *prendre un congé:* to take a holiday

connaissance   *prendre connaissance de:* become aware of

conscience   *prit conscience de:* realized;   *prendre conscience de:* to become aware of

conservait   kept;   *conserver:* to preserve, keep

conserve   *de conserve:* together

consigne f.   instructions, orders

constaté   ascertained;   *constater:* to ascertain

constituer   to make up

contenance   *fit bonne contenance:* maintained his poise;   *faire bonne contenance:* to put up a good front

contrepied m.   opposite course (of action);   completely different line

convenir   *convenir de:* to agree, admit

convenu(e)   appointed, agreed

convocation f.   notice, summoning

corsant   intensifying;   *corser:* to intensify

coup   *coup de main* m.: surprise attack, raid

courant   *au courant de:* aware of

courbé(e)   *courbée en deux:* leaning right over;   *courber en deux:* to hover over (fig.)

courent   *ne courent pas les rues:* aren't in abundance;   *courir les rues:* to be in great number

couronne f.   crown

courrier m.   mail, reports

cours   *au cours de:* during, in the course of

creuser   to dig, go deeply into (fig.)

se creuser   to rack (brains)

crible   *passé au crible:* sifted;   *passer au crible:* to sift;   *crible* m.: sieve

se crispa   became distorted;   *se crisper:* to distort itself

damer   to checkmate, crown;   *faire damer le pion:* to outwit (fig.)

dardé(e)   soaring;   *darder:* to shoot (rays)

débarrassé   *je me suis débarrassé de:* got rid of;   *se débarrasser de:* to get rid of

débit m.   *son débit:* rate of talking, delivery

décela   detected;   *déceler:* to uncover, reveal

décernèrent   awarded;   *décerner:* to award
déclenché   was sent;   *déclencher:* to release
déclenchement m.   release, setting in motion
décontenancé   taken unawares, upset
décousu   disconnected
décrochant   winning;   *débrocher:* to unhook, to win (fig.)
défaillant(e)   defaulting, absent
dégager   *se dégager:* to be inferred, to emerge
dégonflé   *s'est dégonflé:* collapsed;   *se dégonfler:* to collapse, back down (fam.)
déjouer   to elude, foil
demande f.   request, application
démantelé   destroyed;   *démanteler:* to take apart, dismantle
démarche   *faire une démarche:* take the necessary steps
dépistage m.   interpreting, uncovering
dépit m.   resentment, spite
déplacer   *se déplacer:* to move, change place
se dérobent   slink away;   *se dérober:* to steal away
désabusé   disillusioned
désemparé   out of control, helpless;   *désemparer:* to disable
détourner de   to turn away from
devancer   *s'être laissé devancer:* for letting them steal a march on him;   *devancer:*
   to beat to the punch (fig.), keep a step ahead
devait   *se devait de* (+*inf.*): owed it to himself to (+inf.);   *se devoir de* (+*inf.*): to
   owe it to oneself to (+inf.)
devenu   *qu'était devenu:* what had become (of);   *devenir:* to become (of)
deviné   guessed;   *deviner:* to guess
dévisageait   looked at;   *dévisager:* to scrutinize
diffusion f.   broadcast
dilater   *se dilater:* to dilate;   *se dilater à l'infini:* capable of indefinite expansion
dire   *rien à dire:* nothing to criticize
disait   *en disait long:* said a great deal;   *en dire long:* to say a lot about
discernait   *se discernait:* saw himself;   *se discerner:* to picture oneself, imagine oneself
disloquaient   *se disloquaient:* broke up   *se disloquer:* to break up, come apart
disposa   *se disposa à:* got ready to;   *se disposer à:* to get ready to
dispositif m.   method, device
se dissimuler   to steal away, to hide
dominateur   overbearing, forbidding
doute   *je n'en doute pas:* I'm sure of it;   *douter de:* to doubt;   *ne pas douter de:* to be
   sure of
doutez   *vous vous en doutez:* you're aware;   *se douter de:* to suspect
dressa   *se dressa:* rose to his feet;   *se dresser:* to stand erect
droit m.   right
dur m.   tough guy

ébauche f.   rough outline
ébauché   worked out;   *ébaucher:* to sketch, plan
écart   *à l'écart:* to one side
éclata de   burst into;   *éclater de* (+*inf.*): to burst into
éclatant(e)   striking, brilliant
écoulés   *s'étaient écoulés:* had elapsed;   *s'écouler:* to elapse (time)
s'écriait   cried out;   *s'écrier:* to exclaim, cry out
s'effaçait   stood aside;   *s'effacer:* to remove oneself, step aside
effleuré   crossed his mind;   *effleurer:* to touch lightly, cross one's mind (fig.)

effluve f.   effluvia, outflow

s'effondrer   break down, collapse

s'efforçant de   striving to;   *s'efforcer de:* to strive to

effraie   *cela ne nous effraie pas:* that doesn't frighten us;   *effrayer:* to scare, frighten

égard   *à son égard:* with respect to him

s'emparèrent de   took hold of;   *s'emparer de:* to take possession of

empêchement m.   obstacle, hindrance

s'empêcher (de)   to prevent oneself (from)

empressé   *s'est empressé de:* hastened;   *s'empresser de:* to hasten

encadré   disciplined (fig.), guided;   *encadrer:* to frame, guide (fig.)

enduit   treated;   *enduire:* to coat

enfant de choeur m.   novice, altar boy

s'enflait   spread out;   *s'enfler:* to swell up

s'enflerait   would surge;   *s'enfler:* to swell, surge

enfouir   to stuff, stow away

enfui   *me suis enfui:* ran away;   *s'enfuir:* to flee, take flight (fig.)

engourdi   made numb

enhardi   *s'était enhardi:* had even dared;   *s'enhardir:* to become bold

s'enivrait de   felt intoxicated by;   *s'enivrer:* to become drunk

enlacés   *à demi enlacés:* arm in arm, partly intertwined

enlever   to take away, remove

entorse f.   strain, stretching (truth)

entraîné   led;   *entraîner:* to drag away

entraîneur m.   trainer, coach

entreprenait   undertook;   *entreprendre:* to undertake

entretenu   *me suis longuement entretenu avec:* have talked it over at considerable length
    with;   *s'entretenir avec:* to engage in conversation

envier   to be recommended, to be desirous of

envoûtement m.   bewitchment, self hypnosis (fig.)

épiait   kept glancing at;   *épier:* to spy on

épice f.   spice

épopée f.   epic

éplucha   went through;   *éplucher:* to peel (off)

épluché(e)   examined carefully, picked apart;   *éplucher:* to pick apart

épreuve f.   test, training

épris: in love, smitten;   *être épris:* to be smitten

équipée f.   daring escapade

escrime f.   duel, fencing

esprit m.   mind

esquisser   to sketch, go through the motions of

essuya   wiped away;   *essuyer:* to wipe away (tears)

estompait   softened;   *estomper:* to tone down, to blur (fig.)

étiqueté   labelled;   *étiqueter:* to label

étourdissement m.   dizziness

évanoui   *à demi évanoui:* on the point of collapse;   *s'évanouir:* to faint

éveil   *en éveil:* aroused, quickened

s'évertuait à   contrived to;   *s'évertuer à:* to strive to

évocation f.   recall, mental vision (fig.)

évoquant   evoking;   *évoquer:* to evoke, conjure up

exigé   *avait exigé:* had insisted;   *exiger:* to demand

exode m.   exodus, exit

s'expliqua   discussed;   *s'expliquer:* to explain why

exténué   *m'être exténué:* could do nothing about;   *s'exténuer:* to tire oneself out

façon   *la façon dont:* how, the manner in which
faille f.   chink in one's armor, weakness
faillit   nearly, almost;   *faillir* (+ *inf.*) : to come close to
faire   *n'avait que faire:* that were quite unnecessary;   *n'avoir que faire:* to bear no relation
    to
farouche   daring, fierce
se faufilèrent   crept;   *se faufiler:* to thread one's way, insinuate oneself
feignait   was pretending;   *feindre:* to pretend
feint   *avait feint:* pretended;   *feindre:* to pretend
fermeté f.   determination, resolve
fichu   done for, lost
fil m.   thread
filière f.   procedure, channels (fig.)
fleuron m.   gem (fig.)
flot m.   flow
fonçait (vers)   rushed (toward);   *foncer (vers):* to rush (toward)
fondu sur   swooped down on;   *fondre sur:* to swoop down on
fort   *se fait fort:* has undertaken;   *se faire fort:* to consider oneself highly capable of
fourrée m.   thicket
foyer *m.*   hearth;   *ambiance du foyer:* homey atmosphere
frileux   sensitive (to the cold)
fretin m.   fry, small fry (fig.)
fronça   *fronça le sourcil:* frowned;   *froncer le sourcil:* to frown
frustré   done out of;   *frustrer de:* to be deprived of
fugue f.   escapade
fui   *avait fui:* had made his escape;   *fuir:* to flee

gamme f.   range
gardait   *se gardait de:* was careful not to;   *se garder de:* to be careful not to
gémissait   was groaning;   *gémir:* to groan
genre   *dans votre genre:* like you, of your kind;   *genre* m.: kind, category
gifle f.   smack, slap in the face
gisait   was lying;   *gésir:* to lie
gré m.   will, liking;   *de bon gré:* willingly;   *en savoir gré:* to be grateful for it
grisaille f.   gray color, gloom (fig.)
gros m.   main body, bulk
guettait   was gazing at;   *guetter:*   to watch closely

harceler   to harass, nag
hasard   *à tout hasard:* just in case;   *au hasard:* by chance, at random;   *hasard* m.:
    chance
hélé   sighted;   *héler:* to hail
heurta   banged on;   *heurter:* to strike, collide with
hirsute   unshaven, hairy
hommes   *hommes de main:* leg-men

ignore   (*Je*) *n'ignore pas:* (I) am well aware;   *ignorer:* not to know;   *ne pas ignorer:*
    to be aware of
îlot m.   small island
s'imposer   to assume, to take upon oneself
s'imposer à   to intrude upon, force oneself on

imprévu   unexpected
incidemment   incidentally
s'incliner   to give in (fig.), bow
incompréhensif   uncomprehending
inconscient m.   subconscious
indomptable   unconquerable
induire de   to deduce, infer
infect(e)   foul
s'ingénie   goes out of one's way;   *s'ingénier:* to invent cleverly
ingénu   naive, unsophisticated
initiative f.   order, instruction
injure f.   abuse, insult
injurier   to insult
s'inquiéter   to worry
inquiétude f.   uneasiness
insolite   unusual
instinct   *d'instinct:* instinctively
interdît   might shatter;   *interdire:* to prevent
interlocuteur m.   speaker
interloqué   taken aback, dumbfounded
intoxication f.   deception
intransigeant(e)   firm, unyielding

jet   *du premier jet:* at the first attempt;   *jet* m.: burst
se jouait   was at stake;   *se jouer:* to be at stake (fig.)
jouer   *faire jouer:* to cause to turn, to spring open
joui   *avoir joui de:* having derived pleasure from;   *jouir de:* to enjoy
jour   *se faire jour:* to emerge, come to the surface

large   *prenne le large:* may leave;   *prendre le large:* to put out to sea
légère   *à la légère:* impulsively
lendemain   *au lendemain:* the next day
lettre   *à la lettre:* to the letter, literally
loin   *de loin:* by far
loque f.   rag, dummy (fig.)
louanges f. pl.   praise

machinalement   mechanically, unconsciously
magnéto f.   electric hand-generator
maintes   *maintes fois:* over and over again, many times
mal m.   trouble;   *pas mal:* a lot
mal   *se trouver mal:* to become nauseated
malaise m.   uneasy feeling
malingre   stunted
manigances f.   wiles, intrigue
manquons de   are lacking in;   *manquer de:* to lack in
marche f.   step
marché   *je leur ai mis le marché en main:* I put it to them pointblank;   *mettre le marché en main à quelqu'un:* to force someone to decide one way or the other;   *marché* m.: negotiation;   *par-dessus le marché:* in addition, to boot
marchera droit   will toe the line;   *marcher droit:* to walk straight
martial   soldierly, military

maugréant   grumbling;   *maugréer:* to grumble, gripe
se méfient de   mistrust;   *se méfier de:* to mistrust
ménagement m.   sparing, saving
mener à bien   to carry through successfully, to gain the upper hand
menotté   handcuffed;   *menotter:* to handcuff
mesure   *être en mesure:*   to have been able, to be in a position;   *outre mesure:* unduly, beyond measure
mettre   *te mettre en civil:* to change into civilian clothing
mine   *avoir fait mine de:* having pretended to;   *faire mine de:* to appear to
mise   *mise en scène* f.: make-believe, play-acting, staging
mit   *se mit à:* started to, began to;   *se mettre à* (+ *inf.*): to begin to (+ inf.)
mi-voix   *à mi-voix:* faintly, under one's breath
monté   *avait monté:* had set up;   *monter:* to set up
se monter   *se monter la tête:* to get worked up
se moque   *se moque pas mal de:* doesn't give a damn for;   *se moquer de:* to make fun of
moue   *fit la moue:* pursed his lips;   *faire la moue:* to pout
moula   curled;   *mouler:* to mould, fit tightly
mousser   *se faire mousser:* to get oneself known or recognized

narquois   taunting, crafty
nerfs   *à bout de nerfs:* at the end of one's rope;   *nerf* m.: nerve
netteté f.   clarity
noce   *faisant la nuit une noce mesurée:* painting the town red at night;   *faire une noce mesurée:* to paint the town red
nuée f.   cloud

obstacle   *faire obstacle à:* to impede
oeillade f.   glance
s'offrir   to treat oneself to, to offer oneself

pansé   bandaged up;   *panser:* to dress (a wound)
parbleu   indeed
pareil m.   equal
part   *d'une part:* on the one hand
part   *faire part:* to let know, inform
parti   *parti pris* m.: preconceived decision
particulier   special
partir   *à partir de:* beginning with
pas de la porte m.   doorstep
passé   *passé et repassé ses disques favoris:* playing one's favorite records over and over again;   *passer des disques:* to play records (by a person, not a machine)
patelin   soft-spoken, fawning
pâture f.   food, fodder
peau f.   skin
peine f.   difficulty
peiner   to toil hard
peloton m.   platoon, military unit
percer   break through, rouse
perçu   sensed, perceived;   *percevoir:* to perceive
philtre m.   filter
pieuvre f.   octopus

pion m.   pawn

pimentant   imbued;   *pimenter:* to spice

plaindre   to pity, feel sorry for

plainte f.   complaint

plein   *ai fait le plein:* filled her up;   *faire le plein:* to fill it up (gas)

pleutre m.   cad

pleutrerie f.   cowardice

plus   *non plus:* neither

poignard m.   dagger

poindre   to dawn

point   *sur le point de:* almost, about to

pointe f.   wedge (milit.)

poitrine f.   chest

polissant   polishing;   *polir:* to polish

porté   *s'était porté volontaire:* had volunteered;   *se porter volontaire:* to volunteer

portée   *à portée des:* within reach of

posé   careful, sober

poste m.   set (radio)

postulé   applied;   *postuler:* to ask for

poursuivit   went on;   *poursuivre:* to continue, pursue

se précipiter (sur)   to rush (at), to hurl oneself (at)

prendre de court   to catch unawares

présenté   *s'était présenté:* had contacted them;   *se présenter:* to introduce oneself

pressentiment   *ai eu un pressentiment:* felt there was something strange afoot;   *pressentiment* m.: feeling, foreboding

prévenant   thoughtful, considerate

prévenu   forewarned, notified;   *prévoir:* to anticipate

principe m.   principle

pris   *ne s'étaient pas pris au jeu:* they weren't really in earnest;   *se prendre au jeu:* to become seriously involved

prise f.   hold

privait   *s'en privait:* failed to do so;   *se priver de:* to deprive oneself of

probant   conclusive, convincing

proféra   uttered;   *proférer:* to utter

profiter de   to take advantage of

projeté   *avait projeté:* had meant to;   *projeter:* to plan

propos m.   words, remarks

prunelle f.   pupil (eye)

puisait   derived;   *puiser:* to draw (upon)

quant à   as for

que   that, than;   *c'était un homme très fin que Gleicher:* Gleicher was a very astute man   (*que* not literally translatable here)

quinquagénaire   fifty year-oldish

raccrocher   *se raccrocher à:* to cling to

racontar m.   gossip, tittle-tattle

rancune f.   resentment

randonnée f.   movement, trip

rappelait   *se rappelait à son souvenir:* sent his regards;   *se rappeler à son souvenir:* to send one's regards

rassurer   to reassure

récit m.   story, account

réclamait   required;   *réclamer:* to require
recrue f.   recruit
recueillement m.   meditation
rédaction f.   draft, composition
rédiger   to draw up, edit
redouté   *avait redouté:* had dreaded, had feared;   *redouter:* to dread, fear
se redressant   straightening up;   *se redresser:* to straighten up
regimber   to balk
réglerai   *je lui réglerai son compte:* I'll see to him;   *régler le compte à:* to settle with
se relayaient   took turns;   *se relayer:* to take turns, relieve one another
remis   recovered
remuer   to stir
renfrogné . sullen, surly
renonça   *y renonça:* gave it up;   *renoncer à:* to renounce
repaire m.   haunt, den
se répandit   broke out;   *se répandre:* to spread out, lash out (fig.)
réparti(e)   spread, divided up;   *répartir:* to divide up
repéré   *avoir repérer:* to locate
répliquai   retorted;   *répliquer:* to make a retort
reposé   *s'être reposé:*   to have rested;   *se reposer:*   to rest
reprises   *à plusieurs reprises:* more than once, several times
se reprit   regained his composure;   *se reprendre:* to regain one's composure
répugnait   demurred;   *répugner:* to be distasteful to
ressaisi   *il s'est ressaisi:* recovered his self-possession;   *se ressaisir:* to regain one's
   composure
ressentait   felt;   *ressentir:* to feel, experience
ressenti   *avait ressenti:* felt;   *ressentir:* to experience
rester   *rester sur place:* to remain where one is
retenti   heard;   *retentir:* to resound
retenu(e)   reserved, taken;   *retenir:* to reserve
se retint de   repressed;   *se retenir de:* to repress, restrain oneself from
revenait   *revenait à lui:* came to his senses;   *revenir à:* to regain consciousness
revers m.   secret pocket, reverse side
ricané   taunted;   *ricaner:* to sneer
rien   *n'y êtes pour rien:* are in no way to blame;   *n'y être pour rien:* not to be
   involved (in it)
rigeur   *à la rigeur:* in a pinch, when necessary;   *on ne leur en tient pas rigeur:* we're
   not too severe about it;   *en tenir rigeur à:* to hold to account
rongeait   was consuming;   *ronger:* to gnaw, torment (fig.)
rouages m.   wheels (gov.), inner-workings
rougir (de)   to blush (with)
ruée f.   offensive, attack
ruer dans   to rush into
rusera   will use crafty methods;   *ruser:* to resort to trickery

sachant   knowing;   *savoir:* to know
saisir   to seize, grasp;   *à en saisir la raison:* to realize why
sang-froid m.   self-control
sauver   *sauver la face:* to get away with it, to have face
secours   *de secours:* spare
séduisant(e)   seductive
sein   *au sein de:* between, in the midst of
sel m.   salt, turn of mind (fig.)
semblant   *faire semblant:* to pretend

sentait   smelled (of);   *sentir:* to smell (of)

se sentait   was obvious;   *se sentir:* to manifest itself, feel oneself

senti   *je me suis senti mauvaise conscience:* my conscience was bothering me;   *se sentir mauvaise conscience:* to be bothered by one's conscience

serrer   to squeeze

servait   *lui servait à rien:* was to no avail;   *servir à rien:* to be of no use

servait de   acted as;   *servir de:* to act as

servit   *lui servit à boire:* poured a drink for her;   *servir à boire à:* to pour a drink for

signaler   to tell, indicate

signe   *fit signe à:* signaled;   *faire signe à:* to signal

simulacre m.   pretence (fig.)

sombra   sank;   *sombrer:* to sink, be engulfed (fig.)

sommation f.   summons, rebuke;   *faisait des sommations sèches:* gave orders sharply; *sec* m., *sèche* f.: dry, sharp (fig.)

sort m.   fate

souci m.   care, concern

se souciait de   scarcely gave a thought to;   *se soucier de:* to concern oneself with, worry about

souffler sur   to blow on, diminish (fig.)

sous-bois m.   underbrush

sous-entendu m.   innuendo, hidden meaning

spire f.   single-turn, one winding (mechanical)

store m.   shade, window blind

subir   to undergo

subitement   suddenly, unexpectedly

suite f.   retinue, followers;   *par la suite:* subsequently, later

suivre   *suivre le mouvement:* to toe the line, to go along with everyone else

sujet   *à ce sujet:* with respect to this

suppléer à   to compensate for, support

sursaut m.   start, jump

taillait au fil   produced in the course of his description;   *tailler:* to cut, hew (diamonds)

taille f.   size

tant   to such an extent

taré   corrupt, tainted

se tasser   to shrink with age, collapse (fig.)

témoignage m.   mark, manifestation

tenait   *ne tenait pas:* could not last;   *lui tenait à coeur:* he was deeply interested in; *tenir à coeur à:* to be important to, to interest deeply;   *tenir:* to hold, last (fig.)

tendancieux, tendancieuse   tendentious, sinister (fig.)

tendit   stretched;   *tendre*   to stretch

tenait   *s'en tenait à:* adhered to, stuck to

ténèbres f.   shadows, darkness

tenir   *il faut tenir compte de:* allowances have to be made for;   *tenir compte de:* to take into account;   *se tenir tranquille:* to remain calm

tentait de   tried to;   *tenter de:* to make an attempt to

tenue f.   dress, uniform (military)

ternir   to tarnish

tête-à-tête m.   intimate talk

tienne   *que je tienne à:* that I am anxious to; *tenir à:* to be anxious to

tira   shot;   *tirer:* to shoot

tira de   took out;   *tirer:* to draw out

tiré(e)   *à moitié tiré(e)* : partly closed, drawn

tissé   woven;   *tisser:* to weave

tordu   twisted, turned;   *tordre:* to twist
tortionnaire   henchman, torturer
tourne   *ne tourne pas rond:* is not getting on very well;   *ne pas tourner rond:* to get along badly
tourné(s)   *bien tournés:* well executed, neatly done
tracasse   bothers;   *tracasser:* to bother, worry
traction f.   negotiation
trait m.   stoke
trame f.   plot
trempe f.   character
tressaillir   to tremble
trituraient   pared down;   *triturer:* to pulverize
trompe   deceives;   *tromper:* to deceive
trouer   to put holes in, perforate
troupeau m.   herd, mob (fig.)
trouvaille f.   find, scheme (fig.)
tu(e)   *s'était tu(e):*   had fallen silent;   *se taire:* to keep silent

valeur f.   enhancement (fig.), redeeming at face value
valoir   *fit valoir:* drove home (fig.); *faire valoir:* to drive home (fig.), exploit
vécut (de nouveau)   (re)lived;   *(re)vivre:* to (re)live
veillée f.   vigil, watching
velléité f.   whim, fancy
venait   *venait à peine de:* had only just;   *venir de:* to have just;   *à peine:* hardly
vénal   mercenary, out for what one can get
venir   *en venir à:* to drive at, lead up to (fig.)
vis-à-vis de   in the eyes of, with respect to
visé   aimed at;   *viser:* to aim at
voix   *à haute voix:* out-loud
volonté f.   *sa bonne volonté:* one's zeal, good faith
voudrais   *m'en voudrais:* would hold it against myself;   *s'en vouloir:* to be angry with oneself
voulant   *lui en voulant:* resenting him;   *en vouloir à:* to have a grudge against

Index

À. See Infinitive, complementizers; Particle; Prepositions; Slot, indirect; Slot, nondirect
Action, projected. *See* Verbs
Adjectival, 129, 130
Adjectives, 3, 6, 16, 101
Adverbial conjunction. *See* Conjunction
Adverbials. *See* Slot
Adverbs, 3, 6, 16, 67, 83, 99, 145
Animate. *See* Nouns; Pronouns; Semantic function, agent
Antecedent. *See* Clauses, relative
Avoir. See Appendix 2

Causative (faire), 165, 167, 170–171, 172
Clauses
   main, 142
   relative, 138, 177
   subordinate, 142
Complementizer. See Infinitive, introducer
Complex sentences. *See* Sentences, complex
Compound sentences. *See* Sentences, compound
Conditional. *See Appendix 2*
Conditional perfect. *See Appendix 2*
Conjunction
   adverbial, 136, 137
   coordinating, 136, 137
   subordinating, 138, 145, 146
Conjunctive pronouns. *See* Pronouns, conjunctive
Coordinating. *See* Conjunction, coordinating

De. See Infinitive, complementizer; Partitive; Preposition; Slot, indirect object; Slot, nondirect object
Demonstrative pronoun. *See* Pronouns, demonstrative
Disjunctive pronoun. *See* Pronouns, disjunctive

Embedded sentence. *See* Clauses, relative; Sentences, complex
En, 101, 103, 104, 110, 113–114, 116, 117, 120, 148, 150, 155
Etre. See Appendix 2

Faire. See Causative
Future. *See Appendix 2*
Future perfect. *See Appendix 2*

Imperative
   affirmative, 44, 67, 68, 80, 81
   negative, 67, 80, 82
Imperfect indicative, 130. *See also Appendix 2*
Imperfect subjunctive. *See Appendix 2*
Indicative. *See Appendix 2*
Indirect object. *See* Slot, indirect object
Infinitive, 58, 148, 155
   à, 148, 152, 154, 155, 157
   de, 148, 150, 155, 157
   introducer, 138
   pour, 148
   par, 148
   φ, 148, 155, 157

Link verb. *See* Verbs

Modifier, noun, 104, 106, 131, 133

Ne . . . que, 49, 51
Negation
   ne . . . pas, 77, 78, 83, 84, 90
   ne . . . rien, 87, 88, 90, 91, 95, 96, 97–98
   ne . . . personne, 87, 88, 90, 91, 95, 96, 97–98
   jamais, 97–98
   plus, 97–98
Nonanimate. *See* Pronouns; Noun
Nondirect object. *See* Slot, nondirect object
Noun, 3, 6, 16, 32, 36, 37, 44, 45, 51, 57, 61, 64, 101, 103, 106, 110, 131, 160, 167, 172
Noun phrases, 44, 45, 51, 54, 57, 61, 64, 101, 103, 106, 110, 131, 160, 172

Où, d'où, 189, 191

Particle *à,* 165, 171
Participles, past, 58, 83
   agreement of, 113, 115, 116, 117, 119, 120, 122
Participles, present, 58, 129
Partitive, 64, 67, 101, 110, 111, 113, 115, 116, 117, 120
Passé composé, 83, 117, 120. *See also* Present perfect indicative
Passé simple. See Past definite
Passive. *See* Voice, passive
Past anterior. *See Appendix 2*
Past definite, 83, 90. *See also Appendix 2*
Past tenses. *See passé composé;* Past definite
Penser à. See Projected motion; Verbs
Personne. See negation
Pluperfect indicative. *See Appendix 2*
Pluperfect subjunctive. *See Appendix 2*
Prepositional phrase, 16, 26, 64, 106, 110, 111, 116, 119
Prepositions
   à, 32, 36, 37, 49, 53, 55, 95, 119, 120, 152, 154, 157, 182
   de, 32, 49, 53, 55, 95, 101, 104, 106, 110, 111, 115, 119, 120, 125, 126, 148, 150, 152, 182
   par, 125, 126, 165
   parmi, 182
   pour, 182
   cohesive, 148, 153
Present indicative. *See Appendix 2*
Present participle. *See* Participle
Present perfect. *See Passé composé*
Present perfect indicative. *See Appendix 2*
Present perfect subjunctive. *See Appendix 2*
Present subjunctive. *See Appendix 2*
Preterit. *See* Past, definite
Pronouns, 27, 51, 115, 145, 167
   animate, 44, 67
   conjunctive, 39, 40, 43, 45, 46, 49, 53, 55, 57, 58, 59, 61, 64, 68, 71, 72, 74, 80, 150, 152
   demonstrative, 195–196

Pronouns (*Continued*)
disjunctive, 49, 51, 53, 54, 55, 57, 58, 70, 71, 72, 74
nonanimate, 44, 55
reflexive, 28, 29, 30, 32, 33, 36, 37, 39, 44, 46, 48, 170–171
relative, 138, 177, 179, 182–183, 185, 189, 191, 198
Pseudo-passive. *See* Voice

Que. See Conjunction; Pronouns, relative
Qui. See Pronouns, relative
Quoi. See pronouns, relative

Reflexive pronouns. *See* Pronouns, reflexive
Reflexive verbs. *See* Verbs, reflexive
Relative pronouns. *See* Pronouns
Rien. See Negation

Se. See Pronouns, reflexive; Verbs, reflexive
Semantic function
actant, 201, 203
agent, 125, 165, 201, 203
cause, 125
equatant, 201–202, 203
goal, 201, 203
instrument, 125
source, 125, 201, 203
Sentence types
type 1 sentences, 1, 3, 19, 22, 24, 123, 136, 137, 139, 140, 142, 144
type 2 sentences, 1, 2, 3, 14, 19, 22, 24, 28, 122, 123, 136, 137, 139, 140, 142, 144
type 3 sentences, 1, 3, 27, 123, 136, 137, 139, 140, 142, 144
Sentences
complex, 136, 138, 140, 144
compound, 136, 137
higher, 142, 144, 155, 160, 177
infinitive, embedded, 162, 165, 195
Slot, functional
ADV (adverbial), 19, 22, 23, 24, 26, 27, 64, 110, 119, 131–132, 133, 142, 144
DO (direct object), 2–3, 5, 7, 11, 12, 19, 22, 23, 24–25, 32, 33, 37, 39, 42, 43, 44, 46, 48, 49–50, 51, 58, 59–60, 61, 62–63, 64, 65–66, 67, 68, 72–73, 74, 87, 90, 91, 99, 110, 113–114, 116, 119, 122, 123, 131–132, 133, 138–139, 140, 142, 144, 154, 155, 157, 160, 162, 165–166, 167–168, 170–171, 172, 179, 195–196, 198, 201
IO (indirect object), 2–3, 39, 44, 45, 46, 48, 49–50, 53, 57, 58, 59–60, 61, 62–63, 64, 65, 67, 68, 72–73, 74, 87, 95, 96, 99, 101, 103, 104, 106, 113–114, 119, 122, 142, 144, 160, 162
NO (nondirect object), 2–3, 5, 7, 14, 15, 19, 22, 23, 24–25, 26, 27, 33, 36, 37, 39, 49–50, 51, 53, 155, 157, 177, 179, 182, 195–196, 198, 201
PC (predicate complement), 3, 7, 16, 18, 19, 27, 39, 42, 49, 138–139, 140, 142, 144, 195–196, 198
S (subject), 1, 2–3, 7, 8, 10, 19, 24–25, 27, 33, 39, 40, 44, 49, 58, 59–60, 70, 77, 87, 88, 99, 110, 122, 131, 138–139, 140, 142, 144, 155, 160, 162, 165–166, 167–168, 170–171, 172, 177, 179, 195–196, 198, 201–202
Subjunctive. *See Appendix 2*
Subordinate clause. *See* Clauses
Subordinator. *See* Conjunction, subordinating

Tenses. *See* Indicative: present, imperfect, future, conditional, past definite, present perfect, pluperfect, future perfect, conditional perfect, past anterior; Subjunctive: present, imperfect, present perfect, pluperfect. *See also Appendix 2*

Verbal core, 58, 59, 61, 65, 68, 70, 71, 74, 77, 78, 80, 81, 83, 84, 87, 88, 90, 91, 95, 96, 97–98, 99
Verbal locution, 27, 28, 53, 62–63, 101, 104
Verbs, 1, 7, 67, 101
intransitive, 19, 21, 22, 23, 24–25, 27, 28
link, 2–3, 19, 27, 28
motion, 53, 55–56, 64
projected action, 53, 55–56
reflexive, 28, 29, 30, 32, 113, 116, 119, 120, 170
transitive, 19, 21, 22, 23, 24–25, 27
Voice
active, 122
passive, 122, 123, 125, 129, 130, 133
pseudopassive, 129, 130

Y, 120–121, 152–153, 154, 155